U0791358

现代服务领域技能型人才培养模式创新规划教材

分销渠道原理与实务

主　编　郑锐洪

副主编　王玉波　刘新楼

中国水利水电出版社
www.waterpub.com.cn

内 容 提 要

分销渠道是经典营销4P理论的核心内容，“分销渠道”属于营销专业深化拓展课程，构成整体营销管理的重要组成部分。本书以企业渠道管理的实际“工作过程”为逻辑主线进行编写。全书分为“分销渠道认知”、“分销渠道建设”、“分销渠道管理”、“分销渠道完善”四个单元共11个项目展开，新增加了“分销渠道维护”等项目内容，讨论了电子渠道、新媒渠、渠道联盟、无店铺渠道、复合渠道等前沿渠道主题，对深度分销、渠道扁平化、经销商转型、直销与传销、渠道权力与控制等重要专题也进行了深入的探讨。

本教材在编写过程中特别注重理论的完整性、前沿性以及方法和策略的操作性，注重理论与实践的结合、策略方法向能力的转化，力图体现教材的系统性、本土化、实用性和创新性特征。

本书是编者多年企业渠道管理经验的结晶，具有很强的可操作性和宝贵的实用价值，特别适合市场营销及工商管理专业学生学习使用，也可作为企业营销人士参考。

本书配有电子教案，读者可以从中国水利水电出版社网站和万水书苑免费下载，网址为：http://www.waterpub.com.cn/softdown/和 http://www.wsbookshow.com。

图书在版编目（CIP）数据

分销渠道原理与实务 / 郑锐洪主编. -- 北京 : 中国水利水电出版社, 2011.7（2022.7 重印）
现代服务领域技能型人才培养模式创新规划教材
ISBN 978-7-5084-8747-2

Ⅰ. ①分… Ⅱ. ①郑… Ⅲ. ①分销一购销渠道一职业教育一教材 Ⅳ. ①F713.1

中国版本图书馆CIP数据核字(2011)第125959号

策划编辑：杨 谷　　责任编辑：李 炎　　封面设计：李 佳

书　　名	现代服务领域技能型人才培养模式创新规划教材 **分销渠道原理与实务**
作　　者	主　编　郑锐洪 副主编　王玉波　刘新楼
出版发行	中国水利水电出版社 （北京市海淀区玉渊潭南路1号D座　100038） 网址：www.waterpub.com.cn E-mail：mchannel@263.net（万水） sales@mwr.gov.cn 电话：（010）68545888（营销中心）、82562819（万水）
经　　售	北京科水图书销售有限公司 电话：（010）68545874、63202643 全国各地新华书店和相关出版物销售网点
排　　版	北京万水电子信息有限公司
印　　刷	北京建宏印刷有限公司
规　　格	184mm×260mm　16开本　16.5印张　409千字
版　　次	2011年7月第1版　2022年7月修订　2022年7月第2次印刷
定　　价	36.00元

现代服务业技能人才培养培训模式研究与实践
课题组名单

顾　问：王文槿　李燕泥　王成荣
汤鑫华　周金辉　许　远

组　长：李维利　邓恩远

副组长：郑锐洪　闫　彦　邓　凯
李作聚　王文学　王淑文
杜文洁　陈彦许

秘书长：杨庆川

秘　书：杨　谷　周益丹　胡海家
陈　洁　张志年

课题参与院校

北京财贸职业学院
北京城市学院
国家林业局管理干部学院
北京农业职业学院
北京青年政治学院
北京思德职业技能培训学校
北京现代职业技术学院
北京信息职业技术学院
福建对外经济贸易职业技术学院
泉州华光摄影艺术职业学院
广东纺织职业技术学院
广东工贸职业技术学院
广州铁路职业技术学院
桂林航天工业高等专科学校
柳州铁道职业技术学院
贵州轻工职业技术学院
贵州商业高等专科学校
河北公安警察职业学院
河北金融学院
河北软件职业技术学院
河北政法职业学院
中国地质大学长城学院
河南机电高等专科学校
开封大学
大庆职业学院
黑龙江信息技术职业学院
伊春职业学院
湖北城市建设职业技术学院
武汉电力职业技术学院
武汉软件工程职业学院
武汉商贸职业学院
武汉商业服务学院
武汉铁路职业技术学院
武汉职业技术学院
湖北职业技术学院
荆州职业技术学院
上海建桥学院
常州纺织服装职业技术学院
常州广播电视大学
常州机电职业技术学院
常州建东职业技术学院
常州轻工职业技术学院
常州信息职业技术学院
江海职业技术学院
金坛广播电视大学
南京化工职业技术学院
苏州工业园区职业技术学院
武进广播电视大学
辽宁城市建设职业技术学院
大连职业技术学院
大连工业大学职业技术学院
辽宁农业职业技术学院
沈阳师范大学工程技术学院
沈阳师范大学职业技术学院
沈阳航空航天大学
营口职业技术学院
青岛恒星职业技术学院
青岛职业技术学院
潍坊工商职业学院
山西省财政税务专科学校
陕西财经职业技术学院
陕西工业职业技术学院
天津滨海职业学院
天津城市职业学院
天津天狮学院
天津职业大学
浙江机电职业技术学院
鲁迅美术学院
宁波职业技术学院
浙江水利水电专科学校
太原大学
太原城市职业技术学院
兰州资源环境职业技术学院
潇湘职业学院

实践先进课程理念　构建全新教材体系

——《现代服务领域技能型人才培养模式创新规划教材》

出版说明

“现代服务领域技能型人才培养模式创新规划教材”丛书是由中国高等职业技术教育研究会立项的《现代服务业技能人才培养培训模式研究与实践》课题[①]的研究成果。

进入新世纪以来，我国的职业教育、职业培训与社会经济的发展联系越来越紧密，职业教育与培训的课程的改革越来越为广大师生所关注。职业教育与职业培训的课程具有定向性、应用性、实践性、整体性、灵活性的突出特点。任何的职业教育培训课程开发实践都不外乎注重调动学生的学习动机，以职业活动为导向、以职业能力为本位。目前，职业教育领域的课程改革领域，呈现出指导思想多元化、课程结构模块化、职业技术前瞻化、国家干预加强化的特点。

现代服务类专业在高等职业院校普遍开设，招生数量和在校生人数占到高职学生总数的40%左右，以现代服务业的技能人才培养培训模式为题进行研究，对于探索打破学科系统化课程，参照国家职业技能标准的要求，建立职业能力系统化专业课程体系，推进高职院校课程改革、推进双证书制度建设有特殊的现实意义。因此，《现代服务业技能人才培养培训模式研究与实践》课题是一个具有宏观意义、沟通微观课程的中观研究，具有特殊的桥梁作用。该课题与人力资源和社会保障部的《技能人才职业导向式培训模式标准研究》课题[②]的《现代服务业技能人才培训模式研究》子课题并题研究。经过酝酿，于2008年底进行了课题研究队伍和开题准备，2009年正式开题，研究历时16个月，于2010年12月形成了部分成果，具备结题条件。课题组通过高等职业技术教育研究会组织并依托60余所高等职业院校，按照现代服务业类型分组，选取市场营销、工商企业管理、电子商务、物流管理、文秘、艺术设计专业作为案例，进行技能人才培养培训模式研究，开展教学资源开发建设的试点工作。

《现代服务业技能人才培养培训方案及研究论文汇编》（以下简称《方案汇编》）、《现代服务领域技能型人才培养模式创新规划教材》（以下简称《规划教材》）既作为《现代服务业技能人才培养培训模式研究与实践》课题的研究成果和附件，也是人力资源和社会保障部部级课题《技能人才职业导向式培训模式标准研究》的研究成果和附件。

《方案汇编》收录了包括市场营销、工商企业管理、电子商务、物流管理、文秘（商务秘书方向、涉外秘书方向）、艺术设计（平面设计方向、三维动画方向）共6个专业8个方向的人才培养方案。

《规划教材》是依据《方案汇编》中的人才培养方案，紧密结合高等职业教育领域中现代服务业技能人才的现状和课程设置进行编写的，教材突出体现了“就业导向、校企合作、

---

① 课题来源：中国高等职业技术教育研究会，编号：GZYLX2009-201021

② 课题来源：人力资源和社会保障部职业技能鉴定中心，编号：LA2009-10

双证衔接、项目驱动”的特点，重视学生核心职业技能的培养，已经经过中国高等职业技术教育研究会有关专家审定，列入人力资源和社会保障部职业技能鉴定中心的《全国职业培训与技能鉴定用书目录》。

本课题在研究过程中得到了中国水利水电出版社的大力支持。本丛书的编审委员会由从事职业教育教学研究、职业培训研究、职业资格研究、职业教育教材出版等各方面专家和一线教师组成。上述领域的专家、学者均具有较强的理论造诣和实践经验，我们希望通过大家共同的努力来实践先进职教课程理念，构建全新职业教育教材体系，为我国的高等职业教育事业以及高技能人才培养工作尽自己一份力量。

丛书编审委员会

现代服务领域技能型人才培养模式创新规划教材
市场营销专业编委会

前　　言

在市场竞争日益激烈的今天，企业面临的最大难题是怎样把产品卖出去又怎样把货款收回来，“销售才是硬道理”。而在现代消费品营销策略体系中，“分销渠道”是其中最复杂、最难以掌控又最具潜在能量和张力的环节，企业的产品、资金、资源、信息、服务和人员等营销要素都要通过在“渠道”中的流动实现其价值和增值，因此，不少企业将渠道建设作为自己的核心竞争力，并将渠道当作无形资产来经营。换句话说，“谁拥有渠道，谁将拥有未来”。

分销渠道是经典营销 4P 理论的核心内容，《分销渠道》属于营销专业深化拓展课程，构成整体营销管理的重要组成部分，渠道的功能是解决商品的顾客价值实现和消费者购买的便利性问题。目前，业界已经逐渐认识到分销渠道在营销管理体系中的重要价值，很多本科和专科院校也陆续开设了渠道管理课程。但问题是，现有图书市场上关于分销渠道的教材不多，究其原因，在于从事渠道管理工作的职业经理人没有时间或没有理论储备去编写好的实用教材，大多大学教授又因缺乏实际的分销渠道管理经验而不敢贸然触及。

国内现有的分销渠道教材多是借鉴美国学者的渠道管理理论和美国的经验，缺乏可读性和实用性，没有解决分销渠道的中国本土化实践问题。况且，中国市场地域辽阔，渠道结构形式复杂，经济发展日新月异，渠道本身又具有本地化、排他性的特点，而分销工作要面对复杂多变的中国市场环境，仅仅依靠西方的渠道理论解决中国的渠道问题已经非常困难，要编一本具有本土化特征的分销渠道教材以解决中国分销的实际问题不是一件容易的事情，要求既具有企业实际的渠道分销经验又具有营销管理的理论功底，才可能把渠道问题说清楚，否则只是隔靴搔痒。所幸本书作者郑锐洪教授拥有多年企业渠道管理经验，对分销渠道管理有深刻的认识，任教期间又发表过多篇有关渠道管理内容的研究论文，为本书的编写提供了有力的理论积淀和实践经验的保证。

为了体现本教材实用性的特点，我们以企业渠道管理的实际“工作过程”为逻辑主线进行编写。全书分为“分销渠道认知”、“分销渠道建设”、“分销渠道管理”、“分销渠道完善”四个单元展开，新增加了“分销渠道维护”等项目内容，讨论了电子渠道、新媒渠、渠道联盟、无店铺渠道、复合渠道等前沿渠道主题，对深度分销、渠道扁平化、经销商转型、直销与传销、渠道权力与控制等重要专题也进行了深入的探讨，其中不乏独家原创内容，是编者多年企业渠道管理经验的结晶，而且具有很强的可操作性和宝贵的实用价值，特别适合市场营销及工商管理专业学生学习使用，也可作为企业营销人士参考。

本教材在编写过程中特别注重理论的完整性、前沿性以及方法和策略的操作性，注重理论与实践的结合、策略方法向能力的转化，力图体现教材的系统性、本土化、实用性和创新性特征，力争编出一本学生好学、教师好用的好教材。本书重点体现了如下几个方面的特色：

1. 完整体系感

本教材遵循渠道“认知－战略－设计－建设－激励－控制－冲突－维护－评估”的逻辑思路设计内容，符合企业渠道管理的实践逻辑，构成渠道管理循序渐进的知识模块和能力模块，便于学生学习和理解掌握。

2. 方法实用性

本教材在注重企业渠道管理的基本理论逻辑框架的同时，特别重视对其中的操作策略与方法内容的探讨，以体现分销渠道管理的应用性、实践性特征。其中不少独家策略与方法（如寻找客户的反向追踪法、客情关系的距离感原则、应收账款的过程控制、窜货及其治理等）都是编者多年渠道管理经验的提炼。

3. 案例本土化

渠道不能复制，渠道管理具有很强的本土化特征。本教材在编写过程中广泛采用国内企业的案例、新近的案例、我们身边的案例，甚至是编者亲自经历的案例，减少使用国外的案例以增强案例的说服性和仿效性。

4. 理论可读性

本教材在编写过程中尽量避免使用晦涩的语言和冗长的语句表达含混的思想，力求用流畅的文字、简明扼要的语言深入浅出地传达渠道管理的策略与方法要领，同时补充渠道管理的前沿知识，以增加教材的理论可读性。

本教材由天津工业大学管理学院郑锐洪博士负责设计，系人力资源和社会保障部《现代服务业技能人才培养培训模式研究与实践》课题的部分成果。本着编写一本渠道管理精品教材的思想，编者历时半年有余，全情投入，精心设计，融入了自己多年的研究成果，其中不乏闪光的思想和动人的案例。

全书由郑锐洪任主编，王玉波、刘新楼任副主编。在编写过程中有幸得到我的导师、我国知名营销学者、中国市场营销研究中心（MRCC）主任、中国人民大学商学院郭国庆教授的悉心指导，弟子深表感激。同时感谢人力资源和社会保障部、中国高职教育研究会《现代服务业技能人才培养培训模式研究与实践》课题组的项目资助，感谢中国水利水电出版社北京万水电子信息有限公司杨庆川总经理和杨谷编辑的大力支持。书中凝聚了编者多年的心血，也借鉴了不少学界同仁的真知灼见和精彩案例，不能一一列出，在此一并表达诚挚的谢意！

然而，即便本书编者在编写过程中付出了十分的努力，但个人的知识和能力总是有限的，错漏和不足在所难免，而且任何的策略和方法都只能是一家之言，不敢轻言真理，万望业界专家、同仁予以指正。特别面对互联网时代中国日新月异的市场环境，很多传统营销理论正在被现实颠覆，渠道管理的理论和策略同样需要不断创新，欢迎有识之士交流和讨论，如有意见或建议请与我们联系：

E-mail：ruihong2003@126.com

编　者

2011 年 4 月

目　　录

单元一　分销渠道认知

项目一　了解分销渠道

知识点

1. 了解分销渠道的内涵
2. 了解分销渠道的流程
3. 了解分销渠道的作用
4. 了解中国分销渠道的发展

技能点

1. 区分分销渠道与营销渠道
2. 绘制中国分销渠道构成图
3. 分析我国渠道存在的问题
4. 讨论深度分销与渠道扁平化

【案例导入】

宝洁花大力气建亚洲最大分销中心

宝洁（P&G）是全球消费品分销的典范。宝洁（P&G）深谙两条腿走路的重要性，虽然私下对于直控零售渠道更愿意扶持，但在总体渠道策略上，分销渠道强于零售。据宝洁大中华区分销及进出口供应链副总监林海舟透露，宝洁在华有 8 个工厂和 8 家分销中心，分销渠道仍比零售渠道略大，但零售增长更为迅猛。过去 10 年宝洁把目光更多放在大城市，但两年前开始关注西南、西北等地区，他认为薄弱地区市场也有相当大的增长空间。

早在 1999 年宝洁就提出将分销商转变为物流服务提供商，收回市场维护等有价值的东西，让其只负责繁杂的物流配送。在这样超前的理念下，据闻有四成小分销商被砍掉。“此前是分销商和物流商混行，2005 年的分销商计划中专门给予分销商占其销售额 2%～4%的客户服务费用和客户生意发展基金。”据盛世传媒首席营销顾问吴志刚介绍，经营宝洁本来就利薄，每经过一段时间，渠道认为利润穿底后，就会进行新一轮利润补贴。

“零售渠道方面的综合费用率可能有20个点，而分销渠道的常规建设与类似每季度的刺激消费政策累加之后可能在12个点左右。”日化专家冯翰毅表示。吴志刚则称，尽管可能进零售渠道对宝洁而言费用更高，但销量稳定性更强，对品牌而言，直控便是核心竞争力。“虽然流通和批发市场在不断萎缩，却不能说分销渠道的未来就真的可被替代。”据了解，宝洁下乡目前都是分销商在做，“毕竟品牌会遭遇分销覆盖能力和退货周期的问题，每天的小宗发货也不可能都得以保证。分销渠道仍是维持利润最大化和有效增加销量的重要保证。”

为了加强其在大陆的分销力量，宝洁计划再投资1.3亿美元，在广州建设其亚洲最大的分销中心，发展成为其分销渠道策略的根本保障。

资料来源:《南方都市报》2010年9月14日C13版

问题讨论：宝洁（P&G）花大力气建设亚洲分销中心的意义何在？

任务1　了解分销渠道的内涵

一、分销渠道的界定

1．什么是分销渠道

在汉语中，“渠道”二字原意为“沟渠、河道”，即“在河湖或水库等的周围开挖的水道，用来引水排灌”。对于企业的销售工作而言，渠道的寓意很明显，就是首先要有河湖或水库（源源不断的产品），其次就是需要开挖水道（建设渠道网络），目的是引水排灌（实现销售和满足需求）。我们用“渠道”来描述商品流通的现象，认为在商品从制造商到消费者的流通过程中，自然形成了商品分销的轨迹，即商品的分销渠道。

根据美国营销协会AMA的定义，分销渠道又叫营销渠道，是指参与商品所有权转移或商品买卖交易活动的中间商所组成的统一体。一个更加通俗的定义：企业赖以将其产品或服务有效销售出去的所有中间环节或过程，构成该企业的分销渠道。因此，分销渠道也被称为“销售通路”、“流通渠道”或“营销渠道”，它是企业分销活动的载体。

企业分销渠道可直接可间接，可长可短，可宽可窄，视具体企业、具体商品的情况而设计。图1-1是不同层级的消费品分销渠道模型。

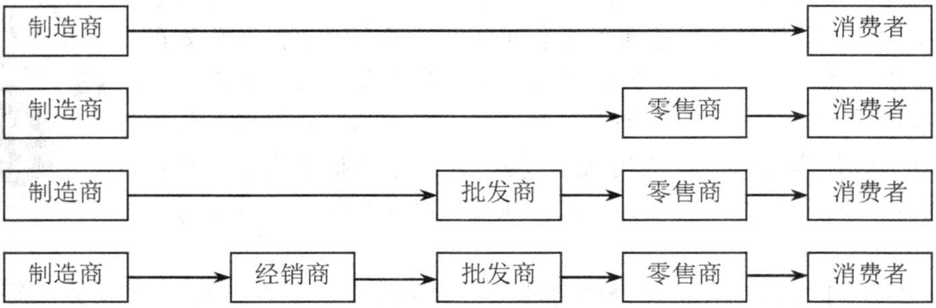

图1-1　不同层级的消费品分销渠道

在这里，分销渠道的起点是制造商（厂家），终点是消费者（个人或组织），中间商（分销商）环节包括经销商、批发商、代理商、终端零售商、经纪人等，共同构成了商品分销的链条（Chain），即分销链。需要说明的是，本书中制造商与厂家、中间商与分销商经常在同一意义上使用。

分销渠道的概念可以从制造商（厂家）、分销商（中间商）、消费者（顾客）和营销研究者四个视角来理解。在生产企业看来，它需要集中不同的中间商，将自己生产的产品送到消费者手中，因而，通常以产品在不同渠道成员之间的流转来理解分销渠道。

国内外学者对分销渠道、营销渠道的概念进行了不同的界定，如表 1-1 所示。

表 1-1　国内外其他学者对分销渠道的界定

作者或机构	定义
美国市场营销协会	“企业内部和外部的代理商和经销商的组织机构，通过它们的运作，商品才得以上市销售。”
著名的营销学家斯特恩	“营销渠道是促使产品或服务顺利流通到消费者手中，被消费或使用的一整套相互依存的组织。”
美国学者迈克尔·R·辛科塔等	“营销渠道又叫做分销渠道，是由为消费者和商业用户创造时间、地点和所有权效用的机构所构成的网络。”
美国学者罗森布罗姆	“与公司外部关联的、达到公司分销目的的经营组织。”
美国学者佩尔顿	“在获得、消费、处置产品和服务过程中，为了创造顾客价值而建立的各种交换关系。”
美国学者菲利普·科特勒	“大多数生产商都要和营销中介机构打交道，以便将其产品提供给市场，营销中介机构组成了营销渠道（也称贸易渠道或分销渠道），营销渠道是促使产品或服务顺利地被使用或消费的一整套相互依存的组织。”
美国学者斯特恩、艾斯利、科兰等	“营销渠道可以看成一系列相互独立的组织机构，它主要从事为最终的消费或使用提供产品或服务的活动。”“营销渠道不仅以适当的地点、价格、数量和质量来提供商品和服务以满足人们的需求，而且能通过有关单位（如零售商、批发商、企业销售部、办事处）的促销活动刺激需求。因此，我们应当把营销渠道看成是一个和谐的网络系统，它通过提供时间、地点、销售形式、产品和服务为最终用户创造价值。”
我国学者李飞	“分销渠道是指商品所有权从生产者或商人手中转移至消费者手中所经过的路径；营销渠道是指采购原材料和销售成品引起所有权转移所经过的路径。”

其中分销的概念是相对于直销而言，分销体现出销售的多个层次和环节，体现了销售的过程性。分销相对于直销还显示出对目标市场的扩散效应，具有市场覆盖的优势，往往为大多消费品企业所采用。

2. 分销渠道与营销渠道

在经典营销 4P 理论结构中，分销渠道处在一个非常重要的位置，它是市场营销 4P 组合策略的重要组成部分，构成企业通过营销实现产品价值的重要环节（见表 1-2）。企业实践证明，“能够把产品卖出去、把货款收回来才是硬道理”，怎么卖？通过什么方式卖，这就是分销渠道管理需要回答的问题。

表 1-2 经典营销理论框架结构

理论板块	核心内容
市场营销观念	营销基本概念、主要营销观念
营销机会分析	营销环境分析、消费者行为分析、市场调研
市场营销战略	市场细分、目标市场选择、市场定位
营销 4P 策略组合	产品（product）、价格（price）、渠道（place）、促销（promotion）
营销管理与创新	营销管理与控制、市场营销创新

在西方营销 4P 理论中，Place 原意是指实现销售的地点、区域，我国学者在翻译西方营销著作时将 Place 意译为渠道、通路，堪比自然界的“渠道”、“通路”，很形象传神，体现出汉语的逼真性、微妙性，能够很生动地体现出“分销渠道”的行为特征。

其实，在英文中，分销（Distribution）及渠道（Channel）另有其词，前者指下游的销售，与中文没有歧义，后者指的是管道，如水管、隧道等，组合在一起构成“分销渠道”（Distribution Channel），有人又将此翻译成“销售通路”，意义大致一样，只是用于形象比喻的对象不同而已。后来又有人创造出“营销渠道”（Marketing Channel），其内容与“分销渠道”也没有太大区别，而且大家习惯了不做具体细分。在我国的教科书中，没有对分销渠道与营销渠道做严格的区别，大多是在同一意义交替使用。但根据我国学者郭国庆、李飞等人的研究，分销渠道与营销渠道这两个概念是有区别的，两者的内涵存在差异。

一般来讲，分销渠道由制造商—中间商（分销商）—消费者构成，表明的是一个企业产品从生产—流通—消费的过程，专指产品价值实现的过程，这是专业“分销”的内涵；而营销渠道包括供应商—制造商—中间商（分销商）—服务商—消费者，其价值链更长，内涵更丰富，环节更多更复杂，除“分销”的内容外，还包含原材料供应过程的管理、分销过程其他服务机构的管理等。

具体来讲，分销渠道包括：厂家—分销商（经销商、批发商、代理商、终端零售商、经纪人等）—消费者（个人或组织）。

营销渠道包括：供应商（原材料、人力资源、资金等）—厂家—分销商（经销商、批发商、代理商、终端零售商、经纪人等）—服务商（调研、广告、咨询、会计、法律、投资等机构）—消费者（个人或组织），如图 1-2 所示。

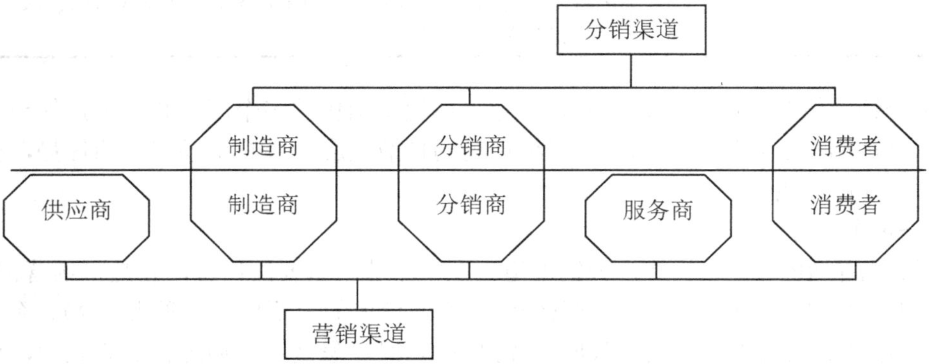

图 1-2 分销渠道与营销渠道示意图

显然，营销渠道的内涵和范围要大过分销渠道。比如，早上喝的一杯咖啡，它的咖啡豆来源于哥伦比亚的山区，由山区农民采集，由小贩进山收集，再卖给咖啡原料供应商；供应商再卖给咖啡生产厂家，经过长途货运（或者船运），咖啡豆到达工厂；工厂进一步加工咖啡，进行调味和分装，设计包装和进行营销推广，在这个过程中，市场调研公司、营销咨询公司、广告公司、公共关系公司甚至银行、律师事务所、会计师事务所都可能参与其中，成品咖啡由此进入分销渠道领域，再经过经销商、批发商、零售商等终端环节，最后进入百姓家庭，我们才能喝到香浓的咖啡。

本书选择采用分销渠道的概念内涵，站在制造商的角度，专门分解企业产品从制造商－分销机构－消费者的过程及其相应的处理策略和方法。

3. 分销渠道的系统构成

分销渠道是一个系统。根据系统论的思想，系统是由多个相互联系的个体要素所组成的统一体。系统各要素之间相互影响、相互作用、相互制约，并且和外部进行着物质和能量的交换，由此形成系统的运行动力。系统存在于一定的环境当中，在与环境进行物质、能量和信息交换的同时，在投入－转换－产出的过程中不断进行着自我调节，以获得自身的发展。此外，系统本身具有开放性、整体性、能动性的特点。

分销渠道各要素、各成员之间因为利益关系形成一个上下游相互紧密衔接、互动的交易整体和系统，形成为一条“分销链”，体现出分销渠道作为一个系统的特征，如图 1-3 所示。

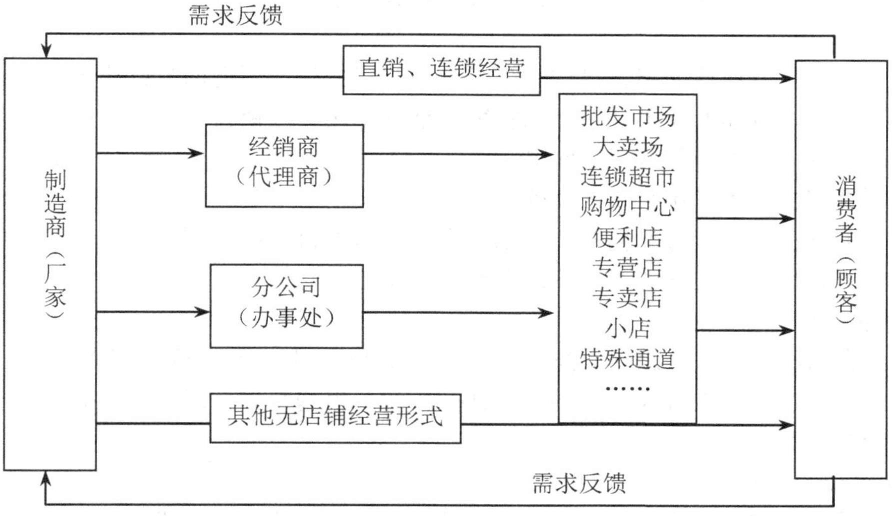

图 1-3 分销渠道系统构成

二、分销渠道的分类

在现实的商业活动中，企业的分销渠道是相当复杂的，不同的分类方法会产生不同的分销渠道。常用的分类方法是根据分销渠道主导成员的不同，把分销渠道分为以生产制造商为主导、以零售商为主导和以服务提供商为主导的分销渠道。

（一）以生产制造商为主导的分销渠道

以生产制造商为主导的直销渠道是指“生产制造商－消费者”和“生产制造商－用户”，

产品是由生产制造商的推销人员、销售部门或代理商，从生产制造商的仓库直接提供给消费者或用户。这种渠道有时也通过批发商的媒介交换，不过产品是直接从生产制造商的仓库提出来的。生产制造商渠道可以有以下多种形式。

1. 生产制造商属下的批发渠道

批发商为生产制造商的下属企业。生产制造商的产品全权由该批发商处理。当一个生产制造商有许多不同产品时，这样的渠道安排可以使企业在销售方面获得较大的协同效应，企业可以使用同一种销售能力，销售许多不同的产品。海尔的工贸公司就是这样一种渠道。

2. 生产制造商的零售渠道

生产制造商自己设置零售网点，销售自己的产品，如海尔的品牌专营店。这种渠道一般多设在大中型城市，用来提高和展示公司品牌形象。

3. 生产制造商的特许渠道

通过特许协议，在一定的时期和区域内，生产制造商给予中间商其产品的专营权。大多数生产制造商的直接出口采用这种渠道，在国外找一家进口商，全权代理其在进口商所在国的销售业务。

4. 生产制造商的寄售渠道

生产制造商把产品运达消费地，在消费地的渠道寄售，而产品的所有权直到售卖给消费者时才转移，为此，制造商要承担售出前的一切风险。这种渠道一般在销售高价格、高利润商品或新开发的产品中使用，如珠宝、香水和机器零配件。

5. 经纪人渠道

经纪人是一种专业化的销售机构。它一方面与多家生产制造商签订协议，代理销售它们的类似产品；另一方面专注于某一个比较窄的细分市场进行销售活动。一般常被那些生产规模小而市场范围大的生产制造商所使用。

（二）以零售商为主导的分销渠道

零售商的各种主流业务所构成的分销渠道包括诸如百货店、超级市场、便利店、各种各样的专卖店等。另外，还出现了以下几类新型的零售渠道。

1. 零售商特许渠道

产品组合与经营方法经过零售商（这时称为特许商）标准化，受许商在特许商的指导下，以特许商的名义在某一地区经营，并向特许商付费。根据特许合同，特许商要向受许商提供多种形式的必要服务。

2. 采购俱乐部渠道

采购俱乐部只向自己的会员提供各种商品或服务，消费者只有成为会员才能通过俱乐部进行购买活动。这种渠道很适合一些要向特定的群体渗透的产品，如高尔夫俱乐部、读书俱乐部和零售会员制团体等。

3. 仓储式零售或批发俱乐部

仓储与零售同地，经营面积较大，有点像在仓库里面搞零售，提供相对狭窄的商品组合，批量销售，以低价取胜。如沃尔玛的山姆俱乐部和家世界的家居广场。

4. 邮购目录零售

是无店铺零售的一种。零售商通常设置配送中心，先将商品目录邮寄给潜在消费者，然后再根据回邮订单或订购电话把商品直接送到消费者手中。

5. 零售商的连锁经营渠道

一个零售商在不同的地区拥有多个零售分店，各分店销售基本相同的商品或相同种类的商品，有相同的建筑风格，树立相同的品牌，以公司为单位集中采购与统一决策。连锁经营使零售的触角伸向不同的地区，甚至是不同的国家，零售商也会通过连锁经营增强实力。美国的沃尔玛、法国的家乐福、德国的麦德龙、英国的玛莎、日本的佳世客、瑞典的宜家以及中国的联华、华联、苏宁、国美等均采用连锁经营方式。

（三）以服务提供商为主导的分销渠道

1. 仓储运营商

仓储运营商根据合同为用户提供仓储服务，用户则需要交付一定的租金或费用。

2. 跨码头运营商

这是以运输公司主导的分销渠道。运输公司通过提供仓储与回运服务，或称往返程服务，专为那些运量大又互为顾客的企业服务。它们将一个企业的货物运往另一个企业，然后又将第二个企业的货物回运给第一个企业。当然，整个跨码头系统可以包括更多的企业。

3. 联运商

这也是以运输公司主导的分销渠道，运输公司之间结成联盟，将陆陆运输或海陆运输等衔接起来。

4. 采购商

采购商根据合同，专为用户提供某一类或几类商品的采购服务与管理，一方面在更大的范围内为用户寻找适用的产品；另一方面负责产品从生产者到用户的整个流程的管理。

5. 直邮广告商

直邮广告商利用信息方面的优势（掌握大量的市场数据），进行直销活动。相关的物流活动，或者由生产制造商提供，或者由第三方提供。

6. 易货商

易货商是专门组织货物交换的服务提供者。

7. 增值再售商

通过设计组合包装，使商品升值，然后再将其售出。其实质是将服务与商品打包出售。典型的增值再售商是电脑软件公司，从生产制造商处得到电脑，然后将某种专用电脑程序设置进去以后，再卖给某些对电脑程序有特殊要求的机构，如政府机构、银行和电力公司等。

8. 金融服务提供商

这是生产制造商与金融机构组成联盟的分销渠道。最初的目的是便于为顾客或中间商提供融资服务，后来，也被用于开拓新的市场，即金融服务供应商提供融资服务，使生产制造商的产品（如建筑工程设备等）能进入新的市场。

（四）其他形式的分销渠道

分销渠道还有以下几种：①上门推销；②购买者合作采购；③机器自动售货或提供服务；④第三方发起购销渠道；⑤目录与技术支持渠道。

分销渠道的根本任务，就是把生产制造商与消费者或用户联系起来，使生产制造商生产的产品或提供的服务能够在适当的时间、适当的地点，以适当的形式，送给适当的人。因此，它的起点是生产制造商，终点是消费者或用户，中间还经过一系列的中介机构，包括中间商和其他一些帮助转移所有权的组织，如银行、广告商、市场调研机构、物流企业等。

任务 2　认识分销渠道的特点

一、分销渠道的流程

分销渠道的各种功能在实际运作中表现为各种流程，使用“流”的概念，是强调“流动”性，这些渠道的功能流由不同的渠道成员在不同的时点里完成。渠道的功能流有 9 个，如图 1-4 所示。

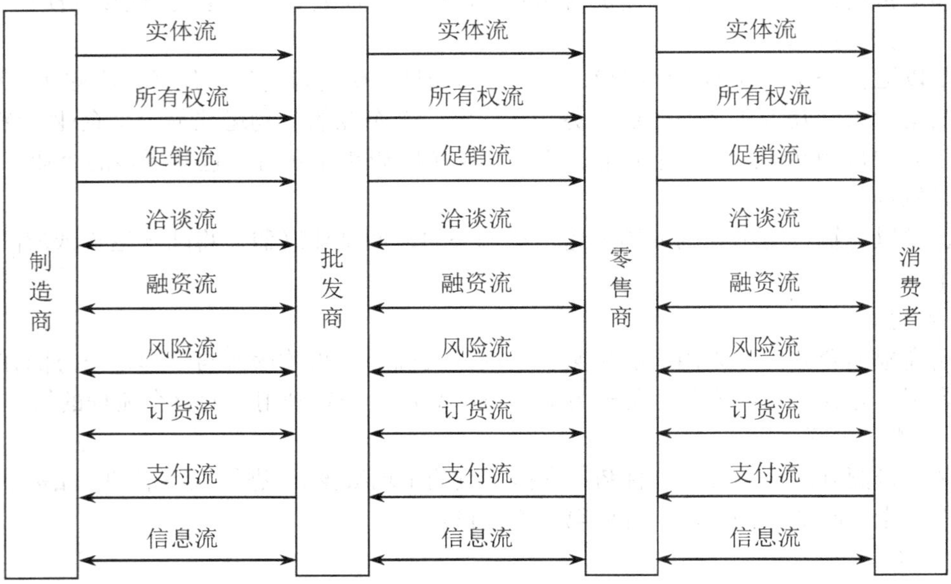

图 1-4　分销渠道的运作流程

1. 实体流

指产品实体与服务从生产制造商处转移到中间商处，然后通过中间商转移到最终消费者处的实体流转过程。

2. 所有权流

指产品所有权从一个渠道成员到另一个渠道成员的实际流动。

3. 促销流

指一个渠道成员通过广告、人员推销、宣传报道、销售促进等活动，对另一个渠道成员或消费者施加影响的过程。

4. 洽谈流

指产品实体和所有权在各渠道成员之间进行流转时，对价格和交易条件所进行的谈判活动和过程。

5. 融资流

指渠道成员伴随着商品所有权转移所进行的资金融通的活动和过程。渠道成员可以相互之间提供资金融通，如销售商在货物售出后，再向制造商支付货款，就是制造商为销售商提供了资金融通服务，为其提供流动资金。而如果是销售商预付货款，就是销售商为制造商提供资金，从事生产活动。如果是销售商允许消费者以分期付款的方式购买商品，就是销售商为消费者提供了消费融资服务。

6. 风险流

指各种风险伴随着商品所有权的转移在渠道成员之间的流动。

7. 订货流

指渠道的下游成员向上游成员发送订单的过程。

8. 支付流

指货款从下游渠道成员向上游渠道成员流动的过程。如顾客向零售商购买，支付货款，零售商通过银行或其他金融机构向上一级渠道成员支付货款，直到货款到达制造商处。

9. 信息流

指渠道各个成员之间为了实现促进商品流通相互传递市场信息的活动。

由此可以看出，在以上 9 种渠道流程中，实体流、所有权流、促销流是前向流程，即从制造商流向顾客。订货流和支付流是后向流程，是从顾客流向制造商，而洽谈流、融资流、风险流、信息流是双向的。

二、分销渠道的功能

分销渠道在企业营销活动中，执行的功能主要是销售，使商品或服务顺利地转移到最终用户手中，但要完成这个任务，其完成的功能可以细化为以下方面。

1. 销售功能

企业通过渠道实现产品销售，达到企业经营目标，赢取利润，这是渠道具有的最直接、最基本也是最有效的功能。渠道成员通过富于创造力的方式，把能够满足顾客需要的产品和服务的信息，以顾客乐于接受的形式，传递给消费者，满足消费者需求，实现产品价值，达到赢利目标和市场占有目标。

2. 洽谈功能

洽谈是生产者或经营者寻找潜在的购买者，并与之接触，实现交易的活动。渠道成员之间的关系是交易关系，交易对象的寻找、交易条件的形成，渠道成员之间的权利和义务关系等都需要通过谈判来完成。在具体工作中，洽谈表现为争取订单、形成订单和接受订单等的一系列活动。

3. 沟通功能

渠道具有上下沟通商品信息，联系渠道成员之间客情关系的功能。商品的分销渠道是以产品的流通为载体，实现企业与供应商、中间分销机构及终端消费者相互沟通的桥梁或纽带。通过渠道开展的促销活动，其实质就是与客户之间的沟通。

4. 服务功能

渠道还承担着为下游渠道成员提供服务的功能。从延伸产品角度来说，服务构成了产品价值的一个重要组成部分，随着产品同质化，现代企业间竞争的焦点在服务，企业通过渠道实现的服务主要指为最终用户所提供的服务，包括送货、安装、维修、信息、培训等。

5. 信息功能

分销渠道成员通过市场调研收集和整理有关消费者、竞争者及市场营销环境中的其他影响者的信息，并通过各种途径将信息传递给渠道内的其他渠道成员。分销渠道通过双向的信息反馈，为企业营销决策提供依据。

6. 物流功能

物流主要是商品在流通环节的运输、储存及配送活动。商品从制造商处出厂到最终用户消费，中间要经过实体产品的运输、储存及配送的过程。渠道就是商品流通的“沟渠”和“水道”，是商品流通和实现交易的“通道”。

7. 承担风险功能

承担风险是指在商品流通的过程中，随着商品所有权的转移，市场风险在渠道成员之间的转换和分担。因为渠道是一个“分销链”，有很多个渠道成员或环节，每个渠道成员承担各自的分销责任、获取各自的分销利益、承担各自的分销风险。

8. 融资功能

渠道也是一个融资的通道。不论是制造商品，还是销售商品，都需要投入资金，以完成商品所有权转移和实体流转的任务。渠道成员为执行渠道功能需要进行独立的投资，产品通过渠道的销售实现产品价值的同时实现资金的流通。渠道组织的独立融资，使生产厂商能够很快地回收资金，提高生产厂商的资金使用效率。

三、分销渠道的特点

渠道要素是所有营销要素中最为复杂的要素，产品、品牌、价格、资金、人员、广告、促销、客户关系、服务等都通过渠道这条“价值链”来整合和实现其价值。渠道又是千变万化的，随着经济发展水平的差异，地区文化、习惯的不同，渠道表现出明显的差异。但从总体来讲，渠道具有以下几个方面的特点。

1. 本地化

由于每一个地区消费者的购物习惯不同，每一个企业在每一个地区的分销渠道都具有本地的特征，都打上了当地人们消费文化的烙印。比如，上海人购物喜欢去超市，因为超市环境好，产品质量有保障，购物有面子，所以，上海的连锁超市非常之发达；反观广州就不一样，广州人比较喜欢平民化生活，购物还是喜欢去自由市场（如菜市场），甚至喜欢就在楼下小巷里的小店买东西，所以，广东的“士多店”很发达。

2. 排他性

渠道的排他性指的是有些渠道中，如果某一类产品被某一个企业或品牌抢先占领，那么其他企业或品牌就很难进入，就可能被排斥到该渠道之外。比如，某学校的食堂，这是一个特殊渠道，又叫“特殊通道”，每个月会消耗很大量的大米、食用油、味精等，这是一个很好的大客户，如果大米用了“中粮”、食用油用了“福临门”、味精用了“莲花”，其他品牌就很难打入，要进入也要花大力气。所以，渠道的排他性决定了企业应该抢先占领一些优质渠道、特殊通道，以获取渠道竞争优势。

3. 独特性

渠道的独特性是指每一个企业的渠道网络都和其他企业的渠道网络不同，每一个地区的渠道结构都和其他地区的渠道结构不同，每一种渠道模式都有其不同的特征。换句话说，每一个都可以在其目标市场建立自己独特的渠道结构和模式，通过渠道的差异化开展差异化的营销，形成企业独特的渠道竞争优势。比如娃哈哈的“联销体”渠道结构、格力的“区域股份制公司”渠道模式、联想的“联想 1+1”连锁经营模式等，都是具有显著独特性的渠道结构模式，形成了企业的竞争力。

4. 不可复制性

渠道的不可复制性又叫不可替代性，这是由渠道的本地化和独特性决定的。一个企业在某一个国家、某一个地区具有优势的完善的渠道网络，但他不能将其搬到另一个国家或另一个地区，目标市场渠道网络的建设都必须从头开始，一步一步的构建，没有什么捷径可走。比如，“欧莱雅”在法国、在欧洲可谓网络密布，销售畅顺，但到了中国市场，除了请中国影星巩俐代言外，重点是建设其系列产品在中国的销售渠道，包括经销商、直营和专卖柜、专卖店等，还花大本钱收购“小护士”的渠道。渠道不像产品那样可以大规模生产和复制，这就决定了渠道建设和渠道管理的复杂性和艰巨性。

【案例】

花都老唐是金龙鱼在广州花都地区的经销商。在金龙鱼广东地区的经销商中，花都老唐的经营区域不大，该区域市场的购买力也不算很强，但他的经营业绩每年都很突出，小小区域年销售单一品牌小包装食用油 2000 多万元，引起企业关注和同行羡慕。成功必有理由，原因何在呢？经过考察发现，老唐在花都地区十几个镇的深度分销、陈列工作做得很周到、很细致，客情关系也维护得很好，企业新产品、新政策一下来，老唐都会很快落实到位，而且很有成效。老唐在花都地区已经建立了一个不是很大但很完善的分销渠道网络，凭借这个销售网络，老唐成为了花都地区知名的食品行业经销商，成为很多企业追逐的对象，随后国际、国内多家知名企业纷至沓来，要求老唐做他们的经销商，老唐的生意迅速扩大，很快成为引领一方的大经销商。

问题讨论：是什么让花都老唐成为各个商家追捧的对象？

任务 3　了解分销渠道的作用

一、分销渠道的价值

在整个营销的运作体系中，渠道作为一条主线，将企业的产品、品牌、服务、价格、促销以及货物、资金、人力、信息、管理等营销要素有机地串连起来，产生了协同效力，实现了营销的价值。打个形象的比方，如果整个营销体系像一条“珍珠项链”的话，分销渠道就是联系各个营销“珍珠”的那条“链子”，它在营销体系中具有举足轻重的地位。

在中国营销实务界也存在两大流派的争论：一是渠道驱动，二是品牌驱动。换句话说，有人认为渠道建设更重要，有人认为品牌建设更重要，迄今没有得出最后的结论。事实上，企业在初创阶段，需要渠道推力实现产品销售，随着企业产品通过渠道流通逐渐被消费者接受，会形成品牌效应，品牌的拉力又反过来带动渠道、促进渠道发展。可以说，企业通过在渠道的产品渗透、扩散可以形成品牌，提高企业及品牌知名度，反过来，品牌知名度好，对渠道的建设也是有帮助的，这叫“水到渠成”，两者相辅相成、互相促进，这是广大中小企业可借鉴的发展之路，“海天”的成功就是一个典型的例子。所以，对于中国企业而言，渠道驱动也许比品牌驱动更加重要，渠道建设是他们获取竞争优势的关键要素之一，很多企业把渠道建设作为其营销发展的优先策略。

1. 谁拥有渠道，谁将拥有未来

随着市场经济的深入发展，企业越来越感受到销售的艰难，都知道“只有把产品销售出去才是硬道理”，由此，有人提出“谁拥有渠道，谁将拥有未来”的观点。事实上，从 2000 年开始，营销界的目光开始投向渠道，并掀起了一轮“渠道革命”，渠道日益取代广告、品牌成为企业竞争的焦点。生产企业积极建构和调整自己的分销渠道，流通企业则加大力度并购、扩张自己的终端零售网络，一时间风起云涌，渠道的争夺日趋白热化。

2000 年中石化与中石油对加油站的争夺就是一个标志，2001 年 TCL 对自身销售队伍和网络进行整顿，娃哈哈实施“蜘蛛战役”，以及达能的中国并购布局，宝洁的经销商职能调整，沃尔玛、家乐福、麦德龙的大踏步推进，华润、民润、联华等连锁企业的快速并购扩张，苏宁、国美等家电连锁渠道的兴起，无不体现中国企业营销战对渠道的关注和争夺，可以说，在产品、广告、促销等营销手段泛化和高度同质化的今天，渠道以其特有的本地化、排他性、独特性（不可替代性）以及持久性成为企业营销的亮点，以及企业间竞争致胜的关键。娃哈哈、联想、TCL、格力等成功企业，以其对渠道的成功建构和运作，为中国企业树立了典范，同时展示出渠道本身所具有的内在力量以及分销渠道在现代企业竞争中所处的举足轻重的地位，同时开启了一个“渠道致胜”的时代。

2. 渠道日益成为企业竞争力的主要力量

企业竞争力，实质上是一种比较竞争优势，它是保证企业持续发展的力量。然而，现代企业越发感觉到，很难塑造自己持续发展的独特的竞争优势。信息技术的发展，资本的力量，使得科技信息的透明度提高，产品的创新容易模仿、跟进，很难构建技术壁垒，更难形成持久的技术优势，而广告特别是促销，由于这几年的超常规发展，同质化也比较严重，很难形成一种持久的独特性。这时，人们的眼光不约而同地聚焦渠道，因为稳定、高效的分销渠道网络很难建成，而这种网络一经形成，它便能发挥其有效性、经济性、可控性、持久性优势，成为推动企业发展的一种持久的动力，成为在竞争中甩开对手、克敌制胜的一种无形的力量。用营销大师菲利普·科特勒的话讲，惟有“传播”和“渠道”才能创造真正差异化的竞争优势。

3. 将渠道作为无形资产来经营

品牌是企业的无形资产，品牌、形象、服务能够为企业创造价值，这一点毋庸置疑，但将渠道看作企业的无形资产，去投资，去经营，还属于新思维。过去，我们往往将渠道的投入和建设视为成本，而不是把它看作一种资源。当得知小天鹅洗衣机在合资过程中以其渠道折价 1.6 亿入股时，才真切感觉到了渠道的价值。当得知脑白金在企业转卖过程中其分销渠道网络折价 4 个亿，才真正感受到了渠道的“可贵”。渠道在营销过程中作用的增强，地位的提高，越来越多的企业开始关注渠道，开始经营渠道，将渠道的建设作为一种战略性的投入加以重视，这是一种趋势，它预示着渠道致胜时代的来临。

【案例】

目前洋酒品牌和本土白酒品牌的嫁接似乎正在成为一种潮流。继帝亚吉欧成功收购水井坊 17%的股份之后，剑南春旗下的文君酒被法国轩尼诗控股收至麾下。文君酒品牌价值巨大，它发轫于明朝万历年间的临邛寇氏烧房，不仅有“一曲凤求凰，千古文君酒”的美誉，还有动人的故事。在20世纪80年代末，文君酒曾一度跃居川酒前列，年销售额近三亿元。然而，之后该品牌逐渐失去光芒。目前文君酒厂年产各类饮料酒3万多吨，拥有文君系列品牌100多种，年产原酒能力2800吨。

轩尼诗一直在高端酒产品中位于三甲行列，而其背后庞大的LVMH集团已经成为全球最大的奢侈品集团，旗下品牌涵盖了奢侈品的所有行业，包括路易·威登（Louis Vuitton）。轩尼诗的真实意图是以文君酒为跳板收购文君酒背后的剑南春，以全面铺开产品在国内市场的销售渠道。轩尼诗作为干邑的领导品牌之一，与大多数洋酒一样，目前的销售渠道大多是娱乐场所等即饮市场。而在消费量更广阔的中餐即饮场上，远不是中国传统白酒的对手。因此，借着控股中国传统白酒，将是洋酒进一步熟悉白酒销售渠道，进一步了解中国人餐饮消费习惯的一个捷径。

目前在整个白酒行业，无论是政策法规还是市场操作方面，都经历了一系列变化，销售渠道成为中外酒业集团市场争夺中的稀缺资源。国内酒业集团近来也已明显加快了渠道扩张的脚步，而洋酒巨头要想快速占领渠道，合作是最佳最快速的选择，目前剑南春已完成改制，销售网络遍布全国，且利用旗下金剑南等子品牌进行扩张，在生产规模和品牌方面都斩获不少，而其旗下的文君子品牌不仅有品牌历史文化，而且规模适中，销售网络成熟，让轩尼诗可以拿到最好的筹码，可谓是明智之举。

资料来源：http://www.sina.com.cn

二、分销渠道的作用

多年来，与其他因素相比，分销渠道的重要性似乎曾经下降，许多企业通常是在考虑了产品、价格和促销这些因素之后才关注分销渠道问题。不过，近些年，企业忽视分销渠道的情况有所改变。主要原因是企业的销售环境发生了很大变化，分销渠道的设计与管理在企业销售中的地位越来越重要，发挥的作用也越来越明显。具体讲，主要表现在以下几个方面。

1. 保持竞争优势

分销渠道策略有三个重要特点：①它是长期的，即为了建立和维持一个顺畅而高效的分销渠道系统，企业需要长期地立足于市场，保持持久的竞争优势；②它需要通过组织机构和人来实施，既要有较大的人力资源的投入，又要有较大的财务投入的支持；③要基于企业间关系和企业间人员的互动，即为满足分销渠道系统顺畅而高效地运行要求，所有渠道参与者都需要密切配合。正因为分销渠道策略有这些特点，所以一旦通过渠道策略获得竞争优势，其他企业就难以在短期内模仿。因此，它比产品、价格和促销等要素更能提供可持续的竞争优势。

2. 与中间商协作共赢

近20年，渠道权力正在从生产制造商向中间商转移。这种趋势在西方发达国家已经表现得非常明显，一些大型零售商（沃尔玛、家乐福、麦德龙等）已经成为分销渠道的控制者或渠道运行中的主要角色。在中国，这种趋势也已经出现。中国家电产品的分销渠道正面临着深刻的变化：综合性家电连锁企业（国美、苏宁、三联）对传统的分销渠道构成了严重的威胁。它们最显著的特征是经营规模大、资本雄厚、跨地域连锁经营、掌握着庞大的销售网络，是一个高效率、专业化的零售终端。凭借其雄厚的资本和巨大的规模，这些家电连锁企业以承担市场风险的方式（一次性买断一定批量的产品）获得生产企业最大限度的让利，这使它们在零售价格上具有明显的优势。它们的出现，不仅仅意味着家电分销渠道的格局要重新构造，更意味着市场的主控权可能将由厂家转移到商家手中。

零售商越来越把自己看成是消费者的采购代理人，而非生产制造商的销售代理人。它们以低毛利、低价格的方式经营，在与生产制造商打交道时，讨价还价的力量越来越大。这一趋势要求生产制造商必须认真地考虑分销渠道策略，与中间商既合作又竞争，以求达到双赢的局面。

3. 节约流通费用

有效的分销渠道管理可为企业节约大量的产品流通费用。企业在削减制造成本和内部营运成本方面已经花费了大量的精力，如组织重组并构、流程再造和组织扁平化等，都是为了削减成本。不过，企业在节约制造成本和内部营运成本方面成果越是显著，就说明在这些方面进一步节约成本与费用的潜力越小。另一方面，随着市场竞争越来越激烈，分销渠道费用越来越大，这两个方面的共同作用，使得企业越来越重视流通费用的节约，也比过去需要更加专注于分销渠道设计和管理。

4. 维持效益可持续增长

在激烈竞争的市场上，企业效益可持续增长的压力越来越大，也越来越困难。企业常常要回答这样的问题：企业如何在成熟的市场或增长缓慢的市场上迅速成长？这时，企业除了争夺竞争对手的市场，别无他途。这就要求企业一方面少失误或不犯错误，另一方面要有中间商的支持与合作。高效率的分销渠道是企业实现销售目标、维持效益增长的源泉。

【案例】

神州笔记本电脑公司的分销渠道

作为国产笔记本电脑的一匹黑马，神舟笔记本电脑公司（以下简称神舟）近年来获得了飞速发展，其市场也在一步一步地扩大，因此扩充渠道也在情理之中。

从某种意义上说，神舟的成功，正是得益于从一起步就建立起独特的新渠道体系。神舟笔记本电脑，既不同于戴尔的直销，也彻底区别于旧时代的渠道模式。神舟的渠道具有扁平化、层次精简、效率高的优点。

神舟以加盟连锁店的方式，在全国征集了1000多家代理商，分布在全国各大中城市，地理位置较好，可以将神舟的渠道延伸。神舟在重要城市建立了神舟分公司，在全国的七大销售中心里，每一个区域都由分公司进行统一调度，如北京神舟、上海神舟、广州神舟、成都神舟、西安神舟、武汉神舟等，这些分公司直接受神舟总部的领导，给各大区域内的加盟连锁店提供媒体宣传、技术支持和物流运输服务。分公司与连锁加盟店的策略，是神舟渠道的神来之笔，其成本低、便于管理、覆盖面宽，可以快速扩展。分公司是区域的桥头堡，扮演本地化的角色，可以针对当地消费习惯、行政政策制定相应的销售策略，成为总部与专卖店间沟通的纽带。统一的渠道，使神舟在价格变动、新品推广时，能够及时做出反应，迅速将信息传达到神舟各个卖场。

资料来源：http://www.globrand.com/

任务4　认识分销渠道的新变化

一、改革开放30年我国市场渠道的演进

改革开放以来，中国的营销环境风云变幻，中国经销商在短短二十几年中就经受了无数次的市场洗礼，经历了从官商、坐商到行商、服务商，再到分销物流商的角色演变过程，我国市场主流分销渠道也经历了从国营配销体系→批发市场→经销商（代理商）→零售商连锁经营→基于电子渠道的直销与网络营销的不断发展的过程。究其原因，这是社会经济和科学技术发展的结果，也是渠道演进的结果，是营销革命的必然。

1. 20世纪80年代的国营配销体系——官商

20世纪80年代的中国仍然是计划经济的中国，其主要的商业流通形式是国营商业的配销体系，如供销社、糖酒公司、百货公司等。那时的“经销商”实际上并不是真正意义上的经销商，而是配销商，是官商，他们不需要去开拓市场，不需要去提供服务，更不需要让顾客满意。他们手里掌握着商品，掌握着商品的分配大权，因而高高在上。那是一个产品短缺的年代，是崇尚产品致胜的时代，谁手上拥有商品，谁就享有主宰百姓生活的大权。

2. 20世纪90年代初批发市场兴起——坐商

20世纪90年代是一个狂飚突进的年代，个体经济开始跃上历史舞台。随着1992年邓小平南巡对中国改革开放和市场经济的充分肯定，中国个体经济的能量被充分唤发出来，当时一些有胆量、有头脑、有眼光的人士开始出来从事个体经营，国营商业中的有识之士也纷纷下海，独立门户，一时间中国流通市场如火如荼，像浙江义乌、广东大沥、武汉汉正街等一大批具有强大渗透能力的大市场如雨后春笋般涌现出来，其吞吐量之大、辐射力之强让人惊叹。批发网络显示出巨大的能量，取代保守、落后的国营商业，成为整个20世纪90年代初的商业主角。那是一个市场饥渴的年代，只要有产品，不愁销售。那是一个广告致胜的时代，只要大力度投放广告，很快就会打出一个“名牌”来，产品很快就会畅销大江南北。伴随着批发市场的兴起，经销商（代理商）成为那个时代分销渠道的主旋律。

当然，那也是一个浮躁的时代，经销商都是坐商，等客上门，等着收钱，依赖有好的产品，依赖厂家的广告投入，同时不择手段，甚至不顾厂家的价格体系肆意冲货，造成市场混乱。随着市场竞争的加剧，坐商的弊端开始显现出来，批发市场模式也受到挑战。曾经风光一时的批发市场开始走向衰落、转型。终端卖场的崛起直接冲击批发市场，市场秩序、价格体系以及消费者对服务的要求直接促进了经销商的转型以及深度分销和连锁经营业态的兴起。

3. 20世纪90年代末连锁经营业态兴起——行商（服务商）

1997年家乐福上海曲阳店开张是一个标志，沃尔玛、麦德龙、欧尚等国际零售巨头陆续登陆中国，展开中国布局，本土企业联华、华联、农工商、华润、苏果等也加速连锁扩张，一时间，批发市场衰落，零售终端连锁经营兴起，中国商业进入连锁经营和终端致胜时代。连锁经营正在各行各业逐步展开，如零售商业、百货业、家电业、家居业、服装业、化妆品业、药品行业、餐饮行业、美容行业、汽车销售等，可以预测，连锁经营在相当长的时期内仍是我国商品流通的主要渠道。

此时的经销商（代理商）、批发商面临转型，不得不转型为行商和服务商。大型零售终端

和连锁企业的加速扩张，不断挤压经销商的生存空间。一方面，大型零售和连锁企业不断要求和厂家直接合作，撇开经销商。另一方面，经销商也因为不能承受零售企业巨额的通路费用而主动放弃一些零售终端。此时的经销商已经沦为配角，要在夹缝中生存，必须走出去，积极主动开拓业务，送货上门，充当行商和服务商的角色，做好服务工作，以服务取胜，去覆盖一些大型零售商业不能覆盖的地方，同时，厂家也需要经销商去对大部分连锁企业提供销售和配送服务，这对经销商在开拓、管理、配送、服务方面提出更高要求。由此，很多经销商顺应了形势，成为这个时代厂家进行深度分销和终端配送的主力军，在终端致胜的环境中找到了自己的位置，有的甚至干脆直接从经销商转变成为零售商，创建属于自己的连锁企业。

4. 新世纪渠道新趋势——基于电子渠道的直销与网络营销

随着新世纪的到来，互联网的龙卷风从大洋彼岸的美国无比强劲地刮过来，主要以互联网公司股票构成的纳斯达克综合指数从 1991 年 4 月的 500 点一路上涨，到 1999 年 12 月逼近 5000 点，市场的繁荣把人们对互联网的热情推到了沸腾的高度，从此开启了全球互联网的时代。以互联网络为核心的信息技术在很大程度上改变了人们生活和管理的方式，带来了全方位的挑战，一种以互联网络、计算机通信和数字交换等系统工具为基础的营销方式——网络营销兴起。

随着科技的发展和数字技术的普及，互联网络成为人们生活的一个重要组成部分，在分销渠道领域也表现为，传统渠道逐渐衰落，基于电子渠道的直销与网络营销蓬勃兴起，并逐渐发展成为新的渠道主潮流。网络渠道是一种企业和顾客间即时反映的交互式信息交流、交换渠道形式，其主要优势在于即时性、开放性、直接性、交互性。在我国，阿里巴巴、淘宝网、当当网、卓越网的成功经营为业界树立了榜样，以戴尔为代表的网络直销模式的成效也有目共睹，目前，在全国掀起了一股电子商务的风潮，大大小小的企业都开始建立自己的网络平台，开拓企业的电子化分销渠道。

【案例】

山西煤老板 10 亿建全国最大酒业 B2C

一瓶出厂价 490 元的 53 度飞天茅台，经手几重流通渠道终端价格已经达到 1098 元！山西煤老板日前出手 10 亿元欲建全国最大酒类营销网站酒仙网，并放言要借规模和渠道优势将酒价砍低 30%～50%。时尚的 B2C 模式用在酒类购销上，能否复制淘宝“淘衣服”的神话？我们拭目以待。

酒类行业 B2C（business to customer）并不是新鲜事，在酒仙网出来之前，烟酒在线、美酒在线、美酒网等已经有一定的行业知名度。之所以酒仙网的出现令行业震动，完全是因为酒仙网背后财力雄厚的出资方规划的大手笔：计划总投资 10 亿元，一期投资为 1 亿元。该网站将采取电子商务与物流配送的方式，计划在 3 年内建成 500 家配送网点，5 年后力争达到 100 亿销售规模。和其他的酒类 B2C 平台一样，酒仙网 CEO 叶晓丽称，网站将采取电子商务与物流配送的方式进行营销。“传统的流通渠道因为有多重渠道代理商的抬价，导致酒价飙涨，酒仙网将借助直接渠道优势和规模优势，抑制酒价虚涨，我们的目标是在未来一段时间内，将酒价砍低 30%～50%。”

资料来源：《南方都市报》2010 年 9 月 14 日 C15 版

二、我国营销渠道存在的问题

我国改革开放以来才开始推行市场经济，引进市场营销，迄今不过三十年，但中国营销三十年已经走过了西方营销上百年的路程。中国营销日新月异，营销渠道也经历了多次根本性的变革，发展到今天呈现出多种渠道百花齐放的繁荣景象，但目前在我国营销渠道管理领域仍然存在一些问题需要解决。

1. 信息沟通不畅

对多数企业来说，营销沟通都是一个薄弱环节，尤其是在渠道内部各层次、环节之间，往往存在信息沟通不及时、沟通手段落后、信息不对称、信息失真的情况，经常造成误解，导致决策失误，形成渠道的矛盾和冲突。

2. 渠道管理不规范

分销商队伍经营管理素质低是一个普遍的现象，经常造成管理无章法，需要制造商帮助提高市场意识和经营能力。在营销渠道方面有完善的管理文件和操作规范的企业实在是凤毛麟角，即使是管理制度非常严格、非常正规的企业，也很容易忽视渠道管理制度的建立。

3. 渠道冲突严重

渠道成员之间存在冲突是一种相当普遍的现象，但以经销商跨区域窜货和乱价为主要特征的渠道冲突严重，会危及渠道的健康发展。另外，以拖欠货款、低价倾销等为特征的渠道短期行为也相当普遍，对渠道造成破坏。

4. 地方保护主义严重

地方保护主义是中国特有的一种现象，地方政府为了保护本地区的经济发展，片面地限制外地产品在该地区销售，严重阻碍了渠道建设和管理的通畅。

5. 分销商经营道德缺失

大多分销商欲壑难填，缺乏应有的品牌忠诚度，有奶便是娘，唯利是图，频繁地改换门庭，不肯做长远打算，不肯进行市场投入，或者仗着自身的渠道优势向制造商漫天要价，缺乏合作精神，只追求眼前利益，不具有建立伙伴关系的意识。

6. 渠道成本居高不下

渠道成本主要包括渠道网络的建设成本以及铺货成本，还有包括为了打通各种关节、维系渠道关系而耗费的“交易成本”，由于分销商大多缺乏品牌营销意识，追求短期行为，使得营销渠道的交易成本和管理成本上升，这些成本居高不下加剧了渠道的负担。

7. “大户问题”日趋严重

在企业建设渠道的时候，往往都比较喜欢大的、实力强的经销商，但在分销渠道管理过程中，往往有一些大经销商（大户）和大零售商（超级终端）因其实力足以改变或控制合作伙伴的销售政策，难免反客为主，对厂家提出过分要求，甚至反控厂家，使厂家十分为难，这类现象被厂家称为“大户问题”。“店大欺客、客大欺店”讲的就是这个道理。“大户问题”在我国商品流通领域日趋严重，使厂家十分头疼，比如大卖场、大连锁超市现在就掌握着渠道的话语权，“家乐福炒货风波”、“格力国美事件”的发生正说明了这一点。

三、我国市场渠道的发展趋势

近年来，随着市场经济的深入开展，我国市场环境的不断变化，消费者购买心理与行为也在发生变化，企业间竞争加剧，促使市场分销渠道不断发生变革，以适应现代竞争的要求。从企业渠道管理的层面看，我国营销渠道的发展显示出以下趋势和特征。

1. 渠道体制由金字塔式向扁平化方向转变

传统的分销渠道的模式是：厂家－总经销商－二级批发商－三级批发商－零售商－消费者。这种金字塔式渠道体系存在以下缺陷：一是厂家难以有效控制销售渠道，厂家的销售政策不能得到有效落实；二是多层结构不利于提高效率，商品的中间环节加价多，零售价格高，不利于竞争；三是单项式、多层次的流通使信息不能准确、及时反馈；四是渠道层次多，增加了渠道风险。物流供应链架构的复杂性导致每个分销环节都潜伏着风险，过多的分销层次增大了资金积压和囤货风险，如一家公司出现问题，可能会产生连锁反应，影响到供应链上多家公司。

渠道体系扁平化是指企业依据自身的条件，利用现代化的管理方法和高科技手段，最大限度地使生产者直接把商品出售（传递）给最终消费者，以减少销售层级的分销渠道。具体说来，就是由多层次的批发变为一层批发，即渠道结构成为制造商－经销商－零售商的模式。一些企业在大城市设立配送中心，直接面向经销商和零售商提供服务。渠道体系扁平化发展有利于改进传统渠道体系的诸多问题，能够增加网点、降低成本、提高制造商对渠道的控制力。

2. 渠道运作由总经销商为中心变为终端市场建设为中心

销售要解决两个问题：一是如何把产品铺到消费者的面前，让消费者见得到；二是如何把产品铺到消费者心中，让消费者乐意买。不同时期，企业解决这两个问题的方式不同。20世纪90年代后期之前，企业多是在销售通路的顶端，通过大户政策来开展工作，但当市场饱和时，其弊端日显。

（1）企业把产品交给经销商，经销商一级一级分销下去，由于网络不健全、通路不畅、终端市场铺开率不高、渗透深度不足等，经销商无法将产品分销到厂家所希望的目标市场上。结果厂家广告电视上天天见，但消费者在零售店却见不到产品。

（2）产品进入零售店摆放在什么位置、如何展示陈列、POP广告如何张贴、补货能否及时等，这些终端工作经销商往往做得不到位，影响终端销售力。

（3）厂家的销售政策无法得到经销商的全面执行，其结果是，厂家促销力度大，而促销效果差。

（4）厂家、经销商利益矛盾，使厂家无法确保一个稳定的市场，经销商无序经营、窜货、降价倾销现象严重。

（5）厂家为调动经销商的积极性，花费成本大，导致厂家经营无利。

针对这些情况，厂家开始以终端建设为中心来运作市场。在终端市场进行各种各样的促销活动，激发消费者的购买欲望，使消费者乐意买；同时，通过对代理商、经销商、零售商各环节的服务与监督，使产品及时到达终端，提高产品的铺市率，让消费者买得到。

3. 渠道建设中渠道成员之间的关系由交易关系向伙伴关系转变

在交易性关系中，每个渠道成员是独立的经营实体，每个成员追求个体利益最大化，甚至不惜牺牲渠道和整体利益。在伙伴式渠道关系中，厂家和经销商一体化经营，厂家对渠道实现集团控制，经销商形成整合的体系，渠道成员为实现自己和大家的共同目标努力，通过建立渠道“伙伴关系”实现双赢或多赢。建立关系型渠道的方式如下。

（1）联合促销。如共同做广告——经销商发布广告，厂家给予补贴；陪同销售——厂家派销售人员协助经销商向其下级客户销售；销售工具——厂家为经销商提供样品、POP 等。

（2）专门产品。厂家为经销商提供专门产品，可以增强销售网络的凝聚力，减少消费者购买时的价格比较。如厂家为大的零售商专门生产某一产品，经销商买断某一品牌经营等。

（3）信息共享。共享市场调查、竞争形势、消费者动向等方面的信息。

（4）加强培训。厂家为渠道成员提供专业培训，促进市场理念共识的形成。

4. 市场重心由大城市向小城市和农村市场延伸

以前企业以大城市为重心开发目标市场，在省会城市设销售机构，在大城市进行竞争。目前，一些企业则将市场重心移到地区、县级市场，在地、县级市场设立销售机构。如双汇集团在一个省设立的办事处达到二十多个。以大城市为重心，容易出现市场空白，将重心下移，在地区设销售中心，能够做好地区市场，以县为中心设办事处，能够做好县城－乡镇－村级市场。一句化，“渠道扁平化”、“渠道重心下移”成为一种趋势。

企业对经销商的政策也发生了变化，从重点扶持大客户转移到重点扶持二、三级经销商。如美的的新渠道战略是“弱化一级（经销商），加强二级（经销商），决胜三级（终端分销商）”。美的集团的小家电经销商以前都在大城市，现在要让地、县级经销商占总经销商的 2/3，一级经销商只负责给美的提供资金，二、三级经销商做市场。给二、三级经销商提供强有力的支持，提高其竞争力，通过做“小方块”，实现更大的市场覆盖。

5. 渠道激励由给经销商钱变为让经销商掌握赚钱的方法

一些经销商是以个体户为基础发展起来的，经营素质不高，有四点不足：市场开发能力不足、促销能力不足、管理能力不足、自我提高能力不足。所以，厂家对经销商的激励措施不仅仅是送“红包”，而是让其掌握赚钱的方法，进行培训。正所谓“授人以渔”，而不是“授人以鱼”。厂家对经销商的激励从直接给钱到重点提供学习培训机会，以提高他们的经营能力为重点。有的企业安排送经销商去国内外的知名大学学习 MBA，作为厂家送给经销商的福利，获得了长远的利益。

任务 5　讨论渠道扁平化与深度分销

一、渠道扁平化是渠道管理必然

渠道扁平化一方面是指企业通过减少中间分销商层级，使产品通过最简短的销售体系流向消费者，目的是提高渠道管理效率和销售的有效性；另一方面，企业可以通过建立更多的直接销售渠道，包括直供零售商（直接面对零售终端）和自建销售渠道（直接面对消费者），以加强企业对零售终端和终端消费者的把控，提高整体渠道效率。

其实，“扁平化”是一种组织管理思想，目的是通过增大管理幅度，减少管理层次和中间环节，提高组织管理的效率。业界将这一思想运用于分销渠道管理，提出“渠道扁平化”，旨在通过精简渠道环节，以提高渠道管理的效率和效益，增强渠道的可控性，同时更加有效地接近消费者。可以说，渠道扁平化思想的核心就是减少渠道层次和环节，增加渠道管理幅度，实现渠道重心下移和目标市场的细分经营。

事实上，现代整合营销 4C 理论强调便利性和与消费者沟通，要建立与消费者有效沟通的平台，渠道必须向消费者有效靠近和延伸，客观上支持渠道向扁平化方向发展。“渠道扁平化”

的典型形式有“分公司制”（直营制）、“自营连锁”、“直销”、“渠道重心下移”等，它的确可以通过减少中间渠道环节及费用，使价格更加具有比较优势，服务更加直接到位，信息反馈更加准确快捷，从而有效提高渠道运作的有效性。

直销、连锁经营、网络营销等“新兴渠道”的兴起，越来越要求与厂家建立直接的供货关系，客观上推动了“渠道扁平化”的进程；让很多厂家头疼的经销商管理问题也促使一些厂家希望通过“扁平化”提高渠道效率和加强对渠道的控制；加之最近几年商业竞争加剧，产品和价格的竞争白热化，迫使生产企业将渠道重心下移，把眼光瞄准广大的农村乡镇市场，去获取渠道纵深环节的利润，也加深了人们对“渠道扁平化”思想的认同。

【案例】

格兰仕“立体化分销”提高运营效率

据《南方都市报》报道，格兰仕集团对组织架构进行了大调整，过去微波炉、空调、小家电三大业务主要通过格兰仕营销公司这个平台统一运作，而现在格兰仕已经开始实行渠道扁平计划，单独成立了14个子公司，分管不同的业务。这14个子公司包括：微波炉销售公司、微波炉制造公司、空调销售公司、空调制造公司、小家电销售公司、生活电器出口制造公司、厨房电器制造公司、电器配件制造公司、模具制造公司、磁控管制造公司、电子元件制造公司、电工线材制造公司、电机制造公司、配套产品制造公司。

过去格兰仕的管理过分集中，传达指示时需要层层上报下达，面对迅速变化的市场和紧急情况时反应速度过慢，成立子公司能大大提高各大业务的运营效率。格兰仕空调内部的组织架构将正式调整，由过去的“代理商模式”转向“立体化分销模式”——“代理商模式+强势终端合作模式”。格兰仕空调将建立专门的KA（Key Account，重要客户）部，KA部里将成立国美科、苏宁科等，为强势终端提供一对一的服务。此外，还将培养一批门店经理，实行销售渠道的扁平化管理。

格兰仕空调“立体化分销模式”：

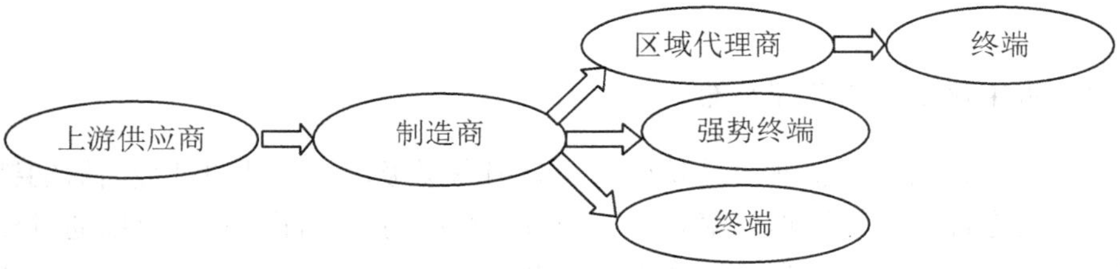

资料来源：编辑自《南方都市报》2009年2月12日版

二、深度分销是渠道未来趋势

“深度分销”是一种渠道技术，它是指企业通过一定的手段和方法，将产品尽可能销售到目标市场的每一个层次和每一个角落，达到渠道充满和随手可及。这是很多企业都希望达到的分销目标。其中，横向的深度分销指的是区域市场的密集分销，即找更多的客户进行分销，目的是实现“渠道充满”；纵向的深度分销指的是“渠道重心下移”，深入基层市场开展分销，目的是实现目标市场的精耕细作。

如青岛啤酒品牌在某市的销售，不但进入市里的卖场、连锁超市、便利店、批发市场，还进入菜市场、酒店、餐馆以及卡拉OK、夜总会、娱乐城等任何可能的场所销售，这就是横向的深度分销；同时，该啤酒品牌还借助经销商的力量，不但在中心城区销售，还深入到郊区，深入到郊县下属的村镇进行销售，这就是纵向的深度分销。

在目前的中国消费品市场，深度分销是一种趋势，只有开展深度分销，才能实现销量和市场占有率的最大化。中国经销商群体是中国市场“深度分销”的主要力量。因为中国市场地域辽阔，地区经济发展极不平衡，各行业特点又不一样，各地区风土人情差异很大，因此，必须重视经销商群体，只有利用经销商的力量，发挥其本地化的分销优势，进行“深度分销”，才能达成企业的经营目标。像宝洁、娃哈哈、格兰仕等成功企业，始终高举“深度分销”的大旗，充分利用经销商的资源，将产品分销到了市场的各个层次、各个角落，获得了巨大的市场回报。据统计，目前以卖场、连锁为代表的新兴渠道尽管在中心城市势头强劲，但从全国的总体销量看，其份额不足30%，就商业发达的北京、上海、广州而言，其份额也不超过50%，也就是说，以经销、批发为代表的传统分销渠道仍然是中国流通商业的主流渠道，在相当长的时期内经销商的分销功能不可忽视。

然而，“深度分销”究竟该多深？这是业界争论的问题。是越深越好吗？显然不能完全认同。消费品企业必须开展“深度分销”，这是不争的事实，但“深度分销”也有一个“度”的问题，横向的深度分销可以无孔不入，但纵向的深度分销必须给分销商保留一定的市场空间，要有一定的市场容量才能吸引和留住分销商。目前很多成功的企业已经将分销机构设置到了县级市，甚至重点乡镇。

【案例】

康师傅的“通路精耕”

为了解决销售渠道效率低、流通费用大，难以掌握货流情况，以及渠道间窜货、乱价等恶性竞争的问题，就要求企业直接渗透到渠道中间去，减少渠道的销售环节，合理地布局经销商的区域，形成合理的价差，康师傅把它称之为“通路精耕”。

“通路精耕”主要从三个方面入手：

一、降低渠道的层次，对于重要城市，寻找能够直接为零售点服务的批发商作为经销商，康师傅把他们形象的称为“邮差”，意喻能够主动配送的人。少了一道中间环节，减少了渠道“盘剥”，货物能够以合理的价格到达消费者手中。

二、合理划分区域，保证每个“邮差”都有合适的销售区域，这是市场价格稳定的前提。

三、提供优质的服务，有专门的推广业代协助“邮差”拜访零售点，帮助其拓展市场。

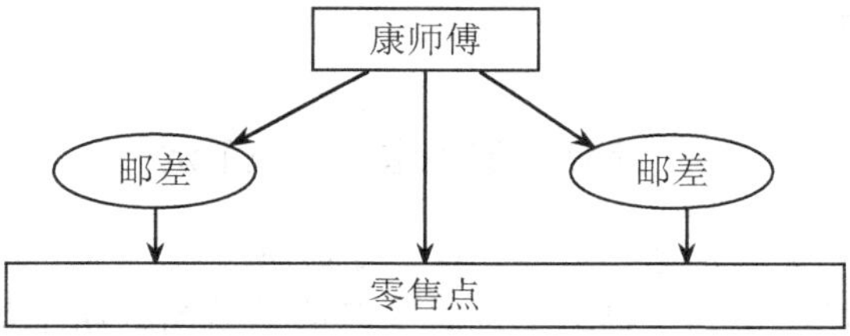

"通路精耕"使康师傅更加贴近市场，与客户之间的关系更加紧密，对于新产品的上市可以保证在最短的时间内十分顺畅到达区域内各个零售点。而经销商在稳定的区域内获得丰厚的利润的同时也提升了自身"商誉"，是典型的"双赢"。"通路精耕"的策略使康师傅在中国市场取得了巨大的成功，引领了"深度分销"的潮流。

资料来源：根据"中国营销传播网"胡滨的文章整理

核心概念

营销（Marketing）

分销（Distribution）

分销渠道（Distribution Channel）

营销渠道（Marketing Channel）

分销渠道管理（Distribution Channel Management）

分销渠道功能（Functions of Distribution Channel）

分销渠道流程（Flows of Distribution Channel）

深度分销（Deep Distribution）

渠道扁平化（Channel Flatting）

训练题

思考题：

1．你认为分销渠道在企业经营过程中应该扮演什么样的角色？

2．以某产品为例绘制该产品在某目标市场可能的分销渠道结构图。

3．你认为分销渠道的功能与流程中哪些功能最为重要？

4．请根据我国市场竞争环境分析中国营销渠道的未来趋势。

训练设计：

1．设计一场学生辩论赛，辩论主题是"渠道驱动还是品牌渠道？"，换句话说，"你认为是渠道更重要还是品牌更重要？"，将学生分成若干小组，自由选择正方或者反方，或者抽签决定正方还是反方，给一周准备时间，在课堂上安排辩论，组建第三方专家评委点评和打分，作为小组平时成绩，最后由老师点评。

2．经济全球化和现代科技的日新月异，渠道结构不断创新，对企业构建分销渠道系统提出了严峻的挑战。假设某个行业某个企业为背景，请分析该企业可能的渠道设计和渠道成员构成，并分析他们的优势和劣势。

综合案例分析

宝洁、资生堂"渠道下沉"

一、宝洁"四次下乡"和资生堂"下放"子品牌

宝洁等大日化品牌走在了"渠道下沉"战略的最前列，粗略估算前后有多达四次下乡行

动。1996 年至 1999 年间，在全国数万个村镇拉开了声势浩大的路演，开着彩车、打着锣鼓，通过终端产品的现场演示和消费者试用体验与农村消费者“面对面”，此外还不忘拉拢农村终端，进行了小店拜访、店主联谊会等活动。1999 年开始实施“乡镇终端网络计划”，削减了大量小分销商，重点培育一批大型分销商，倡导一级分销商到二三线城市设立分公司，并发展二级分销商，把产品覆盖区域扩大到乡镇。2007 年宝洁更携手商务部开展“万村千乡工程”；去年 6 月启动的“China Three”项目，要求全国近 100 个经销商在一年时间内覆盖近 3 万个乡镇，并与分销商签订了协议，对乡镇市场的增长、店铺数量等都进行了明确要求，同时根据市场大小给予一部分费用支持。

某市场人士认为，渠道下沉战略最成功的应属资生堂。“资生堂以旗下的泊美先在内地小城镇提高知名度，然后实行农村包围城市。”据其介绍，资生堂在中国市场的品牌分层结构令其他跨国公司也称羡——面向城市高档百货店有欧珀莱，面向地方专卖店有悠莱、泊美，还有专为年轻人打造的姬芮。“资生堂在渠道下沉时主要运用两大策略，一是放下高端化妆品的身段，大力签约专卖店（不同于雅芳专卖店模式，而是由资生堂选择既有专营店合作，设立专柜销售产品），二是发挥其特有的咨询服务中心美容顾问的温柔杀伤力。”

“联合立华对下沉战略十分谨慎，只跟随有合作基础的连锁超市的扩张步伐。”资深业内人士覃雪花表示。而本土品牌更多选择乡镇及农村市场的小店或夫妻店。“这些店运营成本和风险较低，使得本土化妆品企业的生存发展就有足够空间。然而中西部多数乡镇和农村相距较远，物流上不能通达，也给运作市场带来了诸多障碍。不过在今后城市化的进程中，这些问题有望得到解决。”覃雪花称，稍高端的本土品牌也可对中心城市进行反渗透，其中最为成功的莫过于佰草集。

二、二三线市场专营店极度繁荣隐含危机

2009 年的不完全数据显示，“中国化妆品专营店自 1997 年开始发展，在中国拥有接近 15 万家的化妆品专营店，其中化妆品零售总额的年度增长一直维持在 15%左右。而专营店、门店数量的增长却高达 30%。同时，在中国的二三级市场，化妆品专营店的护肤零售份额突破了 60%，成为购买的重要渠道。”中国化妆品工业论坛组委会主席桑敬民表示，正在城市化过程中的市场对专营店的依赖性颇高。而记者从中国美容博览会参展的情况看，自主专营店渠道的品牌逐年增多，今年已经超过 50%，从参观的群体来说，已经连续三年经营专营店的买家增长超过 30%。

“但专营店极度繁荣的背后也隐藏着危机，全行业单店盈利水平持续下降，缺乏新盈利增长点，培训体系不完善，标准化运营实施难，标准化的手册制定难，核心技术人员流失等问题已成为制约专营店良性发展的壁垒。”丝宝日化 CEO 吴勇男则进一步透露，本土日化品牌的流通渠道正日渐式微，九成以上出现销售与利润的双重下滑，优质店址的缺失、连锁模式的管理瓶颈，导致全国各地曾经一路高歌猛进的专营店新店开业步伐有所减慢。“从目前的市场趋势看，专营店开始朝专、精、特的方向发展，更多无核心竞争力的企业面临被淘汰的风险。”

此外，新兴渠道电子商务也对传统渠道形成潜在的冲击。“如果说前几年电子商务市场还是非正规军的话，今年会出现全新变化，欧莱雅已经把兰蔻、碧欧泉等高档产品采取网购的方式进行营销尝试，雅诗兰黛也开辟电子商务平台，目标直指其百货柜台无法全方位覆盖的中国二三线城市消费者。”吴勇男称，这些大品牌的介入显示出网购市场的巨大潜力已不可忽视。

资料来源：《南方都市报》2010 年 5 月 25 日 “快消周刊焦点”

问题讨论：

1. 目前二三线市场专营店的经营都遇到了什么样的问题与困难？
2. 从宝洁的“四次下乡”行为看现代分销渠道的发展趋势。
3. 你怎样理解电子商务等新兴渠道对传统渠道的冲击？

项目二　认识渠道战略模式

知识点

1. 分销渠道战略的概念内涵
2. 渠道战略选择的影响因素
3. 典型的分销渠道模式特征
4. 其他无店铺分销渠道模式

技能点

1. 分析、设计三种典型的分销战略
2. 分析、设计经销模式和分公司模式
3. 分析、设计直销模式和连锁经营
4. 区分直销、传销与非法传销

【案例导入】

中国汽车 4S 渠道模式

中国最早的汽车销售是由国营的汽车销售公司垄断的。到了 20 世纪 90 年代中期，汽车厂商开始建立自己的销售渠道，并逐渐形成以下四种汽车分销渠道模式。

- 总代理制。渠道模式可表述为：厂商→总代理→区域代理→下级代理商→最终用户。进口汽车主要采用这种模式，如奔驰、宝马等。
- 区域代理制。渠道模式可表达为：厂商→区域总代理→下级代理商→最终用户。这种模式与 IT 渠道的区域代理制基本一致。这是汽车渠道最早采用的模式，目前使用这种模式的厂商已较少。
- 特许经销制。渠道模式可表述为：厂商→特许经销商→最终用户。区域代理制实行一段时间后，汽车厂商逐渐发现很难对经销商的经销行为进行规范，市场价格体系混乱。1996 年以后，汽车渠道逐渐向特许经销制转变。目前一汽捷达、神龙富康等采用这种模式。
- 品牌专卖制。渠道模式可表达为：厂商→专卖店→最终用户。品牌专卖店是 1999 年发展起来的渠道模式，主要以“三位一体”（包括整车销售、零配件供应、售后服务）专卖店和“四位一体”（包括整车销售、零配件供应、售后服务、信息反馈）专卖店为表现形式。目前广州本田、上海通用是采用这种模式的代表。

特许经销制和品牌专卖制是目前汽车分销的主流模式。二者之间也存在一些区别:

首先，二者对经销商要求不同。特许经销制下，厂商一般只考察申请特许经销的经销商的地理位置、销售能力等，不管它的软硬条件如何。但在品牌专卖制下厂商不仅注重专卖店的位置和销售，同时对专卖店的硬件有着严格的规定，有的甚至对店铺装修材料的采购地点都有明确的规定。

其次，管理力度不同。厂商对特许经销商的销售管理和培训方面支持较少；而在品牌专卖制下，厂商对专卖店有严格的管理，在店面管理、销售管理、员工培训等方面都有统一的规定。如“四位一体”的专卖店——4S店，由生产商制订相应的经营标准，包括整车销售标准（Sale Standard）、零配件供应标准（Spare Parts Standard）、售后服务（Service Standard）、信息反馈（Survey Standard）等，如图3-1所示。

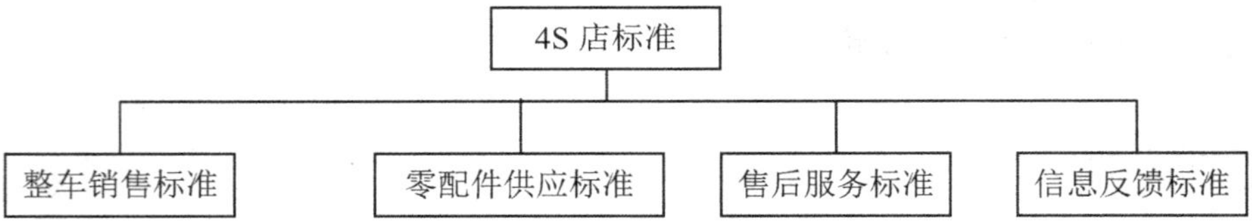

再次，展示的形象不同。特许经销制下，经销商不能打厂商的品牌形象，而专卖制下，专卖店可以打厂商的牌子，注重展示厂商的形象。“四位一体”专卖店还特别强调售后服务和信息反馈功能。

最后，经营的品牌数量不同。特许经销商经营汽车的品牌数量可以多一些，厂商对此不能进行控制；而品牌专卖制下只能经营厂商指定的某个汽车品牌。

目前受到普遍青睐的品牌专卖制模式是4S店模式，因为它更加紧密地加强了经销店与厂商之间的联系，并能提供更多的服务和价值。有资料表明，在整个汽车销售利润的构成中，整车销售、配件、维修的比例为2:1:4。维修服务的盈利是汽车销售利润的主要来源，对专卖店的重要性也是显而易见的。

4S店是汽车市场激烈竞争下的产物。中国汽车市场逐渐成熟，用户的消费需求开始出现多样化，对产品、服务的要求越来越高，越来越严格。原有的代理销售体制已不能适应市场与用户的需要。4S店能满足用户的各种需要，可以提供装备精良、整洁干净的维修区，现代化的设备和服务管理，高度职业化的气氛，保养良好的服务设施，充足的零配件供应，迅速及时的跟踪服务体系。通过4S店的服务，可以使用户对品牌产生依赖感，从而扩大汽车的销售量。

资料来源：张传忠，《分销渠道管理》，广东高等教育出版社，2009年版

问题讨论：中国汽车行业现在的主渠道是什么？未来的渠道趋势怎样？

任务1　分销渠道战略认知

一、认识分销渠道战略

战略是军事术语，指有关指导战争全局的谋略，即指重大的、全局性的或决定全局的计

谋。在企业管理中，企业战略指为实现各种特定目标以求自身发展而设计的行动纲领和方案，是关于企业大政方针方面的决策。

企业战略是一个庞大的系统，由不同层次的战略组成。分销渠道战略就是企业战略的一个子系统，分销渠道战略是指厂商或其他渠道成员为实现自己的任务和目标，针对各种变化的市场机会和自身资源而制定的带有长期性、全局性、方向性的渠道规划。而渠道战略的制定和实施要符合企业的总体战略的要求，并且要和企业的其他子战略相互配合。

二、渠道战略与营销战略、企业战略的关系

一个公司的战略体系包括：公司总体战略、公司营销战略和公司分销渠道战略。那么构成这个战略体系的三者有何关系呢？显而易见，直接影响分销渠道战略的是企业的营销战略，而营销战略又直接受到企业总体战略的作用。换句话说，分销渠道战略必须和营销战略一致，营销战略又必须和公司总体战略保持统一。三种战略的这种关系可从太阳系中太阳、地球和月球的公转和自传中窥见一斑。

分销渠道战略好比是月球，公司营销战略好比是地球，而公司总体战略就好比是太阳。分销渠道的发展可以自成体系，但在战略上必须与其“公转”围绕的对象——营销战略保持一致。同样，营销计划和活动可以千变万化，但在战略上必须与其“公转”的对象——公司总体战略保持一致。

这种战略上的一致势必要求三种战略的制定遵循一定的顺序：先公司总体战略，然后公司营销战略，最后是公司分销渠道战略。公司总体战略是公司一切计划和各种职能部门战略制定的基石。在公司发展战略的基本思路上，才能着手其他相关战略和计划的制定。比如，一个大型汽车制造公司制定了这样的经营战略：集中公司的各种资源，努力使公司成为世界一流的汽车制造商。立足于这个经营战略的营销战略必须是：利用公司既有的内、外营销资源，努力使企业拥有一流营销水平，从而实现战略目标。同样，在这样的营销战略架构下，公司得到的分销渠道战略必须是：发挥渠道资源的作用，努力建设一个具有一流分销水平的渠道体系。通过这种顺序获得分销渠道战略，才可以最终保证公司战略目标的实现。

因此，很难想象在没有公司总体发展战略的前提下，如何获得正确的分销渠道战略。这就是分销渠道战略与营销战略和公司总体战略的关系的一方面，即分销渠道战略必须统一于营销战略和公司总体战略，分销渠道战略的制定必须以公司总体战略和营销战略为出发点。同时，分销渠道战略也为公司营销战略以及公司总体战略目标的实现提供了途径。

三、三种典型分销渠道战略选择

企业在进入某地开拓市场之前，销售经理必先进行目标市场的分销方式的战略选择：密集分销、选择分销或独家分销。三种方式互相排斥，经理人只能选择其中一种方式进行操作。因为这三种分销方式有显著的不同，各自存在自己的优势和劣势，经理人只有根据自身的产品特点、企业资源情况、分销环境条件及需要进行选择，才能选择合适的分销方式，一经选择就确定了目标市场渠道建设的未来方向。下面让我们首先看看三种分销方式的优势劣势分析（见表3-1）。

表 3-1　三种典型分销方式的优势劣势对比分析表

	优势	劣势
密集分销	能够快速实现市场覆盖 迅速扩大销量和影响力 利用经销商资源以节省费用	容易出现恶性竞争 容易出现乱价、窜货 渠道控制难度大
独家分销	能够保证市场秩序 分销层次和价格层次稳定 业务管理相对简单	渠道无竞争、无活力 渠道价格偏高、难控制 能力有局限、风险大
选择分销	能够实现市场覆盖最大化 能够保证销量、兼顾利润 合理组合、能够防范风险 优势互补、便于渠道控制	需要协调、组合 考验整体运筹能力

1. 密集分销

所谓密集分销，即厂家在一个目标市场尽可能通过更多的经销商、批发商、零售商等分销机构销售其产品。密集分销是一种宽渠道结构。

在密集分销这种分销方式中，因为制造商在同一层次的中间环节中选用尽可能多的中间商分销自己的产品，使产品在目标市场上的销售有铺天盖地之势，从而达到最广泛地覆盖目标市场的目的，完成尽快地实现销量最大化和市场份额最大化的目标。在市场上，日用消费品和大部分食品、工业品中的标准化产品及通用化商品、需要经常补充和替换或用于维修的商品、替代性强的商品等多采用这种分销渠道方式。

进行密集分销的好处主要有：市场拓展迅速，市场覆盖面大，能够短时间内实现销量最大化；分销商多，客户多，顾客接触率高，能够迅速提升产品及品牌知名度，提高销售业绩；分销支持力度强，能够充分利用中间商的力量。

密集分销优势明显，劣势也很显著：厂商控制渠道较难，容易出现价格战并导致价格混乱；厂商前期需花费大量的人力物力（寻找客户、铺货、广告轰炸、促销）；分销商之间竞争会异常激烈，容易引发渠道冲突；容易导致分销商不忠诚，有钱赚就销售，没钱赚就放弃。

总之，密集分销能够在短时间内达到目标市场分销最大化的效果，但对厂家的渠道管理能力是一个巨大的挑战，弄不好会因为分销商之间的恶性竞争和价格战而崩溃，出现昙花一现的情况。所以，采用密集分销必然要求设计随后的市场治理方案。

2. 独家分销

独家分销是指厂家在一个目标市场只通过一家中间商销售其产品。独家分销又称为区域总经销，属于窄渠道结构。

在独家分销这种分销方式中，因为制造商在同一层次的中间环节中只选用唯一的一家中间商来进行商品的分销，所以，从速度上看市场开拓的进展不是很快，可谓不温不火；从分销的规模即覆盖面看，还有不少的潜在销售点未有进入；从价格体系看，倒是没有什么问题，只是零售价相对高一些；从市场秩序看，应该是井井有条，没有激烈的竞争和冲突。其实，这些就是独家分销的特点。它是一种最为极端的专营型分销渠道，主要适用于一些技术性强、价值高的商品，大众消费品是不太适合采用独家分销的。

采用独家分销的好处是：分销管理工作比较简单，在一个地区只要服务好一个分销商就好了；市场井然有序，某种意义上渠道容易控制；分销商竞争程度低，价格体系比较稳定，价格及促销容易控制；厂家不需要投入太多的渠道开拓费用，渠道费用省；市场秩序稳定，不容易出现地区渠道冲突，出现市场问题也容易解决。

但独家分销也有不利的一面：因为是独家分销，在该市场没有直接的竞争，容易固守市场，不思进取，渠道无活力。市场覆盖面有限，容易出现市场空白；推广人员、服务人员有限，顾客接触率低；厂家会过分依赖该中间商，容易出现大户问题，使该渠道反而难以控制。所以，如果选择独家分销，分销协议必须对双方的权利和义务详细约定，否则，日后很容易出现争议和冲突。

总之，一个分销商的能力毕竟是有限的，在市场上往往都既有强项又有弱项，不可能满足厂家对一个市场开拓管理的全方位需求。因此，选择独家分销是要冒很大的管理风险和市场风险的。

3. 选择分销

选择分销是指厂家在一个目标市场通过精心挑选的一家或几家特约经销机构进行渠道组合以销售其产品。选择分销属于组合型渠道结构。

在选择分销这种分销方式中，制造商在同一层次的中间环节中选择少数中间商（如两三家）分别组合进行商品的分销。选择性分销渠道政策，是根据一定标准对销售该企业产品的分销商进行选择和组合，以形成合理分工及高效合作型的销售渠道。这类渠道方式多为产品线较多的消费品企业、消费品中的选购品和特殊品、工业品中的零配件销售等采用，是一种中宽渠道结构形式。通过选择分销渠道成员并进行渠道成员组合销售，厂家对该市场渠道的控制力得到加强。

采用这种选择性分销方式，分销商的选择和组合是关键。经销商的选择主要考虑其经营特点（商超型、批发型、小店型、周边开发型）、渠道网络及范围、销售规模、销售能力、管理能力、资金实力、诚信状况、价格遵守度、协作水平、物流能力和信息处理能力等。选择范围不只限于批发商、经销商、代理商，还包括特定的零售商及中介机构等。

采用选择分销的好处：可以选择不同类型、特点，具有不同资源优势的分销机构，充分发挥分销商的功能；通过选择组合，可以实现市场覆盖面的最大化和销量最大化；有选择和渠道组合就有竞争，有利于渠道控制；通过选择和渠道组合，顾客接触率较高，有利于提高销售效率。

采用选择分销可能带来的问题：难以选择到合适的具有不同特点和资源优势的中间商；因为对目标市场渠道层次类型的划分有难度，所以难以做到选择的高度匹配；对多个分销商的协调和资源整合也具有挑战性，特别在价格体系的平衡、渠道界线的划分方面，弄不好会引发渠道冲突；企业选定的是少数经销商，存在一定的风险，与未选择的客户之间也存在协调问题；经销商也可以选择销售竞争对手的产品，企业不能完全控制经销商。

四、目标市场选择性分销操作策略

一般来讲，消费品企业既要实现目标市场销量的最大化和市场份额的最大化，又要保持市场的稳定和生意的持续发展，采用选择性分销的渠道组合策略是一个不错的选择。企业可以在一个地区选择 2～3 家，甚至 3～5 家分销机构分销自己的产品，这样，分销商不会太多，也不会太少，既能最有效分销，又能实现渠道控制，其中选择什么样的经销商、怎样组合就是关键。一个重要指导思想就是：选择的分销商要实现错位经营、优势互补，才能达到最好的组合分销效果，应避免选择同一类型同样特点的分销商以引发恶性竞争。

【案例】

广州鹰金钱（罐头）集团当初进入成都开拓市场时，范经理考虑到大卖场、连锁超市、批发市场、周边分销、特殊通道有各自不同的特点和要求，决定选择一个善于经营商超的经销商负责大卖场、连锁店的分销，选择一个批发市场的批发商负责小店、菜市场的分销以及周边市场的开发，再选择一个善于搞公共关系的客户专门负责开发集团消费和特殊通道的销售，于是找到了三家分销商组成了该企业产品在成都的分销结构，由范经理负责协调。三家分销商分别属于个体、集体和国营，各自有自己的优势和特点，在市场上是对手，有竞争，平时是朋友，互通有无，大家分工合作，其乐融融，“鹰金钱”的销量上去了，品牌知名度提高了，厂家投入加大了，大家赚的钱也更多了。范经理运筹市场，也左右逢源，游刃有余。实践证明，分销渠道有效组合能够实现公司产品的最有效分销和渠道的最有效管理，当然也对销售经理的渠道设计及管理协调能力提出挑战。

分销商的组合选择可以遵循以下思路：

1. 因地域选择

根据目标市场的地理分界进行划分，每个分地区选择一个分销商负责分销。如武汉市场，因为自然划分为武昌、汉阳、汉口，只要在这三个区域各寻找一个经销商即可。这是最初级的选择组合方法，由于现代商业连锁和电子商务的发展打破了自然地理的界线，这种方式受到质疑和挑战，其局限也非常明显。

2. 因产品线选择

有的企业有多条产品线，关联度高的产品可以选择同样的渠道（分销商）进行分销，但如果企业有多条不太关联的产品线，则可以因产品线不同分别寻找不同的分销商进行分销，组建不同的分销渠道网络，实现销售的有效性和组合销量的最大化。比如，TCL 有白色家电（空调、洗衣机等）、黑色家电（彩电、抽油烟机等）、电话、手机、电脑等关联度不大的产品线，在目标市场就可以因产品线特征选择不同的分销商进行分销。

3. 因渠道层次类型选择

一个目标市场的渠道可以根据各渠道成员的经营特点区分为不同的渠道层次。以一个城市的消费品渠道为例，主要有零售类（购物中心、大卖场、连锁超市、专营店、专卖店）、批发类（批发市场、周边分销、小店）和特殊通道（含集团消费），这三种渠道类型在经营方式、利益追求、服务要求等方面都存在显著差异。零售类分销机构要求高促销，需要高费用，讲究终端营销和品牌；批发类分销机构不用高服务，喜欢低价格；特殊通道分销机构讲究高毛利、多采用灰色营销手段。所以，企业可以根据自身产品的特点和企业的分销目标要求选择具有不同优势特点的分销商，负责不同类型渠道的分销，以发挥渠道资源的整合优势。

任务 2　分析影响渠道战略的因素

战略的制定不是孤立的，它必然会受到各种主观和客观因素的影响。也就是说，渠道战略的制定和渠道模式的选择也不能闭门造车，不能想当然，而是必须根据企业的总体战略目标、企业的产品特点、企业现有的资源状况以及竞争对手的情况，进行因地制宜的选择。影响企业渠道战略的环境因素很多，以下主要从六个方面进行分析。

一、产品因素

1. 产品的物理特征

（1）体积与重量。体积大、重量重的商品装卸和运输费用高。因此，这类产品的渠道结构是越精简越好，常常由生产商直接供货给客户。只有当客户要求数量少且要求快速交货时，才会采用中间商渠道。

（2）产品的易腐易毁性。容易腐烂的商品，如鲜活产品、新鲜食品等，容易毁坏的商品，如陶瓷制品、工艺品等，它们的渠道设计原则是渠道结构模式应该被设计成能够使生产商迅速向消费者交付的形式，以降低因产品的易腐易毁性导致的风险。

2. 产品的技术特征

（1）产品识别程度。产品识别是指人们是否熟知这个产品，产品是否有明确的使用范围和目的，有很清楚的收益，即产品的定义程度是否很高。多数产品识别程度高，如日用品、打印机等，我们知道它们是什么、用于何处、可以带来什么收益，但ERP软件、咨询服务等产品的识别程度相对较低，要想精确地识别它们是什么、用于何处、购买它们可以带来什么收益是困难的。产品的识别程度越低，产品和服务的定义越模糊，在销售产品时，就需要更多地解释和说明产品的使用目的和收益，需要的渠道服务就越多。因此，对于高识别度产品，产品很容易被辨认，有明确的使用范围和收益，可以通过任何渠道模式销售；对于难以识别的产品，需要通过专业人员参与销售过程，需要设计短渠道，垂直一体化模式更好。

（2）产品的标准化程度。即产品是标准化的产品，还是需要定制，会影响渠道决策。完全标准化的产品，可以在任何渠道中销售；半标准化产品，如工业市场中的配件和消费者市场中的家具等产品，可以通过低成本的短渠道销售；完全定制的产品，需要与购买者发生直接接触，甚至是购买者在得到专家的帮助前不能准确阐明他们想象的实物，生产方在与购买者接触前，也不能确定定制的程度。这类产品需要高接触性的短渠道。

（3）聚合性。指产品是一个独立的销售物，还是一个大的解决方案中的组成部分。如果产品是独立的销售物，适合任何销售渠道；如果产品是一个大的解决方案中的组成部分，客户需要的是全面的解决方案，不是单个的产品，厂商则需要渠道中介提供完整的解决方案。

3. 产品的市场特征

（1）单价。单价低的产品需要长渠道，如消费市场中的日常便利品，工业市场中的营业用品等，因为这些产品通常不能产生足够的净利润，从而制造商无法消化直接的分销形式所带来的高成本。只有中间商通过销售其他产品来分担其分销费用，产生一定的规模效应。而单价高的产品，由于其分销成本只是其产品总价值中的一小部分，其产生的净利润足以弥补直接分销的成本，因此直接分销较为有利，并且能够降低销售中的损坏、丢失、假冒等风险。

（2）产品的成熟度。简单地说，新产品需要大规模、强有力的促销和客户培养，短渠道容易达到目的，而成熟产品渠道的适应性较强。

（3）产品的替代性。产品替代性程度高，容易被其他产品替代，中间商对产品的重视程度差，中间商渠道就不够稳固，则需要控制性强的渠道，如公司型模式。

（4）产品的时尚性。样式和款式变化快，商业生命周期很短的商品，适宜采取少环节的短渠道，以避免长渠道导致的产品过时而积压；同时，短渠道有利于信息反馈，使厂家能够及时了解需求变化的信息。

（5）产品定位的消费者数量。产品定位于大众消费者，可以通过大众分销渠道销售。产品如定位于高端用户，就要求渠道的高接触性和独特性，公司型模式最适合。渠道的选择是要让顾客认同它"物有所值"，顾客需要更好的服务，渠道要独特，渠道要反映出产品的品位和价值，顾客需要可感知的迹象，以证明他们是在购买一种高品位、高价值的产品。

二、市场因素

市场因素是影响分销渠道模式选择的基本变量，因为分销渠道存在的意义在于满足市场需要，因此要对市场进行不同侧面的研究。

1. 市场区域

市场区域就是指目标市场的地理位置，以及与制造商的距离。从渠道战略制定的角度看，就是要考虑发展什么样的渠道结构，才能有效地覆盖目标市场，并向这些市场有效地供货。制造商与市场间的距离越远，使用垂直一体化的管理型和契约型的经销商模式其成本比使用公司型的分公司模式成本可能越低。

2. 市场规模

市场规模即市场容量，指一个市场内购买者数量。购买力构成市场规模，市场规模越大，企业可能越倾向于公司型。如果市场规模又小又分散，企业就可能越需要中间商渠道，则可能更多地选择管理型或契约型经销模式，而单位市场规模大则有利于直营。

3. 市场密度

市场密度是指单位市场区域内购买者的数量。市场密度高的市场，能够降低渠道成本。总体说来，市场密度越低，分销的难度就越大，使用管理型或契约型的经销模式可能性大。而市场密度高，顾客密集，使用公司型的分公司模式可能性大。

三、顾客购买行为因素

对于顾客购买行为对渠道模式影响的更进一步的分析可以从购买时间、购买地点、购买方式和购买者四方面进行。

1. 购买时间

顾客对产品的购买有其时间性和周期性。如对于消费品而言，周末常常是顾客购买的高峰时间，五一小长假、十一黄金周，是旅游产品的销售旺季，而寒暑假是培训产品的销售旺季。为了更好地为顾客提供便利，一些零售商为顾客提供一天 24 小时的服务，以满足不同购买时间购买商品的顾客的需求。

许多产品销售有淡季和旺季之分，旺季供不应求，淡季供过于求。生产者常常希望淡季保持生产，希望渠道成员能够在淡季保持一定的存货。因此，是否能够保持存货，成为生产商挑选渠道成员的一个标准。这时，制造商更倾向于管理型或契约型模式。

2. 购买地点

顾客喜欢在什么样类型的销售点购物及销售点的位置决定了购物地点。首先，顾客会选择最方便的购物地点，因此，好的销售地点是方便顾客的地点，如离顾客很近，顾客步行或驾车不要多少时间就能够到达；或靠近大的中转站，顾客下班路上可以顺便购买。此时，管理型和契约型模式，或者复合渠道模式比较适合。其次，顾客还会对店家的形象给予关注，如对于选购商品而言，顾客更关心店家的形象，如是否时髦、是否实惠、是否高档等特点。这种情况下，首选公司型模式，其次是契约型和管理型模式。

3. 购买方式

渠道模式的选择要考虑到目标顾客的主要购物方式。一个不可忽视的情况是，消费者越来越习惯在家中购物，企业需要建立网上销售、电视、电话销售等方式来适应消费者购物方式的这个变化。

对于产业市场上的购买方式也有一些有价值的分类研究，如芭芭拉·邦·杰克逊提出了两个基本模式，即朝三暮四型和从一而终型。这是两个极端的模式，现实中，许多产业市场上的购买行为介于两者之间。

从渠道模式的角度看，对于朝三暮四型的购买者，需要多增加销售渠道和渠道成员，增加销售机会；对于从一而终型购买者，渠道决策中要更多地考虑渠道的关系营销的功能。

4. 购买者

渠道选择要了解购买者是谁。按消费者在家庭购买决策过程中所起作用的不同，可分为五种不同的角色。一是发起者。第一个建议或想到要购买某种产品或服务的人。二是影响者。他的意见或建议对最后决策有直接或间接影响的人。三是决定者。对购买决策，如是否购买、如何购买、何处购买、何时购买等，做出最后决定的人。四是购买者。从事实际购买的人。五是使用者。实际使用和消费产品的人。渠道必须要找到真正的购买者和决定者。然后研究其行为，才能获得良好的销售效果。

四、中间商因素

制定渠道战略的任务之一就是选择合适的中间商，在构建未来分销渠道时要考虑现有渠道成员的情况，尽可能将其融入其中。影响渠道模式选择的中间商因素包括：

（1）中间商的能力和服务。每个中间商在促销、顾客接触、配送商品、金融信用等方面的能力不同，企业需要哪些方面能力强的中间商，需要决策。

（2）中间商的可获得性。能否获得适宜的中间商会影响渠道模式，如果没有适合的中间商，企业常常要被迫选择公司型。如戴尔电脑公司就是由于现有的零售商不能满足其技术服务的要求，而设计了直接邮购的渠道模式。

（3）中间商管理成本。中间商成本包括由中间商的服务效率决定的经营成本，以及与中间商合作的谈判、矛盾协调等的交易成本。如果中间商管理成本过高，将影响渠道选择。

五、公司资源因素

前述的五大类因素是渠道模式选择的外部环境的因素，影响渠道模式选择的另一方面的因素当然是公司的内部环境因素。公司因素是影响渠道模式的最主要因素，内因为主导。

（1）公司的实力。公司规模大、实力强，在渠道结构的选择方面余地大，因为公司可以对渠道进行有力的投入和控制，对中间商依赖性小。

（2）公司的管理能力。渠道管理能力是企业的一个需要长期培养的才能，如果公司的渠道管理能力强，在渠道的选择方面可选择的空间大，如果公司的渠道管理能力不足，则需要更多地依赖中间商，渠道结构的选择性小。

（3）公司整体的目标和策略。下级目标一定要服从上级目标，也就是说，公司的渠道战略一定要与公司的整体目标一致，才能有助于企业发展。

六、其他环境因素

严格地说，市场、顾客购买行为、中间商、公司资源四类因素都是影响企业渠道模式选择的环境因素，而且是最直接的因素。除此以外，更宏观的一些环境因素，也是进行分销渠道模式选择时所不能忽视的因素。

1. 经济环境

每个渠道成员的活动都受经济环境的影响。如在经济衰退时期，消费者对经济预测和收入预测不乐观，因此谨慎消费，这影响着他们购买商品的品种和购买方式，如减少对非必需品和价格贵的商品的购买，中间商也会随之改变进货品种和价格，渠道经理必须制定可行的渠道决策，来满足渠道成员的要求。对于渠道模式的制定者而言，必须制定一个具有灵活性的渠道规划，以适应经济衰退或经济膨胀时期对渠道结构的影响。

2. 人口环境

人口是构成市场的主要因素，人口决定着市场的潜在容量。人口因素对渠道模式选择的影响主要体现在以下方面：

（1）人口数量和增长速度。我国是人口大国，众多的人口形成了一个有巨大容量和发展潜力的市场，不同类型的渠道结构都有其广泛的实用空间。

（2）人口的地理分布和区域流动。我国人口分布是东部密集、西部稀少；城市人口集中，北京、上海、重庆等大城市人口超过 1000 万，农村人口分散。渠道设计要适应城市、农村市场的不同需要。农村人口向城市流动和城市人群居住地向郊区流动，使渠道模式的选择者要关注城市中与低收入人群相适应的渠道模式，以及城市郊区中大型购物中心的渠道。

（3）人口结构。分析人口的年龄结构，可以根据不同年龄人群的购物方式，建设相应的渠道模式。如年轻人比较青睐网上购物形式，则渠道战略中要考虑网络分销渠道。

3. 竞争环境

渠道模式的选择受竞争类型的影响。渠道竞争的类型有以下几类：

（1）水平竞争。指同一渠道级别中相同类型公司之间的竞争，如一家汽车制造商与另一家汽车制造商之间的竞争、一家超市与另一家超市之间的竞争等。

（2）类型竞争。指同一渠道级别中不同类型公司之间的竞争，如折扣店与百货店之间的竞争、大批发商与代理商之间的竞争等。

（3）垂直竞争。指渠道中不同级别的渠道成员之间的竞争，如零售商与批发商之间的竞争、零售商和制造商之间的竞争等。

（4）渠道系统竞争。指一个渠道系统与另一个渠道系统之间的竞争。

了解渠道的竞争类型，有利于企业了解渠道竞争环境的变化，明确哪些类型的中间商能够为公司的产品提供快捷有效的渠道服务，明确渠道系统将面临什么样的竞争。

4. 社会文化环境

社会文化环境是指一个国家、地区的民族特征、价值观念、生活方式、风俗习惯、宗教信仰、伦理道德、教育水平、语言文字、社会结构等的总和，它渗透到社会的方方面面，成为影响渠道结构的重要因素。渠道模式的选择必须要考虑到社会文化环境变化的因素。如随着人们对健康关注程度的提高，人们宁愿支付比传统的医疗方式更多的钱来获取良好的健康服务，这导致一些新的医疗服务分销形式的产生，如连锁诊所、网上医院、上门护理等给传统的医疗服务分销渠道带来一定的冲击。

5. 政治法律环境

政治法律环境是指与分销渠道有关的各种法规、执法机构及社会团体的活动。渠道模式选择者必须识别有关分销渠道的政治法律环境的变化，并且在政治法律允许的范围内，制定相应的分销渠道模式。

在我国，与渠道建设相关的法律有：《中华人民共和国反不正当竞争法》（1993年），该法律规定，经营者在市场交易中，应当遵守自愿、平等、公平、诚实信用的原则，遵守公认的商业道德；《中华人民共和国价格法》（1997年），该法明确规定，在经营者自主定价的过程中，必须明码标价，注明商品的品名、产地、规格、等级、计价单位、价格或服务的收费标准等，不得在标价之外加价出售商品，不得收取任何未标明的费用；《中华人民共和国产品质量法》（2000年），该法禁止伪造或冒用认证标志等质量标志，禁止伪造产品的产地，伪造或冒用他人厂名、厂址，禁止在生产、销售的产品中掺杂、掺假，以假充真，以次充好，禁止排斥其他企业合格产品进入本地区、本系统市场。此外，还有关于消费者权益保护、商标、广告、市场监管等方面的法律法规。

6. 科学技术环境

科学技术环境通过对渠道管理的影响和对分销方式的影响，从而对营销者的渠道决策产生影响。信息技术的发展和应用对渠道管理的影响：一是改善了库存，从而改善了物流渠道；二是改善了信息传送方式，从而改善了信息渠道和服务渠道；三是改善了对外联络方式，从而改善了渠道伙伴合作方式。

新技术带来了新的分销方式和手段，如自动售货机、邮购、电话订货、电视购物、网上销售、网上商店等，这些都是选择渠道模式不容忽视的因素。

任务 3　了解分销渠道战略模式

中国市场经营结构复杂，市场环境复杂多变，渠道成员构成多样化，操作方式变化多端，渠道模式也呈现出很大的复杂性、多样化和变动性，渠道模式在不断创新，很多企业又不只采用一种分销渠道模式，而是采用多渠道相结合的复合渠道模式。但从目前市场情况看，占主流趋势的是经销商模式、分公司模式、直销模式、连锁经营模式以及电子渠道等其他无店铺经营模式。

一、经销商模式

（一）认识经销及经销商

经销是指经销商从厂家那里先把产品买来，然后制定适当的价格进行分销。厂家可以在经销商把产品卖给最终顾客前收回货款，使资金尽快回笼。如果经销商产品卖不完，一般不能退还厂家，只能自行处理产品，有时甚至因此而出现亏损。经销使原本属于生产厂家的一部分利润，转化为经销商的风险收入。经销有利于提高经销商对产品销售的积极性和压力。

经销商是指将购入的产品以批量销售的形式通过自己所拥有的分销渠道向零售商、批发商或其他组织和个人销售以获取利润的商业机构。经销商有独家经销商和特约经销商等不同形式。代理商的性质与经销商基本一致，都是借助厂家产品的销售获利的商业机构，厂家要借助他们以实现产品分销的目的，只是其中一个具有对产品的所有权（经销商），一个不具有对产品的所有权（代理商），所以，我们把代理商也归为经销商模式这一类。

（二）经销商模式在我国不可或缺

由于中国市场过于辽阔和复杂，各地区经济环境不同，各地消费者的购买和消费行为差异很大，加上各行业经营特点又不一样，所以，在我国实现渠道的完全“扁平化”是很困难的，因此，消费品的分销工作必须借助经销商的力量，发挥其本地化的分销优势，开展“深度分销”，才能实现企业产品的最大化分销。像宝洁、娃哈哈、格兰仕、美的、联想等成功企业，始终高举“深度分销”的大旗，充分利用经销商的力量，将产品分销到了市场的各个角落，获得了巨大的市场回报。换句话说，经销商的作用不可替代，经销商的地位仍然不可或缺。

在中心城市市场，零售终端扮演主角，但不能覆盖市场的全部，分散的消费群，特别是中国广大的农村、乡镇市场，仍然需要经销商、分销商去覆盖，去承担深度分销和物流的重要功能。因为中国市场的复杂性，任何一个企业都无力将分公司或连锁店建到中国所有的县和乡镇，就算机构建到这一层次，也会无力支撑其巨额的渠道运作费用，无力承担这一庞杂体系的管理工作。此外，随着大终端的扩展，对厂家的配送能力也是一个考验，在厂家不能直接送达的城市和地区，还需借助经销商的储运力量，对大终端提供及时准确的配送服务。因此，经销商虽然不再成为现代城市商业的主角，但它仍然是广大中国市场流通商业的主要力量。而且，中国十多年的市场经济发展在各个行业都锤炼出一批有实力，而且理念和能力超群的经销商，他们最了解中国市场的水性，最了解中国消费者，他们具有本地化资源优势，因而他们最专业，他们是中国市场进行“深度分销”的中坚力量。所以，业界有人主张：厂家要和经销商均衡合作，厂家就不应再承担过多的流通职能；经销商能做好的，都交给经销商去做；能利用社会资源的，就不越俎代庖。相应地，厂家不要一味缩减经销商的规模和经营区域，不弱化经销商职能。

（三）经销商模式的优缺点分析（见表3-2）

表3-2　经销商模式的优缺点分析比较表

优点	经济性	能够利用经销商的渠道资源（包括资金、人员、销售网络等），成本费用比较低，比较经济
	有效性	能够利用经销商的分销、配送优势，实现产品的快速销售和市场覆盖，比较有效
	专业化	可以利用经销商的人脉、商誉、社会关系，发挥其本地化、专业化分销优势
缺点	应收账款风险	根据中国国情，经销商大多要求赊销，因而会伴随应收账款问题，可能出现呆账坏账
	市场支持风险	经销商有自己的经营目标，有其独立的利益，可能出现对厂家的产品、品牌推广支持不力
	渠道控制风险	经销商是独立的经济实体，拥有商品所有权，厂家对其产品的价格和流向可能很难控制

续表

适用范围及条件	企业发展初级阶段、水平	在企业发展的初级阶段，由于经济实力不足，往往需要借助经销商的力量分销其产品
	单位价值较低之大众化产品	大众产品的销售追求市场覆盖率，需要借助经销商的辐射、扩散功能才能实现销量最大化
	经济欠发达和渠道较分散地区	边远落后地区的渠道分散，分销成本高，因此，需要借助经销商以降低成本和提高有效性

【案例】

娃哈哈的“联销体”渠道模式

娃哈哈公司的“联销体”是国内快消品界广为人知的一种经销网络搭建模式。也正是借助这个独特的经销网络，迅速成就了娃哈哈首屈一指的国内饮料大王地位。那么，娃哈哈公司的联销体到底有何特殊之处，联销体又是如何为娃哈哈公司的发展助跑的呢？

娃哈哈联销体初步形成于20世纪90年代末国内快消品渠道由大流通市场向流通与现代渠道并存的转型阶段。在该转型阶段，娃哈哈公司逐步摒弃了各地以国营糖酒公司为主的经销商群体，转而发展个体经营的经销批发客户为地区经销商。同时娃哈哈公司借助自己的品牌实力和层出不穷的竞争力产品，向各新兴经销商收取经销保证金。

每到年底（12月份），娃哈哈公司都会在杭州总部召开全国经销商大会，而参会经销商的一个最基本条件就是要交完来年的保证金，并与娃哈哈公司签订新年度的经销合同。保证金的交纳额度为全年度任务额的15%~20%（签订合同的条件为如数交纳保证金）。

经销商向娃哈哈公司交纳的保证金，以预付款的形式存到娃哈哈公司账户，娃哈哈公司以高于中国人民银行的同期利率向经销商支付利息，同时要求经销商在每次用预付款提货后的15个工作日内将预付款补齐。这样既保证了经销商的利益，更保证了娃哈哈公司在经销商群体中的号召力。

当有经销商受不了娃哈哈的折磨，或因羽翼丰满而不愿合作时，娃哈哈公司的策略也很简单，那就是立马再去寻找发展新的合作伙伴，以做到宁缺毋滥，从而确保公司强权政策的推行。娃哈哈公司很清楚，在中国快消品市场，像自己这样同时具备品牌实力和赢利能力的公司是少之又少。许多经销商也清楚，虽然与娃哈哈合作“钱累心也累”，但是一年下来也能稳赚几十万，做生意没有那么一帆风顺，毕竟比娃哈哈公司差得远的公司太多了！这也是保证娃哈哈联销体顺利运行，并日趋成熟的关键因素。

资料来源：Http://News.wenzhouglasses.com，2008-5-14

二、分公司模式

分公司模式是指制造企业在各目标市场成立自己的分公司或办事处，开展自主经营（或叫直营），以独立核算和控制销售渠道及终端的渠道模式。其中，制造商的自营销售组织与制造企业生产部门相对独立，它实际承担着企业产品的分销职能，是企业前向一体化的战略体现。当制造企业由于这种或那种原因决定不采用或仅部分利用中间商时，公司的销售机构就要设置独立的销售分支机构，并负责完成应由中间商完成的职能。

例如，海尔分销渠道模式最大的特点就在于海尔几乎在全国每个省都建立了自己的销售分公司——海尔工贸公司。海尔工贸公司直接向零售商供货并提供相应支持，并且将很多零售商改造成了海尔专卖店。当然海尔也有一些批发商，但海尔分销网络的重点并不是批发商，而是更希望和零售商直接做生意，构建一个属于自己的零售分销体系。

一般认为，企业建立分公司开展直营是一种主动型、控制型的渠道模式，它具有销售及时有效、信息沟通便捷、利于管理、便于服务、减少环节、提高效率以及方便控制的优势，为一些大企业在重点市场采用。具体见表 3-3。

表 3-3　分公司模式的优缺点分析比较表

优点	缺点	适用范围及实用条件
（1）有利于企业制定针对性的销售策略和利于渠道控制。 （2）进入目标市场渠道的谈判成本低，开拓市场速度更快。 （3）独立性强，不会受制于大中间商。 （4）政策灵活，在竞争中更容易主动。 （5）更容易获得企业人、财、物、技术等方面的支持。 （6）制造企业自营销售组织及其成员对企业的忠诚度更高	（1）前期组建成本很高。 （2）对企业的管理能力要求很高。 （3）售后服务和维修成本需要自己承担。 （4）不易形成规模效益。 （5）容易产生惰性和企业腐败。 （6）退出成本也很高	（1）企业发展成熟阶段。 （2）经济发达地区、渠道密集地区、中心城市市场。 （3）单位价值较高之产品。 （4）销量足以支持费用时。 （5）管理水平足以控制时。 （6）目标在于渠道掌控时

【案例】

TCL 自建销售公司

早期的 TCL 是一家位于广东惠州、以电话机起家的国有企业，后进入家电行业，经过 20 多年的努力，发展成为我国家电行业实施一体化经营的知名的跨国企业。TCL 集团有限公司在其发展的过程中，成功地采用了企业自建营销渠道（建立分公司）的策略，创造了我国家电发展史上的奇迹。

一、实行“分公司”渠道模式

对 TCL 来讲，主要有两种渠道可供选择：一是像其他彩电生产厂家那样，通过批发商实现产品分销；二是绕过批发商直接面对零售商。为配合彩电产品的全国市场销售，1993 年就正式组建了 TCL 电器销售公司，并在各个省区成立分公司，成为国内最早建立和拥有自己独立营销网络的电子企业之一。

销售公司成立后，按照大区—分公司—经营部—分销商的组织结构，步步为营，精耕细作，把网络一直建立到了农村的城乡结合部。TCL 将全国划分为 7 个大区，建立了 32 家分公司、200 家经营部、400 家分销点、200 多个专营连锁店和 800 多个特约维修专营店，并拥有数千家由各个省区分公司授权的经销商，直属用户服务网遍及全国。在整个中国，每隔 100 公里就至少有一家 TCL 总公司直接投资的分支营销机构。TCL 网络当时是中国家电行业最庞大、最细腻的营销服务网络。

鼎盛时期销售网络员工有 6000 余人，其中约 1500 人从事上门服务，约 1500 人从事一线导购，约 1200 人从事业务及客户管理，约 1200 人从事各机构财务管理，其余约 500 人从事网络内的人事、信息、市场推广等管理工作。营销网络中的管理层次可分为：大区总监、分公司总经理、经营部经理和产品经理三个级别。

二、对“分公司”渠道的管理

TCL 渠道的管理特色主要表现在两个方面：一是人员管理；二是经销商管理。

在人员管理上，TCL 主要推行：一是人员本地化。二是靠企业文化凝聚人。TCL 公司认为，员工要有一个共同的企业核心价值观。企业核心价值观是企业经营目标、观念和行为准则的基础，是企业的凝聚力所在。TCL 作为一个大型企业集团，每个所属企业的管理风格可以有所不同，但核心价值观应该都是“敬业、团队、创新”。TCL 企业文化在渠道管理中的运用主要体现在对员工的信任、授权和培训；为经销商、消费者创造价值，保证他们的利益，灌输 TCL 品牌概念；对社会承担必要的义务与责任。三是为每一个员工发展提供机会。四是注意提高员工素质。五是激励机制，除较高的奖励与福利外，公司还以公司股份作为重要的激励手段。在 TCL 公司，股份的 49%是员工的，按公司规定，只要在公司工作，不论在什么岗位，工作满一年就可分到不同份额的股份。

在经销商管理上，TCL 把厂、商看作是一个利益共同体。因此，管理好经销商的关键在于：只有双方具有共同的未来，才会有长期稳定的合作和“双赢”。因而他们首先加强在理念上的沟通，力求经销商能够理解和接受 TCL 的理念；其次，在双方利益一致基础上，要有共创品牌的意识，即共创名牌商品和名牌商号。通过加强“客情关系”管理，增进了厂商之间的感情，厂商共同发展，获得了双赢。

资料来源：渠道网 2009-10-12

三、直销模式

（一）什么是直销模式

如果制造商不经过中间商环节，直接将产品或服务出售给消费者或最终用户，则这种渠道模式被称为直接销售模式，简称直销模式（也叫直接分销、自产自销或者直接销售）。如果制造商经过中间经销商、批发商、零售商，将产品或服务出售给消费者或最终用户，则这种渠道模式被称为间接销售模式。

直销模式的特点是尽量减少中间环节而直接将产品或服务销售给消费者，这种销售模式能够减少中间环节，降低渠道运作费用，提高渠道效率，同时，企业实施直销模式使得渠道信息反馈更快捷更准确，便于渠道决策，使得渠道服务更方便更到位，便于增进和维护客情关系，而且便于控制渠道价格和加快资金周转的频率，正因为如此，不少企业开始探索和采用直销模式这种新兴的渠道模式，比如雅芳就是典型的有店铺直销，戴尔是典型的网络直销，而平安保险则主要是通过人员直销，其他如天津天狮、中山完美、上海玫琳凯等都是直销模式的成功典范。

互联网的普及和网络生活的丰富，使得通过电子渠道的直销成为企业一种新的销售方式，通过互联网的购买行为也成为普通百姓一种新的生活方式，通过建立企业网站或建立网店等电子商务平台进行产品分销在企业已经非常普遍，已经形成一种商务潮流和趋势，可以预料，网络化的直销必将成为未来营销的趋势主宰未来渠道。

直销的形式表现出广泛的多样化，并不断有新的形式出现，我们将这些形式归纳为两类：有店铺的直销和无店铺的直销，如表 3-4 所示。

表 3-4　有店铺的直销与无店铺的直销

有店铺的直销	无店铺的直销
（1）制造商专卖店	（1）人员直销
（2）销售门市部	（2）网络直销
（3）销售陈列室	（3）电视直销
（4）销售服务部	（4）电话直销
（5）合资分销店	（5）直接邮购
（6）租赁卖场	（6）目录营销（DM）
	（7）自动售货机
	（8）其他媒体营销（手机、电台、报刊）

（二）直销模式的优势劣势分析

直销有助于企业更好地按照顾客的需求提供产品和服务，并与顾客建立更为密切而牢靠的关系。这种优势主要表现在，直销渠道实现了生产与消费两者的紧密结合，使得两者之间的相互理解和依赖关系得到了最有效的实现。与间接销售相比，在直销方式下，生产者与消费者之间的陌生、隔阂乃至矛盾（如时间矛盾、空间矛盾、品种与数量矛盾、价格矛盾、产品设计与实际需求的矛盾、信息隔阂等），由于生产者与消费者的直接接触，都能很好地减轻和化解。

直接销售的优势主要表现在以下几个方面：

（1）它免去了层层加价、多次倒手、多次搬运等环节，有利于降低营销成本和售价，提高渠道产品竞争能力和市场分销效率。

（2）生产者与购买者、消费者直接接触，既有利于改进产品和服务，也便于控制价格。

（3）生产者与购买者、消费者直接接触，为人们获得高水平的销售服务提供了可能。

（4）直接销售减少了中间环节，减少了应收账款，回款迅速，加快了企业资金周转。

在现代分销渠道管理中，虽然承认生产商对分销渠道的控制权，但是实际上用中间商进行商品分销的方式中，具有非常高的交易费用和风险。要控制零售价就要防止层次加价，势必要极其全面、仔细地监督中间商的行为。要求迅速返回货款，可是经常会碰到中间商不配合的情况。而在直接销售方式下，这些问题都迎刃而解了。企业采用直销模式有相当大的自主权和选择余地来优化销售活动的过程。

但是，不是说任何企业在任何情况下采用直接销售方式都是最佳的选择。一般来讲，企业考虑是否进行直接营销，取决于生产与消费在时间、空间、数量上矛盾的大小与企业解决上述矛盾的能力。如果企业产品的保质期短、体积大、单位价值大，或者渠道控制的愿望强烈，都可考虑采用直接营销渠道来完成商品销售。

采用直接销售可能带来的负面效应：

（1）由于一切流通职能均由生产者承担，增加资金占用时间和固定投入费用。

（2）生产者承担全部市场营销风险，无法利用中间商资源和负担分担。

（3）由于直接销售具有一定的指向性，所以市场覆盖范围也有局限。

因为消费者居住分散，购买数量零星，因而单凭企业自己的力量，不借助中间商，无法使产品接触到广大消费者。但是，在当今互联网时代，这些负面因素都可以在一定程度上得到克服，因为网络生活模糊了人们生活的疆界，也极大地拓展了企业的商业空间。由此看来，直接销售与间接销售的优缺点是相互补充的。企业应当根据所面临的市场环境和自身条件，合理地选择直销渠道或间接渠道的分销方式。

【案例】

戴尔的直销模式

戴尔电脑以直销模式掀起了个人电脑行业的一次革命，凭借直销模式，戴尔电脑已经成为全球个人电脑销量第一的公司。

一、戴尔的网上直销模式

电子商务的出现，给非直销企业提供了采用直销模式的商机。戴尔采用的网上直销模式是第三方连锁直销平台。戴尔在美国销售更多的是依靠网络，基本上可以不要门店。但在中国市场不但用户上网率较低，单就消费习惯而言，美国消费者在网上看好产品就会决定购买，中国消费者必须看到实物且亲手体验了以后还得反复考虑才能下决心购买。中国的直销企业根据国情推出了一种本土化的直销模式——电脑直销。用户在直销店，如果看中了样品，只要留下电话和地址，就可以放心地回家等待和样品一模一样的产品送到手上，货到之后如果满意再付款。这是一种建立在连锁经营网络之上的直销模式，配送不再是由厂家配送给经销商，而是直接交到用户手中。

二、戴尔网上直销的流程

下面以戴尔公司的直销网站（http//:www.dell.com）为例来分析和说明其物流过程。

戴尔公司的网站实际提供了一个跟踪和查询消费者订货状况的接口，消费者可以查询从发出订单到订货送到消费者手中整个过程的订货状况，戴尔对待任何消费者（个人、公司或单位）都采用定制的方式销售计算机，所以其物流服务也是配合这一政策而制定的。戴尔的物流从确认订货开始，确认订货以收到货款为标志，在收到货款之后需要两天时间进行生产准备、生产、测试、包装、发运准备等。戴尔在中国的工厂设在厦门，其物流的发货委托了一家货运公司，并承诺在款到后2～5天送货上门，某些偏远地区的用户每台计算机还要加收200～300元的运费。

三、戴尔直销模式的管理

1. 直接的客户关系

戴尔的销售部门分成两部分，即负责大客户的LCA和负责小型机构和家庭消费者的

HSB。销售代表建立与客户直接的关系，固定的销售代表负责固定的客户，专业的销售团队负责一个固定的区域或者一个固定的行业。客户有任何要求，都可以找到固定的人员来提供服务。由于戴尔与客户之间没有中间商，戴尔直接控制着与客户的关系。戴尔的竞争对手通过经销商进行销售，这些PC厂家无法像戴尔这样直接响应客户的要求。对于重要客户，戴尔还免费向客户提供优选网站，客户可以得到特殊的折扣并直接在网上下订单，查阅生产状况、运输状况、维修记录和采购记录。

2. 按订单生产

产品销售出去后，销售代表将客户的订单传给生产线，工人按照客户的订单进行生产并进行检测。而且戴尔可以按照客户的要求，将客户需要的各种各样的硬件和软件在工厂里集成在电脑里，并一起进行测试。然后，戴尔可以按照客户的要求将电脑运输到客户指定的任何地点。其他竞争对手却不同，在客户采购电脑的时候，电脑已经生产出来了，经销商只能根据客户的要求重新调整配置。这样，既造成成本的增加也造成质量的下降。

3. 专业的支持和服务

客户收到电脑的第二天，技术工程师亲自上门安装，任何开箱时的质量问题都在第一时间得到解决。客户还享受到终身的技术支持服务。客户遇到故障时，可以通过免费的800电话向技术支持的工程师咨询。如果是硬件故障或者其他需要上门解决的故障，工程师在第二个工作日上门维修。只要客户采购了戴尔电脑，以上的所有服务都是免费的。另外，戴尔还提供专门的服务网站，提供每周七天，每天二十四小时的服务。

4. 以客户为导向的研究和开发体系

戴尔不专注于专有技术的开发而是向客户提供最需要的技术。戴尔的销售代表与客户有直接的关系，他们听取客户的意见并把这些意见反馈给研发部门，研发部门以客户需求为导向来设计产品。这使得戴尔电脑的技术不断得到更新，生命周期更长。

销售代表是公司的英雄。在戴尔公司的客户服务中心有一个大锣。如果有一个大订单进来，赢得订单的销售代表就重敲一下，整个公司都回荡起锣声。只有销售代表有这样的殊荣。

销售代表的薪水最高。戴尔的销售代表超额完成任务后，他的奖金以工资的百分之四十为基础乘以四倍。常有销售代表一个季度可以拿到十几万元的薪水和工资，甚至超过公司的总经理。戴尔公司经常实行年终抽奖，完成销售任务的销售代表甚至可以抽取宝马轿车。

四、戴尔电脑直销模式遇到的挑战

在中国市场，戴尔电脑的直销模式也面临挑战，主要是来自信息到达、物流配送和中国人购买习惯的挑战。中国市场地域辽阔，科技不发达，网络还不普及，商品信息难以到达，物流配送有时也很困难，而且，大多数中国人习惯在店里购物，所以，戴尔不得不做出渠道策略调整，尝试分销，以适应中国的市场环境。

事实上，戴尔分销模式的建立只是戴尔战略变革的一个信号。在2006年9月，戴尔公司高调宣布了变革的“戴尔2.0”计划。其中不仅包括了目前正在进行的分销模式的建立。更重要的是，这项计划将增加对新兴市场、售后服务、产品设计等方面的关注。未来戴尔在中国的销售模式将是一至三级城市仍以直销为主，四到六级城市将建立以分销为主要特征的新渠道模式，可以肯定的是，“直销＋分销”的混合销售模式将在一定时期内共同存在。

资料来源：渠道网 2009-11-23

四、连锁经营模式

连锁经营在发达国家已经取得了巨大的成功。在我国，连锁经营自 20 世纪 80 年代后期起步，90 年代初逐渐兴起，并在十年间得到了迅猛发展。尤其在上海、北京、深圳、广州等城市，连锁经营正在以超乎想象的速度迅速发展。连锁店正以一种强大的力量进入我们的生活，并影响和改变着都市人的消费习惯和生活方式。我国的连锁经营已进入加速发展阶段，它将是 21 世纪我国零售业最具增长活力的经营模式。

（一）连锁经营的含义

连锁经营是一种商业组织形式和经营制度，一般是指经营同类商品和服务的若干经营单位，以一定的形式组成一个联合体，通过企业形象和经营业务的标准化管理，实行规模经营，从而实现规模效益。

有人认为，连锁经营是指企业以同样的方式、同样的价格在多处以同样命名的店铺里出售某一类商品或提供某种服务的经营模式。美国贸易法规定，连锁企业是至少有在一家总店控制下的 10 家以上的经营相同业务的分店。而在我们的文化和常识里，三家以上的名称、形象、经营内容和管理方式相同的具有业务联系的销售门店，就可以称为连锁经营商店。

自 20 世纪 90 年代以来，连锁经营作为一种新兴的零售商业模式，已经在我国各行业蓬勃兴起，如家电行业的苏宁、国美，零售行业的华联、联华、华润，IT 行业的联想“1+1 专卖店”、清华同方，服装行业的李宁、雅戈尔，餐饮行业的小肥羊、谭渔头等，其他如美容美发、化妆品、家居、装修、教育、图书、音像制品等都大力开展连锁经营，有人说，现在卖牛腩粉都要“连锁经营”，可见连锁经营模式的魅力。

（二）连锁经营的特征

连锁经营的本质是把独立的、分散的商店联合起来，形成覆盖面很广的大规模销售体系。它是现代化工业发展到一定阶段的产物，其实质是把社会大生产的分工理论运用到商业领域里，它分工明确、相互协调，形成规模效应，共同提升企业的竞争力。连锁经营模式具有以下显著的特征：

1. 经营理念的统一

经营理念是一个企业的灵魂，是企业经营方式、经营构想等经营活动的根据。一个成员店作为连锁商店的一份子，无论其规模大小、地区差异，都必须持有一个共同的经营理念。这一经营理念体现在与购物有关的一切物质和精神环境上，要为消费者提供“优雅的购买环境”、“快捷的服务”、“衷心的关怀”、“流行的消费”等。

2. 识别系统的统一

连锁经营商店要在众多店铺中建立统一的企业形象，包括外部视觉形象和内部的装修与商品陈列等。这种统一的企业识别系统（CI）和经营商标不但有利于消费者识别该企业，更重要的是使消费者产生一种深刻的认同感。

3. 商品和服务的统一

连锁经营商店各店铺经营的商品都是精心挑选的统一的产品和规格，按消费者的消费需求而作的最佳商品组合，并不时更新，提供的服务也经过统一的规划，对所有店铺的服务实行标准化，使消费者对连锁商店形成稳定的预期，即消费者无论到哪家店铺，都保证可以享受到连锁商店所提供的一致的商品和一致的服务。

4. 经营管理的统一

连锁经营商店接受总店统一管理，实施统一的经营战略和营销策略，遵循统一的规章制度。包括对员工统一作息、统一着装、统一考核和奖励，各连锁店统一采购、统一配送、统一确定价格、统一调整价格和促销等，以提高管理效率和规范性。

连锁经营商店就是在上述四个统一的前提下，实行专业化管理及集中规划，形成协同效应，使企业加快资金周转，增强讨价还价能力，使物流综合配套自成体系，从而取得规模效应。四个统一是连锁经营模式的精髓，它有助于保障连锁企业的产品和服务质量，有助于形成连锁企业的品牌效应，有利于进行快速复制和扩张，有利于开展规模经营。

（三）连锁经营的优势（见表 3-5）

表 3-5　连锁经营的主要优势

主要优势	具体表现
（1）大量采购的优势	连锁经营企业大多成立采购中心，统一采购，因为是规模化采购，具有讨价还价能力，可以降低采购费用，降低产品价格
（2）市场覆盖优势	连锁店由若干连锁网点构成，形成一个产品分销的网络，具有对目标市场进行占领的功能和强大的市场影响力
（3）品牌影响优势	连锁经营实行标准化经营与管理，具有统一的品牌形象标识，具有强大品牌形象影响力，能够形成“品牌渠道”
（4）联合促销优势	连锁经营企业的最大资源就是拥有众多的连锁门店，可以利用各门店之间联合促销，扩大促销效果，获得规模效应
（5）成本分摊优势	连锁经营企业下属若干连锁门店，可以分担总公司的管理费用和经营费用，如采购、人工、物流、市场推广等费用，以降低风险
（6）内部化优势	连锁经营企业各连锁门店之间还可以实现信息共享、资源共享，通过互相沟通、学习和联合，协调解决经营中的困难，共享成果

【案例】

联想“1＋1”专卖店

lenovo联想
只 要 你 想

连锁经营作为一种国外成熟的经营方式在我国已被越来越多的企业认同。从 1998 年 8 月开始，联想率先将一种具有联想特色的特许专卖模式——“联想 1+1 专卖店”带进了中国的电脑行业。联想 1 + 1 专卖店的建立填补了我国信息产业在特许经营专卖领域的空白，开创了 IT 行业特许连锁经营的先河，也为联想带来了辉煌。

一、商业模式

把联想 1+1 的商标授予加盟方，与其共享联想商誉。同时以特许经营合同为纽带，向加盟方传授经营管理经验。建立一条专门针对家庭和个人客户，提供消费信息产品和服务的零售连锁经营体系。

二、经营特色

联想 1+1 特许专卖店是充分分析顾客需求和细分市场的结果。它面向个人和家庭顾客，满足他们对联想消费类信息产品的购买需求，旨在建立一条精品渠道。联想 1+1 专卖店体系以“规范、专业、亲和”为单店特色，而整个体系遵从“六个统一”：

1．统一的产品和价格

专卖店销售指定的联想消费类信息产品及解决方案，顾客不仅可以得到联想 1+1 家用电脑全线产品，还可以方便地购买到笔记本电脑、软件、外设和手持产品。同时专卖店采用统一的销售价格，避免了专卖店之间恶性的价格竞争。

2．统一理念

经营理念是将各个特许专卖店相互联结在一起的内在链条。对外，联想 1+1 特许专卖店的服务理念是“专业、规范、亲和”；在体系内部则倡导团队合作精神。

3．统一布局

依据各城市的电脑购买力，合理规划，保证专卖店体系的合理覆盖，满足顾客购买的便利性需要，同时避免渠道冲突。

4．统一形象

统一 CI 管理，包括统一 LOGO，统一店面的文字、色彩与图案，树立渠道品牌形象。

5．统一管理

联想成立了专门部门负责所有专卖店的接口和管理工作。通过统一的网络化的信息管理系统，管理各地专卖店的进销存和日常运营；撰写了十几本《管理手册》和《开业手册》等管理规定，对专卖店进行统一的资格认证、人员管理、营运政策、培训计划、推广计划、奖惩等，使各项管理制度标准化、流程化，保障落实。

6．统一服务

所有专卖店岗位遵循统一的服务规范流程运作，执行统一的服务项目及服务政策。

“六个统一”涵盖了特许经营模式的 CIS 的一致性、产品服务组合的一致性、经营管理方式的一致性和经营理念的一致性四个特征，清晰地描述了联想 1+1 特许专卖店体系发展的方向。

为切实保障“六个统一”得到贯彻，联想 1 + 1 特许专卖店着力加强服务功能，向客户提供专业化的售前、售中、售后一条龙服务，旨在更好地服务客户，更好地满足家庭和个人客户现在及未来的需求。所有联想 1 + 1 专卖店店员在上岗前都经过了统一的培训和考核，只有合格者才可上岗。店员以顾问的身份出现在客户面前，根据客户的使用需求和对电脑的了解，并结合时间应用状况，提供购机指导。所有的 1 + 1 专卖店都对购机用户建立了用户档案，实施 1 + 1 跟踪服务。为了让用户把电脑用得更好，专卖店还提供免费上门安装、电脑应用培训等专业化的服务，开设了培训教室，有计划、有组织地举办专场培训，向专卖店所在地的居民进行电脑知识的普及。联想的网站上也提供了“1 + 1”社区服务，会员用户可自由进入社区，更好地感受联想服务。

资料来源：http://elab.icxo.com/htmlnews/806941.htm

（四）连锁经营的分类

连锁经营按照不同的标准可以划分为不同的类型。

1. 按照所有权构成不同，可以划分为正规连锁、自愿连锁和特许连锁

（1）正规连锁（regular chain，RC）。美国在工业商业普查和统计中所认定的连锁商店均为正规连锁，即单一资本经营，有两个或两个以上分店，统一经营管理。而国际连锁商店协会对正规连锁的定义为：以单一资本经营的10个以上分店组成的零售业或饮食组织。

正规连锁的主要优势包括：规模优势（高度统一、总部拥有全部所有权）；经济优势（批量进货采购，降低管理费用，减少中间环节）；技术优势（总部专业规划和设计，共享技术）。

（2）自愿连锁（voluntary chain，VC）。美国商务部对自愿连锁的定义是：由批发企业牵头，成员在保持资本独立的前提下自愿组成的集团。日本则认为：自愿连锁是由许多零售企业自己组织起来的，在保持各自经营独立的前提下联合一个或几个批发企业，建立起总部组织，使进货及其他业务统一化，以达到共享规模效益的目的。

自愿连锁的成员店资产独立，人事安排自理，在经营上亦有很大的自主权，但经营的商品必须全部或大部分从总部或同盟内的批发企业进货，而批发企业则需要向零售企业提供规定的服务。

（3）特许连锁（franchise chain，FC）。连锁店的分店同总部签订合同，取得使用总部商标、商号、经营技术及销售总部开发的商品的特许权，经营权仍集中于总部。在餐饮、便利店、旅馆等行业，连锁企业通常会在开设了一定数量的正规连锁店后，便考虑用特许连锁的方式发展加盟店。自20世纪80年代以来，特许连锁的发展速度已超过了其他两种连锁形式。

特许连锁的制度优势是特许人将大大降低投资成本、加快扩张步伐、增加企业知名度、市场份额稳定。而被特许人将减少失败风险，借用促销策略，接受指导和培训，以及稳定的商品供应、财务支持等。

2. 按照业种形式的不同，可以分为商品零售连锁、餐饮零售连锁、服务零售连锁等

（1）商品零售连锁经营。连锁作为一种组织形式可用于各种零售经营形式，如超级市场、折扣商店、专业店、便利店和百货商店，因而产生了超市连锁、专业商店连锁、便利店连锁、百货商店连锁等。

（2）餐饮零售连锁经营。提供标准化、系列化、大众化的饮食服务，典型的例子是麦当劳和肯德基等遍及世界的快餐连锁店。中国的永和豆浆、马兰拉面等也具有一定影响力。

（3）服务零售连锁经营。主要是同一服务项目间的连锁。从服务业连锁经营的历史来看，采用正规连锁、自愿加盟和特许连锁进行扩展的方式普遍存在。如美国的洗衣店大多数采取正规连锁经营的形式，快速冲印业的连锁经营更为普遍，柯达公司就是采取这种形式开拓中国市场的。

3. 按照地理区域的不同，可以分为国际性连锁、全国性连锁和区域性连锁

大多数国际性连锁、全国性连锁都是从区域性连锁发展而来，国际性连锁、全国性连锁由于分布地区广阔、距离远、区域差距大，还可按层次设立区域性管理机构，协调本区域内各分店的经营活动，但整个经营决策仍在总部统一控制之下。区域性连锁虽然规模比不上全国性连锁，但在其所在的区域内分店密度更大，更接近于居民的生活区，并在集中化、市场细分化方面做得更好。如美国的沃尔玛、法国的家乐福等都已在我国设立连锁经营店，我国的超市发、天客隆连锁公司一开始仅在北京设立连锁店，以后又在全国一些大中城市设立连锁店，现在也

已在俄罗斯、东欧设立了连锁经营店，今后还要到西欧、澳大利亚、美国开店。

五、复合渠道模式

由于企业所面临的细分市场客户消费行为之间的差异，采用任何一种单一的渠道模式都很可能只能覆盖部分目标市场，无法达到预定的市场覆盖率要求。同时，随着社会的进步和技术的迅猛发展，新渠道形式的不断涌现也为企业提供了更多的渠道选择方案。企业既可以选择通过建立销售队伍、直邮销售、电话营销或互联网营销等直接销售，也可以采取利用批发商、代理商和零售商等分销商间接销售。因为每一种渠道模式都有自己独特的优势和适应性，也都有其局限性，没有任何一种十全十美的渠道。因此，明智的企业就会选择整合不同渠道的优势，或不同地区采用不同渠道模式，利用多种渠道来销售公司自己的产品。事实上，绝大多数的家电产品、日用消费品、服装、食品和化妆品企业等都在综合使用经销商、代理商、批发商、超级市场、百货公司、便利店和专营店、专卖店等直销的方式，甚至是互联网渠道来销售自己的产品，形成复合分销渠道模式。

复合渠道，也称多渠道系统，它是一家企业同时利用几种分销渠道模式来销售其产品的渠道体系。利用复合渠道销售公司产品，可以给企业带来很多的优势，如扩大市场覆盖面以实现销量最大化、适应不同顾客群的购买需求、有效降低分销成本、获得更加全面准确的市场信息、有利于渠道创新和市场竞争等，但复合渠道的实施也会面临管理的挑战。

企业构建复合分销渠道能够获得如下一些好处：

（1）增加市场覆盖面。当不同细分市场的顾客在购买（选择分销渠道）的习惯方面存在较大差异时，任何一种分销渠道模式都将无法满足所有不同顾客的购买需求，不能覆盖整个目标市场，只有利用多条分销渠道的组合才能达到较大的市场覆盖效果。

（2）降低渠道成本。因地制宜地利用各种渠道的优势进行组合，通常可以大幅度减少渠道成本。如那些采用传统渠道的企业，增加网络渠道或无店铺经营可以降低成本。

（3）增加销售的定制化程度，以提高渠道效力。采用复合渠道时，企业可以利用不同渠道的特点对不同顾客提供差异化服务，更好地实现定制化营销。在企业间技术差异不断缩小的情况下，构建起多条有效的特色分销渠道已经成为提高竞争力的一种明智选择。

可以说，现代消费者已经不再满足于从单一渠道获取商品信息和购买商品，特别是电子商务的兴起，丰富了销售的渠道形式，比如网络销售成为一种新趋势，消费者往往通过多种渠道获得商品信息和购买产品。消费者可能通过宣传单知道产品目录和促销信息，到网上进行搜索比较，到零售店观看实物形态，最后通过电脑或手机下定单购买。

但实施复合分销渠道也有缺点，就是加大了渠道管理的难度，容易引发渠道冲突。采用复合分销渠道将使不同的渠道之间产生冲突的可能性大大增加，不同渠道之间的价格差异很可能会引发窜货、乱价，这些都对实施复合渠道的企业提出了更高的管理要求。

问题讨论：现代企业一般采用什么样的复合型渠道模式？

【案例】

“珠江”啤酒的渠道组合

“珠江”啤酒是华南地区最大最知名的啤酒品牌，其在华南地区的深度分销就采用了多渠道的策略组合。

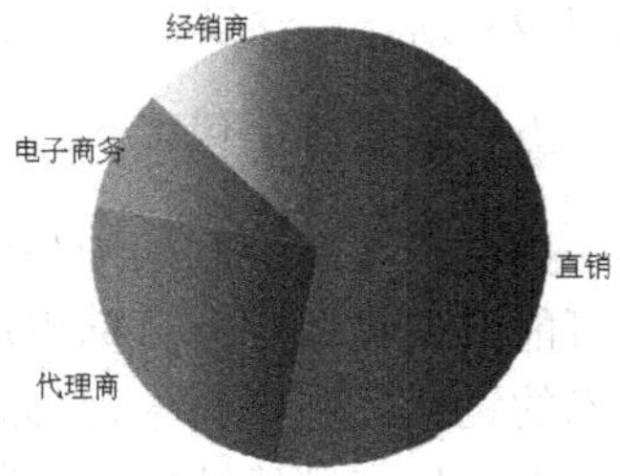

1. 采取直销+经销商+代理商的渠道模式（如右图）

多层次的分销方式能够有效实现渠道覆盖、配送服务、品牌影响进而达到促进销量的目的，三个互相补充的渠道模式能打开珠江啤酒的网络渠道，从而实现渠道深度化。

2. 电子渠道

面对多变的市场环境以及快速发展的科技，3G 时代已经到来，不接受新事物，固守老的东西是不行的，因此电子渠道的开通能够很好地弥补传统服务渠道的不足之处，帮助珠江啤酒实现渠道网络化，并且提高了市场占有率，开拓更广阔的市场空间。

3. 渠道互补策略

2004 年与英特布鲁集团合作，利用其在国际市场上庞大的销售网络，将珠江啤酒销往海外市场，以实现“借船出海”的目的。同时英特布鲁旗下“贝克”啤酒则可以借助珠啤销售渠道，进一步打开中国高端啤酒市场。此外，借市场上的合作珠啤得以进一步拓展欧洲、南美和东南亚等地市场。

4. 渠道促销策略

2007 年广州珠江啤酒股份有限公司成为中国篮球队赞助商，两年多来珠江啤酒以中国篮球队赞助商的身份在全国 23 个城市举办了“珠江啤酒篮球争霸赛”活动，从而提高了企业的知名度与美誉度。之所以选择篮球是因为：啤酒的消费群体大部分都是男性，篮球的痛快刚好与喝啤酒的酣畅淋漓相吻合，这正符合了啤酒的消费诉求点。2009 年珠江啤酒推出了以灌篮为主题的篮球活动——“珠江啤酒灌灌灌 2009 黄金篮球灌军赛”，很好地借用公关手段在广大消费者心中留下深刻印象。

5. 开发特殊通道

珠江啤酒企业还组织专门的销售队伍开拓特殊通道，作为辅助销售渠道，包括：A、政府机关、医院的食堂；B、一些娱乐场所，如酒吧、网吧、KTV 等；C、餐饮业、服务业等。

资料来源：中国营销传播网

任务 4　了解其他无店铺渠道模式

无店铺分销渠道是指制造商和经销商不通过商店，直接向消费者提供商品和服务的一种营销方式。与传统渠道模式相比，它避免了传统渠道中间环节过多，容易导致渠道冲突以及厂商和中间商不得不投入大量资金开设店铺、装修设计、广告促销、招聘人员、保证存货，从而导致经营成本大大增加等缺陷，实现了短渠道经营，降低渠道成本的同时，提高了渠道效益。无店铺分销渠道一般包括直邮、目录营销、电话营销、以媒体为基础的营销（通过电视、报纸、广播等）和新媒体营销（互联网、多媒体销售、互动电视直销）、自动售货等。

一、直接邮购（直邮）

直邮是通过邮局向家庭或企业寄送附有寄件人地址的广告，实现与潜在顾客或已存在的顾客群进行业务联系和销售的一种方法。直邮营销者通过寄送各种邮件、信件、传单、宣传单页、广告及其他产品信息，如录音带、录像带，甚至计算机磁片和光盘等，开发客户和达到销售的目的。直邮营销者希望出售产品或服务，为推销员收集有关线索，传播一些有趣的信息，或为忠实的顾客奖励一件礼品。

直接邮购的优点是它能更有效地选择目标市场，可实现个性化销售，经营比较灵活，运作费用也不高。尽管该方法每千人接触成本较采用大众媒体要高，但所接触的人成为顾客的成功可能性较大。事实证明，直接邮寄在销售诸如书籍、杂志和保险方面十分有效，并且越来越多地被用来销售新奇的产品、礼服、服饰、精美食品和工业产品等。邮购业务的成功很大程度上依靠公司管理邮件和顾客名单的能力、管理存货的能力、提供优质产品以及树立一个鲜明的以顾客利益为中心的良好形象的能力。

消费者对直邮已越来越了解，所以每一种尝试都应有创意，尽可能完善，以达到既定的目标。过去最简单的邮包不过是一封信或一件衣服，现在直邮目录中加入了许多其他的新对象，应慎重考虑这些要素是否适合直接邮寄。数据库技术的迅速发展，使得直邮公司能迅速准确地处理大量数据和邮包，直接推进了直接邮寄行业的发展。

二、目录营销

目录营销是一种早在 20 世纪就出现的直复营销形式或工具。许多著名的消费品销售公司，如西尔斯（Sears）、沃尔玛（Wal-mart）等就是目录营销的先锋。传统的目录营销在商业零售领域使用越来越广泛，我们会发现，大型卖场、连锁超市、便利店、专卖店都在采用这种模式，这种销售渠道模式可能将继续在各个行业零售领域扮演主要角色。在美国，平均每个家庭一年至少要收到 50 份商品邮购目录，邮购目录通过大多数普通商品零售商寄出，如今天的沃尔玛、家乐福、好又多、正大万客隆等公司，都很好地采用了目录营销这种形式，取得了非凡的业绩。这些公司经营品种齐全，通过目录营销可以将丰富的产品信息传达给目标顾客，特别可以准确传达公司门店的促销信息，刺激消费者的购买欲望，达到提高人流量和促进销售的效果。

如零售业巨头万客隆（Marko）是亚洲区最大的连锁超级货仓商场之一，凭借其庞大的顾客数据库资料，万客隆每月向顾客邮寄商品目录，通报最新商品的情况，发布本期商品促销的信息。另外，万客隆的会员每隔一定时间都会收到公司征询意见的电话，了解顾客对公司商品的引进、价格、维修，以及售后服务的意见。公司实行累计购买金额积分，顾客通过购物卡积分可以得到促销优惠或奖品，每当自己的消费达到一定的金倾，消费者都会得到一定价值的赠品或折扣优惠。

【案例】

红孩子成功开展目录营销

“红孩子”成立于 2004 年 6 月，是一家在中国做目录营销很成功的公司。截至 2007 年 12 月，红孩子分公司已经覆盖了全国 16 个城市，用户超过 100 万，2007 年销售额超过 6 亿元。公司先后 3 次顺利地吸引了美国著名风险投资公司 NEA、北极光和 KPCB 共计 3500 万美元投资，成功地站到了中国最受欢迎的投资企业前列。

在红孩子公司内有一个广为流传的故事。2007 年的一天下午，北京一家优雅的咖啡厅里，

3 个年轻的爸爸看似轻松地坐着聊天，话题对他们来说并不枉松：孩子和孩子他妈的专用物品实在难买，还经常买不好、买不对。其中一位年轻人突然提议，干脆咱们几个自己来做母婴用品吧。另外两个年轻爸爸顿时心里一亮。母婴产品的购买决定者是母亲，但照顾小婴儿的母亲又不方便出门买东西。如果让妈妈在家里选商品，送货上门，那岂不是会很受欢迎。说干就干，3 个好朋友一合计，红孩子公司就这样问世了。

在红孩子刚进入市场时，目录营销和电子商务方式在母婴用品领域已经有了相当的影响。一类企业是以传统门店与目录相结合，如丽家宝贝；另一类企业是专业电子商务网站，如皮皮网等。为了避开那些已经站稳脚跟的先进入者的锋芒，红孩子没有成立门店，选择了目录直投的方式，将产品印刷成刊，投递到可能的用户手中。随着公司业务的发展，红孩子的产品已经涵盖到护肤品、保健品、礼品和小家电等大多数家居用品的领域。公司每月都免费发放产品目录，到 2007 年已经累计发放了 98 万份母婴产品目录、近 30 万份化妆品目录以及超过 20 万份的家居和健康品目录。

红孩子公司认为要迅速获得市场的认同，最简单、最直接的方式就是低价。所以，尽管当时北京母婴市场上的平均利润率约 21%，红孩子公司坚持只赚 10%的利润。结果，不仅遭到同行怨恨，还导致了供货商的全面封杀。为了遵守厂方给出的价格，红孩子公司只能在赠品上做文章，向顾客赠送红孩子本身的贴牌产品，最终将整个行业的市场利润拉下了 11%。除低价外，红孩子公司的快速发展主要得益于其独特的业务模式以及由此带来的核心竞争力：快速反应和整合。公司将供应、销售、物流、呼叫中心和行政管理都配合在一起。公司在全国主要城市设置了母婴产品电子呼叫中心。公司将呼叫中心和网站绑定。呼叫中心一旦接到订单，立即同时传给物流、财务和供应商管理系统。红孩子公司的物流系统在接到订单后，负责在 24 小时内将货配齐，运给客户，并负责收款。红孩子公司所销售的产品都是知名品牌，所以，红孩子公司认为，自己只是一个平台和营销渠道。

资料来源：改编自胡疆，《红孩子之路》，《每日商报》2008 年 01 月 13 日

三、电话营销

这是另外一种随着现代技术的出现而发展起来的渠道方法，通过利用和发挥电话的功能，内向接收和外向拨打电话，以此获得客户信息，激发客户需要和进行业务交易。

外向拨打电话寻找客户作为营销的一种手段，在操作过程中容易引起指责，因为这种方式被许多人认为具有侵犯性而不受欢迎。而作为企业间沟通的一种手段，也许更具商业价值，对某些公司而言，它是销售组合的一个关键要素，一种制胜手段。内向接受电话，不论对消费者还是对企业间市场都是电话营销领域崛起的新领域，它的发展是与以媒体为基础的直接反应广告的发展相联系的。

由于这种方法能够得到快速反应与行动，对消费者和广告商都很有吸引力。800 免费电话和低价电话的采用进一步改善了这种方法，这样使得潜在消费者接电话、打电话时免去了为了联络生意需要付出费用的压力，使电话营销变得轻松而自然。目前，电话营销已经成为消费品市场一种主要的直接营销工具。

由于有了输入大面积电话服务装置，营销者可以向顾客或潜在顾客提供免费的电话号码，以便使顾客在接受到印刷广告或电视广告、直接邮件以及目录广告的刺激后，通过电话订购

有关的产品或服务，或者通过电话提出投诉或建议。营销者也能使用电话直接向消费者和企业推销，找出需求信息，联络远距离的顾客。此外，电话营销还能提高公司的推销效率，特别能节约营销过程的开支，因为电话营销几乎不需要什么固定的投入。

四、网上直销（电子渠道）

网上直销是一种电子渠道，是指综合利用互联网络、电子计算机和数字交换等多种技术，实现把特定商品或服务从制造商转移到消费者的经营活动过程。互联网是一个覆盖全球的信息网络，目前全球的互联网用户有数十亿，并在不断蓬勃增长。目前使用互联网从事直销虽然有一定的限制，但也有一定的不确定风险，先行者已大有人在，并且获得了巨大的发展，如亚马逊、当当网、淘宝网、携程旅行网、阿里巴巴、腾讯等，都取得了巨大的成功。

与其他营销方式相比，以互联网电子渠道为平台的网上直销具有许多优势：

（1）网上直销的全球性。企业的营销活动可以通过互联网与世界市场直接沟通，可以获得广泛的顾客接触面，成为世界经济中的一个分子，获得广泛平等的交易机会。

（2）网上信息的无限性。企业既可以从网上获取自己想要的信息，同时又可以面向世界通过网络发布有关本企业的商品、服务等全方位的信息。

（3）网上直销的交互性。顾客与企业可以开展双向交流，顾客可以从网上获取企业的商品或服务的信息，也可以向企业咨询、洽谈、订货；企业可以按照顾客的要求进行个性化服务，也可以通过配送系统向顾客送货。企业还可以与其他企业进行网上交流，加强业务往来。

（4）网上直销的低成本。网络营销几乎不需要大的固定资产投入，千人传播成本最低；企业可以随时更新网上信息，省去了在传统媒体做广告的费用；企业可以从网上收集信息，减少派人收集信息的成本；网上直销还可以实现“无纸化”，从而节约办公费用。

（5）网上直销的高效性。可以使企业迅速获得技术信息和市场信息，及时调整自己的生产经营策略，迅速地把自己的产品或服务推向市场，达到先入为主的制胜效果。

（6）网上直销的直接性。可以使企业直接向顾客销售产品，不必采用间接渠道，从而减少分销环节，减少了渠道费用；企业可以根据顾客的网络订货量的多少组织生产、供货，从而减少库存，实现“即时生产”(Just In Time)。

（7）网络运行的全天候。可以使企业随时待命，一年365天，一天24小时，从不间断，随时都可以发布信息，随时都可能实现销售，有利于提高销售效率。

（8）网上直销的形象性。发布产品信息之文字、图像、声音等，可以利用多媒体技术制作，图文并茂，生动形象，富有感染力，以提高传播效果，有利于销售。

由于网上直销费用低廉，许多公司都在着力开展。目前已取得成功的领域主要是网上电子订购，虽然用户数量还不多，但随着有线电视、个人电脑、互联网的普及，这一直销形式将得到迅速发展。消费者可通过个人电脑进入制造商在互联网上的主页查看其产品信息，然后发电子邮件或打电话购买特定规格的产品。比如戴尔电脑公司就通过这种网上直销方式，发展成为美国第一大个人电脑供应商。未来也可在网上直接向各地的供应商订购商品和向客户销售，通过网络银行实现交割，总之，一切商务活动都可以足不出户。毫无疑问，人们未来的生活必将是一个网络的世界，网上直销正在逐渐展现出它的魅力，网络营销有着巨大的市场空间，并且正在成为新时期营销变革与创新的主旋律。

【案例】

网购受新一代消费者追捧

2009年我国网络购物市场交易额达到2500亿元，在互联网带来的这场消费渠道的变革中，电子商务企业坚信网购行业将成为未来消费的主渠道。

一、网购消费高速增长

国内网购市场在2007年实现爆发式增长后，2008年和2009年延续了这种高速增长态势，并涌现出了淘宝、京东商城、凡客诚品、当当网等知名的购物网站。

随着在线支付、诚信服务、购物搜索等相关互联网业务的成熟，网络购物的方便性将使网络购物成为重要的购物方式。

在网络购物消费习惯逐渐成熟的背景下，知名品牌商开始加入到网购行列。2009年以来，李宁、杰克&琼斯、百丽等企业在淘宝开出了官方网店，试图通过淘宝的客户群培养自身品牌的网购市场。

不仅利润高的服装成为电子商务企业选择的重点，3C产品的在线销售也不可小觑。淘宝公布的统计数据显示，其2010年1月上线的电器城日访问量已突破300万人次，目前有200余家正品品牌厂商加盟。根据公开数据显示，拥有1300多家门店的国美电器年客流量10亿多人次，相当于日均客流量为274万人次。网上电器城的客流已超过传统卖场。

二、网购平台受资本追捧

电子商务行业的快速发展，使得新兴的电子商务企业成为资本市场的香饽饽。2010年的政府工作报告提出要“积极发展电子商务”，更是让众多风险投资机构对未来投资电子商务充满信心。

其实，电子商务的快速发展离不开资本市场。早在2003年，当当网已完成了第三轮融资，也是在同一年，当当网的老对手卓越完成5200万元人民币融资后，开始了大规模的扩张和促销活动。京东商城在2010年初完成第三轮融资，获得老虎环球基金1.5亿美元投资。另一电子商务企业凡客诚品的新一轮融资也接近尾声。

获得资金外援后，电子商务企业快速发展。当当网通过打价格战快速占领在线图书销售市场，并通过百货化发展逐渐实现盈利。京东商城在前两轮融资的基础上迅速占领3C市场，2010年在获得第三轮融资后，动作频繁，6月京东商城正式对外宣布收购千寻网，试图做大百货行业，紧接着京东商城又与中超闪婚，借足球的影响力向传统消费人群发起攻势。

三、年轻群体成就网购未来

随着“80后”、“90后”伴随互联网成长的一代成为社会主要消费群体后，网购市场将迎来突破性发展，成为购物主流渠道。

未来消费者的需求是多样的，某一种流通方式不可能取代其他方式，无论是实体店还是网上商城，各流通渠道应该是互补的。业内人士认为，“未来5年会成批出现盈利的电子商务企业！”电子商务企业已经度过初期发展阶段，进入相对成熟阶段。“未来10年，电子商务和实体店在零售领域将各占半壁市场。”

资料来源：www.cbinews.com，2010-06-25

五、媒体直复营销

直复营销是公司采用一定的媒介，通过与目标顾客直接接触，获得顾客直接的反馈信息，并实现产品或服务销售的一种营销方式。从分销层次看，直复营销属于短渠道模式。

信息技术的发展，使同时处理大量的电话并与居民进行沟通的手段出现，企业纷纷采用这种直接沟通的销售方式。电视、电台、报刊也可被用于向顾客推销产品，企业在这些媒体上发布直复广告，从中听到或读到有关某种商品信息的人可打免费电话订货。

在各种媒体的直复营销中，电视正在成为一个日益重要的方式。企业可通过无线电视网或闭路电视将产品直接推销给消费者，有多种可操作的方式：

（1）一个是通过直复广告。直复营销者购买电视广告时间，通常为60～120秒，这样可以详细地、有说服力地介绍产品。顾客可以打免费电话，订购商品。实践证明，在推销杂志、书刊、小型家用电器、唱片、影带以及其他许多产品方面，直复广告非常有效。

（2）另一个是通过家庭购物频道。整个电视节目或整个频道都用来推销商品或服务。如美国的家庭购物网（HSN），该频道每天24小时播出，产品类别涉及珠宝、台灯、玩具娃娃、服饰、电动工具、电子消费品等等应有尽有。节目主持十分生动，顾客通常还可通过HSN低价买到价廉物美之商品。

（3）还有一种是互动电视营销。也叫视频信息系统，是一种通过电缆或电话线联结消费者电视机和销售者计算机信息库的双向装置。视频信息服务提供各个制造商、零售商、银行、旅行社以及其他组织所提供的商品目录，消费者使用一台普通电视机和一种叫电视机顶盒的通过双向电缆联结视频系统的专门装置，便可启动键盘订购商品。

六、自动售货

自动售货是通过自动售货机或其他自助售货设备来销售商品的一种形式，如自动售货机、自动柜员机、自动售报、机场的自助办理登机卡、地铁的自助售票等，都是典型的自动售货方式。自动售货机一般被放在商店、医院、机场、地铁和其他一些公共场所内，以便于顾客购买，同时提高渠道覆盖率和销售效率。自动售货主要用于饮料、休闲食品、金融产品等等包装比较标准的商品销售，随着信息化水平的提高，这种渠道模式越发普遍。

有一些企业开发和设置一些其他形式的自动售货设备，如一家鞋业公司在它的几个分店里都设有这类机器，顾客可以向机器说明他所要的鞋的式样、颜色和尺码，然后机器便会按照顾客的要求在屏幕上显示出鞋子的图像。如果顾客所要的鞋在本店没货，他可以拨打旁边的电话，并输入信用卡的号码以及送货地点。

又如一家零售商在机场的电话亭设立自动购物点，顾客可以看到在电视屏幕上介绍的各种产品如玩具、箱包、图书等，顾客触碰屏幕，指出感兴趣的产品。在某一类产品中，比如说顾客对某品牌的箱包感兴趣，录像就会戏剧性地介绍此种箱包的优点。如果顾客想定购，可以再触碰一下屏幕，指明对包装、送货、签收的要求。最后顾客可将信用卡插入机器的收银口，整个交易即完成了，所购的商品会很快送到指定地点。

任务5　讨论直销、传销与非法传销

一、什么是直销

根据世界直销联盟的定义，传统意义的“直销（Direct Selling）”是以面对面的方式，直接将产品及服务销售给消费者，销售地点通常是在消费者或他人家中、工作场所，或其他有别于永久性零售商店的地点。所以，传统的“直销”通常指的是无店铺的直销，或者说是由直接的销售人员进行演示或说明的直销。

现代意义的“直销”是具有中国特色的直销理解和执行，它通常是指一种将产品和服务不通过中间商而直接由生产者到达最终使用者的经营形式。在这个意义上，推销员直接把产品卖给最终使用者、邮寄销售或工厂经营零售店销售均属直销范畴，所以，现代“直销”包括无店铺直销和有店铺直销两种形式，目前雅芳、安利就是通过转型走的第二条道路。

其中无店铺直销包括人员直销、自动售货机、网上直销等主要方式。人员直销是指销售人员在消费者家里或其他的非商店地点与消费者接触，上门直接向顾客推销产品或服务的一种渠道模式。人员直销的特点是产品随身携带，当面沟通和议价，有感情交流，现场交易，与店铺零售相比，交易地点由固定的商店变为灵活的顾客工作或生活的场所。人员直销主要有几种类型：上门推销、办公室推销、家庭销售会、多层次传销等。

二、什么是传销

直销又可以分为单层直销与多层次直销两种形式，其中多层次直销就是通常所说的传销。所以，传销又叫“多层次营销”（Multi-Level Marketing），是一种以市场倍增学为理论基础，以人情为联系纽带，以人际传播推广为主要形式的商品营销方式。通俗来讲，传销就是传销员在推销产品本身取得报酬的同时，还着力建立、发展下游传销员组织，并通过这个组织的整体销售业绩提升获取经济收益的一种营销模式。

其实，纯粹从营销理论角度，传销绝对是一种非常有效的营销创新模式，它极大地发挥了人的作用，通过激发人的追求利益的欲望，调动了人的潜能，能够有效实现产品的快速扩散，在人力资源丰富的国家和地区具有广泛的应用前景，该模式还节约了大量渠道推广成本，转而用于对传销人员的奖励，实践证明是一种非常具有冲击力的有效的营销模式。但为什么传销在中国被政府打击和取缔呢？这完全是非法传销惹的祸。自20世纪80年代传销传入我国以后，一些不法商人利用传销的形式干非法传销的勾当，欺骗宣传，暴敛钱财，在群众中造成极坏影响，许多人往往混淆直销与传销之间的差别，很多人因为缺乏有关的知识，难以分辨直销和传销的本质而受骗上当。

1. 传销组织是一个等级分明的“金字塔”网络结构

每一个传销人员都处于传销渠道中的某一个层次中，同时他自己又可以发展自己的下线网络，这样就形成了多层次的销售网络。传销人员大多要经人推荐并购买最低数量的产品才能加入销售网络，取得经销权，此后就能以独立经销商的身份从事传销活动和发展自己的网络。每一个层次的传销人员都只接受自己上线的领导，同时又管理自己的下线网络。这样较高级别的传销人员发展下游传销人员，下游传销人员再发展更下游的传销人员，如此扩散形成一个金字塔形的销售网络。

2. 传销组织带有浓厚的投机色彩

传销组织利用大众的投机心理来维持和发展组织，以加入销售网络取得经销权为诱饵，迫使想要加入组织的人员高价购买某种产品，获取非法暴利。传销人员也不是因为需要才购买，而是为了取得经销权从发展下线中获得投机收益而购买。传销组织的计酬制度规定，每一个传销人员不仅可以自己发展下线，向下线销售产品获利，而且，也可以从自己所发展的整个网络中所有下级传销人员的业绩中按一定的比例提取所谓的“花红”或者各类“奖励”。因此，越是处于金字塔较高层次的传销人员就越能轻松地获得巨额的收入，众多下线的资金聚敛到少数上线的手中，使他们获得暴利。

3. 传销的投机性往往导致欺骗性

传销人员为了从发展下线网络中获利，常常利用欺骗的手段诱使他人入会，并收取高额入会费，特别容易发展自己的亲戚、朋友、熟人入会。一旦被骗进入，为了减少损失，赚回原先投入的成本就会拼命发展新会员，整个组织会迅速扩展，但是，当处于金字塔最底层的会员看到继续发展下线没有希望时，整个组织就会瘫痪，并可能危及社会的安定。因此，严格区分直销与传销之间的差异，识别各种变相的传销形式，无论对于促进社会经济的健康发展，还是避免上当受骗都具有重要意义。

由此可以看出，传销的理论基础来源于市场倍增学的原理，它充分利用了人们发财的欲望，而在中国具有良好的人口基础；传销的文化基础则是人们之间存在的人情关系特征，在注重人情关系的中国，传销具有很好的文化土壤。正因为如此，传销自 20 世纪 80 年代引入中国就得到了迅速的发展，并被一些不法商人所利用，用于销售假冒伪劣产品，组织地下传销活动欺骗百姓，把传销搞成了非法传销，成为骗人的把戏，社会危害极大，进而彻底抹黑了传销的名声，使得传销成为过街的老鼠，人人喊打。

三、直销与传销的分别

直销与传销之间的根本区别主要表现在以下几个方面：

（1）销售代表角色不同。直销公司的销售代表是公司的雇员，而传销公司的传销商是独立的经销商。

（2）渠道长度不同。多层次营销是渠道长度最大的营销模式，而直销又称“零层次营销（Zero-Level Marketing）”，是渠道长度最小的模式。

（3）业务管理模式不同。直销企业的业务管理模式是“扁平化”结构，而传销企业的业务管理模式则为“金字塔”结构。

（4）销售激励机制不同。直销一般采用“底薪+佣金”的收入制度，而传销是采用纯粹提成，外加发展下线奖励，上线从下线的经营业绩中收益。

（5）晋升导向不同。传销是纯粹的业绩导向，达到了什么业绩水平，就享受什么级别待遇，不考虑综合标准考核。

（6）推广导向不同。直销是以服务为导向，突出厂家直接的服务和个性化需求的满足，而传销是“成功学”导向，靠激发传销员的发财暴富的冲动取胜，带有很强的诱导性质。

四、什么是非法传销

自 1990 年美国雅芳（Avon）公司进入中国以来，美国安利、仙妮蕾德等公司也相继进入中国市场开展业务，同时带来了直销、传销这种新的营销模式。随着市场的发展，传销逐渐被演化为非法传销，变成了一种欺骗消费者的游戏，带来了严重的社会问题。

非法传销是指运用传销的模式销售假冒伪劣产品或莫须有的产品而不在工商管理部门登记注册、不向国家纳税的非法经营行为。非法传销往往具有以下几个显著特征：传销员收入不是主要来自产品零售利润及其业绩奖金，而是以介绍他人入会收取“人头费”佣金为主；公司利润不是靠整体传销员的零售业绩，而是靠最底层新人入会费收入；组织结构上是一层层向下发展下线，形成“金字塔式”的几何效应；传销的产品往往是非正牌的假冒伪劣产品、暴利产品，甚至是莫须有的产品，无任何品质责任保险；传销机构往往没有在当地工商管理部门注册而是非法经营，因而又名“老鼠会”；所传销产品不准退货或退货条件苛刻，传销员权利缺乏保障；强调高报酬及坐享其成，推崇短期内快速诈取钱财的发财理念。可以看出，非法传销具有很大的欺骗性和强制性质，国家明令禁止。

根据 2000 年国家工商行政管理总局、公安部和中国人民银行发布的《关于严厉打击传销和变相传销等非法经营活动的意见》，我国政府坚决予以取缔并按有关法规处理的传销或变相传销的行为主要有以下几种：

（1）经营者通过发展人员、组织网络从事无店铺经营活动，参加者之间上线从下线的营销业绩中提取报酬的。

（2）参加者通过交纳入门费或以认购商品（含服务）等变相交纳入门费等，取得加入、介绍或发展他人加入的资格，并以此获取回报的。

（3）先参加者从发展的下线成员所交纳的费用中获取收益，且收益数额由其加入先后顺序决定的。

（4）组织者的收益主要来自参加者交纳的入门费或以认购商品等方式变相交纳的。

（5）组织者利用后参加者所交纳的部分费用支付先参加者的报酬维持运作的。

（6）其他通过发展人员、组织网络或以高额回报为诱饵，招揽人员从事变相传销的。

综合上述的传销或变相传销的行为，我们可以看到其共同特征如下：首先，非法传销的组织没有自己的优质产品，是利用独立于生产企业之外的“贸易公司”或“分销中心”来组织实施的；其次，非法传销通过收取高额入门费（人头费）或强制要求下线购买高价产品实施非法融资；最后，非法传销通过层层收费、层层卖货、层层欺骗形成一个多层次、金字塔形的销售网络，达到欺骗消费者和非法敛财的目的。

五、政府对直销、传销的立法监管

有的企业打着直销的旗号搞非法传销，具有很大的欺骗性。为了规范企业直销行为，政府于 2005 年颁布了《直销管理条例》，建立了对直销的审批机制和管理机制。审批机制主要包括审批直销企业的多层次直销体系、明码标价制度、冷静期政策、低门槛进入机制、退货机制、退出机制和公布机制。

工商部门在审批直销企业时首先是评价其多层次的直销体系，即判断一个直销企业的奖金制度到底是不是“金字塔”式的，而判断的标准就是企业及直销员的最终利润必须是来自于销售商品的所得，才能通过审批。其次，直销企业所销售的产品必须明码标价。明码标价可以减少消费者的顾虑，同时可以减少直销员不必要的解释，对消费者、直销员、直销企业来说，都是有益的。第三，确立冷静期。直销企业必须给购买直销商品的消费者及直销员以一定时间的冷静期，来考虑是否最终购买，以避免消费者及直销员由于一时冲动而做出的某些不理智的购买行为。第四，低门槛进入机制。也就是说消费者要想成为直销企业的直销员，其加入的入会费要有一定的限制，这实际上相当于对冷静期条款的补充。第五，退货机制。直销企业必须允许消费者在购买直销产品之后如发现不满意时可以退货，以保证购买直销产品的消费者与通过其他渠道购买产品的消费者拥有同等的权利。第六，退出机制。当直销员不想继续从事直销行业，直销企业不得以各种理由不准其退出。这样，可以保障直销从业人员的进出自愿的权利，同时在某种程度上进一步补充了冷静期条款。最后是公布机制。通过审批的企业应该由工商部门建立官方网站，对外公布所有被批准的直销企业，使得消费者及直销员可以很容易地知道某企业的直销合法性。中国的直销更倾向于单层次模式，直销法直接否定了多层次直销，并且规定了严格的监管措施。

对于传销，政府的态度是坚决予以打击和取缔。特别是非法传销，对社会经济、社会秩序危害极大。因为老百姓没有办法区别哪是“合法传销”哪是“非法传销”，不法商家往往钻这个空子欺骗百姓，使得国家无法有效监管。有鉴于此，国务院于 1995 年 9 月 22 日发出了《关于停止发展多层次传销企业的通知》，宣布传销在中国为非法，明令禁止各种传销活动。但是，此后各地的非法传销活动时有发生，而且往往是借用直销的名义进行。为了肃清非法传销的遗毒，国务院于 1998 年 4 月 18 日又发布了《关于全面禁止传销经营活动的通知》，2005 年 9 月 2 日，国务院又签署了《禁止传销条例》，在中国全面禁止传销经营，主要条款如下：

第二条　本条例所称传销，是指组织者或者经营者发展人员，通过对被发展人员以其直接者间接发展的人员数量或者销售业绩为依据计算和给付报酬，或者要求被发展人员以交纳一定费用为条件取得加入资格等方式牟取非法利益，扰乱经济秩序，影响社会稳定的行为。

第十条　在传销中以介绍工作、从事经营活动等名义欺骗他人离开居所地非法聚集并限制其人身自由的，由公安机关会同工商行政管理部门依法查处。

（条例还具体描述了传销行为和明确界定了相关法律责任和处罚条款）

核心概念

分销渠道战略（Distribution Channel Strategy）
分销渠道模式（Distribution Channel Model）
分销渠道结构（Distribution Channel Structure）
密集分销（Intensive Distribution）
独家分销（Exclusive Distribution）
选择分销（Elective Distribution）
直销（Direct Selling）
传销（Multi-Level Marketing）
复合渠道模式（Composite Channel Model）

训练题

思考题：

1．什么是分销渠道战略？它与企业战略和营销战略是什么关系？
2．在三大分销渠道战略中，你认为哪一种战略更加有效？为什么？
3．在分销渠道典型模式中，你认为哪一种模式更有发展前途？为什么？
4．在分销渠道战略及模式的选择中，你认为哪些影响因素更重要？
5．哪些企业采用复合渠道模式？他们分别有什么优缺点？
6．在无店铺渠道模式中，哪些模式更加具有应用前景？为什么？
7．直销与传销有什么根本区别？你怎样看待传销模式？

实训设计：

1．你认为采用垂直渠道系统的三种类型适用的条件各是什么？
2．通过自己的观察，列举出垂直渠道系统、水平渠道系统和复合渠道系统的例子。

综合案例分析

康美药业：构建渠道“全产业链”

康美药业股份有限公司成立于1997年，是一家以中药饮片、化学原料药及制剂生产为主导，集药品生产、研发及药品、医疗器械营销于一体的现代化大型医药企业、国家级重点高新技术企业。作为中药饮片这一细分市场的先行者，康美具有明显优势，其产业链的扩张模式为：上游控资源，中游打品牌，下游进零售渠道——灵活的市场策略进一步巩固了其中医药行业龙头的地位。

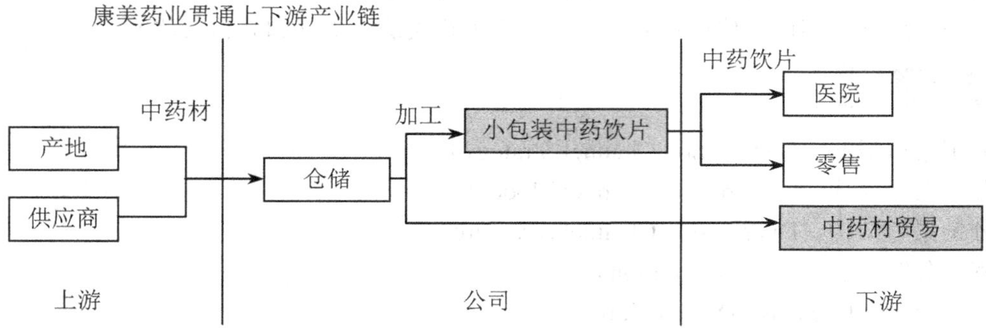

数据显示，2009年1-7月，康美中药饮片工业销售产值为226.72亿元，累计增长26.65%，出口交货值为8.48亿元，累计增长2.295%，一直是该细分市场的翘楚。

一、利用资本运作打通产业链

2007年底，康美药业投资成立了康美成都子公司，布局西南，构建区域市场营销网络；

2008年下半年全资收购北京隆盛堂中药饮片公司，成立了康美（北京）药业有限公司；2009年为打造东北最大的人参产业基地、最大的中药材集散中心和长白山中药材GAP基地，康美收购重组“新开河红参”，成立了康美新开河（吉林）药业有限公司。

2009年8月14日，公司公告通过四项投资议案：分别是投资4亿元建设东北人参、中药材医药产业平台项目；投资3亿元建设康美北京公司中药生产基地项目；进行企业信息化网络建设和进行中药保健食品生产线改造。

二、北上掘金抓产业链的上端

2009年3月，康美药业花费3900万元将中国红参的第一品牌、吉林省人参行业的领军企业——新开河纳入麾下。吉林是我国人参主要产地，全世界70%的红参产于中国，而中国70%的红参产于吉林，而集安红参的产量占吉林的17%～18%，全年鲜原参的产量为2500吨，公司每年的需求量是150吨干货（原料红参），全集安每年约产700吨，产新开河牌模压红参100吨。

康美与吉林新开河药业成立合资公司，得以在吉林开展业务，此项合作相当于康美掌握了产业的上游资源；从产地大规模收购高质量原参，精加工成新开河红参。公司一方面切断了假货新开河红参原材料来源，打压假货生存空间；另一方面从源头上控制原参资源，统一加工销售，逐步赢得红参市场定价权，进而在国内红参市场居于主导地位。

三、OTC终端营销分地域推进

行业人士认为，国内虽然从事中药饮片的企业不少，但如果只是简单的加工切片分装，利润微薄，尤其在医院渠道，受制于医改的普惠病患精神，企业的利润肯定大打折扣。而康美药业的全产业链扩张模式，可有效地整合产业链的资源，从而获得更多的利润。

在下游销售渠道方面，康美采取的战略为“两条腿走路”，一是抓医院，一是抓连锁药店。连锁药店是中药饮片的销售终端之一，国家推广中医医生坐堂更将进一步拉动药店饮片的消费和销售。

另外，康美药业与广东一致药业和深圳海王星辰合作，开展店中店和中药专柜的销售模式，从而分享到下游高利润率。

康美药业与广东一致药店的合作进展顺利。康美专柜已植入到一致药业的200多家门店，通过VI设计和识别，借助连锁药店的终端，康美中药饮片成功导入消费者视野，有效拓展了康美中药饮片的终端布局，再次强化了康美中药饮片品牌。

随后，康美药业公司还与海王星辰签订了合作协议，将在海王星辰2300多家药店终端建立康美专柜，前期准备先在40多家试点。

康美药业接下来还将与其他一些大型连锁药店企业合作，推广“店中店”模式。希望两年内能推广3000家店。

资料来源：《南方都市报》，2009-09-03

问题讨论：

1. 怎样理解康美药业的“全产业链”渠道战略？
2. 渠道和终端是什么关系？什么是“店中店”模式？

单元二　分销渠道建设

项目三　渠道结构设计

知识点

1. 渠道设计的原则和目标
2. 渠道设计的影响因素
3. 渠道设计的过程与方法
4. 分销渠道逆向重构的内容

技能点

1. 渠道长度、宽度的设计应用
2. 渠道设计的策略与方法
3. 分销渠道的“逆向重构”

【案例导入】

日本资生堂的主渠道：“百货公司+专卖店”

畅销世界70多个国家和地区的日本最大化妆品企业资生堂，目前在中国市场的年增长率为30%。这种显赫的业绩主要应归结于其为了实现“全市场、全覆盖、全渠道”目标而采取的“百货公司+专卖店”的渠道模式。

1981年，资生堂开始进入中国时仅在北京的“友谊商店”、“北京饭店”等9家大型商场、饭店，销售约60个品种的资生堂化妆品、香皂、牙刷用具等产品。

为了拓展内地市场，资生堂在传统的销售渠道百货店外，2004年开始在中国各处建立“签约专卖店”，也就是在一些化妆品商店中设置资生堂产品的专柜，以拓展“资生堂化妆品专卖店”事业。资生堂的专卖店不仅在一线城市，有些已经开到了二、三线市场。在大城市里，竞争对手是国际品牌，到了二三线城市，对手就换成了中国的民族品牌，加快专卖店的开设有助于抢占市场，以弥补大百货专柜对中小城市人群覆盖的不足。

至2008年，资生堂已经在除上海、北京、广州之外的行政区域发展了2520家签约专卖店，新疆喀什、内蒙古赤峰、西藏拉萨等地，都有资生堂的专卖店。

这些专卖店的销售业绩特别好，在资生堂的销售地图中，之前90%的业绩来自沿海市场，但现在中西部市场已经上升到了30%左右。而在沿海地区市场已经渐趋稳定和饱和的同时，中西部市场无疑为资生堂下一轮发展打开了一个巨大的空间。下一步，资生堂正在考虑利用超市、药店为销售渠道以推动它旗下的大众化妆品品牌。

资料来源：慧聪网，2008-8-5

任务1 弄清渠道设计的内涵

产品一旦需要进入市场，企业就需要根据自身的产品、价格、促销等营销组合要素设计其分销渠道，以实现销售目标。企业也可以通过分销渠道的设计获得市场竞争优势。

一、什么是渠道设计

渠道设计是指企业为实现销售目标，根据自身产品的特点，结合企业内部及外部环境条件，对各种备选渠道结构模式进行评估和选择，从而开发新型的分销渠道模式或改进现有分销渠道的过程。

广义的渠道设计包括在公司创立之时设计全新的渠道模式以及改变或再设计已存在的渠道模式，对于后者，也称为分销渠道再造，是市场营销者经常要做的事情。渠道设计应该具有战略性和前瞻性，它引导着企业分销工作的未来方向。渠道设计是企业对于自己产品未来的分销渠道的长度、宽度和分销模式的提前规划。

渠道设计主要是制造商的职责，但批发商和零售商也都面临渠道设计的问题。对零售商来说，渠道设计是从制造商与批发商入手的，为了获得可靠的产品供应，零售商要从渠道的末端向渠道的上游来设计渠道。而批发商处于渠道的中间位置，其渠道设计的决策需要从两个方向入手，既要考虑上游供应，也需要了解下游的需求情况。

二、渠道的长度与宽度

渠道的长度是指构成分销渠道的层级、环节的多少，或者说是构成分销渠道的不同层级渠道成员的多少。根据渠道的长度可以把渠道划分为长渠道和短渠道。长渠道主要表现为经销、代理、批发等形式，短渠道主要表现为直销、连锁经营、网络营销等形式。有的人把长渠道称为间接渠道，把短渠道称为直接渠道。如表3-1、表3-2所示。

表3-1 长渠道与宽渠道示意图（以食品、日化产品为例）

	大卖场	连锁超市	批发市场	菜市场	餐饮酒店	便利店、小店	购物中心	特殊通道
厂家								
经销商								
批发商								
零售商								
顾客								

表 3-2 短渠道与窄渠道示意图（以汽车为例）

	汽车交易市场	4S 专卖店	特殊通道
地区代理商			
专卖店			

1. 长渠道

长渠道（间接渠道）的优点是具有扩散效应，可以利用各级渠道成员的资源，发挥他们的作用，做到层层分销、深度分销，每个渠道层级都发挥“变压器”的功能，扩大市场影响力；长渠道的缺点是不好控制产品的价格和流向，流通成本高，容易逐级加价，导致产品价格提高，不利于价格竞争，同时也容易出现跨区域窜货的情况；长渠道主要应用于大众消费品的分销，能够最大限度地发挥辐射、扩散效果。比如日化产品、家用消费品就适合采用长渠道，如宝洁、维达、娃哈哈、金龙鱼、美的等企业就始终坚持长渠道，利用经销商和批发商的力量。

2. 短渠道

短渠道（直接渠道）的优点是目标明确，具有显著的指向性，能够直接击中目标消费群，可控性强，同时，短渠道减少了许多中间环节，节约了流通成本，有利于产品价格的竞争，另外，短渠道还能够实现信息的有效到达和反馈，能够使得服务更直接、更快捷、更到位，有利于提高服务质量和使顾客满意；但短渠道也有缺点，就是其市场覆盖面有限，不容易迅速提高销量和市场占有率，不易开展深度分销，投入建设成本也较高；短渠道主要应用于工业品、耐用消费品和高档消费品，一些生鲜食品、时尚消费品和品牌产品也常常采用直销、连锁经营等短渠道形式。

问题讨论：你认为是长渠道好还是短渠道好？请做具体分析。

营销渠道的宽度是指渠道同一层次选用中间商数目的多少，多者为宽、少者为窄。企业使用的同类中间商多、产品在市场上的分销面广，称为宽渠道；如一般的日用消费品（毛巾、牙刷、洗发水等），由多家批发商、经销商经销，又转卖给更多的零售商，能大量接触消费者，大批量销售产品。反之，如果企业使用的同类中间商少、分销渠道面窄，称为窄渠道，它一般适用于专业性强的产品或贵重消费品、耐用消费品。有的人把宽渠道归为密集分销，把窄渠道归为选择分销。如表 3-1、表 3-2 所示。

1. 宽渠道

宽渠道就是在一个目标市场采用尽可能多的渠道成员分销该产品，把产品分销到市场的各种渠道、各个角落，开展深度的、密集的分销，做到无孔不入。宽渠道的优点是有利于在目标市场实现市场覆盖的最大化、销量的最大化，有利于市场竞争；但宽渠道的缺点是容易造成各种渠道之间的价格不平衡，容易引发窜货、乱价等渠道冲突，对制造商的管理水平提出挑战；宽渠道主要应用于大众消费品的分销，能够迅速提高销量和市场份额。比如食品、日化品、日用消费品、家居产品常常采用宽渠道形式。

2. 窄渠道

窄渠道就是在一个目标市场选择部分合适的渠道成员分销公司产品，只把产品分销到市场的部分渠道或部分地区，目的是满足部分特定消费者的需求。窄渠道的优点是具有明确的针对性和指向性，有效击中目标消费群，对提升品牌档次有好处，渠道可控性强；窄渠道的缺点是市场覆盖面和市场影响力有限，渠道建设成本也较高；窄渠道一般应用于工业品、耐用消费品和高档消费品的分销，一些专业的、特殊的商品也常常采用窄渠道形式。比如，高档时装、珠宝、高档钟表、高级汽车等，就是在少数地方销售，满足少数人群的需求，常常采用窄渠道形式。

问题讨论：你认为是宽渠道好还是窄渠道好？请做具体分析。

三、传统渠道与新兴渠道

传统渠道是指改革开放初期在中国流通市场普遍采用的渠道形式，包括经销商、代理商、批发市场、百货商场、杂货店、组织市场、特殊通道、人员销售等渠道形式。

随着市场经济的深入开展，新兴渠道不断涌现，传统渠道越来越失去昔日的光芒，逐渐成为我国商品流通的辅助渠道。但传统渠道也不可或缺，他们仍然扮演着商品分销的重要角色，比如经销与代理渠道，由于中国市场的特殊性，他们还将在相当长的时期内存在，并且承担我国辽阔市场的重要的深度分销和物流配送的功能，批发市场虽然逐渐衰落，但其便利性作用不可忽视。同时，传统渠道也不得不进行与时俱进的渠道转型，以适应新时期商品分销的需要。比如新时期经销商大多转型为深度分销商和物流配送商，承担基层市场和郊区市场的深度分销功能，代理厂家承担城市市场商品的物流配送；比如传统百货商场也正在升级换代，逐渐转型为大型购物中心。

新兴渠道顾名思义就是指随着科学技术的进步和我国经济的发展而诞生的有别于传统流通渠道的渠道形式，如以电子商务、网络营销为特征的电子渠道，以人员推销和互联网为销售平台的直销，以连锁经营为特征的现代零售业，融生活、购物、娱乐一体化为特征的现代购物中心（Shopping Mall），以及电视购物、自动售货、目录营销等其他渠道形式。

随着网络技术的兴起，互联网成为我们生活、工作的重要组成部分，网络颠覆了整个营销体系，颠覆了传统的渠道模式，现代企业都得重新思考和构建自己的渠道结构，以适应市场网络化的竞争需要，未来以网络为平台的渠道形式正在和必将主宰着企业的渠道格局。可以说，网络时代的营销面临全面的更新和挑战，传统渠道衰落，新兴渠道兴起，新兴渠道代表着未来渠道发展的主潮流，现代“3G”手机的推广和“物联网”技术的出现都预示了这种趋势。

四、大众渠道与特殊通道

还有一种渠道划分的方法是根据渠道本身运作的特点和渠道所销售的产品的特点，将渠道划分为大众渠道和特殊通道。

大众渠道一般是指批发市场、百货商场、大卖场、连锁超市、购物中心、便利店、专营店、专卖店、社区小店、自动售货（自动柜员机、自动售货机、机场医院等地方的自助设备）、电子渠道（电视、手机、互联网购物）等普通消费品的销售渠道；大众渠道一般销售大众消费品，大众渠道的开发和管理遵循营销的游戏规则，一般使用营销的策略和方法就可以奏效。

特殊通道一般是指有别于大众渠道的渠道形式，包括组织市场（政府采购、军队采购）、集团消费（机关单位发福利、小店采购）、特殊消费场所（医院、学校、幼儿园、机关食堂、监狱、铁路、机场、美容厅、酒店、餐馆、卡拉OK、娱乐城、夜总会、俱乐部）以及特殊的个人（如明星、名人、领导人）等。特殊通道既销售大众品也销售特殊品，但特殊通道的开发和管理往往不遵循营销的基本游戏规则，而大多需要采用“灰色营销”或“定制营销”的手段才可以奏效。

【知识点】灰色营销指的是一些企业在开发特殊销售渠道时往往不遵循营销的规则，而是采用一些非营销的不正当手段（如请吃请喝、高额回扣、金钱贿赂甚至性贿赂等）达到销售产品目的的经营活动或行为。

因为灰色营销行为导致灰色营销渠道形成，这种现象在政治集中化程度高的国家比较常见，所以，营销大师科特勒才在其市场营销4P要素中增加了两个P（Politics Power；Public Relationship），由此提出6P理论。事实上，灰色营销的存在致使采购人员为了谋取个人私利，往往不顾购买产品的品质、质量、品牌和价格等因素，甚至出现购买假冒产品的情况，给所在机构造成损失，是一种对顾客利益不负责任的非伦理企业行为。据媒体报道，医院药品的采购、建筑公司对建筑材料的采购、政府采购过程中都存在灰色营销现象。

【案例】

2010年初《南方都市报》报道的“格力状告广州市财政局”就是一个典型的例子。起因是广州市财政局的某大楼购买中央空调公开招标，美的和格力两家企业投标，按照招标方对空调的质量要求，美的报价2000万，格力报价1600万，最后是美的中标。格力不服，状告广州市财政局，两会期间格力总裁董明珠还在会议上向广东省委书记汪洋投诉，但结果是没过多久，格力撤诉，此事庭外私了。事情虽然已经过去，但很耐人寻味，其中的公理尽人皆知。

任务2　确立渠道设计的原则和目标

一、渠道设计的原则

企业在进行渠道设计时，一方面是要追求销量和市场覆盖的最大化，另一方面也要考虑投入成本，要考虑企业的资源状况，考虑如何通过最小的投入、最有效的管理，达到渠道效益最大化的问题。渠道的设计是要讲究科学的，不能盲目贪大，也不能随意行事。没有哪一种渠道形式、结构是绝对的好，关键是要根据企业的具体情况和需要进行因地制宜的设计和选择。为此，我们提出营销渠道设计的八大原则：顾客导向原则；最大效率原则；发挥优势原则；利益均沾原则；分工合作原则；覆盖适度原则；稳定可控原则；协调平衡原则。

1．顾客导向原则

现代营销追求“顾客导向”，企业必须将顾客的需求放在第一位，以顾客导向的经营思想设计渠道，方便顾客购买，这是4C营销便利性（Convenience）的要求。这就需要通过周密细致的市场调查研究，不仅要提供符合消费者需求的产品，同时还必须使分销渠道的建设充分为目标消费者的购买提供方便，满足消费者在购买时间、地点以及售后服务上的需求。

2. 最大效率原则

渠道的效率主要是指该渠道在产品销量和市场份额上的有效性，它是分销效果的最主要指标。有效的设计应该是能够实现渠道充满、实现销量和市场覆盖最大化。企业选择合适的渠道模式，目的在于提高流通的效率，不断降低流通过程中的费用，使分销网络的各个阶段、各个环节、各个流程的费用合理化、销量最大化。

3. 发挥优势原则

企业在设计、选择分销渠道时，要注意发挥自己的特长，确保企业在市场竞争中的优势地位。现代营销的竞争是综合性的整体竞争，企业依据自己的优势，选择合适的渠道模式，能够达到最佳的经济效应和良好的客户反应。同时企业也要注意通过发挥自身优势来保证渠道成员的合作，贯彻企业的渠道战略方针与政策。

4. 利益均沾原则

销售管理的实质是利益管理，利益是驱动渠道运转的动力。合理分配渠道利益是渠道管理与渠道合作的关键，目标是双赢和共同发展，而利益的分配不公常常是渠道成员之间冲突的根源。因此，企业应该设计一整套渠道利益分配制度，根据渠道成员担当的职能、投入的资源和取得的成绩，合理分配各渠道层次成员的利益。

5. 分工合作原则

渠道成员之间不可避免地存在着竞争，因此，企业在建立、选择分销渠道模式时，要充分考虑渠道成员之间的竞争性和竞争强度，避免直接竞争，设计优势互补性渠道。一方面鼓励渠道成员之间的有益竞争，另一方面又要积极引导渠道成员之间的合作，加强渠道成员的沟通，协调其冲突，从渠道竞争走向渠道竞合，实现既定目标。

6. 覆盖适度原则

根据经济学“规模经济”和“规模不经济”的原理，企业在设计、选择分销渠道时，仅仅考虑流量最大化、降低费用是不够的，还应考虑其具体情况和管理能力，不能盲目贪大求全。因此，在分销渠道建设中，也应避免扩张过度、分布范围过宽过广的情况，以免造成沟通和服务困难，导致无法控制和管理目标市场。

7. 稳定可控原则

企业在设计、建设分销渠道时，还有可控性的要求。因为企业的分销渠道模式一经确定，便需花费相当大的人力、物力、财力去建立和巩固，整个过程往往是复杂而漫长的。所以，企业一般不会轻易更换渠道模式及成员。覆盖适度、畅通有序和控制性是分销渠道稳固发展的基础，只有保持渠道的相对稳定和控制，才能进一步提高渠道的效益。

8. 协调平衡原则

企业在选择、管理分销渠道时，应该注意各个分销渠道层次和类型渠道成员之间的协调平衡，不能只追求自身的利益最大化而忽视其他渠道成员的局部利益，应合理分配各个成员间的利益。这种协调平衡主要体现在价格体系的制定和渠道促销资源的分配方面，应该兼顾各个渠道成员的利益，实现他们之间的优势互补，比如经销商、大零售商和批发商之间就存在各自优势特点不同、承担功能不同的问题，需要厂家进行协调和平衡，不能厚此薄彼。有人总结可口可乐成功的渠道真经就是“协调平衡”，各渠道平衡发展。

思考：有人认为，我国营销渠道设计和建设具有如下十大误区：

- 自建分公司比利用分销商好？

- 分销商越多越好？
- 渠道越长越好？
- 渠道越宽越好？
- 分销商越大越好？
- 有了分销商就好？
- 渠道合作乃权益之计？
- 渠道冲突百害无一利？
- 渠道政策越优惠越好？
- 渠道建设一劳永逸？

问题讨论：你怎样看待以上渠道设计和管理的误区？

二、渠道设计的目标

设计分销渠道主要是解决如何发掘企业商品到达目标市场的最佳途径以提高分销效率的问题。所谓“最佳”，是指以最低的成本与费用，通过适当的渠道，把商品适时地送到企业既定的目标市场上去。有句俗话说得好，“条条大路通罗马”，渠道设计就是要寻找其中“最短”那一条。

从生产商的角度来看，分销渠道设计的目标就是为了更有效地实现分销目标。具体来讲，在设计分销渠道时，必须要了解所选定的目标客户购买什么产品、在什么地方购买、为何买、何时买以及如何买，同时还要弄清楚客户在购买产品时想要和所期望的服务类型和水平，才能设计出更加有效的渠道组合。分销渠道设计的目标主要包括以下几个方面：

- 货畅其流——渠道如水，顺势而为，商品流通通畅是渠道设计的基本要求。
- 渠道充满——渠道的设计需要考虑各种渠道的优化组合，实现流量最大化。
- 渠道平衡——渠道的优化组合要考虑各种渠道之间利益的协调、平衡与整合。
- 便于开拓新市场——开渠犹如修路，要将渠道之“路”修到企业的目标市场。
- 便于提高市场占有率——渠道的设计及选择要看该渠道是否有利于提高产品铺市率。
- 便于扩大产品知名度——渠道的设计及选择要看该渠道是否有利于扩大品牌影响力。
- 便于顾客购买——渠道的设计及选择要看该渠道是否满足顾客购买便利性的需求。就像可口可乐的经营原则那样，不但“乐于买”、“买得起”，还要“买得到”，能够伸手可及。
- 利于提高经济效益——渠道的设计及选择要比较预期的成本投入和预期效益。
- 利于实现渠道控制——渠道的设计及选择还要考虑渠道成员的服从性和忠诚。

综上所述，分销渠道设计的根本目标就是确保设计的渠道结构能适合企业市场定位的目标，能够充分发挥企业的资源优势，能够实现渠道销量的最大化和市场占有率的最大化，并确保制造商对渠道的适度控制和具有一定的渠道调整和完善的灵活性，以便于渠道的持续发展。

任务3　了解渠道设计的影响因素

企业在设计分销渠道时，必须充分考虑内外部多方面的约束和影响因素，然后在理想渠道与可行渠道之间进行权衡、比较和选择。渠道结构的设计属于渠道管理的战略问题，它关系到企业的生存与发展。因为渠道模式的选择既要适应变化的市场环境，又要能够发挥企业资源优势，还要最大限度地让顾客满意。要达成这个目标，首先就必须了解渠道设计的影响因素，并对目前企业的渠道状况、覆盖的市场范围及对公司的绩效、面临的挑战等方面有一个清醒的认识和把握，才能设计出适合企业的高效的渠道。

一、影响渠道设计的主要因素

分销渠道设计受多种因素的影响，包括企业目标、产品、市场、组织、中间商、竞争者等。市场的特性影响着分销的战略，进而影响着分销渠道设计。企业的产品及其生产特性对产品的分销提出了技术上的要求，也对分销渠道的设计产生影响。企业分销渠道的建立和运行需要一定的资源，因此受到企业实力和财务基础的重要制约。同样，中间商作为分销渠道的重要组成部分，它的特长与能力也是渠道设计的一个重要考虑因素。企业还必须密切关注竞争者的动向和它的分销渠道的设计，采用相同或完全不同的分销渠道来开展竞争。市场环境的变化，技术上的革新，经济周期的作用，也会促使企业适当改进和变更其分销网络，以适应外部环境。

（一）企业战略目标

企业的渠道设计首先取决于企业的战略目标。如果企业需要进入国际市场，就必须立足世界的眼光设计国际型的分销渠道；如果企业计划发展成为国内知名企业（或品牌），就需要立足全国市场的开发进行渠道设计，比如哪个市场为先，哪个市场为后，哪个市场为重点，哪个市场为补充，哪些需要分销，哪些需要直营等，都要做出选择；如果一个企业只想在地方发展，只想成为地方品牌，其渠道选择又会不同，完全可以选择直营和连锁经营。

所以，企业在进行渠道设计之前必先分析企业的战略目标，要弄清企业战略目标、市场目标、分销目标，了解其与现有渠道的匹配程度，了解宏观政治经济环境、技术环境、行业集中程度、产品的市场生命周期和购买者行为等要素对营销渠道结构的影响，了解企业以往进入市场的步骤、经验，同时还要对企业的渠道现状进行分析，知己知彼，明确企业的战略方向，才能制定好分销渠道战略。

（二）企业产品特点

产品的用途，产品的定位等对分销渠道结构的选择都是很重要的。

（1）单位产品价值。单位价值低的产品，如消费品中的便利品和工业品中的标准件，其营销渠道可以适当长些。一般而言，产品单个价值越小，分销渠道越多，渠道越长。

（2）体积与重量。体积过大或过重的产品，应选择直接的或中间商较少的间接渠道，如大型设备、水泥、矿石、谷物、饮料、啤酒等应减少运输距离和重复搬运次数。

（3）产品易腐性。易腐（如蔬菜、海鲜）及保质期很短（如奶制品、熟食品）的产品宜采用较短的渠道，这样可减少中转过程而不至于使产品变质或失效。

（4）产品标准化。高标准化产品应该比低标准化产品使用更长、更宽的渠道。而标准化低，尤其是定制的产品顾客数量少，可以进行直接销售。

（5）产品时尚性。对式样、款式变化快的产品，应多利用直接分销渠道，尽可能缩短分销在途时间，尽早上柜以免错过流行季节。

（6）产品的季节性。具有季节性的产品应采取较长的分销渠道，要充分发挥批发商的作用。

（7）产品线。产品线越长，表明产品数量越多，往往需要通过中间商分销，以扩大销售面。

（8）产品组合，产品组合横向越广，生产商向用户直接销售的能力越大；产品纵向越深，享有独家经营权的经销商就越可能从中获得好处。

（9）产品市场寿命周期。产品寿命周期的不同阶段，对分销渠道的选择是不同的，如在衰退期的产品就要压缩营销渠道。

（10）技术性和售后服务。具有高度技术性或需要经常服务与保养的产品，分销渠道要短。对非标准化的产品则最好由企业销售代表直接销售，便于安装与指导使用，而在这方面中间商往往缺乏必要的知识。需要安装调试的产品或者要维持长期售后服务的产品，一般应由公司直销或独家经销商来销售。

（三）消费者特点

消费者或市场的特点是渠道结构设计中最为关键的因素，以下有关消费者因素的几个主要方面在渠道设计时需要进行考虑。

（1）消费者数量。消费者数量的多少构成市场容量的大小，不论是消费品市场，还是工业品市场，消费者数量的多少是企业决定是否采用中间商的一个重要因素。消费者数量多，对于有限的企业分销能力来说，要满足消费者的需求存在相当大的困难，因此，企业可以考虑使用中间商进行分销。相反，当消费者数量比较少时，则可考虑采用直接渠道销售。

（2）消费者集中度。消费者集中度指消费者在特定地理空间上的分布密度，又称为人口的地区密度。消费者市场比较集中时，适宜开展直营，建立分公司进行销售，可以进行连锁经营或直销；反之，消费者市场分散时，则需要采用中间商进行分销。

（3）消费者购买行为。消费者购买行为体现在很多方面，比如购买批量、购买频率、购买的季节性和购买的介入程度等。购买批量方面：购买量越大，单位分销成本越低，因此可以考虑短渠道直销，相反，消费者购买批量越小，越需要利用长渠道分销。购买频率方面：购买频率高的产品，需要通过中间商来分销。购买的季节性方面：季节性强的产品，制造商很难在短时间内达到较高的铺货率，在淡季会造成渠道闲置浪费，因此，应使用较长的渠道来分销。购买的介入程度方面：介入程度高时，可选用短而窄的渠道，反之选择长而宽的渠道。

（四）分销商特点

在考虑市场基础时，渠道结构设计者应着重考虑现有分销商的现状、特点及要求，在能够兼顾和发挥现有分销商资源优势的前提下选择设计合理的分销渠道结构模式。

（1）可得性。考虑分销商的可得性需要提出两个问题：一是在现有分销商中是否存在可以经营本企业产品的分销商？二是如果存在，他们是否可以有效地经营本企业产品？在现有分销商不能有效地销售公司产品的情况下，企业不得重新建立自己的销售渠道，这时要考虑所选渠道模式能否找得到合适的分销商。

（2）成本。利用分销商的成本情况如何是评价渠道的重要方面。如果采用某类分销商而使得企业承担过高的费用，在设计渠道时就可以考虑不采用这类分销商。但是，要注意不能把成本因素看得过重而忽视了渠道目标。过分看重成本是渠道结构设计的一个误区，它可能导致企业倾向于利用成本最低的分销商而舍弃一些高端渠道（如大卖场、购物中心），使得产品不能有效覆盖市场和提供必要的服务，从而造成顾客的不满意和销售不力。渠道结构设计要考虑渠道效益（销量、利润、品牌价值）与渠道成本之间的平衡。

（3）服务。在选择分销商类型，甚至设计渠道长度时，涉及分销商可以为顾客提供的服务问题。考察分销商的服务情况，就是比较分销商所提供的服务与顾客对分销商的服务要求之间的关系。企业在进行渠道结构设计时，要考虑分销商的服务水平和顾客的服务期望之间的平衡问题，能够提供顾客服务、能够让顾客满意的分销商才是好分销商。

（五）竞争者特性

行业不同，企业间分销渠道的竞争方式也不同。竞争者的分销渠道对企业的分销渠道设计产生重要影响，企业应对竞争对手的销售地点、渠道类型、产品和服务特点、市场规模、消费者特点与规模等进行分析，还要对竞争对手的分销策略如销售密度、销售性质、渠道成员及渠道结构进行分析，从而有助于设计自身的分销渠道。

一般来说，企业可以采用积极竞争或标新立异两种竞争策略，选择与竞争对手相同的分销渠道或回避竞争对手，采用不同的分销渠道。比如消费品生产厂家如果觉得自己的产品在品牌、价格、质量上有竞争实力，就可以将其产品和竞争对手产品在零售店摆放在一起销售。另一方面，如果竞争对手在其传统的分销渠道中占据了绝对优势，企业的实力无法与竞争对手竞争传统的分销渠道时，就可以采取完全不同的分销渠道策略。比如日本石英电子表在进军美国市场时，就避开了瑞士名表占据绝对优势的传统的钟表销售渠道——钟表店，而根据产品价廉物美、样式新颖的特点，建立了由零售商、超级市场所构成的销售渠道，迅速获得成功。美国雅芳公司也避开了传统的分销渠道，训练漂亮的年轻妇女，挨家挨户上门推销化妆品，建立直销形式的分销渠道，也获得了成功。

（六）企业资源因素

企业在设计营销渠道时，还需要考虑下列企业自身的条件因素，有多少能力办多少事情，企业经营不是儿戏，要实事求是，不能好高骛远。没有什么绝对好的或坏的渠道模式，只有适合自己的才是最好的。所以，企业需要考虑自身情况进行选择，比如：

（1）企业的规模与实力。企业规模大、实力强时，对渠道模式就具有更大的选择余地，可以考虑采用直接渠道，建立分公司直营，可以建立专卖店进行连锁经营，也可以利用中间商进行分销，渠道建设的规模、范围也可以更大。而中小企业则常常必须依赖中间商来经销其产品以节约成本，还需要选择部分市场进入以降低风险。

（2）企业的人才与管理水平。人才与管理水平是企业管理的重要要素，不同渠道模式对人才及其管理水平的要求不同。比如，建立分公司和建设专卖店就相对复杂一些，对管理人才及公司管理水平的要求就高一些，相对来讲，找经销商进行分销就会简单一些，因为很多市场问题留给经销商处理。企业需要根据自身人才储备及管理水平选择渠道模式。

（3）企业产品组合状况。具有很多条产品线的大型企业，在营销渠道设计时可以有多种选择，可以直营、可以分销、可以连锁经营，也可以根据不同产品线特点选择不同渠道模式。这类企业往往市场占有率高、销量大，能够分担分销成本，所以往往可以直接向大型零售商供货，而产品种类少、规模小的企业则不得不依靠批发商和零售商来销售其产品。此外，产品组合关联度高，往往可以利用同一营销渠道；而产品组合关联度低，则常常需要对不同产品线设计不同的营销渠道。

（4）企业控制渠道的愿望。通过考察渠道长短与渠道控制性特点发现，短而窄的渠道特点是容易控制，如直销、连锁经营，而长而宽的渠道特点是难以控制，如经销、代理、批发等。企业可以根据自身对渠道控制愿望的强弱偏好选择和设计不同的分销渠道模式。

总之，制造商的产品信誉、资金状况、经营管理能力等，决定了它能在多大程度上控制分销渠道及选择什么样的渠道设计结构。大制造商信誉好、实力强，可以建立自己的销售力量，随心所欲地选择渠道成员。反之，小制造商力量小，财力弱，或缺乏管理销售业务的经验或能力，则只能借助中间商销售产品，并施加有限影响。

二、影响渠道设计的其他因素

（一）影响渠道设计的主客观因素

现实经济中的分销渠道决策，常常要受到许多主客观因素的影响，主要有：

1. 制造商和中间商之间的信息不畅通

在许多情况下，制造商和中间商由于信息不畅通，因此都缺少做出有效决策所必需的信息资料，导致决策的缓慢和失真，这对制造商是极为有害的，同时也必然影响到中间商的利益。

2. 企业不经常调查研究分销渠道

由于不定期调查研究分销渠道，企业做出决策就会缺少充分的信息，并不能确切掌握现行的分销渠道的特性，一旦外部环境或企业的战略方向改变，企业将很难快速做出反应，修正其分销渠道。

3. 制造商无法独自做出全部渠道决策

一是因为制造商可以选择批发商，让批发商再去选择零售商或工业买方；二是批发商可能要建立自动连锁，并决定向哪些制造商进货；三是大型或有声望的零售商也可能决定越过批发商而自己选择供货者，所以，决策往往是由各方面共同做出的。

即使制造商做出了决策，也还需要说服中间商同意自己的意见。因为被选中的批发商或零售商，可能不会对参与经营感兴趣。例如要使超级市场经营新的产品，就会非常困难。

事实上，由于环境和竞争的不断变化，尽管制造商的愿望是做出及执行合理的渠道决策，实际上发生的却往往不是原来设计的。

4. 生产企业没有专人负责管理分销渠道的工作

信息资料短缺及缺乏调研现象的存在，很大程度上是由于大多数生产企业没有专人负责管理分销渠道工作，因此也就没有专人负责检查分销渠道的效果。这样做出的营销决策就会是片面的。实际上，大部分企业的分销渠道决策是由负责实体分销、产品计划、市场调查和包装的工作人员做出的，但这些人往往缺乏全面综合的预测能力，如果一个人负责制定影响到分销渠道的全面决策的话，是应该具备这种综合能力的。

5. 分销渠道混乱

分销渠道内存在的严重混乱状态，增加了渠道决策的复杂性。比如渠道内部的责权不清、管理混乱以及外部环境的变化。例如传统的卫生用品分销是通过药房，而现在大部分卫生用品是通过零售商销售。而卫生用品生产企业却往往由于内部原因或对外界变化的忽视，未能及时改变分销渠道的决策。

（二）影响渠道设计的制约因素

1. 市场潜力、销售潜力与风险

通过对公开数据和收集的原始数据进行评估，企业应大致预测市场潜力与可能遇到的风险，并比较企业的生产能力和风险承受力。

2. 渠道畅通性

保持市场分销渠道的畅通，是企业持久占领市场的基本条件，而渠道能否持续畅通，很大程度上取决于中间商在市场竞争中作何选择。如果中间商不再经营本企业的产品，企业的销售渠道就会中断。另外，企业的生产能力也是一项制约因素，一旦出现销售激增，而企业的生产不能跟上去，渠道的实物流出也会出现中断。因此，保持市场分销渠道的连续性，是任何企业都不可忽视的重要问题。从某种意义上说，它比建设新的渠道显得更为重要。

3．渠道控制

高级营销观念特别强调对渠道的控制，以便及时了解产品的销售去向、销售时间、销售数量和销售地点，准确估价产品在市场上的地位及变化趋势，为企业营销组合的改进提供信息。

4．渠道费用

包括渠道的开发和维护所投入的资金。总的说来，高额投资有利于扩大销售网，增加销售，提高企业知名度，但可能使利润上升或价格下降；低费用经销有利于低价促销，但可能由此缩小销售网而丧失一部分市场。企业应运用投入产出法进行合理选择。

任务 4　掌握渠道设计的策略与方法

渠道设计过程要求建立渠道目标和考虑限制因素，掌握适当的策略和方法，并且识别主要的渠道选择方案和对它们做出评价，才能设计出科学、合理的渠道结构。

一、渠道设计的过程

（一）建立渠道目标

分销渠道设计是一个系统工程，当企业具体实施分销渠道设计时，首先就是要建立渠道目标。如何建立某一特定的渠道目标呢？一般是在分析目标顾客对服务的要求的基础上辨别顾客的分销需要。

1．分销目标顾客对服务的要求

在设计分销渠道时，分销人员必须要了解目标顾客对服务的要求，即人们在购买产品时想要和所期望的服务的类型和水平。如果生产者无力提供这些服务，就需要营销中介机构了。分销渠道可满足以下五种服务要求：

（1）批量大小。批量是分销渠道在分销过程中提供给顾客的单位数量。一汽大众公司偏好能大批量购买的渠道，而消费者想要那种能允许购买一辆汽车的渠道。很明显，必须为大批量购买者和家庭购买者建立不同的分销渠道。

（2）等候时间。即分销渠道的顾客等待收到货物的平均时间，顾客通常喜欢快速交货渠道。

（3）空间便利。即分销渠道为顾客购买产品所提供的方便程度。比如，海尔为顾客购买提供更大的空间便利，它有众多的经销商，其较高的市场分散化帮助顾客节省运输和寻求成本，以及为电器维修提供 24 小时全天候上门维修服务的方便。空间便利的用途被直接分销进一步强化。

（4）产品品种多样化。即分销渠道提供的商品花色品种的宽度。一般来说，顾客喜欢较宽的花色品种，因为这使得实际上满足顾客需要的机会更多。比如，汽车购买者买汽车喜欢选择经营多家品牌的经销店，而不是只有单一品牌的经销店。

（5）服务支持。即分销渠道提供的附加服务，如信贷、交货、安装、维修等。服务支持越强，渠道提供的服务工作越多。

分销渠道设计者必须了解目标顾客的服务产出需要。提高服务产出的水平意味着渠道成本的增加和对服务的改进。折扣商店的成功表明了在商品能降低价格时，消费者愿意接受较低的服务产出。

2. 建立渠道经营目标

有效的渠道设计首先要决定达到什么目标，进入哪个市场。渠道目标因产品特性不同而不同。如表 3-3 所示。

表 3-3　渠道经营目标

目标	操作说明
（1）顺畅	最基本的功能，直销或短渠道较为适宜
（2）增大流量	追求铺货率，广泛布局，多路并进
（3）便利	应最大限度地贴近消费者，广设网点，灵活经营
（4）开拓市场	一般较多地倚重中间商，待站稳脚跟后，再组建自己的网络
（5）提高市场占有率	渠道拓展和渠道维护至关重要
（6）扩大品牌知名度	争取和维护客户对品牌的信任度与忠诚度
（7）经济性	要考虑渠道的建设成本、维系成本、替代成本及收益
（8）市场覆盖面和密度	多家分销组合分销或者采用密集分销
（9）控制渠道	厂家应重点加强自身能力，以管理、资金、经验、品牌或所有权来掌握渠道主动权，实现渠道“软控制”

（二）确定渠道长度和宽度

1. 确定分销渠道的长度

渠道长度指为完成企业的营销目标而需要的渠道层次的数目。分销渠道按长度可以分为零层渠道（直接渠道）、一阶渠道、二阶渠道和三阶渠道（产品由生产商卖给代理商，再到批发商，再到零售商，再到最终消费者）。企业应该根据自身的条件、特点及分销目标确定渠道的长度。确定渠道长度需要考虑的一个主要问题是资源运用与渠道控制的关系。参考表 3-4、表 3-5 进行选择。

表 3-4　长渠道与短渠道比较

渠道类型	优点及适用范围	缺点及基本要求
长渠道	市场覆盖面广；厂家可以将中间商的优势转化为自己的优势；减轻厂商费用压力；适用于一般消费品销售	厂家对渠道的控制程度较低；增加了服务水平的差异性；加大了对中间商进行协调的工作量
短渠道	厂家对渠道的控制程度高；适用于专用品、时尚品及顾客密度大的市场区域	厂家要承担大部分或者全部渠道功能，必须具备足够的资源；市场覆盖面较窄

表 3-5 影响渠道长度选择的因素

影响因素	短渠道选择	长渠道选择
市场因素：		
潜在顾客规模	小	大
地理分散程度	低	高
顾客集中度	高	低
交易准备期	长	短
顾客地位	高	低
产品因素：		
体积	大	小
易腐性	高	低
单位价值	高	低
标准化程度	低	高
技术特性	高	低
毛利率	低	高
生产企业因素：		
规模	大	小
财务能力	高	低
控制愿望	高	低
管理专长	高	低
顾客知识	高	低
营销中介因素：		
可得性	低	高
成本	高	低
质量	低	高

2. 确定分销渠道的宽度

渠道宽度是指在渠道的每一层次上所需分销商的数目，它反映了在任一渠道层次上的竞争程度以及在市场领域中的竞争密度。决定渠道宽度有三个因素：所需的渠道投资水平、目标消费者的购买行为和市场中的商家数目。与消费品市场宽度相关的一个重要特性是分销机构的市场覆盖。如果市场覆盖太窄，厂商就难以实现其销售目标。目标市场渠道宽度又分为三个级别：独家分销、密集分销和选择性分销。参考表 3-6 进行选择。

表 3-6 独家分销、密集分销与选择性分销的比较

分销类型	优点	缺点
独家分销	市场竞争程度低；厂家与经销商关系较为密切；适用于专用产品的分销	因缺乏竞争，顾客的满意度可能会受到影响；经销商对厂家的反控制力强
密集分销	市场覆盖率高；容易提高销售量和扩大产品知名度，比较适合日用消费品分销	市场竞争激烈，渠道管理难度大；厂商的营销意图不易实现，易出现市场混乱

续表

分销类型	优点	缺点
选择性分销	比密集分销能取得经销商更大的支持；同时比独家分销能够给消费者带来更大方便	难以选择合适的经销商优化组合；难以确定经销商区域界线；考验协调能力

（三）分配渠道任务

1. 明确渠道成员的职责

分销渠道成员的职责，主要包括：推销、渠道支持、物流、产品修正、售后服务以及风险承担。

2. 分配渠道任务

从生产商的角度出发，在渠道成员中分配任务的主要标准是：①降低分销成本；②增加市场份额、销售额和利润；③分销投资的风险最低化和收益最优化；④满足消费者对产品技术信息、产品差异、产品调整以及售后服务的要求；⑤保持对市场信息的了解。

同时，在渠道成员之间分配渠道任务时，需要考虑以下因素：渠道成员是否愿意承担相关的分销渠道职能；不同的渠道成员所提供的相应职能服务的质量；生产商希望与顾客接触的程度；特定顾客的重要性；渠道设计的实用性。如图 3-1 所示。

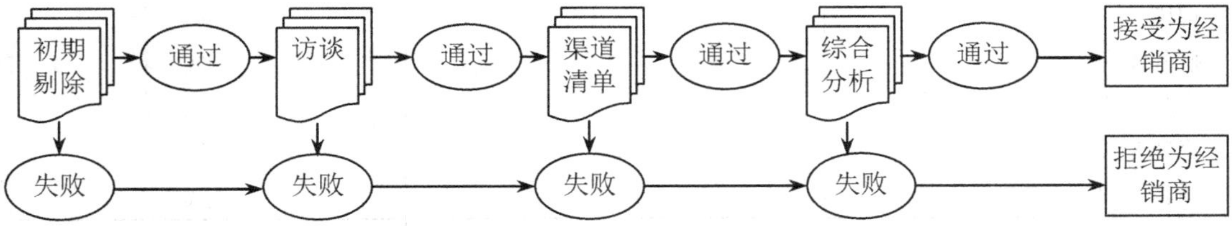

图 3-1　渠道成员选择过程

（四）选择渠道成员

1. 初期剔除

用剔除法可以将那些不符合基本要求的经销商迅速剔除。这些基本要求包括规模、技术设备、现有经营产品、信用等级、服务水平、市场知名度等。

2. 访谈

对那些已经满足了基本要求的经销商进一步考察，考察时可以把第一轮剔除工作当作这一步骤的基础。下面是批发商在访谈中应回答的一些问题：①批发商愿意让其销售人员参加由生产商/供应商安排的讲座吗？②批发商会不会定期培训其销售人员？③批发商的销售人员及其主管的教育和职业背景如何？④批发商是否拥有技术力量？⑤批发商是否拥有产品检测和维修设备的能力？⑥批发商拥有多少仓储能力？⑦批发商是否曾成功地为一些互补型产品提供过相应的高水平服务？⑧批发商还服务于其他哪些客户和消费者？⑨批发商销售人员的推销能力如何？⑩批发商的现有设施是否足以应付新增加的业务？等等。

3. 渠道清单

访谈之后，生产商需要用渠道清单来评价入选的经销商。渠道清单中含有一些特殊的标准和权重，根据经销商回答每一问题所得分数以及这一问题的权重，生产商将为他们一一打分。通过渠道清单，生产商还可以发现某些问题的评分经过修正之后是否就可以改变对经销商的总评。

4. 综合分析

对经销商的综合分析要从更系统化的角度集中于几个重要的决策来进行设计。主要从两个方面进行分析：

一是在不同的销售层次下计算经销商的成本。生产商需要在不同的销售额的假设下评价不同渠道设计的成本，这种分析是将直接渠道和经销商之间的成本差异进行比较。

二是中间商影响销售的能力。中间商销售的能力一般从中间商在特定区域内的覆盖程度、互补型产品的销售以及其在特定目标市场上的全部销售额三个方面进行分析。

5. 最终评价

即使我们不考虑不同销售层次下的成本或经销商的业务能力，仍有一些关键性的因素可以将经销商排除在考虑之外。通常这些因素有：经销商不良的财务记录、正在经营竞争对手的产品、拒绝遵守生产商的价格政策、销售灰色市场产品、声誉不佳、不能提供有效的服务等。

6. 渠道改进安排

生产商的任务不能仅限于设计一个良好的渠道系统，并推动其运转。渠道系统还要定期进行调整与改进，以适应市场新的动态（在项目九中详细讲解了渠道调整与完善的内容）。

二、渠道设计的方法

目前渠道设计的方法有两类：一类是“点、线、面”渠道布局法，另外一类是分销渠道的逆向重构法。在这里先介绍前一类方法。分销渠道布局工作的实质，就是设计分销渠道中“点、线、面”这三个要素的选择、投入与配合，这是市场分销渠道布局的关键。

- “点”是指市场营销力量（包括人、财、物）在市场中所选择的关键点，通常是优势区位，企业通过对“点”的选择和抢占，来争取竞争的主动权或适度回避竞争对手，进入现有竞争格局中的薄弱地带，以形成局部优势。“点”的选择作为整个渠道的支撑，是整个分销渠道的基础。
- “线”是指渠道实际流通的线路，正是在“线”中运行了营销过程中的实物流、信息流等各种流程，以实现渠道动态的功能，保障企业机制的健康运行。线路也要以“点”作为出发、终止点或中转站，通过在“点”上的基础设施实现运动中所需要的储存、调运等功能。线路受环境变化的影响是经常变化的。环境的变化，比如新的道路的开通、地方经济的发展、人口流动等，会使原来的运行路线变得不再经济或效率不高，因而需要重新评估和设置分销渠道。
- “面”是点、线所构成框架的总体功能和综合作用。主要指区域的划分、渗透以及在区域中确立企业强有力的竞争地位，建立起阻止竞争对手进入的壁垒和长期获利。

1. “点、线、面”方法的一般原则和过程

（1）阶段性。渠道布局是一个过程，需要许多步骤来完成，其中前一步骤的实现又为下一步骤的开展建立了前提条件。因此，渠道布局工作既要通盘周密计划，又要严格按照“点一线一面”的顺序进行。

（2）地域性。阶段性是从时间延续的角度来说的，地域性原则是从空间布局的角度看待渠道布局。企业一般说来，所能投入的营销力量都是有限的，因此为了达到最佳效果，就要在合适的区域内有重点地投入营销力量。比如在 20 世纪 60 年代，美国大多数的快餐店都设

在大城市的繁华地带，而麦当劳则将营业重点放在了城市近郊区域，这一策略取得了很大成功。在20世纪70年代，麦当劳开始在都市和城镇中设置分店。

（3）层次性。主要指分销渠道组织上的层次性，通过设置合理而有效的层次结构，渠道管理组织能够更有效地推进渠道布局进程，实现既定的渠道布局战略，因此构成了渠道布局的组织保障。

企业在进行“点、线、面”布局战略之前，要预先完成一些准备工作，主要包括市场调研，寻找竞争优势并在此基础上形成企业总体布局战略。市场调研要务求准确、客观，这是渠道布局的基础。企业还必须把自己放在整个产业的竞争格局中寻找自己独特的竞争优势，作为分销渠道布局的支撑。在对市场和企业都有充分理解的基础上，企业要制定总体渠道布局战略，指出行动的方向、重点和阶段，并围绕这一战略开展宣传。

2. “点、线、面”分销渠道布局的设计步骤

（1）布置网点。对于企业分销渠道布局来说，网点要有关键点（即优势区位）和切入点。关键点是指客观上形成的对企业经营产品销售起重要作用的市场区域和销售集中区域。比如高档家电在大中城市，御寒皮衣在东北、西北等市场区域，再如上海的南京路、淮海路，北京的王府井、西单，广州的北京路、上下九等商家必争之地，都构成了企业经营的关键点。这些点对企业营销具有重要意义，因此行业中各企业都会不遗余力地争夺，竞争十分激烈。这就要求企业具有很强的竞争实力，或者企业拥有一种重大创新的新产品直接打入关键点。此外如果企业实力不足，就要寻找现有市场竞争格局中的薄弱环节，即市场切入点，先打入市场保证生存，再寻找机会发展，即避免与实力强大的竞争对手硬碰硬，而采取避实击虚的策略建立生存空间。这一策略常常为中小企业所采用。

（2）疏通渠道。“线”是企业分销渠道中的一个关键因素，关系到整个渠道的运行成本与灵活性。由于分销渠道中实际存在实物流、所有权流、资金流、信息流以及促销流等多种流程，这些流程有的运行是相一致的，有的则要经过不同的线路、不同的途径传递，因此企业的营销战略线路非常复杂，其中某些线路担负多种流程功能，需要从多种角度看待这一线路的效率，以及线路中渠道成员承担各种流程功能的能力。需要注意的是，营销环境的变化对渠道线路效率的影响极大，特别是交通运输发展、信息基础设施常常能提供更快、更好的渠道线路。

（3）地域扩张。地域扩张主要是指销售范围的渗透和覆盖。地域渗透主要是指运用多种营销、宣传、公关手段，使消费者对产品了解、产生印象并试用，这时要综合考虑消费者购买心理和各种影响因素。地域覆盖主要是指建立消费者的偏好、对本企业产品消费的习惯和定势，建立牢固的销售根据地，并且对消费产品竞争对手进行认真分析，建立区域市场的进入壁垒，阻止竞争对手的进入。

任务5 讨论分销渠道的“逆向重构”

一、什么是“渠道逆向重构”

渠道逆向重构，又称倒着做渠道，是指制造商不直接寻找分销机构进行分销，而是自己首先切入终端市场，直接操控零售终端及消费者，通过做好销售终端，扩大产品及品牌影响，

以吸引中间分销机构主动加入产品分销行列的一种经营模式或渠道建设方式。

如今很多企业在市场上的成功源于一个特别的营销理念："倒着做渠道"。就是说，开发市场不像通常那样先向一级批发商推销，再由一级批发商向二级批发商推销……产品最终到达零售商和最终消费者手中。他们的策略是先向零售商和最终消费者推销，当产品达到一定销量时，二级批发商闻风而动，要求经销该产品；当二级批发商的销量达到一定规模时，一级批发商争相要求经销该产品，于是他们在一级经销商之间进行招标，条件优惠者获得经销权。有些企业依靠"倒着做渠道"这一营销策略，无往而不胜，因此这一套手段常被企业视为"秘而不宣"的经营"法宝"。

二、为什么要进行"渠道逆向重构"

因为新企业、新产品进入市场之初，由于其知名度和信用较低，与经销商谈判的地位也很低，如果按传统的营销渠道从高级别的经销商做起，可能不得不接受经销商苛刻的"市场准入"条件，如赊销或货物铺底、大规模的宣传促销、降价、退货等，答应这些条件无异于自杀，不答应又难于进入市场，很多新企业、新产品经营失败就在于此，怎么办？答案很简单：倒着做渠道。

"渠道的逆向重构"还包含这样的含义：从最终消费者和终端经销商做起、最后的落脚点是规模较大，级别较高的一级、二级批发商。有些覆盖面广、消费频率高的产品必须依靠大批发商的经销网络，倒着做渠道的目的就是要引起级别较高的经销商的注意，取得与经销商的谈判地位，获得较低的"市场准入"条件，增强经销商对新产品的信心。

三、"渠道逆向重构"为什么行之有效

原因就在于它绕过了大经销商（实际上是既得利益的获得者），直接对传统上不受重视的最终消费者和终端经销商销售；他们很容易认同新产品，他们的"市场准入"条件很低，他们的经销热情很高，所以，前期针对终端的推广很容易收到成效。

如某食品企业开拓重庆市场时就采用了"倒着做渠道"的策略。该企业进入重庆市场多年，但市场一直没有起色，销售额维持在每年 500 万元左右。鉴于这种情况，公司及时改变了渠道策略。公司找到一家规模较大、信用较好的经销商，但经销商信心不足。于是公司的销售业务员主动表示要承担经销商的销售工作、开始协助客户销售，直接针对最终消费者和终端经销商（如零售店铺、路边店）铺货送货。不到三个月，经销商发现市场铺货和销量明显有起色，统计发现，销售的该品牌产品竟有 60%～70%十是该销售业务员卖出去的。经销商自然信心大增，主动提出要做该产品的经销商，而且愿意现款现货经销，并且开始动用所有的渠道力量分销该产品。结果仅一年的时间，销售额就猛增到 4500 万元，增幅达 900%，第二年销售额达 6000 万。这一做法就是典型的"渠道逆向重构"，又叫做"协助客户销售"，是新产品开拓市场行之有效的方法之一。

"渠道逆向重构"这种渠道建设方式适合于那些没有品牌知名度的中小企业的产品的市场推广。那些为产品打不开销路而发愁，为经销商提出过高的"条件"而犯难的厂长经理和销售业务员们，当你的产品通过传统渠道方法无法很好销售时，不妨试一试"倒着做渠道"，它可能会成为你打开新市场的"金钥匙"。

四、分销渠道逆向重构的策略

1. 控制零售终端做到“随手可得”

渠道的最终目的是将产品在消费者需要的地方、需要的时间里送到需要的消费者手中，所以成功的渠道策略就是对消费者提供 JIT（Just In Time，即时式）服务。如日用消费品主要通过零售商向消费者销售，制造商应该通过渠道支持、服务零售终端，实现如可口可乐提出的“随手可得”的零售覆盖目标，让消费者能随手买得到、买得起。

2. 拓展渠道宽度以增加流量

要建立一个完善的分销渠道，必须要有一个宽大的基础层——一定数量的同样功能和作用的经销商。在中心城市，根据市场的需要进行渠道布点工作，所选择的属于基础层的经销商要有一定的密度，能覆盖目标市场区域。另一方面，在同一区域的经销商本身又可以进行分工，除了对杂货店供应产品的批发配送商外，有些渠道对百货商品有较强的供货能力，有些渠道又专门做连锁超市的供应工作，而大型卖场如“家乐福”、“好友多”、“沃尔玛”则会接受制造商的供货。制造商通过建立这样一个有“宽度”的配送批发商的渠道层面来支撑渠道，向目标零售终端供应产品，并且把产品呈现给目标消费者。

3. 动态循环的渠道改变“富人游戏”规则

在传统的渠道建立方法中，制造商在选定了总经销商或代理商后，总是致力于用广告和促销活动唤起消费者的消费欲望，以拉动市场，力求让消费者在零售终端表现消费需求，传递给零售商相关需求信息，零售商则根据需求信息去寻求相关产品，然后从批发市场进货，从而使产品在渠道中流动起来，这被称为市场推广“拉”的策略。有人相信好的、大量的广告就是渠道循环的原动力，会最终带动渠道各环节运动起来。但是这要求制造商要有比较雄厚的资金实力，对于一些资金实力小的企业完全可以采取动态循环的渠道来推广产品。

4. 有弹性的渠道控制以适应新的市场变化

逆向重构策略弹性控制原则，要求渠道体系可随竞争情况压缩渠道环节以提高竞争力。渠道长，产品流通环节多，一旦某个环节出现问题，渠道调整见效慢，不利于市场竞争；渠道短，产品流通环节少，一旦某个环节出现问题，渠道调整见效快，市场竞争力较强。

渠道究竟是长好还是短好，要随市场竞争情况适度、适时调整。为了保持竞争优势，必须对渠道体系有弹性地控制，并不是选择了一级经销商或总经销商就等于渠道的逆向重构做完了，企业还需要协助大经销商做好向下一级经销商的分销产品工作，保持对各层面一定数量经销商的控制，特别是控制好基础层面——能控制零售终端的批发配送商层面，要和这一层面的经销商保持长期的客情关系，它是整个渠道结构的基础。在竞争趋于激烈的时候，企业要对多环节的渠道进行压缩，减少流通层次，缩短渠道长度，使其变为短而粗的渠道结构。同时企业必须回到加固基础层面的工作上来，制定鼓励这个渠道层面的政策，通过对批发配送商层面控制的加强，从而加强对零售终端的控制，以掌握市场竞争的关键点。

5. 以中心城市带动周边市场的方法达到规模经营

渠道的逆向重构策略要求在中心城市实施较为密集的渠道策略，以使产品获得较高的市场占有率和较好的品牌认同感。中心城市的消费潮流会带动周边城市的消费潮流。这在中国内地市场表现得尤其明显，产品在中心城市的市场占有率越高越有利于产品向周边城市辐射。从销售体系成熟后产品实现销售的情况来看，中心城市的销售额在整体销售额中只占到 20%，而周边市场却占到 80%，有的产品甚至达到 90%。每个企业在其市场拓展计划中都把中心城市作为必争之地，一旦在中心城市取得成功，就可能占领所在省的其他市场，所以制造商对中心城市的投入会大大高于其他地区。

这种“中心造市，周边取量”的原理，究其内在原因，除了品牌在中心城市的树立起到了很大消费带动作用外，流通上的影响也是主要因素。一个产品在中心城市的市场占有率的提高、参与经营的批发商增多，会导致产品的流通环节非常得通畅。只要厂家的价格体系稳定，产品的质量有效期较长，那么产品流通的辐射能力也就越强。

核心概念

分销渠道（Distribution Channel）
渠道设计（Channel Design）
渠道结构（Channel Structure）
渠道长度（Channel Length）
渠道宽度（Channel Width）
传统渠道（Traditional Channel）
新兴渠道（New-Channel）
大众渠道（Public Channel）
特殊通道（Special Channel）
逆向重构（Converse Reconstruction）

训练题

思考题：

1．分销渠道设计应该遵循哪些基本原则？
2．分销渠道设计应该考虑哪些影响因素？
3．分销渠道设计的内容及步骤有哪些？
4．怎样实施渠道设计的“点、线、面”布局法？
5．怎样进行分销渠道的“逆向重构”？

实训设计：

1．在消费者市场或工业市场中选出任何一种你感兴趣的产品，根据渠道结构的以下三个方面找出此产品的渠道结构：①该产品经过的层次数；②分销密度；③销售该产品的中间商种类。为什么要以该方式进行分销？能否通过其他渠道结构进行更合理的分销？

2．分组调查某一种日用消费品的分销渠道结构，详细说明选择该分销渠道的影响因素有哪些？在课堂上进行讨论。

3．设计一场课堂辩论赛，围绕主题“是长渠道宽渠道好还是短渠道窄渠道好”展开辩论。分小组辩论，可以自由选择正方反方，也可以抽签决定正方反方。

综合案例分析

DHC 独特的渠道设计组合

在各种媒体频繁露面的 DHC 却很少在商场化妆品专柜或商业街的专卖店里出现。其实，DHC 采取的是一种叫做“通信销售”的独特销售模式。

DHC 这几个字母原本和化妆品没有联系，它是“大学翻译中心”的缩写。1972 年，DHC 最初成立时是做翻译业务，1983 年，才发展了化妆品事业部。目前，公司分化妆品、医药保健品和翻译出版三块业务。凭借其独树一帜的销售模式，DHC 很快就得到了日本消费者的认可。同时，也在美国、瑞士和韩国等海外市场风行。2005 年 1 月，DHC 化妆品以上海为阵地，开始全面进入中国内地，随之而来的还有它独特的销售模式。

一、新颖的通信销售

采用通信销售的 DHC，一直被认为是化妆品界的戴尔，它独特的销售模式也给化妆品界带来了很多活力。因为通信销售没有任何中间环节，它通过电话、互联网、传真和信件订购商品；通信销售方式可以节省店铺建设、人员雇佣等一系列成本，这种方式的好处是保证消费者能够得到物美价廉的产品，让消费者得到最大的实惠。对于地域广大、人口众多的中国市场来说，通信销售方式可以让更多的消费者在第一时间里享受到 DHC 的体贴和关怀。

由于采用通信销售模式，DHC 得以将节约的中间环节费用用于市场调研和产品研发，保证产品的优质和完善产品线；由于通信销售模式省去了代理商经销费用，DHC 也得以提供比同类产品更低的价格，为顾客提供更加便捷和快速的服务。而这种通信销售模式的实施，使顾客用自己的感觉去判断，避免了在商场导购人员劝诱下的购物压迫感和非理性消费。同时，DHC 的通信销售模式杜绝了假货的流通，获得了顾客的信任。

二、立体的传播

为使自己的化妆品系列产品能够迅速深入目标受众，DHC 启动了立体式的传播。充分利用电视广告、网络营销（社区、论坛、博客、QQ 群）等宣传方式，迅速让中国市场的消费者了解这一品牌。同时，DHC 提供体验式的消费，通过免费试用等方式让消费者体验到了 DHC 产品的高品质和优良的服务特征。这一人性化的服务在使顾客更为青睐 DHC 的同时也为 DHC 自己的营销创造了机会。

三、独特的会员制

会员制是 DHC 通信销售模式的一大特色，它为其会员提供免费试用装。加入 DHC 会员的程序非常简单，只需通过电话或上网索取 DHC 免费试用装，以及订购 DHC 商品自动就成为 DHC 会员，无需缴纳任何入会费与年会费。新品上市时，会员可优先获赠试用装。同时，DHC 会员还可获赠由 DHC 主办的《橄榄俱乐部》杂志，杂志包含了产品目录、美容体验信息、美容化妆技巧课堂等内容，成为 DHC 与会员之间传递信息、双向沟通的纽带。此外，DHC 会员还享有积分换礼品等多项优惠。采用会员制大大提高了 DHC 消费者的归属感，拉近了 DHC 与消费者之间的距离，也让更多的人开始关注 DHC。

四、多渠道

DHC 拓展多种销售渠道，为消费者提供了产品获得的便利性。在这一点上，DHC 和戴尔可以说是异曲同工。DHC 在自己的网站为会员和非会员提供了操作非常简易的电子商务平台，消费者可以通过网站输入自己的用户名和密码，选择自己需要的产品代码和数量，就可以进行轻松购物；800 免费电话的开通，使消费者不仅可以咨询美容信息和产品信息，也可以电话下定单购物。在北京、上海等十几个城市，DHC 实行速递配送，货到付款；同时，DHC 还开通了邮购服务，消费者可以在邮局通过邮购获得自己需要的产品。

五、强有力的物流合作伙伴

大多数消费者在网上购物时，都是通过邮政汇款或者网上支付等方式购买产品。但货到付款显然更便利于消费者，因为消费者都希望先看到货品再付款。而提供货到付款服务，一定需要物流公司的配合。物流公司除了送货以外还要帮忙从顾客那里代收货款。在这个环节中，与物流公司之间的关系就显得尤为重要了。

DHC 希望能提供更为消费者青睐的货到付款服务，因此，它构建了强有力且执行力度到位的供应链和信息系统，使 DHC 在最短时间内可以响应顾客的需要，及时供货，让消费者能够在第一时间拿到自己想要的商品。目前，DHC 已经将 6 大类、400 多种产品直接从日本总部运到上海的仓储物流中心，然后通过邮政系统送达消费者手中。

六、多个海外市场一个全球工厂

DHC 已经全面启动了中国内地市场。目前它在上海建设了一个 1200 平方米的仓储物流中心，以完成订单处理、配货、包装并发货到第三方物流公司。在进入中国之前，DHC 还开发了美国、瑞士、泰国、韩国等海外市场，在这些地区，所有的产品也都是直接从日本出口进入当地市场的。

DHC 在全世界只有日本一个生产基地在生产产品。全部货品都是从日本直接生产然后运输出去。DHC 不选择在当地建立生产厂，是因为希望统一保证产品质量。

资料来源：中国轻工业信息网、第一财经日报，2007-3-20 20:34

问题讨论：

1. DHC 的通信销售相对传统的百货店专柜销售有何优势、劣势？
2. DHC 独特的渠道设计对中国企业有何借鉴意义？

项目四　了解渠道成员

知识点

1. 经销商、代理商
2. 批发商、零售商
3. 制造商、消费者
4. 零售业态及连锁经营

技能点

1. 经销商与代理商的区别
2. 中国经销商的转型趋势
3. 中国连锁经营业态分类

【案例导入】

薇姿的“药房专销”

薇姿（VICHY）是法国欧莱雅集团旗下的品牌，进入中国才十来年，薇姿已取得年销售额过 15 亿元的骄人业绩，毫无争议地成为了目前中国药妆市场的老大。而其业绩，并不输给普通的大众日化品牌，甚至是更胜一筹。原因在哪里？是因为薇姿另辟蹊径，开发了化妆品的药妆渠道。

一、“薇姿”进入药店销售

欧洲护肤品的销售渠道首先是超市，其次是药店，而后才是百货商店。只有极少数化妆品品牌能够通过严格的医学测试得以进入药店，而薇姿是其中之一。欧莱雅集团认为，薇姿的定位与药店的专业形象是不谋而合的。所以，薇姿坚持“只在药房”销售。

药店通常能让消费者觉得“健康、放心”。薇姿更选择大型药店，设立高档专柜，或者在高档商场内的药店里出售，不仅衬托出了它在护肤方面的专业性，而且增强了购买者对这种专业性的信任感。选择药店销售，所配备的人员自然也不是一般化妆品柜台上的营业人员，而是拥有专业执照的药剂师。专业药剂师为顾客所提供的消费体验当然也不是一般的营业人员所能提供的。

薇姿选择药店这一独特的渠道加上优良的品质，树立起了独特的化妆品品牌的形象，在化妆品渠道选择上取得了关键性的突破，并在中国市场上培养起了一批忠诚的购买者。同时，薇姿独特的渠道选择策略也已经引起了越来越多的化妆品品牌的注意，已经有不少化妆品品牌开始探讨进入药店销售的可行性。因为：

（1）欧莱雅集团对薇姿产品的定位是中高档化妆品，因此宜采用直销的方式。那么，可供选择的渠道可以是连锁药店、化妆品连锁超市、网络营销、化妆品专卖店、美容连锁机构等。

（2）药店通常能让消费者觉得“健康、放心”，而薇姿正是一个给肌肤带来健康的品牌，这与药店的专业形象是不谋而合的，事实上，在药店做销售反而给消费者一个更加专业的健康形象，而这种建立在消费者心中的形象是任何宣传都难取得的。

（3）薇姿选择大型药店，设立高档专柜，或者在高档商场内的药店里出售，不仅衬托出了它在护肤方面的专业性，而且增强了购买者对这种专业性的信任感。并且同时将免费的健康护肤咨询、专业皮肤测试与化妆品营销结合在一起，为消费者提供专业化的服务。

（4）为了配合选择药店销售的渠道策略，薇姿在产品包装上也很适合药店所倡导的健康形象。薇姿的包装以蓝白两色为主，清雅自然，看上去没有过多的修饰，十分符合品牌清新健康的形象。

二、开发药妆渠道的好处

（1）避实就虚：化妆品市场是一个竞争激烈却无硝烟弥漫的战场，各种档次的品牌琳琅满目，且多数聚集在百货商店“拼杀”。薇姿护肤品以药房为主要渠道，避开了与其他竞品的正面冲突，相对减少了市场压力与经营风险。

（2）另类终端：国内药房主要销售药品，作为化妆品，薇姿以专柜营销形式出现在药房终端，形象出众且视觉冲击力强，有鹤立鸡群之优势。薇姿独进药房，这本身就相当吸引消费者关注，再结合其高质量的专业服务，自然会更加赢得消费者好感，从而产生购买冲动。

（3）形象专业：药房具有很强的专业性，薇姿选择进大型药房，不仅显示了护肤专业性，而且增加购买者信任感，这对薇姿的品牌理念起到强力推动作用。薇姿的销售人员均为药剂师，这更有利于提升品牌的专业形象。

（4）特色服务：长期现场皮肤测试，使消费者对自己的皮肤类型有正确直观的认识；根据测试结果，针对顾客皮肤问题，提供产品方案；建立消费者档案，定期诊察皮肤，更加完善薇姿的服务形象，增强薇姿品牌忠诚度、美誉度，为薇姿改进新产品开发，提供了便捷而可靠的信息。

资料来源：渠道网，2009-9-18

任务1 了解经销商与代理商

一、什么是经销商

（一）经销商的定义

经销商，是指将购入的产品以批量销售的形式通过自己拥有的分销渠道向零售商或批发商进行销售的独立或连锁的商业机构。经销商的定义很多，但其本质是一致的，即产品从厂商的手中传至消费者手中通常要经过的中间分销商。经销商是中间分销商的一种，他们自己不制造产品，不创造产品的使用价值，主要通过经营产品的差价获取利润。

（二）经销商的功能

经销商与零售商一样，是社会分工的产物，在发达的商品经济中扮演着重要的角色。根据经销商的特征以及在营销渠道中所处的特殊地位，经销商的主要功能包括：

（1）组织货源。随着生产与消费的高度分离，满足消费者需要的商品生产地距离其消费地已经越来越远，以至于消费地的零售商（尤其是小型零售商）难以直接从生产地获得某些重要商品，而需要经销商从生产地采购商品，组织货源。

（2）储备商品。商品生产与商品消费之间也存在着时间上的分离，当生产商和消费者都不能承受储存商品的风险时，经销商能作为风险的承担者以及商品储存功能的承担者发挥积极作用。

（3）资金融通。与其他中间商比较，厂商更依赖于经销商提供及时的资金供给保障。经销商帮助企业实现资金的快速回笼，企业的资金流是企业生命的源泉。

（4）辅助生产。考虑到运输方便或者库存的需要，有些商品在进入流通领域之前没有包装，或者没有进行裁剪，或者没有装配，但是在商品销售到消费者手上之前，又必须完成包装、裁剪或装配。如果零售商缺乏条件难以进行这些“辅助生产”活动时，经销商就要完成这些工作。

（5）提供信息。经销商处于流通领域，接触和掌握大量的市场供求信息。他们可以汇总有关的市场信息并及时反馈给制造商和零售商，以指导生产经营的合理化。

总之，经销商在商品流、资金流、信息流和物流多方面给予企业和零售商强大的支持，使得产品能迅速到达消费者手中，最终赢得市场。

（三）经销商的形式

根据经销商与厂家的合作方式不同，经销商有独家经营与非独家经营两种主要的经营形式。

1. 独家经销

独家经销是指在一定时期、一定区域，经销商对厂家特定的产品具有独家购买权和销售权。这种经销方式适合于流通性较强，或品牌知名度较高，或销售量较大，或价值较低的产品。

（1）独家经销的优点：

①企业采用独家经销制，使得一个区域市场内只有唯一的、占有垄断性地位的经销商。这个经销商可以通过价格杠杆获得较高的利润，从而更紧密地维系厂商双方之间的合作伙伴关系。

②经销商追求利益，同时也希望尽可能地降低自身经营风险，而经销商的经营风险绝大多数来源于企业营销策略的随意变动。渠道策略调整幅度不大，有利于维护渠道稳定，这有利于增强经销商信心，刺激经销商继续加大市场投入力度，企业也会获得相应的回报。

③经销商同样也忠诚讲信誉的企业。企业持续选择一个经销商，可以增强经销商的信心。

④可以避免后期由于经销商众多而造成的利益纠纷，以及由此而导致的市场下滑局面。

（2）独家经销的缺点：

①企业选择的经销商难于覆盖整个市场，同时也满足不了日益增长的市场容量，这制约了企业向纵深方向发展的步伐。

②由于缺少竞争对手，市场压力不是很大，企业选择的经销商可能会懈怠下来，直至放松对市场的控制和拓展工作，造成市场滑坡。

③市场竞争度低，经销商可能过分依赖厂商的支持。如在销售网络建设的过程中，经销商依赖厂商提供铺市车辆、铺市人员、铺市费用的支持。

【案例】

“商务通”的小区域独家代理

“商务通”是北京恒基伟业电子产品有限公司的拳头产品，“商务通”——全中文掌上电脑的销售成功，得益于其所实行的小区域独家代理制。在其整个渠道体系设计中，尽量实现分销“重心下移”，在每一个地级甚至县级区域选择一家经销商销售自己的产品，恒基伟业处于领导、指挥、控制、协调的地位，直接管理地级、县级代理商，缩短了渠道，提高了效率。为规范管理，公司制定了极其严格的市场保护政策，每台产品出厂前设置销售地区的经销商信息，随时可以掌握其销售地；价格透明化，统一销售价格，杜绝经销商之间擅自升价或降价；严格控制窜货，经销商越界销售要按越界销售量处以巨额罚金，严重者除名。恒基伟业通过渠道的扁平化设置及其严格管理，取得了骄人的业绩，成为了业界的典范。

2. 非独家经销

非独家经销，又叫“特约经销”，是指厂商的特定产品在一定时期、一定区域，由几家经销商共同经销。这种经销方式适合于流通性较差，或品牌知名度较低，或销售量不大，或价值较高的产品。也往往被企业用于新产品上市推广或对新市场的开拓时使用。

【案例】

从非独家经销向独家经销的转变

2008年，某啤酒企业在开发佛山市场的时候，就选择了3家经销商共同经销，并利用它们各自的渠道优势，在短短的一年时间内迅速将其产品覆盖了整个佛山、南海、顺德地区。但是，到了2009年，各经销商相互竞争加剧，导致其产品价格、渠道混乱，经营利润急剧下滑，经销商无利可图，怨声载道，积极性受到挫伤。于是，在此情况下，企业果断做出了渠道调整，将经销商数目从3家精简到1家，并对另外被放弃的2家经销商进行了补偿，大家皆大欢喜，市场又重新恢复了秩序和兴旺，价格也恢复到了正常的水平。

（1）非独家经销的优点：

①地区经销商数量较多，多方集合的销售力量相对比较强大。采用非独家经销可以更快更好地覆盖整个市场。

②厂商对地区市场控制的主动性较强，政策制定与实施比较主动。采用非独家经销，便于企业总体控制。

③地区销售不宜被某个经销商所控制。采用非独家经销，引进竞争机制，提高经销商的竞争意识，增强他们的市场活力，为企业赢得未来更大的市场奠定坚实的基础。

（2）非独家经销的缺点：

①市场价格管理难度大。选择两个经销商，原有的价格垄断优势就会荡然无存，经销商之间会相互杀价，甚至接近乃至低于进货价。经销商都无利可图了，当然也就没有任何经销企业产品的信心和意图了。最终企业销量不升反降，市场大幅滑坡。

②经销商对于客户服务水平的差异化较大。

③经销商的积极性不宜提高。由于企业选择多个经销商，而平均利润又大幅度降低，经销商的积极性随之下降，并对整个企业失去信心，转而去经营其他竞争品牌。

（四）经销商的分类

按照不同的划分方式，经销商可以做以下不同的分类：

1. 按经营商品的范围分类，经销商可以分为三种类型

（1）大类商品经销商。这类经销商专门经营花色、品种、规格、厂牌等非常齐全的某一类商品，同时还经营一些与这类商品密切相关的商品。例如，大类食品杂货经销商通常不仅经营罐头、蔬菜、水果、粮食、茶叶、咖啡等食品，而且经营肥皂、牙膏等食品杂货商店通常也出售的商品。

（2）普通商品经销商。是指经营品种繁多的普通商品的经销商，销售对象主要是杂货店、五金商店、药店、电器商店和小百货商店等。产业用户市场上的普通商品经销商一般是工厂供应商，他们直接面向产业用户销售品种规格繁多的设备和工业用品。

（3）专业经销商。是指专业化程度较高，专门经营某一大类商品的经销商。专业经销商的顾客主要是专业商店。产业用品的专业经销商一般都专门从事需要技术支持或服务的产业用品经销业务。

2. 按照职能和提供的服务是否完全分类，经销商可以分为两种类型

（1）完全职能或完全服务经销商。这类经销商的特点是持有存货，有固定的销售人员，提供信贷、送货、协助管理等全套服务。

（2）有限职能或有限服务经销商。是指为了减少成本费用，降低经销价格，只执行传统经销商的一部分职能或提供一部分服务的经销商。这种经销商又可以分为：

①现购自运商。现购自运商经营有限的周转快的产品线，他们向小零售商销售并收取现金，不赊销，一般也不负责送货，顾客要自备货车去经销商的仓库选购货物，当时付清货款。一般来说，现购自运商都是小零售商的股东。

②承销经销商。通常经营煤、木材、大型设备等大宗、高成交额的商品。因资金投入大，他们不是先买后售，而是先收到客户订单，再与生产商联系订货，并由生产商根据交货条件和时间直接向顾客发货。从收到订单时起，承销经销商就拥有这批货物的所有权，并承担风险，一直到将货物送交顾客时为止。由于承销经销商不持有存货，因此经营成本较低，可以为顾客节约成本。

③货车经销商。他们往往开着车送货上门，通常是在固定时间、按固定线路访问固定客户。货车经销商销售的产品极为有限，主要销售生鲜易腐食品，如牛奶、面包、冷饮等，客户则大多是小食品店、餐馆、超市、医院、自助餐厅等。

④邮购经销商。该类经销商的多数业务采取邮购方式。主要服务于偏远地区的产业客户和小零售商，借助邮政或快递业务运送商品，节省推销人员上门推销的费用。

二、代理商

（一）代理商的定义

代理商是指代表制造商销售其产品并赚取企业代理佣金的商业单位。代理商与经销商的本质区别在于代理商对商品没有所有权，也没有定价权。他们不是独立经营商品，而只是代表买方寻找卖方，或代表卖方寻找买方。代理商本身是独立自主经营的企业，只不过他们是

代表制造商并按制造商的要求（价格、服务等）销售，其报酬是制造商支付的销售佣金，而非薪金或经营利润。又由于没有独立投资，他们在商品分销过程中赚取的也不是经营利润（差价），不承担经营风险。

（二）代理商类型

根据承担职能的不同，代理商可以分为以下几类：

1．制造业公司代理商

主要任务是为签约的制造商寻找顾客，推销产品，在代理商中所占比重最大。这类代理商只被委托代理制造商的产品，无权选定交易条件和价格。他们一般与两个或多个生产互补产品的制造商签约，在制造商分配的销售领域按与制造商约定的价格政策、订单处理程序、送货服务和各种保证为制造商推销产品。虽然他们同时为几家企业做代理，但产品是互补的，而且代理的商品品种范围有限。

制造代理商大多是小企业，雇佣的推销人员数量不多，但都十分能干。在某些行业，如家具、服装饰品、电器产品、食品及汽车配件等，他们的作用十分显著。

2．销售代理商

销售代理商和制造代理商有很大的不同。销售代理商被授权销售制造商的全部产品，并对交易条件、销售价格有较大的影响；销售代理商的推销范围一般不受地区限制；每一个制造商只能使用一个销售代理商，而不得再委托其他代理，或设置自己的推销机构。此外，委托的销售代理商也可以经营与被委托人相竞争的产品。

一般来说，那些需要集中精力解决生产和技术问题的企业，或是自感营销力不从心的企业会利用销售代理商。销售代理商通常规模较大，不仅负责推销，还负责广告促销，参加国内外展销，调查市场需求变化，向生产企业提出改变产品设计、款式、定价等方面的建议。为了尽快进入当地市场，一些公司甚至会借助在当地已有很强销售网络的直接竞争者作为自己产品的销售代理商。例如：TCL 就曾作为飞利浦彩电在中国的销售代理商负责该品牌在中国的销售，发挥其渠道作为“销售平台”的功能，通过代理获得收益。

【案例】

世界啤酒巨头在中国的强强联合

墨西哥时间 2006 年 12 月 4 日，世界啤酒生产和销售巨头莫德罗集团（Group Modelo）宣布自 2007 年 1 月起，指定其合作伙伴安海斯-布希公司（AB）为其在中国市场的啤酒代理商。莫德罗集团在墨西哥拥有 7 个啤酒生产厂，年产量高达 6000 万吨。目前该集团共生产销售 12 种啤酒品牌，包括全球销量第一的墨西哥啤酒科罗娜特级啤酒（Corona Extra）。

安海斯-布希公司（Anheuser-Busch，简称 AB 公司）于 1852 年创立，总部位于美国密苏里州圣路易斯市，旗下有世界最大的啤酒酿造公司。安海斯-布希公司年产啤酒 1300 万吨，自 1957 年以来啤酒产量一直居美国行业之首，占美国啤酒市场份额的 46%。目前，它经营的百威品牌是中国市场运作最成功的外资品牌之一。百威拥有一个庞大的专业营销队伍和遍布全国 40 多个主要市场的 130 多家独立经销商，并具备深度分销能力，即直接将产品销售到各个零售点。这种销售网络也能对科罗娜的销售形成促进。

AB 涉及的代理品牌除科罗娜特级啤酒外，未来还有可能包括莫德罗旗下的其他啤酒品牌。目前，中国高端啤酒市场大多数为外资品牌所垄断。喜力、嘉士伯、百威、科罗娜都占据重要份额，“科罗娜在夜场销售非常不错。”

百威此举可谓一箭双雕，科罗娜的销售不但能提升百威的销售业绩，还将进一步增强其在夜场的优势，拉开与其他夜场竞争者的差距。同时，百威还可以对这个曾经的竞争者在中国市场形成一定程度的掌控能力。

资料来源：摘编自《第一财经日报》

3. 佣金商

佣金商一般在批发市场上有自己的摊位和仓库，可替委托人储存、保管货物，且有责任替委托人发现潜在的客户，获得优惠的价格，打包、送货，提供市场信息及短期商业信用。佣金商对委托代销的货物有较大的自主权，且因储存、保管的货物多为生鲜易腐商品，必须因时制宜，抓住销售机会。佣金商卖出货物后扣除佣金和其他费用，将余款汇给委托人。

4. 采购代理商

采购代理商根据协议为委托人采购、收货、验货、储存及运交货物。例如广州市有大量的独立采购代理机构，专门为国内甚至国外的零售商采购合适的服装、日用品等。

5. 进出口代理商

这类代理商的数目和规模很大，他们通常在各国港口设有办事处，专门替委托人从国外获取供货来源或向国外推销产品。他们在进出口贸易及企业进入国外市场过程中的作用十分显著。如中国的长三角和珠三角地区，由于独特的地理位置和较大的市场需求，有大量来自国外或国内的进出口代理商，为国内外制造商服务。

6. 信托商

信托商接受他人的委托，以自己的名义向他人购销或寄售物品，并取得报酬。信托商具有法人地位，在交易活动中多选择远期合约交易，一般要签订信托合同，明确委托事宜及相应的权利。信托商的具体形式有以下几种：

（1）委托商行，是面对消费者进行零售的信托商形式。以零售形式接受顾客委托，代办转让出售。

（2）贸易货栈，是从事批发业的信托商形式，是一种古老的居间性商人。贸易货栈的主要功能是在买卖双方之间起代理作用，即代客买卖、代购、代销，同时兼有其他服务功能，如代存、代运等。委托人一般要付一定的佣金。

（3）拍卖行，是接受委托人委托，以公开拍卖的方式，组织买卖成交的信托商。拍卖方式在零售中较少见，主要在批发行业中采用，而且通过拍卖行以公开拍卖的方式进行批发的主要是质量、规格不标准，不易分列等级的蔬菜、水果、茶叶、烟草、羊毛皮等农产品和工艺品。

三、经销商与代理商的区别

虽然经销商与代理商在功能和作用上有较多相似之处，但两者所获得的回报和承担的风险是不一样的，原因就在于两者在经营性质和工作流程上存在多个层面的差异。经销商与代理商根本的区别在于经销商在渠道中具有对商品的所有权，可以自由定价，而代理商不具有对商品的所有权，只能执行厂家的价格政策。

经销商与代理商在经营性质上的具体差异可通过表 4-1 进行对比区别。

表 4-1　经销商与代理商的区别

	经销商	代理商
双方关系	与厂商是一种买卖关系	与厂商是一种委托代理关系
经营地位	以独立法人的身份签订合同	与第三方签订合同时需以厂商的名义签订
利润来源	获得经营利润（差价）	赚取佣金（提成）
库存	保持适当的库存	代理商则多半只有样品而无存货，依订单进货
经营自主性	经营活动过程不受或很少受供货商限制	经营活动完全受供货商指导和限制
所有权	拥有商品的所有权	不拥有商品的所有权
独立性	独立的经营机构	不一定是独立机构
对称性	与供货商责权对等	供货方权力较大
角色	以自己的名义从事销售	以厂商的名义从事销售
售后服务	在售后服务方面，一般是自己承担	在售后服务方面，一般在合同中注明不负此责任
售后责任	发生索赔事件时，一般是自己承担	发生索赔事件时，则一般在合同中注明不负责任

企业在选择采用经销商还是代理商时，需要考虑品牌的成熟度，产品的市场潜力，销售量的可预估性等。通常，成熟品牌和产品因市场走势稳定，推广工作较简单，销售量容易预估，比较适合以经销制的方式合作。而新成立的厂商所开发的新产品因市场复杂、投入较大、前景未卜，需精耕细作，适合采取代理商的方式，以降低代理商的风险和负担。

任务 2　了解批发商

批发在我国是一种显著的经营商业业态。特别在 20 世纪 80 年代、90 年代的中国，批发市场兴旺发达，各省、各地区都有自己的批发市场，成为商品流通的一个个集散地，在我国经济发展过程中扮演了重要的角色。虽然现在批发市场已经日渐萎缩，批发商也面临转型，但批发及批发商的功能仍然不能忽视。

一、什么是批发商

批发商（wholesaler）是指从厂家或某个渠道成员购进产品，然后批量转售给其他批发商、中小零售商、工业用户或各种消费机构以赚取其中差价的专门商业机构。批发商经营活动的特征是处于分销渠道的中间环节，一头连着生产制造商，购入制造商的产品，另一头连着零售商、工业用户或各种消费机构，并向它们批量出售大宗商品。批发商处于商品流通的起点或中间环节，其销售对象不是最终消费者，所以批发活动结束后，商品仍处于流通领域中，并不直接进入生产消费。批发商是以赚取购销差价为目的，所以，一般不具有品牌忠诚度，什么好赚卖什么。

二、批发商的主要类型

（1）经销批发商。是指一批独立的、专门从事批发业务的，并且在进行商品交易时拥有商品所有权的批发商。它们一般会大批量购进商品并进行储存，再把这批商品进行拆分，批量转售给零售商或其他渠道成员以赚取差价。经销批发商是批发商中最主要的类型。

（2）代理批发商。又简称为代理商，一般只帮助买卖双方进行业务沟通，但本身并不拥有商品的所有权，以获取成交后的佣金为目的。它们参与关于商品交易的谈判，目的是帮助其委托人与购方达成交易，而不是为自己购买商品。

（3）制造商的批发机构。是指由生产制造商自己创办的，但是独立于生产制造商生产机构的一些销售组织，如厂商营销公司或办事处等。它们的主要任务是销售本企业生产的产品，通常按经销商的模式开展业务，独立核算成本和收益。

三、批发商的功能

批发是专门从事大宗商品交易的商业活动，是商品流通中不可缺少的一个环节。商业批发是生产与零售之间的中间环节。通过商业批发活动，使社会商品从生产领域进入流通领域，起到组织和调动地区之间商品流通，发挥社会分工的作用。批发还可通过商品储存发挥“蓄水池”作用，平衡渠道商品供求关系。批发商在渠道中发挥以下一些功能：

（1）销售与促销功能。批发商利用其销售人员可以大大拓展生产制造商产品的推广范围和影响，使制造商能以较小的成本开拓目标市场和接近目标顾客，促进产品销售。

（2）采购与搭配功能。批发商根据市场需求来选购产品，并将各种不同的产品进行搭配，为零售商或其他批发商节省商品采购和搭配的时间，及明把握消费趋势。

（3）融资功能。批发商整批买进货物，能向厂家提早订货、备货，能按时付款，能够帮助厂家迅速提高销量，还解决了厂家迅速回收资金的问题。

（4）仓储配送功能。批发商通常拥有自己的仓储配送设备，能保持一定的库存，帮助制造商占领渠道空间，进行物流配送，从而减少厂家的仓储成本和物流风险。

（5）风险承担功能。批发商在与其他渠道成员的交易过程中，通过拥有商品的所有权，承担商品失窃、损失或过时等各种风险。

（6）信息提供功能。在交易过程中，批发商会向有关的生产制造商和零售商提供各种市场信息，如竞争者的动态、新产品的出现和价格的变动等情况，为决策提供帮助。

（7）管理服务功能。批发商有可能帮助与自己关系密切的零售商培训推销人员，改进商店陈设，建立财务与存货管理系统，提高零售商的经营效益。

（8）产销调节功能。批发商能够很好把握消费需求趋势，通过运用其运输和储存功能，可以起到调节产销关系、促进产销平衡的“蓄水池”的作用。

（9）深度分销功能。批发商能够向下游深度开拓市场和实现快速周到的送货以及售后服务，能够承担周边地区市场开发的功能，能够帮助厂家实现深度分销的目标。

四、批发商的发展前景

综观中国商业的发展，批发商从无到有，从有到少，都是社会分工和历史进步的结果。批发商是分销渠道中一个重要的环节。但是，随着厂家和零售商的规模越来越大，零售商寻求与厂家的直接交易越来越多，批发商的生意越来越难做，有人提出了“批发无用论”，有人提出了“批发转型论”，都值得探讨。

近年来，随着市场环境的变化和互联网技术的发展，特别是连锁商业的蓬勃兴起和电子商务的全面展开，批发面临严峻的挑战，批发商正处在大型零售商和生产制造商的两面夹击之中，只能承担一些零碎的功能和扮演次要的角色。一方面，许多零售商常常越过批发商直接向生产制造商进货，并在销售时扮演批发商的角色，将商品批量出售给购买者。另一方面，许多大型生产制造商也纷纷设立自己的销售机构，将产品直接批售给零售商，甚至直接卖给最终消费者。因此，批发商面临被淘汰的危险。然而，就我国的实际情况看，在相当长的时期内，批发商不可能消失，批发商还有存在的必要。但传统的批发商必将面临转型的压力，从“坐商”转为“行商”，还必须承担厂家深度分销和物流配送的功能。

任务3 了解零售商

“零售”一词至今虽未有公认的标准，但国内外大部分学者认为零售包括无形的服务。菲利普·科特勒认为：“所谓零售是将货物和服务直接出售给最终消费者的所有活动，这些最终消费者为了个人生活消费而不是商业用途消费。”零售商就是指那些销售量主要来自零售贸易，并为广大最终消费者提供服务的商业单位，其主要业务活动是把商品或劳务直接卖给最终消费者。

一、零售商的功能

零售商主要通过从事终端零售的商业活动来提高其向顾客提供的商品和服务的价值，并从中获取经营利润。零售商的功能主要包括：

1. 商品组合

制造商生产提供的是某一特定类型的商品。如果每个制造商都自己开设商店且只销售自己的产品，那么即使是准备一顿简单的午餐，消费者也不得不跑多家商店进行采购。而零售商可以为消费者提供各类商品和服务的组合。

2. 分装货物

为减少运输成本，制造商和批发商将产品发送给零售商时，常采用大件包装。零售商将大件包装商品分拆成独立的小包装商品销售给顾客，这就是零售商的商品分装功能。

3. 仓储配送

仓储配送是零售商的最主要功能之一。零售商通过调运、存储、配送货物来及时满足消费者的需求，因此消费者可以不必在家中囤积大量商品，因为他们知道他们可以从零售商那里得到供货，零售商的仓储配送功能减少了消费者的仓储配送的成本和风险。

4. 提供服务

零售商为消费者提供各种售前、售中、售后服务，服务涉及商品包装、送货上门、赊销（信用）、商品展示、商品信息及咨询服务，以及退货、换货及修理服务等。

【资料】

2009中国连锁企业十强

中国连锁经营协会近期发布2009中国连锁百强名单，苏宁最终以1170亿元的销售规模挤下宿敌国美，第一次问鼎百强冠军，国美、百联、大商、华润万家排名分列第二至第五。

见表4-2。中国连锁百强霸主更替的时间正在缩短，分析人士认为，这意味着以往靠“先发”优势领先的企业与后来者的差距正在大幅度缩小。

表4-2 中国连锁企业十强（2009）

序号	企业名称	销售规模（万元）	增幅%	门店总数（个）	增幅%
1	苏宁电器集团	11700267	14.3	941	15.9
2	国美电器有限公司	10680165	2.1	1170	-14.1
3	百联集团有限公司	9791537	3.8	6153	-4.1
	其中：联华超市股份有限公司（含华联）	6716978	3.2	5599	-4.7
	其中：华联集团吉买盛购物中心有限公司	392618	-2.9	22	4.8
	其中：好美家装潢建材有限公司	210000	-17	14	-44
4	大商集团有限公司	7053590	12.8	160	6.7
5	华润万家有限公司	6800000	6.6	2926	8.5
	其中：苏果超市有限公司	3323600	9.5	1852	2.8
6	康成投资（中国）有限公司（大润发）	4043169	20.5	121	19.8
7	家乐福（中国）管理咨询服务有限公司	3660000	8.2	156	16.4
8	安徽省徽商集团有限公司	3437883	13.5	2884	15.5
	其中：安徽商之都股份有限公司	726413	14.6	928	41.9
	其中：安徽徽商农家福有限公司	184490	4.9	1918	6.2
9	沃尔玛（中国）投资有限公司	3400000	22.2	175	45.8
10	物美控股集团有限公司	3270000	6.7	2333	16.1
	其中：北京美廉美连锁商业有限公司	436596	6.6	35	12.9
	其中：浙江供销超市有限公司	220207	10.1	2000	4.2

资料来源：《南方都市报》2010-4-2 C15版

二、零售商的特点

在分销渠道中，零售商作为渠道的末端，与消费者直接接触，与其他的渠道环节相比，具有明显不同的地位，因此显现出与市场营销的其他领域相区别的特点。

1. 网点的布局受到人口和市场分布的影响

由于零售商是直接为广大最终消费者服务的商业单位，其主要业务活动就是将商品直接卖给最终消费者，它必须扎根于最终消费人群才能得以生存和发展。因此，零售商业网点的分布受人口、市场分布情况的影响。事实上，有购买力的人口分布情况是影响零售企业布局的决定因素之一，零售企业往往分散在靠近最终消费者的地方。

2. 每笔交易的平均数额比较小

零售商面对的大多是个人消费者，他们一次购买的数量较小，交易的额度也较少，但购买频率比较高。这导致零售企业在确定现有的库存以及选择受欢迎的各种价格、颜色、款式和规格方面也存在着很多难题，因此，订货决策往往不太有效。一般来说，零售商选择小批量频繁进货，以免造成库存积压。

3. 经营有明显的季节性

由于零售商的主要业务活动是把商品直接卖给最终消费者，而消费者的购买时间、习惯又受到广大消费者的风俗习惯等影响，如月饼就主要集中在中秋节前后购买，其他时间基本无人问津。消费者购买商品的季节性就决定了零售商经营的季节性。

4. 消费者购买的随意性

消费者购买受到情感等非计划因素影响比较大，零售交易中消费者购买呈现出较强的随机性，即消费者事先计划好的购买只占一定比例，很多情况下是即兴购买。这种最终消费者购买的无计划性导致零售商也很难安排自己的存货管理，并对零售商提出了特殊的要求。

5. 零售业态发展快且变化大

零售商业是世界经济中一个最为动荡的行业。特别是自第二次世界大战以来，西方国家零售机构不断创新，新型的零售业态不断出现，而且新型的零售业态的产生所需的时间日益缩短。19 世纪初到 20 世纪初的 100 年只出现了 4 种业态，而 1980～1990 年的 10 年间，就出现了 7 种业态。同时近十年来，一种新型的零售经营模式——连锁经营模式正在全球范围内迅速扩张，使得零售商在渠道中的作用越来越突出。另外，电子商务的兴起，使得传统零售业态受到严重挑战，连锁经营模式也在向网络化发展。

三、零售商的类型

零售商是中间商类型之一，处于流通领域的最后环节，直接面向消费者提供商品和服务。他们通过了解市场需要和需求，并根据自身实力和供应链条件，选择最佳商品组合与服务组合，然后从生产者或供应商处获得商品，在消费者需要的时间进行销售和服务，由此创造新的价值和企业利润。对于零售商可以有多种分类方法。其中主要分类包括：

1. 按照零售活动的经营方式，大体上有店铺零售商与非店铺零售商之分

常见的零售活动都是在一定的店铺内进行的。采用店铺进行零售，便于保持和展示大量的货物，便于营造热烈的商业刺激氛围，也便于消费者长期光顾和快速选购。也有一些零售活动不采用店铺，比如上门挨家挨户销售、网上销售、电视直销和邮寄销售。多数非店铺零售经营者着重考虑的是节省店铺租金，深入到居住较为偏僻或者上街购物不方便的居民家庭进行销售，打破地域界限，扩大市场空间的覆盖面。

2. 按照商品与服务的联系程度，可以有纯商品型零售商、纯服务型零售商、商品中心型零售商、服务中心型零售商以及综合型零售商

现在绝大多数的零售活动都包括有形商品和无形商品（即服务）两类，差别只在于两类商品的比例有高有低。于是，可以大体分出有形商品比重较高的商品中心型零售商、无形商品比重较高的服务中心型零售商以及两类商品比重相当的综合性零售商。比如大型酒店通常都兼营百货、服装和旅游纪念品等；很多美容店也销售化妆品、保健品和药品；有些加油站附设食品销售部；汽车修理店也代理制造商销售车用备件和附属用品（如车用挂物架、音响设备等）。一般来说，无形商品的比重反映出零售店的附加价值高低。服务越多，表明零售店提供给消费者的独立于商品之外的附加价值就越多，那么该零售店的服务业属性就越高。

消费者服务企业通常是以服务为主或者是纯服务的零售商，比如搬家公司、家政公司、理发店、美容店、洗衣店、邮政局等。

3. 按照零售资本的性质，还可分为国有企业、集体企业、股份合作企业、联营企业、有限责任公司、股份有限公司、私营企业、港澳台商投资企业、外商投资企业等

总的来说，零售商作为向直接最终消费者销售商品和提供服务的经营机构，是商品价值实现的最后关口，也是生产企业、流通企业和消费者利益的重要结合点，因而也是市场营销最主要的阵地。

上述是指专业零售商。应当指出，在市场上还有许许多多从事商品零售活动的“非专业”零售单位，比如制造商的直销机构、批发商零售部门。在那些技术性强、对顾客提供较多销售服务的制造行业，不少制造商都设立了自己的零售机构，从事商品的直销，比如汽车制造商大多拥有自己的零售机构。批发商兼营零售几乎是一个普遍的现象，尤其是在基层的直接面向零售商的批发商。他们大多设立零售门市，直接向消费者销售商品。

四、零售业态

零售业态是指零售企业为满足不同消费需求，按照既定的战略目标，有选择地运用商品结构、价格政策、销售方式、店铺选址、规模及形态等手段，提供销售和服务的种类化经营形态。从广义角度分析，零售连锁经营业态包括商品零售连锁经营业态、餐饮零售连锁经营业态和服务零售连锁经营业态。各个国家由于经济发展不平衡以及内部环境因素导致零售业态具有一定差异性。

根据我国国情，我国商品零售主要包括以下零售业态：杂货店、便利店、折扣店、超级市场、百货商场、仓储会员店、专营店、专卖店、厂家直销中心、综合购物中心、特殊零售渠道、电视购物、邮购、网上商店、自动售货亭、电话购物等。

（1）杂货店。是以香烟、酒、饮料、休闲食品为主，独立、传统的无明显品牌形象的零售业态，在广东叫“士多店”（Store），在上海叫“夫妻老婆店”。

（2）便利店：满足顾客便利性需求为主要目的的零售业态，一般以“24 小时营业”为特征。主打商品是食品、日化品、小百货一类的快速消费品。营业时间长、一般位于居民区或商务区。以高于平均市场价的价格和服务销售，平均毛利一般为30%左右。

（3）折扣店。是店铺装修简单，提供有限服务，商品价格低廉的一种小型超市业态。拥有不到2000个品种，经营一定数量的自有品牌商品。在产品组合上类似百货店，但较之百货店缺少时髦感；相当低的营运成本率，总的费用仅占销售额的 25%；廉价的建筑、设备、装饰；强调自主服务；重点促销全国性品牌商品；常使用租来的店铺。

（4）超级市场。又叫连锁超市，以自助服务方式销售食品、日用百货的商店，设有杂货、肉品等部门，店铺面积一般在200～500平方米左右，具有连锁经营的特征，主要位于居民区，如上海联华、华联、江苏苏果等。超市包括方便超市、联合店、综合超市和专营超市等。

（5）百货商场。大型的零售单位，经营的产品组合宽且深，按购买、促销、服务、控制的目标设立部门，价格和服务水平均在中上，产品品质中上。经营地点位于繁华的商业中心。同一个建筑物里不同商品区隔开来自行管理。实行全方位服务，营业员较多。如广百百货、太平洋百货、友谊商场等，在我国以前大多以国营为主。

（6）仓储会员店。以会员制为基础，实行储销一体、批零兼营，以提供有限服务和低价格。60%以上的销售额来自于付了会员费的小企业和单位的购买，以批发价格供货，服务较少，自营运输，存货周转率达年18次左右，租金低，如麦德龙、山姆等。

（7）专营店。专营店集中销售一条产品线，如化妆用品、家具用品、家电产品、建材等，其产品组合窄而深，针对特定目标市场。例如国美、苏宁、宜家、百安居等。

（8）专卖店。专卖店是只销售一个牌子产品的商店，其营业面积视产品不同而有较大差别，小的不足100平方米，大的则可达1000平方米。包括服装、汽车、手机、电脑、药店等多个行业。如李宁服装店、格力电器店等。

（9）厂家直营店。生产厂家主动前向一体化，避开渠道商环节，直接进行产品的销售。如：欧派橱柜、海尔、美的、格兰仕直营店等。

（10）综合购物中心。在国外叫“Mall”或“Shopping Mall”，是集顾客购物、休闲、娱乐为一体的大型综合商业单位，其中包含百货商场、专卖店、超市、美食广场、娱乐中心、酒店等业态，经营的产品一般为品牌产品，价格相对较高，适合收入相对较高的人群，一般营业面积较大，国外一般在60万平方米左右，经营业态齐全，应有尽有。如北京燕莎购物广场、广州天河城、广州正佳广场等。

（11）特殊零售渠道。顾名思义，就是非大众化的零售渠道，即特殊通道。如酒店、餐厅、卡拉OK、夜总会、娱乐城、发廊、健身中心、书店、学校、医院、政府机关、幼儿园等。

（12）其他新型业态。购物中心、电视购物、邮购、网上商店、自动售货机等。

任务4　了解制造商与消费者

根据我们对分销渠道的界定，制造商是分销渠道的起点，消费者是分销渠道的终点，同时消费者又是新一轮产品制造与分销的起点，因为所有的营销活动源于消费者的需求。因此，营销渠道的参与者还包括制造商、消费者和一些中间服务机构。

一、制造商

制造商是指那些从事产品研发及生产或制造的企业，包括各种各样从事采掘、提取、加工、种植和组装产品的公司。作为产品的生产者、品牌的拥有者，制造商被认为是营销渠道的源头，常常在营销渠道中占据着主导地位，往往担当“渠道领袖”的角色。

制造商的产品涉及的范围十分广泛，大到飞机大炮、大型机器，中到日用消费品，小到螺丝钉、针、线、纽扣。生产制造商的规模也存在很大差别，有的只有几个人，有的则拥有数以万计的雇员和数十亿的年销售额。虽然差别较大，但是它们却有一个共同点：都是为市场生产满足消费者需求的各种产品和创造品牌，他们是分销的发起者。

要满足市场需求，制造商必须通过某种方式让其产品进入目标市场，然而，由于缺乏相应的资源（人、财、物）和专业技能，或者在规模上不经济，大多数生产制造商不能有效地将其产品直接出售给目标市场中所有的消费者或用户。

如果把销售交给其他的渠道成员，如批发商、零售商来完成，生产制造商就会节约很大一笔在销售方面必须投入的固定成本。中间商可以同时经营许多其他生产制造商的产品，通过功能专业化和销售规模，在产品销售方面获得规模效益。

从上面的分析可以看到，制造商在生产上可以达到最佳规模，但是如果采取直销方式进行销售，则往往是不经济的。因此，根据社会分工的思想，生产制造商对于中间商的服务有客观需要，对于中间商的依赖是有必然性的。

一句话，制造商主要的优势和职责是生产产品和创造品牌，其余的分销工作应该交给专业的分销机构来完成。

二、消费者

消费者和用户是营销渠道的终点，又是新一轮产品制造与分销的起点。企业所有的渠道活动，都是为了在适当的时间、适当的地点、以适当的产品形式，满足消费者和用户的需求，所以他们首先是企业进行渠道活动的终极对象。然而，消费者和用户也承担一些渠道功能，如他们需要到商店或某个交易场所去购买；在购买时，需要就所有权的转移和转移的条件进行谈判；成交以后要付款；付款以后要提货；提货以后要运输；运到目的地以后，还要搬运、拆封和进行使用前的储存；最后，在使用时，还要对商品进行养护和维修，还会对产品的改进与提升提出反馈意见。所以，从这个意义上讲他们也是渠道的参与者。

尽管营销渠道中其他渠道成员所做的一切，都是为了使消费者和用户在一个可接受的成本内尽量少地发挥渠道功能，但是由于成本关系，其他渠道成员所发挥的渠道功能不可能完全取代消费者和用户所发挥的渠道功能。试想，有些消费者和用户以较低的成本就能发挥的渠道功能，为什么要让批发商或零售商用较高的成本来完成呢?

比如，一个消费者在一家超市买了一些食品，不重，价值也不高。此时，这家超市可以让顾客自己提回家，也可以派一辆车帮顾客送回家。在后一种情况下，超市发挥了更多的渠道功能，也为消费者带来了更多的利益，如果价格相同，消费者当然愿意接受。但是，这样做，超市的经营成本将大大提高，提高的成本必将反映到价格上，因此在后一种情况下，商品的价格会大大提高。

现在的问题是：消费者是否愿意为超市发挥的渠道功能买单？他会因为超市把食品送回家而支付更高的价格购买这些食品吗？或者他愿意为购买这些食品额外支付一笔运输费吗？如果回答是否定的，那么就意味着这个消费者并不认同超市需要发挥这一功能，他觉得还是自己发挥这一功能在性价比上更划算，他就还是要自己发挥这一渠道功能。因此，在渠道的设计和管理过程应该尊重顾客的意愿和充分考虑顾客价值。

任务5　讨论中国经销商的转型

经销商是中国当代社会一个特殊的群体。早在20世纪90年代，随着改革开放的深入和市场经济的发展，批发市场如雨后春笋般壮大起来，成千上万的经销商随之涌现，各式各样的产品和品牌通过他们销往全国各地，渗透到市场的各个角落，制造商、零售商都要围绕他们来运作，所以整个90年代可以说他们简直就是“太阳”，他们是90年代“先富起来”的那一部分人。然而，时间进入2000年，中国流通商业的渠道格局发生了根本性的变革，传统的批发市场日渐衰落，而以大卖场、大连锁为代表的新兴渠道迅速兴起，并逐渐取代了经销商成为现代流通商业的主角，经销商的地位和处境也跟着发生了变化。一方面，大型零售终端的迅猛扩张严重挤压了经销商的生存空间，降低了经销商的流通利润，同时提高了经销商的渠道费用。他们甚至撇开经销商，直接找厂家供货。另一方面，制造商也在进行渠道管理创新，力图控制经销商以掌控渠道，甚至通过绕过经销商，与零售商建立直接的供货关系。此时的经销商承受着来自制造商和零售商的双重压力，制造商想控制，零售商想盘剥，昔日风光不再，两头受气，前景实在堪忧！

一、中国经销商的优势与劣势（见表 4-3）

表 4-3 中国经销商的 SWOT 分析表

中国经销商	优势（Strength）	（1）成本运营优势。 （2）深度分销优势。 （3）流转速度和资金优势。 （4）简单易操作优势。 （5）本地化网络资源优势。 （6）人员、仓储、物流优势。 （7）行业经验及商业信用优势。 （8）人脉关系资源优势
	劣势（Weakness）	（1）整体实力的劣势。 （2）品种和规模有限的劣势。 （3）不拥有品牌和强势终端的劣势。 （4）追逐利润和不关注品牌发展的劣势。 （5）人员素质和管理水平劣势
	机会（Opportunity）	（1）深度分销：代理二、三线品牌销售；开拓、服务二、三线市场和区域细分市场。 （2）物流配送：为一线品牌提供配送服务；为各级终端市场和细分市场提供售后服务
	威胁（Threaten）	（1）厂家追求直营，直供终端、自建网络。 （2）终端追求直供，撇开经销商，自营采购。 （3）厂家实力增强，管理水平提高，力争控制渠道。 （4）终端规模扩张，经营日趋现代化，提出匹配要求

二、中国经销商的生存空间在哪里

中国市场地域辽阔，地区经济发展极不平衡，各行业特点又不一样，各地区风土人情差异很大，所以，厂家自营渠道在中国目前是不现实的，必须重视经销商的力量，发挥其本地化的分销优势，进行深度分销，这是厂家的必然选择。据统计，目前以卖场、连锁为代表的新兴渠道尽管在中心城市势头强劲，但从全国的总体销量看，其份额不足 30%，就北京、上海、广州而言，其份额也不超过 50%，也就是说，以经销、批发为代表的传统分销渠道仍然是中国流通商业的主流渠道，经销商的分销功能不可或缺。而且，中国十多年的市场经济发展在各个行业都锤炼出一批有实力，理念和能力超群的经销商，他们最了解中国市场的水性，他们最了解消费者，他们具有本地化资源优势，因而他们最专业，他们是中国市场深度分销的中坚力量。

在中心城市市场，零售终端连锁经营成为现代商业的主体，经销商只能充当辅助和补充的角色。像沃尔玛、家乐福、好又多、上海联华、上海华联、北京华联等大型零售企业纷纷直接向厂家进货，部分生产企业为控制市场而自建销售网络，但是还有很多厂家需要经销商代其为大型零售终端提供物流配送服务，需要经销商对中小零售点和细分市场进行深度分销，实现网络覆盖，中小企业更是需要仰仗经销商的网络和实力开拓市场，进入终端零售。可以说，一方面，经销商控制着若干个二、三线品牌，形成一种集群力量，有实力和零售商叫板，容易取得平等的谈判地位，零售商其实也需要掌握若干品牌的经销商的支持，以实现快速采购和高效采购；另一方面，中小企业和品牌因为势力和品牌影响力有限，不便与大型零售商建立直接的供货关系，无法承担巨额的通路费用，所以更加需要借助经销商的本地化网络资源优势，人员、仓储、物流优势，行业经验及商业信用优势，以及集群谈判和人脉关系优势，以实现销售目标。在这里，经销商实际上成了中小企业与终端零售商之间的联系“纽带”，承担了“二传手”的功能，这对于双方来讲都是非常重要的。此外，在中国广大的地市级市场和农村、乡镇市场，经销商的分销功能将越发重要和突出。中国地域辽阔，人口众多，分销层次复杂，下游市场潜力巨大，是未来主要的销售增长点和利润来源，具有广阔的开发前景，但分销成本问题一直困扰诸多生产企业，任何企业都无力完全自营销售。所以，要在地市级市场和农村、乡镇市场挖出金矿，必须借助经销商的力量。一些企业（宝洁、娃哈哈、格兰仕等）已经深刻认识到这一点，已经将经销商视为自己销售队伍的一种延伸，加以培育和扶持，甚至建立起一种稳定的共进双赢的合作伙伴关系，充分显示出经销商的存在价值。

三、中国经销商的转型

最近几年，渠道一方面走向扁平化，连锁经营蓬勃兴起，取代经销商成为现代商业的主角，另一方面深度分销向纵深发展，销售重心日渐下移，致使经销商从原来的商业主角逐渐演变成为辅助的角色，然而，新时期的经销商是分销物流商，它肩负着深度分销和物流配送的重要功能，经销商的作用和地位都是不容忽视和不能替代的。

在中心城市市场，零售终端扮演主角，但大终端不能代表一切，不能覆盖市场的全部，分散的消费群和区域细分市场，需要经销商、分销商去覆盖，特别是中国广大的农村、乡镇市场，更加需要经销商、分销商去做基层分销工作，去承担深度分销和物流配送的功能。因为中国市场环境过于复杂，任何一个企业都无力将分公司或连锁店建到中国所有的县和乡镇，就算机构建到这一层次，也会无力支撑其巨额的渠道运作费用，无力承担这一庞杂体系的维护和管理工作。此外，随着大型零售终端在全国的不断扩张，对于厂家的配送能力也是一个严峻的考验，在厂家不能直接送达的城市和地区，还需借助经销商的储运配送力量，对大终端提供及时准确的配送服务，这是大型零售终端扩张对厂家提出的要求，也是连锁经营业态兴起赋予经销商的历史责任。因此，经销商虽然不再成为现代城市商业的主角，但它仍然是广大中国市场流通商业的主要力量。

四、重塑中国经销商群体

中国经销商群体是中国商业社会一支重要的渠道力量，它在 20 世纪 90 年代中国市场经济的飞速发展过程中曾经起到了关键性的推动作用，但到了新的时期，随着渠道的根本变革，其中心地位受到挑战，甚至被连锁企业所取代，中国经销商群体从此陷入迷茫，并因为同时面临来自制造商和终端零售商的双重挤压而倍感失落。中国经销商群体需要重新定位，调整好自己的心态，树立克服困难的信心和决心，就能冲出困境，寻找到自己的发展之路。

而目前中国经销商群体普遍管理方式落后，管理能力不强，人员素质不高，大多经销商追逐短期利益，不太关注厂家的品牌发展，不太注重自身品牌建设，往往因为自身观念、质量和技术原因而被市场淘汰。所以，目前中国经销商群体面临的最大问题是如何实现自身的全面提升。有鉴于此，中国经销商群体应该从以下几个方面改善和提升竞争力：

（1）创新经营观念。比如品牌观念，经销商在产品结构的选择上应该重视品牌、培养品牌、优化品牌，帮助企业在经营上上档次、上台阶，以适应更高层次的竞争需要。同时，经销商应该将自身当作品牌来塑造，提升企业现象，增强竞争力。再如持续发展观念，经销商应该抛弃追逐短期利益的做法，注重和厂家、零售商建立合作伙伴关系，热心关注厂家的品牌建设和市场拓展，追求长期利益与合作双赢。

（2）学习营销技术。十几年来，中国营销实践和理论突飞猛进，营销技术日新月异，这些技术包括深度分销技术、品类管理技术、渠道维护技术、窜货处理技术、应收账款控制技术、客户关系管理技术等，经销商群体只有不断学习最新的营销技术，不断进行营销和管理创新，才能跟上市场发展的步伐。

（3）完善分销网络。在当今市场竞争中，谁拥有网络，谁就拥有市场，分销网络是经销商的核心竞争力。经销商只有不断开拓、完善自己的分销网络，提高网络质量，才能在渠道对话中获得话语权。

（4）提高服务水平。市场竞争已经从产品竞争、品牌竞争进入到服务竞争时代，企业最终成败的关键很大程度上取决于服务，而服务是经销商群体的核心能力所在，所以，经销商应该力争发挥自己的优势，提高自己的服务质量和水平，以提高市场竞争力。

（5）加强基础管理。管理的落后和不规范是中国经销商群体普遍的“软肋”，因为他们当中大多由“个体户”产生，一开始就没有建立一个良好的管理平台，因此目前的当务之急应该是进行管理硬件、软件的调整、升级，提高管理的专业化、规范化、信息化水平。

（6）提升员工素质。人是一切管理的中心，也是一切营销活动的载体，人的素质的高低直接影响企业的经营观念、营销技术和服务水平，它是决定企业竞争成败的关键，而经销商群体目前面临的最大问题就是员工素质的问题。由于体制的关系，经销商往往不能吸引到更多高素质的人员加盟，这就需要经销商群体动脑筋，想办法建立一些机制，以吸纳更多有识之士，提高中国经销商群体的整体素质和市场竞争力，这才是解决问题的根本所在。

核心概念

经销商（Dealer）
代理商（Agent）
批发商（Wholesaler）
零售商（Retailer）
制造商（Manufacturer）
消费者（Consumer）
零售业态（Retail Style）
连锁经营（Chain Stores）

训练题

思考题：

1．经销制与代理制对渠道价格体系有什么不同影响？
2．你怎样看待中国批发商的功能和未来前景。
3．独家经销与非独家经销各自有什么优点和缺点？
4．中国经销商为什么要转型，怎样实现转型？
5．中国市场零售连锁经营的未来发展趋势会怎样？

训练设计：

1．利用课余时间调查访问某一行业产品的一个经销商或代理商，了解他们的经营形式和经营种类以及他们承担的主要功能，他们的困惑，写成调查报告，分析他们的盈利模式。

2．利用业余时间实地调查一个零售行业或一个零售商，了解他所在行业的零售经营业态构成及特征，绘制成某行业零售经营业态示意图，并分析各种零售业态的特点。

综合案例分析

可口可乐的渠道成员组合与管理

可口可乐公司将自己的销售原则总结为两条："随处可见"和"随手可得"。"随处可见"是指其终端管理的问题，"随手可得"即是其渠道建设的目标。可口可乐公司以此为指导建设自己的分销渠道网络。

虽然可口可乐公司在中国的分销渠道众多，但可以归结为批发、KA（重要客户）和直营三种主流渠道。这三个主渠道的运作，构成了可口可乐渠道系统的基本框架。可口可乐公司在中国的分销渠道系统如图 4-1 所示。

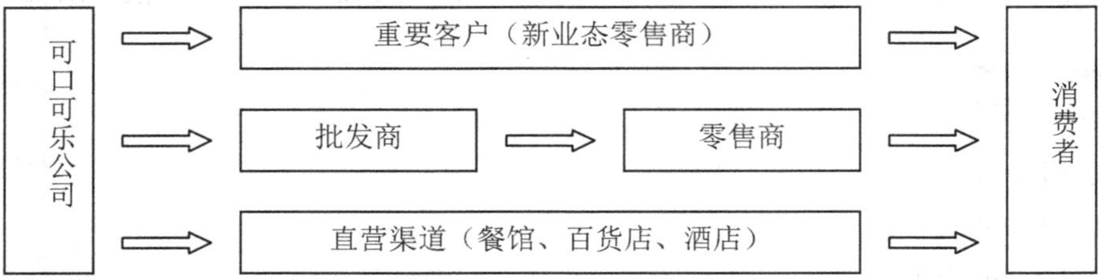

图 4-1　可口可乐渠道组合

KA（Key Account）客户即关键客户，又称为重要客户，是指在国际市场上有较大影响力、且与可口可乐公司有长期合作历史的大型新业态零售机构，比如沃尔玛、家乐福、麦德龙、吉之岛、7-Eleven 等，具体可分为大卖场、连锁超市、便利超市三类。而批发渠道和直营渠道属于传统渠道，在可口可乐公司的分销渠道中一直处于重要地位。

合同化管理是进行渠道管理的最起码方式，通过在合同中专列条文，详细说明双方的权利、义务和责任，可将渠道运作时渠道系统可能引起的价格和市场混乱的因素进行约束，这就是我们常说的“有约在先”。

在可口可乐公司与客户签订的合同中，除通过很多方面来促进客户取得合理的返利之外，合同奖励的关键指标主要是销售量、生动化和账款（可口可乐公司的账款主要是指在一定账期内未收回的货款，而非赊账经营），但这三个指标在各个渠道的要求很不相同，重要程度也不一样，具体内容也有很大差别，如表 4-4 所示。

表 4-4 可口可乐考核指标重要性排列表

KA	批发	直营
• 生动化考核 • 销量返扣 • 账款考核	• 总销量返扣 • 非碳酸销量返扣	• 销量返扣 • 生动化考核

对 KA 客户，主要考核生动化指标。可口可乐的生动化概念是指在销售终端醒目地开展广告宣传、陈列展示和其他促销各种活动，借以影响消费者购买可口可乐产品。对 KA 客户进行生动化考核的主要内容包括三个方面：产品和售点广告的位置、产品和售点广告的展现方式、产品陈列和存货管理。可口可乐将对 KA 客户的店面表现、常规堆头、特殊堆头以及各种促销活动的要求非常详尽地写在合同中，并标明属于检查考核的主要内容。通过对 KA 客户的生动化和账款考核，避免其与批发客户一样对销售量进行盲目的追求，从而极大减少了与其他渠道的正面竞争。

对经销商的考核渐渐从单纯的销量考核过渡到销量考核和非碳酸销量考核的结合。在以碳酸饮料而闻名的可口可乐公司，将非碳酸饮料的考核单独列出来，一是为了非碳酸饮料的成长，同时也是为了让客户牢牢记住——可口可乐公司更要成为一个全方位的饮料公司。加强对经销商的非碳酸产品销量的考核，就避免了经销商只做成熟品牌的毛病，并解决了客户一直将可口可乐成熟产品进行带货而冲击其他渠道的问题。当然，客户也获得了从可口可乐公司非碳酸饮料带来的更多的利润。可口可乐中国公司的业务系统中，没有大批、小批、二批、特约经销商、分销商这些繁杂分类，统称为经销商，在功能要求和奖励政策上是一视同仁的。

直营渠道系统是指一些传统的直接面向消费者的零售销售点，如餐馆、酒店、快餐店、百货店、娱乐场、车站、火车与航空公司等。这些销售点在向消费者提供非饮料产品的同时，也要提供饮料产品，满足消费者的需要，并且还能依据实际情况实施个性化服务。这类渠道受到本身业务的限制、冲击或被其他渠道客户冲击的可能性不大，还能从个性化服务中获得自己的利益。

可口可乐公司在中国市场上的物流配送功能是由特定渠道提供的。该渠道客户为可口可乐公司承担产品配送和物流的使命。公司只给予该客户配送货物的奖励，就是让其远离流通渠道（公司不允许该客户从事货物流通，假如有部分货物流通，公司将给予严肃处理）。这就避免了他们与批发客户争夺下线客户，消除了渠道窜货的隐患。

问题讨论：

1. 可口可乐是怎样进行分销渠道成员的分层管理的？
2. 怎样理解可口可乐“协调平衡”的渠道发展理念？

项目五　选择渠道成员

知识点

1. 渠道成员选择的原则
2. 渠道成员选择的标准
3. 渠道成员选择的途径与策略
4. 渠道成员资信评估与风险防范

技能点

1. 渠道成员选择的定性与定量方法
2. 渠道成员的资信评估与信用管理
3. 分析和避免渠道成员选择的误区

【案例导入】

好经销商实在难寻

某建材品牌推出市场已经 1 年多了，目前经销商数量有 100 多个，但忠诚的、优质的经销商却不多。由于是新品牌，销售人员为了快出业绩，于是去找一些市场上比较成功的大经销商，经过努力，也说服了一些代理大品牌的“大客”，一年下来，由于大经销商对新品牌不够重视，并未收到预期的业绩。“经销商都是人家的好”，“好经销商太稀缺了”，很多销售人员都发出这样的感叹。

开发的一些规模稍小的经销商，3 个月才发一批货，业绩极不理想，于是销售人员砍掉了第一批发货少的客户，又开发了一批，一年下来，大部分地区，经销商都换了一次，陷入“开发新经销商——发货——销量低——配合差——淘汰经销商——再找新经销商”的“恶性循环”，问题重重：

①七成的经销商都是新的，经销商开发、维护成本增大；

②经销商与厂家的磨合不够，理念与行动难以同步；

③品牌口碑不佳，经销商对厂家的信心严重不足。

如此困局令该企业的营销老总十分纳闷，找“大客”不合适，小经销商又没业绩，究竟找什么样的经销商才合适？为什么好经销商如此难找？

很多的新品牌都遭遇过这样的问题，在经销商管理方面十分“急功近利”。其实，“罗马不是一天建成的”，经销商的成长也非一日之功。对于中国的大部分经销商来说，先天不足、素质不高、实力不强是他们的“共性”，与他们打交道，我们需要换换脑筋。

资料来源：摘编自 http://marketing.asiaec.com/celue/index.html

任务1 了解渠道成员选择的原则

对渠道成员的选择要求企业能对自身有清晰的认识，对渠道的发展变化有准确的把握，对消费者的需求有深切的感知。这样，企业才能知道什么样的渠道成员是适合自己的，才能选对渠道成员。合适的渠道成员才能为公司今后的渠道管理打下良好的基础。

要实现建立分销渠道的目标，就要正确地选择渠道成员，使所建立的分销渠道适用而且有效。于是，建立分销渠道的目标被转换成选择渠道成员的原则，成为指导渠道成员选择的纲领。一般来说，应遵循的原则包括以下几个方面：

一、目标市场原则

要到哪里“开矿”，我们就把“路”修到哪里，这是最基本的选择渠道成员的原则。企业建设分销渠道，就其最基本的目标来说，就是要把自己的产品打入目标市场，让那些需要企业产品的最终用户或消费者能够就近、方便地购买。用麦当劳的话来说，就是“顾客在哪里，我们就把店开到哪里”。根据这个原则，分销渠道管理人员应当注意所选择的渠道成员的影响范围、渠道成员的顾客类型以及顾客类型与企业目标市场吻合程度等。

二、形象匹配原则

你是行业里处于什么层次、级别的制造商，就应该选择在目标市场上处于相应层次、级别的分销商，以求对等和匹配（门当户对），便于合作和交流，切忌盲目贪大和攀高枝，以避免“大户问题”。因为商品分销渠道或销售地点不仅是现有商品的销售出口，也是建立企业形象、商品形象，让消费者产生购买欲望的信息载体。在一个具体的局部市场上，显然应当选择那些能够代表本企业形象、又愿意全力销售公司产品的渠道成员。

三、分工合作原则

分工合作原则是指所选择的渠道成员应当在经营方向上一致和在专业能力方面互补，能够有效承担企业商品的分销功能。制造商的主要职责是开发产品和推广品牌，而分销商的主要职责是将商品分销到渠道，分销给消费者，分工协作实现双赢。某些商品的销售过程中需要专门的知识和经验，那些不具备相应的知识和经验的渠道成员就不能被选择为分销渠道成员。

四、发挥优势原则

渠道成员的选择不但要根据目标市场的需求、购买习惯和消费习惯，同时，选择什么样的渠道成员来承担企业产品的分销功能，还要根据企业的销售目标和企业现有的资源状况，特别是现有的中间商状况，以最大限度地发挥企业现有优势为原则，进行因地制宜的选择。另外，在选择渠道成员时还要注意其成长性、前瞻性的未来发展优势。

五、效率效益原则

所谓渠道效率，是指一条营销渠道运行的投入产出比，渠道效率主要体现在实现产品销量和市场覆盖两个方面，即有效性。效率效益原则要求企业在建设一个分销渠道时必须考虑该渠道能够给企业的产品销量和市场覆盖的贡献预期，还要考虑该渠道的费用投入预期，并进行比较和分析。如一个间接分销渠道的运行效率，在很大程度上取决于渠道成员的经营管理水平、对有关商品销售的努力程度以及渠道成员的“商圈”。

六、共同发展原则

分销渠道作为一个整体，每个成员的利益来自于成员之间的彼此合作和共同的利益创造活动。从这个角度上讲，联合渠道成员进行商品分销就是把彼此之间的利益“捆绑”在一起。只有所有成员具有共同愿望、共同抱负，具有合作精神，才有可能真正建立一个有效运转的分销渠道。所以，选择渠道成员时还要树立与分销商共同发展的理念，并选择具有共同发展意愿的分销商一起开拓渠道和管理渠道，实现共同的市场目标。

上述原则是从实现建立分销渠道的目标而提出的，是体现高效率营销渠道的基本要求。它们是一个有机整体，反映着建立商品分销系统、厂商共同合作、共享繁荣的要求。按照这些原则来选择渠道成员，将可以保证所建立的分销渠道成员的素质和合作，提高分销渠道的运行效率。在具体选择渠道成员之前，要根据上述原则对各个可选择的渠道成员进行全面考察和认真分析。不了解渠道成员，就谈不上选择渠道成员。为了保证分销渠道建设的质量，必须严格考察渠道成员是否符合选择条件。

任务 2　确立渠道成员选择的标准

企业在明确选择渠道成员的目标和原则之后，还要制定一系列定性和定量相结合的评估标准，以便在多个潜在渠道成员之间进行选择。对于渠道成员的评判，要根据企业实现渠道目标和渠道策略的需要，综合考虑各方面的因素。一般而言，可以从渠道成员的能力、企业对于渠道成员控制的可能性和渠道成员的适应性三个方面进行评价。

一、渠道成员的能力标准

能力标准是选择渠道成员的主要评估标准，通过对能力的具体评估可大致判断渠道成员与厂商的合作可能性，具体包括经营思路、合作意愿、价值观、声誉、信用及财务状况、销售实力、管理能力、管理权延续、产品线等几个方面。

（一）经营思路

营销思路决定着一个渠道成员的命运，不同的营销思路决定未来不同的出路——是坐在家里等电话，只供大户，小订单懒得送，还是走出去周期性拜访客户，强化服务优势，铸造诚信经商的口碑，编织销售网络。应选择与企业经营思路相近的渠道成员。中国的市场营销环境处于快速变化的时期，如果没有适应新营销环境的营销思路，渠道成员所积累的客户、经销网络就没有价值。制造商要了解渠道成员的营销思路，应从以下几个方面着手：

1. 市场认知度

主要考察渠道成员对当地市场的熟悉程度。潜在渠道成员是否了解当地市场包含多少市、县，总人口，城市人口，各县的经济差距，各县的交通情况，以及有大企业和批发市场存在情况等。潜在渠道成员对当地的市场规模、行政区划、基础资料、市场特点有较好的理性认识，标志着他有比较清晰的营销理念。

2. 经营状况

主要是了解渠道成员经营的手段是否落后，是否跟上现代科学的经营方式。许多渠道成员仍然处于一种原始的经营状况，如凭感觉进货、卖货，月底、年底盘账，无计划无组织等。

3. 服务态度

主要了解渠道成员对送货、铺货的态度，对下线客户的服务程度。对铺货的重视程度、对编织网络的重视程度、对售点的周期性拜访和客户服务程度是一个渠道成员营销思路的直接反映。如果一个渠道成员对自己经营的各产品业绩、赢利状况清楚，对当地市场的基本特点熟悉，并且积极拜访售点，增强客户服务，强化自己的销售网络，那么基本上可以肯定其营销思路是清晰的。

（二）合作意愿

合作意愿决定了渠道成员与制造商今后关系的融洽性和长久性。营销渠道成员的选择不是为了一笔买卖的问题，而是要长期“结亲”，因此制造商应在产品和愿望两方面考验渠道成员。

1. 认同产品，重视产品

对产品的功能及市场潜力的认同，是当好渠道成员的前提。一个渠道成员很难认真地去销售一个他认为没有市场潜力的产品。对产品的重视，是成为该区域渠道成员的必要条件。因为重视才能产生责任心，而责任心又是驱使渠道成员努力工作的直接动力。制造商可以通过直接询问来了解渠道成员是否对产品有认同感。

2. 愿望和抱负

渠道成员销售产品，不单对厂商、消费者有利，对渠道成员也有利。销售渠道作为一个整体，由多个渠道成员构成，每个成员的利益来自成员之间的彼此合作。只有大家都有良好的合作愿望和发展抱负，才能实现彼此高效的沟通和提高渠道管理效率。

（三）价值观

这一标准主要看渠道成员是否有激情和进取心。部分渠道成员赚钱以后就丧失了前进的动力；有的不再亲自经营，把企业交给亲戚或朋友经营。在短缺经济时代大把赚过钱的渠道成员，已经对过剩经济时代的微利经营丧失了兴趣。渠道成员的投入、毅力和对事业的投入程度，通常与市场的培育程度成正比。对于具有良好态度和企业家精神的渠道成员来说，应该具备强烈的事业观和利润观。有进取心的渠道成员不断充实自己，主动参加各种培训，对未来充满信心。

（四）经营信誉

多数厂商都会回避与没有良好声誉的渠道成员建立关系。相对信誉而言，渠道成员的经验和能力并非首要的考虑因素。考验渠道成员的信誉可通过同行口碑和同业口碑的途径获得。

1. 同行口碑

目标市场的其他渠道成员对该渠道成员如何评价，是否有恶意窜货、砸价、经营假冒伪劣产品、赖账等劣迹。通过其他渠道成员了解他的经营能力、经营状况，他与代理企业的合作信誉状况，他如何处理与客户之间关系等，这是了解其经营信誉的主渠道。

2. 同业口碑

其他制造商以及上游供应商、制造商以及下游服务商对该渠道成员的评价也可作为重要的参考依据。可以说，没有不透风的墙，只要是该渠道商不遵守渠道的游戏规则，不讲究信用的话，其他同业人士也会知道的，通过同业口碑是了解其经营信誉的辅助渠道。

【案例】

信誉与信任

广东某知名食品企业到成都选择代理商，在入围的六家企业中，有一家个体户相比之下起步较晚、规模较小，销售队伍人员也不多，但却就是这家个体户取得了经营代理权！下面是企业老总的一段话，他告诉我们选择这家个体户真正的原因："当初以这家的实力连竞标的资格都没有；有一天，我在西南食品城看见他们夫妻俩服务态度很好，我让助理有意伪装成是专门推销冒牌产品的，如果他们愿意经销，我们可给其丰厚的利润回报，结果他们坚决不卖！这就是我为什么邀请他们参加竞标的原因。到产品发布会的那一天，他提前半小时就到达了宾馆，而有的商家还迟到了几十分钟，我看中的是他个人的信誉"。而结果正如他所料，那家个体户后来不但把市场做起来了，还成了成都有名的渠道成员，目前已是拥有一家数百万资产的食品经贸公司。

资料来源：摘编自 http://marketing.asiaec.com/celue/index.html2009 年 3 月

（五）销售实力

在选择渠道成员时，销售实力是很重要的标准。判断其实力的方法很多，可以从资金实力、库房面积、配送能力、市场覆盖范围、知名度、员工的数量和素质等加以评估。

1. 资金实力

资金实力是选择渠道成员的首要条件。制造商应选择资金雄厚、财务状况良好的渠道成员，因为这样的渠道成员能保证及时回款，还可以在财务上向生产厂商提供一些帮助，如分担一些销售费用，提供部分应付款，向下线客户提供赊销，等等，从而有助于扩大产品销路。

2. 库房面积

仓库面积与销售额成正比。制造商应主动要求看看渠道成员的仓库，既可以了解其面积大小，还可以了解其经营品种，以及竞争对手的产品库存情况。同时，还可以根据仓库产品的摆放以及清洁状况来判断渠道成员的仓库管理能力。此外，根据他现有的产品库存，可以推算他大概的库存资金和流动资金。

3. 配送能力

渠道成员的配送能力是渠道成员实力的重要体现。未来能够生存的渠道成员只可能是"配送中心"式的渠道成员。在美国等发达国家，除生鲜类产品存在批发市场外，其他类型的产品的批发市场已经消失殆尽，但"配送中心"式的渠道成员仍然生存得很好。

考察渠道成员的配送能力，必须注意以下四点：

第一，渠道成员必须具备配送意识，认识到只有具备配送功能才能生存。

第二，必须组建配送机构、配送人员、配送工具。

第三，必须实现低成本配送。很多渠道成员不敢或不愿意开展配送的原因是无法承担高额的配送费。

第四，在配送区域过大的情况下，建立配送中心。

4. 市场覆盖范围

市场覆盖范围是从地理区域上判断渠道成员销售网络的建设情况。通过了解车辆的吨位可以判断其覆盖的范围和覆盖的终端的类型。面包车主要供应短距离、市内的终端；2 吨以下的送货车主要供应中等距离的零售商或批发商；2 吨以上的送货车主要供应长距离的批发市场。要了解渠道成员的运输能力与市场覆盖范围，可以询问这位渠道成员有几辆车，车的型号如何，有几个司机等。

5. 市场占有率

渠道成员是否拥有厂商所期望的那部分市场或称市场占有率。需要特别考虑的是该渠道成员的市场范围是否太大，以致有可能与其他渠道成员重叠。概而言之，厂商应坚持“最大占有，最小重合”的原则。

目前，在中国家电业内，许多企业都会优先选择国美、苏宁等专业连锁企业。实际上这些连锁企业的资金实力并不一定很强，但由于它们现金流充裕，规模庞大，销量巨大，因此，企业选择它们无疑是非常正确的。这些连锁企业也是企业优先选择的渠道成员。

（六）信用及财务状况

调查渠道成员的信用及财务状况是一个必须环节。这项标准在渠道成员的选择中，被大量制造商采用。需要收集的信用与财务信息及调查事项包括：注册资金、实际投入资金是否宽余；必备的经营设施（仓储、运输、营业场地等）能否承受目前业务；给厂家付款的方式；资金周转率，利润率；银行贷款能力；税务是否守法；欠账的程度；放账的程度。具体内容我们还将在任务 4 进行深入讲解。

（七）管理能力

管理过于落后的中间商一般不考虑作为合作对象，因此在选择渠道成员时管理是一个关键因素。但是，管理水平受诸多因素的影响，因而很难下定论。到底管理水平如何，其中关键的一点就是看其组织、培训和稳定销售队伍的能力。厂商销售人员通过直接询问、现场观察等方式，可以大致了解渠道成员的管理能力。具体应了解以下几个方面：

1. 物流管理水平

有无库管。有无库房管理制度，有无出库入库手续，有无库存周报表、报损表、即期破损断货警示表等。断货、即期、破损、丢货现象是否严重。

2. 资金管理能力

有无财务制度，有无会计、出纳，有无现金账、有无销售报表。是否执行收支两条线，是否有“自己的直系亲戚，谁用钱谁自己从抽屉里拿”的现象。

3. 人员管理能力

要了解中间商的人员管理情况，主要了解以下几个方面：是否有业务人员？业务人员中亲属所占比例？有无人员管理制度？业务人员是否服从管理？有无清晰的岗位职责分配？业务人员工作状态是自己去找地方卖货，拿销量提成，还是按线路周期性拜访客户，通过综合指标综合考评发薪金？

（八）管理权延续和稳定性

渠道成员多由其所有人或发起人掌管。其中有许多，尤其是二、三级经销商，大多是独立经营的小公司。如果经销商的管理阶层经常发生变动，非常不利于制造商与之合作。因此一旦老一辈故去，希望经销商的子女能顺利接替他们的事业，继续保持良好合作。

（九）产品线结构

从以下四个方面考虑渠道成员经销的系列商品：①竞争对手的产品；②兼容性产品；③互补性产品；④产品质量。

销售人员应尽可能避免选取直接经营竞争对手产品的渠道成员。应寻找经营兼容性产品的渠道成员，因其从根本上不对自身产品构成威胁。经营互补性产品的渠道成员也是目标渠道成员，因为通过这类产品，可为顾客提供更好、更全面的服务。在产品质量方面，厂商应选择经营产品质量比自己好，至少不低于自己的渠道成员，尽量不要把自己的产品同“劣质”、“无品牌”的产品放在一块。

以上谈到的标准并非适用于所有公司的所有情况，但它们指明了选取渠道成员时需要考虑的主要方面，因而具有较高的参考价值。每个企业都应该根据自己的目的、方针制定一系列相应的具体标准。如表 5-1 所示。

表 5-1　中兴通讯经销商资格标准

项目	指标	具体要求
资格要求	合法性	合法有效的营业执照、有效税务登记证、组织机构代码证、银行开户许可证、法人身份证
	业内经验	具有分销产品销售经验和良好业绩，具有较强的业务理解力和良好的服务能力，能够为最终用户提供有竞争力的解决方案
	资金	注册资金 50 万元以上
	服务资质	具备二星级服务资质（行业标准）
	销售人员要求	具有渠道管理相关工作经验 2 年以上
	财务及经营状况	财务状况良好，无不良经营记录和债务，须提供：经过合法会计师事务所审计的上一年度的资产负债表、损益表、现金流量表
运作平台要求	支持系统	与中兴通讯商务要求相符合的基于局域网和广域网的互联网接入手段和办公设备、人员，可以妥善管理中兴通讯统一给予的商务信息，能够随时访问中兴通讯的相关网站和通过各种手段与中兴通讯业务人员保持良好沟通
	物流平台	具备仓储、授权区域范围内各地市间可互相配送的能力；具备存储记录系统，能对货物流向进行实时检索和统计
业务要求	销售目标承诺	承诺年度进货额不低于 50 万
	订单管理	（1）项目订单，必须按照中兴通讯项目订单通知单的要求从一级渠道进货。 （2）分销订单，按分销价格从一级渠道进货，按照用户指导价格自行销售
	信息反馈	按中兴通讯的信息反馈制度提供分产品、分区域的销售信息及需求流动预测
渠道管理基本要求		能够按照中兴通讯的要求积极拓展经销渠道，提升中兴通讯品牌，并能对经销渠道进行规范化管理，不得进行跨区、跨行业销售、低价扰乱市场秩序等违反中兴通讯渠道原则的行为
发展与机会		考核期 6 个月。不能达到要求者，降级处理并按相应代理级别认证

资料来源：摘自 http://channel.zte.com.cn/ztechannel/03cooperate/

二、渠道成员的可控性标准

尽管渠道成员的能力对于企业选择渠道成员至关重要，但是企业对于渠道成员的可控制程度也是很重要的评估标准。一般而言，企业希望对于渠道成员有较高的控制程度。如果一个企业选择了势力强大的渠道成员，这个渠道成员却倚强欺弱，企业反倒会变成对方的奴隶。从可控性角度评价渠道成员，就是看企业控制某一个候选渠道成员的可能性。此时，渠道成员的经营能力强大，反倒不是好事。渠道成员可控性的评估，可以从控制内容、控制程度和控制方式几方面来考虑。

1. 控制内容

从控制内容评估渠道成员的可控性，就是要指出企业可以从哪些方面控制某一渠道成员。比如，企业可以控制或者影响渠道成员的哪些营销决策，企业可以控制或者影响渠道成员的哪些渠道功能，企业能否抑制渠道成员可能的投机行为等。

2. 控制程度

从控制程度上评估渠道成员的可控性，就是要指出企业在某一个方面控制某一渠道成员可以达到的程度。例如，企业可能实施绝对控制，即不仅控制渠道成员的数量、类型、产品，还要控制渠道成员的促销政策，以及价格政策。此时，渠道成员类似于企业的分支机构，要根据企业的指令从事销售活动。企业还可能对渠道成员实施较低程度的控制，常常只通过提供帮助来影响渠道成员营销方式和营销行为。

3. 控制方式

从控制方式上评估渠道成员的可控性，就是要看企业可以用什么方法在哪些方面控制渠道成员。比如，企业可以通过渠道治理结构的某种安排控制渠道成员的投机行为吗？企业能够使用自己所拥有的渠道权力影响渠道成员在产品价格方面的决策吗？企业可以通过良好的关系或彼此之间的高度信任而相互影响和相互控制吗？

三、渠道成员的适应性标准

对渠道成员选择的适应性标准，主要分析、评价渠道成员对企业的营销渠道的适应能力，以及环境变化的应变能力。

评估方法以定性评价为主，比如通过访谈，了解成员的经营理念和发展思路，以便判断它融入企业原有营销渠道的难易程度；通过了解渠道成员的发展历史，判断其危机处理能力和应变能力；通过实地考察，了解渠道成员的基础设施和人员素质，由此既可以看出渠道成员对企业的适应能力，也可以看出渠道成员在环境变化时可能做出的反应。

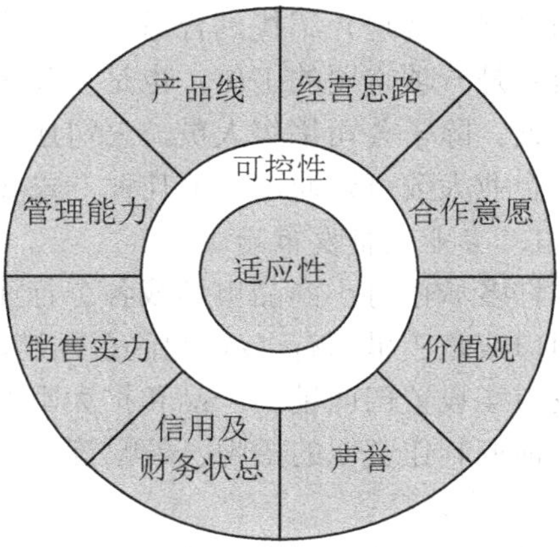

图 5-1 选择渠道成员的主要评估标准

上述讨论了三方面选择渠道成员的评估标准。图 5-1 进一步综合上述几种评估标准，简明扼要地说明选择渠道成员需要考虑的关键标准。

【讨论】资深的渠道管理专家认为，一个好

的渠道成员应该具备以下条件：

（1）良好经营信誉——在行业内或区域市场内具有好的名声或口碑。

（2）市场理念一致——与制造商在行业前景、市场拓展方面的看法不谋而合。

（3）与经销产品无竞争性——该经销商现在所经销的产品中没有直接的竞品。

（4）具销售网络优势——该经销商在当地市场已经建立了一个好的销售网络。

（5）有兴趣与热情——对厂家的产品和品牌很认可且具有积极的销售热情。

（6）有同类产品经验——经销具有同样性质和类别的产品并已积累相当经验。

（7）良好员工队伍素质——有一定数量的销售人员，具有市场意识和执行能力。

（8）经营场所具区位优势——经销商的办公及储运地点最好接近目标渠道。

（9）有资金动员能力——经销商资金充足能够解决应旺季促销的资金要求。

（10）有仓储配送优势——经销商是否具有足够大的仓库和足够多的运输车辆。

（11）具社会影响力——经销商是否在当地有一定的社会地位和市场影响。

（12）经销商富个人魅力——经销商本人是否在专业知识、个人品德方面值得称道。

问题：你认为以上哪些要素更为重要？经销商越大越好吗？经销商的经验越丰富越好吗？

任务 3　选择渠道成员的途径和方法

随着市场竞争的加剧与渠道关系的复杂化，厂商选择渠道成员的策略也在不断发生变化。单一的选择策略越来越少，而更多的情况是，厂商根据市场、行业、产品及竞争特点等采用不同的策略组合来新建、调整或重构渠道体系。掌握了一定数量的渠道成员并根据标准进行分析、评估以后，企业就要选择合适的渠道成员。对渠道成员的合理选择是一个复杂的综合评估过程，其中可采用的方法和策略很多，总的来说包括一些定量的和定性的策略和方法。

一、渠道成员选择的途径

事实上，许多公司是通过现有的销售人员寻找渠道成员的，因为对于拥有独立销售队伍的企业来讲，获得丰富的潜在渠道成员名单是一件容易的事情。原因很简单，通过长时期在销售现场的经常性交往和接触，业务员可以掌握有关地区的大部分分销商的基本信息，也可以通过现有客户介绍找到合适的渠道成员。然而，对于那些新创立的企业，寻找可能的渠道成员就是一项重要的工作，也是一项困难的工作。条条道路通罗马，我们需要找到最有效的那一条。除了公司销售人员，公司还可以发动内部人力资源的关系网络来获得潜在的渠道成员。企业大致可以通过以下几种方式寻找到合适的渠道成员：

1．专业性批发市场

许多城市有小商品市场或各个行业的专业品批发市场，到这种地方走走，经常会看到店铺门口或是店里面有“xx 地区总经销、总代理”等各式各样的招牌。大的经销商往往都会在批发市场设置门面销售产品和扩大影响，大部分经销商为了扩大自己的知名度，还会要求厂家给他们制作类似的招牌、条幅等。

2．媒体广告

到达一个新的市场，可以先买几份当地的报纸，看看当地电视，听听广播或到街上走走，或许就能发现同类产品的经销商的名称。当地报纸、广告牌等媒体上常常有同类产品的广告，其中有“由 xx 公司总经销、总代理”、“供货热线（电话号码）”等字样，寻着这些路径，就可以找到目标寻找渠道成员。

3. 工具书

包括当地的电话号簿、工商企业名录、地图册、手册、消费指南、专业杂志等。尤其是电话号簿含有很多企业信息，一般情况下，当地比较有经验、有实力的经销商都会在当地电话号簿上刊登自己公司的名称，媒体上也常常有同类产品的广告，且有“由 xx 公司总经销”的字样。

4. 广告公司咨询

当地的广告公司对当地的媒体、市场情况比较了解，他们要争着做你公司的广告代理商，必然会详细地告诉你本地经销商的情况。可以先找当地广告公司寻求广告代理，再通过广告公司介绍合适的经销商。

5. 刊登招商广告

企业如果通过一般途径找不到合适的经销商，或者企业很有实力又想趁机扩大影响，都可以通过刊登招商广告的方式寻找客户。刊登招商广告可以详细说明对客户的要求，可以较全面地了解经销商的情况，然后进行挑选。这种方式见效快，一般能找到好的客户，但费用较大，主要是通过媒体刊发广告的费用，不太适合小企业。

6. 参加产品展销会、订货会

各个行业每年都会举行各种各样的产品展销会、订货会，厂商云集，很多专业性的经销商都会参会。这是厂家展示产品、品牌的地方，也是很多企业寻找客户的有利机会和途径。企业可以根据自己的行业、展销会订货会召开的时间地点，结合自己寻找客户的目标市场要求，选择性参与一些地方的展销会、订货会，借机寻找客户，同时达到展示公司产品及品牌形象的目的。

7. 顾客和中间商介绍

企业可以通过正式或非正式的调查，了解顾客在他们所处的区域内对不同中间商的看法，以便确定企业未来的合作伙伴。另外，通过咨询现有中间商或让现有中间商推荐，企业也可能找到新的区域的潜在客户。特别提醒，通过同一行业里的顾客、员工和客户介绍都是非常有效的寻找客户的方式，因为同行里信息相通，比较了解，容易获得目标市场客户信息，特别是好客户信息，朋友介绍的客户因比较了解，值得信任。

8. 通过网上查询

企业可以运用现代信息技术，通过因特网，尤其是访问专业网站寻找筛选渠道客户，渠道管理人员可以用这种方式搜寻到某一行业中很多同一类型或不同类型的企业。通过因特网上的这些网站信息，企业可以找到很多未来可能的合作伙伴，而且几乎不需要什么费用。但网上信息真假难辨，需注意甄别。

二、渠道成员选择的策略

渠道成员的选择从某种程度上说也是双向的，对制造商而言，是在选择渠道成员；对渠道成员来讲，是在选择供应商。因此，在选择渠道成员的具体操作中，不要忘记制造商自身的因素也会影响到对渠道成员的选择，根据企业自身情况采用不同的策略才是现实的做法。以下介绍实践中企业选择渠道成员时行之有效的实用策略。

（一）分两步走选择策略

对于刚进入某一行业的厂商或者刚进入某一个区域市场的厂商，由于所面临的环境相对陌生，必然得经历一个由不适应到适应的过程，因此在渠道成员的选择上，不必恪守一步到位的原则，而通常采取分两步走选择策略。

在渠道建立初期，可以接受一些基本符合厂商选择标准甚至低于选择标准的渠道成员的合作，这样可以迅速在该行业或该区域市场建立起渠道体系，尽快启动市场。待时机成熟，产品在市场上逐步树立了走俏的形象，终端消费开始大面积"解冻"，企业的"招募力"增强后再选择符合标准甚至高出标准的分销成员，而逐渐淘汰低层次的分销成员。

采用两步走选择策略的好处是上手快，容易启动市场。不足之处是处理不当，容易造成厂商"过河拆桥"的感觉，甚至引发渠道动荡。为此，厂商在建立渠道体系之初，就应该与渠道成员有明确的说明，并加强对渠道成员的辅导，争取让渠道成员尽快成长起来，以符合厂商的选择标准。

（二）针锋相对选择策略

针锋相对选择策略就是对属于市场跟随者性质的制造商，选择同行业中的市场领先者选择的渠道成员的一种策略。适用于实力较强的市场进攻者。对于他们来说，其市场地位通常仅次于市场领先者，因此，在选择渠道成员的时候，通常以市场领先者的渠道作为参照或目标。

不少市场进攻者在渠道成员选择上采用针锋相对选择策略，比如，饮料行业中的可口可乐和百事可乐；日化行业里的宝洁和联合利华；儿童牛奶饮品行业中的娃哈哈和乐百氏；快餐业中的麦当劳和肯德基等都是互相竞争的企业。甚至有些企业选择分销成员的原则往往简单到竞争者的产品出现在哪儿，企业的产品就出现在哪儿的地步：这也就是为什么人们会在大多数超市里，看到左手边是可口可乐的饮料，右手边就是百事可乐的产品，这也是为什么在肯德基的几步开外必然看到麦当劳的缘故。

（三）逆向拉动选择策略

逆向拉动策略适用于那些踏踏实实耕耘市场的市场追随者厂商。市场追随者厂商相比于刚刚进入市场的厂商来说，对市场竞争状况有更熟悉的了解，对消费者需求有更清晰的把握。但同时，市场追随者厂商又缺乏像市场进攻者厂商那样紧贴市场领导者厂商展开竞争的资源。因此，另辟蹊径选择渠道成员开拓市场就成了它们矢志不渝的追求。

这种策略的主要方法是通过消费者的感受，刺激消费者，由消费者拉动市场，进而拉动终端渠道与之合作，从而帮助其逐步建立起整套的渠道体系。随着渠道向扁平化方向发展，越来越多的厂商开始尝试或选择逆向拉动来构建其渠道体系。

采取逆向拉动选择策略的好处是对渠道成员的话语权较强，对消费者的影响深入。不足之处是厂商前期对消费者市场的培育投入较大，周期较长。

【案例】

重庆"冰点"水的成功正是采用了反向的营销渠道建构策略。重庆"冰点"水在推出产品之前，曾经通过成功的策划，以一个生活中真实故事为题材，通过在报纸上的"冰点寻果"征文启事和拍摄"冰点柔情"MTV等表现手法制造了轰动整个重庆的广告效应，成功地为"冰点"水赢得了消费者的认同。这样，零售商主动、积极地寻找代理该产品的批发商。这种要货的结果，必然使得批发商主动与企业接触，从而使公司顺利建立起销售渠道网络。

三、渠道成员选择的方法

（一）定量确定法

渠道成员的定量确定法，是基于前面对渠道成员的量化评估，经过排序得出。如，一个生产商根据渠道商的中间成本进行排序，选择成本最低的渠道商。具体包括以下几种。

1. 强制评分选择法

强制评分选择法主要原理是对拟选择作为合作伙伴的每个渠道成员，就商品分销的能力和条件，用打分法来加以评价。由于各个渠道成员之间存在分销优势与劣势的差异，因而每个项目的得分会有所区别。注意到不同因素对分销渠道功能建设的重要性程度的差异，可以分别赋予一定的重要性系数。然后计算每个渠道成员的总得分，从得分较高者中间进行选择。

例如，某电脑生产商决定在广东地区选择独家经销商。在广州市进行考察后，选出 3 家比较合适的“候选人”。电脑生产商希望经销商占有一定的经营规模、有良好的声誉和财务状况、有强大的销售实力和管理能力等。各个“候选人”在这些方面都有一定优势，但是没有一个“十全十美”。因此，电脑生产商决定采用强制评分分法对各个“候选人”进行打分评价。如表 5-2 所示。

表 5-2　强制评分法选择渠道商

评价因素	重要性系数	渠道商 1		渠道商 2		渠道商 3	
		打分	加权分	打分	加权分	打分	加权分
1．经营规模	0.20	85	17	70	14	80	16
2．良好声誉	0.15	70	10.5	80	12	85	12.75
3．销售实力	0.15	90	13.5	85	12.75	90	13.5
4．管理能力	0.10	75	7.5	80	8	85	8.5
5．合作精神	0.15	80	12	90	13.5	75	11.25
6．产品线	0.05	80	4	60	3	75	3.75
7．货款结算	0.20	65	13	75	15	60	12
总分	1.00	545	77.5	540	78.25	550	77.75

从表 5-2 的第一列可以看出，各个渠道商的优势与劣势是通过有关评价因素反映出来的。通过打分计算，从表 5-2 的“总分”栏可以看出，第二个“候选人”得到最高的加权总分，因而是最佳的“候选人”，该公司应当考虑选择他作为当地的经销商。

强制评分选择法主要适用于在一个较小地区的市场上，为了建立精选的分销渠道网络而选择理想的零售商，或者选择独家经销商。

2. 销售量分析法

在经济数据较缺乏的情况下，强制评分选择法为我们找到了很好的选择渠道成员途径。但这种方法仍然是基于定性基础上的定量化的决策方法，要求分销渠道管理人员提出多个评价因素，并且合理地估计有关因素的重要性系数。

销售量分析法是通过实地考察有关渠道成员的顾客流量和销售情况，对每个渠道成员的销售趋势曲线进行分析，估算可能达到的总销售量，并分析他们近年来销售额水平及其变化趋势，在此基础上，对有关渠道成员实际能够承担的分销能力以及可能达到的销售量水平进行估计和评价，然后选择最佳“候选人”的做法。

例如某个渠道商近两年来对某种商品的销售量如表 5-3 所示。由于商品销售量与时间变动之间存在强相关性（相关系数 R=0.9691），所以用线性回归方法可列出其销售增长曲线是：

$$Yt=860+30\times t$$

表 5-3 渠道商销售记录

时间	2008 年				2009 年			
	第一季度	第二季度	第三季度	第四季度	第一季度	第二季度	第三季度	第四季度
销售量	560	620	640	780	800	870	850	920

参考表 5-3 的资料，假设 2008 年第四季度对应的 t 值为 0，2009 年第一季度及以后季度对应的 t 值为自然数。如 2009 年第一季度 t 取值为 1，对应的销售量预计达到

$$Y1=860+30\times 1=890\text{（万件）}$$

如果进一步假设经由该渠道成员分销本企业的同类产品，产品生命周期是 1 年。那么，该批发商在产品生命周期内（包括四个季度）能够实现的销售总量可由下式计算：

$$\begin{aligned}Y&=Y1+Y2+Y3+Y4\\&=(860+30\times 1)+(860+30\times 2)+(860+30\times 3)+(860+30\times 4)\\&=860\times 4+30\times(1+2+3+4)\\&=3740\text{（万件）}\end{aligned}$$

如果存在另一个渠道成员，在同样时期内，商品销售总量可以达到 4000 万件，那么，前面的那个批发商就不是一个理想的“候选人”，应当放弃。这种方法适用于对经销商、零售商的择优选用。

（二）定性确定法

以上可以看出，渠道成员定量确定法固然有一定的优点，比如能够掌握比较准确的对象数据，对于渠道成员的选择比较客观，较少受到渠道管理人员个人偏好的影响。但定量确定法的缺点也是显著的，因为：① 有很多渠道要素（如渠道成员的诚信度、可控性、适应性等）属于定性因素，是很难用量化的指标考量的；② 收集量化数据需要进行深入调研，需要花费大量的人力物力；③ 市场调研需要耗费大量时间，而对于企业来讲，时间就是金钱，时间就是效率，不允许耗费太多时间；④ 渠道成员的选择是一种双向的选择，需要深入沟通来完成，有时企业是被选择者而不是选择者，这时定量的测评几乎没什么用处。相反，在企业实践中，渠道成员的选择大多采用定性确定法，主要依靠一些经验和判断，通过充分的沟通加强了解，通过市场的实际操作进行检验，最后确定渠道成员。

1. 定性确定法的一般步骤和特点

（1）通过市场试运作选择经销商。即厂家选派几个精兵强将，在当地建立办事处，自设仓库，直接拓展终端业务。可以由厂家直接向零售店铺货，也可以联系数家有意向的批发商同时向零售店铺货。如果是后者，事先要申明双方的责权利，明确试销的责任和义务，厂家不承诺经销权，试销优秀者选定为经销商。这就是所谓的“倒着做渠道”。

（2）通过市场竞争筛选经销商。厂家向几家有意向的批发商同时铺货，往往会形成竞争

和互相牵制的局面。经过市场运作，淘汰掉那些渠道能力较差或终端运作能力较差的经销商。对被淘汰的批发商，给予一笔市场开拓费作为补偿。如果初选经销商都采取观望态度，那么厂家只好自己直接铺货，并且一边铺货一边考察。随着市场开拓的深入，厂家对零售终端和批发商的了解熟悉，这时再来确定合适的经销商就比较容易了。

（3）利用市场资源支持潜在经销商。如果初步选好了经销商，在前期铺货后再发动广告促销攻势。中小企业的广告费用有限，可以采取用“时间”换“金钱”的方法，先辅助经销商进行市场的第一轮铺货，起码达到 40%铺货率之后再投放广告和促销；当广告促销攻势发动后，再进行第二轮铺货补货，这样可以最大限度地节约促销费用。

（4）利用短期合同期限考察经销商。签订经销合同的期限不宜过长，最好不要超过一年。有人认为，签订长期合同有利于经销商与厂家捆在一起，使经销商全心全意地投入市场开拓。实际上，这只是一厢情愿的想法。经销商可能会利用中小企业的弱势地位，从事投机经营活动。签订短期合同，留给经销商投机的空间也会比较小。另外，短期合同也会给经销商施加随时可能被替换的压力，如果它真希望销售企业的产品，会加倍努力。

（5）不要轻易承诺总经销权。即使市场上只有一个经销商在分销，也只承诺特约经销权，不要轻易承诺总经销。因为很少有客户能覆盖区域市场的所有二级批发和零售商，承诺总经销权就等于放弃了补缺和纠偏的权利。另外，承诺总经销权，也不利于厂家对市场的控制，容易出现“大户问题”。虽然早期经销商会有意见，但是只要厂家坚持自己的渠道原则，保证经销商已开发并管理良好的网点，就能实现厂家与经销商的良好合作。

（6）选择具有成长性的经销商。经销商的选择，不能盲目贪大，应该更加注意成长性因素，考虑其是否与企业的条件相匹配，只有合适的才是最好的。厂家的实力有限时，不宜选择能力超强的大经销商，因为它经营的品种太多，有数个大品牌，对知名度低的新品牌不会全情投入经营，自然不会达到很好的销售效果。也不宜选择能力太弱的经销商，因为他没有能力把产品有效铺到销售终端。厂家应该选择对自己的产品、品牌感兴趣，与自己实力匹配，能够全力经营的具有成长性的经销商。

2. 定性确定法的主要操作方法

- 观察筛选法

这种方法说起来比较简单，就是首先到目标市场寻找目标客户比较集中的地方，比如批发市场、行业集市，如食品批发市场、图书批发市场、药品批发市场、建材市场、电脑城等，通过观察，结合厂家自身的产品特点、经营实力和品牌档次，进行判断和筛选，在初步筛选出几家意向经销商后，再进行深入的访问和洽谈，最好经过商讨确定经销和签约。

这种方法是典型的定性确定方法，主要依靠销售业务员的经验判断。虽然这种方法操作起来比较简单，但对于销售业务员的行业知识、管理经验和社会阅历要求较高，有丰富经验和阅历的业务人员成功率较高，但缺乏经验和阅历的业务人员不便采用。

- 业内人士介绍法

业内人士介绍法就是尽量寻找在同一行业里面工作的亲戚、朋友或熟人帮助介绍客户的方法。他们可以是从事销售工作的，也可以是从事如物流配送、生产管理、产品研发，甚至是从事人力资源、财务管理的皆可。前者可以直接介绍客户，后者可以通过其他的同事、朋友找相关销售人员间接介绍。因为同行企业每年都会召开年会，同行经销商之间大多认识，知根知底，业务员之间也经常互通信息。总之，只要是在同一行业里工作的人，帮助获取某地区客户的信息是一件非常容易的事情，俗话说，“隔行如隔山”，反过来，“同行最知情”。只要找到一个同行，就能够帮助找到行业内目标市场的客户；只要找到一个地方一个客户，他就可以介绍多个地方的客户。

这种同行介绍的方法找到的客户往往比较可靠，也比较适合，增加了信任度，减少了客户风险，比较适合于新的业务员开拓市场时使用，但需要在寻找亲戚、朋友或熟人过程中做一些“公关”工作，需要一些前期的关系投入。

- 黄页、报刊检索法

黄页、报刊检索法是一种比较传统的寻找客户的方法，意思是通过当地的黄页（电话号码簿）、报刊检索相关行业在当地的销售信息、特别是当地经销商的信息，包括公司名称、联系电话、所在地址、经营范围等，筛选到有用客户信息后再跟进访问和洽谈。

这种方法可以应用于新业务员开拓新市场，在没有经销商信息的情况下可以考虑采用。这种方法虽然有些落后，但其思路还是可以借鉴的。比如，当地的报纸、户外广告牌等媒介，往往刊登企业产品的促销信息，留下了当地经销商的联系地址和电话，这对于寻找相关客户是非常有用的信息，由此跟进联系也许得到很好的收获。特别是互联网发达的今天，完全可以借用网络搜索，达到寻找有用经销商信息的目的。

- 公开招标法

企业可以通过在当地报纸、电视等媒介发布招商信息，吸引当地分销机构参与竞标，企业通过这种方式可以直接寻找和筛选到客户。这种方式操作比较简单，也能够寻找到好的客户，但是操作成本相对比较高，适合于实力雄厚的企业，或者是对该目标市场势在必得的企业。

- 行业博览会法

企业可以通过参加在当地举行的行业博览会，并在博览会上展示企业的产品和品牌，同时寻找在该地区的经销商。这种方法也比较有效，因为行业博览会是行业厂家和经销商聚会的平台，能够实现充分的沟通，有充分的比较和相互选择，往往能够找到好客户，但操作成本也比较高，同样适合于实力比较雄厚的企业。

- 反向追踪法

反向追踪法，又可以叫“顺藤摸瓜法”，是消费品企业运用逆向思维寻找渠道客户的有效办法。具体做法是：消费品厂家的业务代表到了目标市场以后，在没有其他更好的方法的情况下，可以先到当地的大卖场、连锁超市、批发市场以及其他相关的终端零售场所去走走，找找感觉，观察一下和自己的产品密切相关的同类产品中，哪些产品终端陈列状况和销售状况比较好，然后根据产品上的电话信息，寻找该产品在该地区的经销商（单位、地址、电话等），这样就能够找到同类产品在目标市场上的优质经销商。因为市场是经销商做的，好的陈列和好的销售背后的推手必然是好的客户，这是一种自然的逻辑。

问题讨论：你认为以上哪种方法更为实用？还有什么有效的方法可以采用？

【案例】

利用“反向追踪法”在重庆找到优质经销商

某罐头食品企业业务经理张某带着业务员李某到重庆开发市场，因为重庆是山城，地势不平，市场分散，没有比较集中的集贸市场，找了几天没有找到合适的客户，回到宾馆闷闷不乐，因为回去公司不好交代呀！第二天，他们决定不急于找客户，先出去转转再说。由于职业的原因，他们顺便看了看重庆的卖场，转了转重庆的连锁超市，自然关注调味品类产品的陈列和销售状况，发现像“海天”（酱油）、“双汇”（火腿肠）、“老干妈”（辣椒酱）等多个产品在重庆的商场里陈列好、销售旺，多个地方搞堆头陈列和特价促销，心想，这些产品的背后不就是好经销商嘛！于是在这些产品上找到了厂家的联系电话，回到宾馆就打电话给“海天”厂家销售部，冒称自己是重庆某商场，准备开张进货，要求对方提供他们在重庆的经销商的地址、电话、联系人，对方十分热情，提供了信息还表示感谢。张经理他们根据“海天”提供的客户信息，打电话给重庆的经销商，说是“海天”销售部某经理介绍的，并约定第二天上门拜访，第二天张经理他们上门，客户很客气，像对待老朋友一样，经销事宜很快谈成了，客户还对“海天”的经理致以感谢。所以，利用“反向追踪法”寻找优质经销商可以作为客户开发的“锦囊”，在关键时刻使用。

任务 4 渠道成员资信评估与信用管理

渠道客户资信管理是指对渠道成员经营管理的全过程以及每一个关键的业务环节和部门进行综合性的风险控制，包括以渠道客户资信调查及评估为核心的事前控制，以交易中的业务风险防范为核心的事中控制，以应收账款的专业化监控为核心的事后控制。本节主要就渠道客户资信调查及评估与客户业务风险防范进行阐述。

一、渠道成员资信调查

资信调查指收集和整理反映渠道成员信用状况的有关资料的一项工作。它是财务主管进行应收账款日常管理的基础，是正确评价渠道成员信用的前提条件。

（一）信用调查方法

信用调查的方法分为两大类：

1. 直接调查法

直接调查法是指企业调查人员直接与被调查渠道成员接触以获取信用资料的一种方法。这种方法能保证搜集资料的准确性和及时性，但如果被调查渠道成员不予合作，则其调查资料就不会完整和准确。

2. 间接调查法

间接调查法是指通过对被调查单位和其他单位的有关原始记录和核算资料，进行加工整理获取信用资料的一种方法。这些资料主要来源于：

（1）会计报表。有关渠道成员的会计报表是信用资料的主要来源。因为通过会计报表分析，基本上能掌握一个企业的财务状况和盈利状况。

（2）信用评估机构。世界上许多国家都有信用评估的专门机构，这些机构会定期发布有关企业的信用等级报告。目前我国的信用评估机构有三类：一是独立的社会评估机构；二是中央银行负责组织的评估机构，一般由商业银行和各部门的专家进行评估；三是商业银行组织的评估机构。专门的信用评估机构评估方法先进，评估调查细致，可信度较高。

（3）银行。这是信用资料的一个主要来源，因为许多银行都设有信用部门，把调查往来渠道成员商业信用作为一个服务项目。

（4）其他机构。如财税部门、工商管理部门、证券交易所、消费者协会以及企业的主管部门等。

（二）渠道成员资信报告的编制

通过不同的渠道收集到渠道成员信息之后，业务经理或信用分析人员可以根据实际需要，编制各种不同内容的资信报告。下面是一些常见的资信报告类型。

1. 企业注册资料报告

通过考察企业的注册资料或商业登记资料，可以判断企业是否为合法成立。另外，通过企业的注册资料和实际资本可以估计企业的规模大小，并判定企业是否带有投机性质。

2. 标准报告

标准报告是包括公司概要、背景、管理人员情况、经营状况、财务状况、银行往来、公众记录、行业分析、实地调查和综合评述等内容的资信报告。标准报告提供被调查对象的全面情况，适用于一般的商业往来中对渠道成员的选择。如果企业觉得标准报告的内容还显单薄，还可以编制一份综合信用报告（深度报告），其内容包括标准报告的所有内容，并在所有环节中进一步深化，使渠道成员信息更全面，更有深度，并附有对渠道成员最近三年财务情况进行的完整的综合分析。此类报告适用于交易金额偏大，或较为陌生的渠道成员。

3. 财务报告

如果企业与渠道成员较为熟悉，对渠道成员除财务之外的情况均很了解，此时企业可针对渠道成员财务信息编制成财务报告，对渠道成员进行完整的财务分析，并与所在行业的平均水平进行比较分析。

4. 特殊报告

如果企业认为某一渠道成员是企业最重要的渠道成员，对企业的生存与发展有重大影响，就必须对渠道成员进行全面深入的调查，必须得到更多的渠道成员背景资料、财务数据以及市场状况分析方面的信息。企业可根据上述得来的信息编制特殊信用报告。

5. 连续服务报告

如果企业认为渠道成员需要定期调查与监控，可以根据标准信用报告的内容连续不断地编制连续服务报告，并随着时间的推移，随时以最新的信息对信用报告的内容进行更新和补充。除上述资信报告外，企业也可以根据内部需要，编制各种分类报告以满足不同的需求，比如主要管理人员背景报告、经营状况报告、历史发展报告等。

二、渠道成员资信评估

根据我国企业的现实情况，我们可以采用特征分析模型和5C评估法作为信用分析的基本出发点，实施渠道客户资信评估和信用限额计算。

（一）特征分析模型

1. 特征分析模型的概念

特征分析模型是指从客户的种种特征中选择出对信用分析意义最大、直接与客户信用状况相联系的若干因素，把它们编为几组，分别对这些因素评分并综合分析，最后得到一个较为全面的分析结果。

2. 特征分析模型的分析指标

特征分析模型的分析指标可以分为以下三组指标：

（1）客户自身特征。这类因素主要反映那些有关客户表面的、外在的、客观的特点。客户自身特征指标包括：①表面印象；②组织管理；③产品与市场；④市场竞争性；⑤经营状况；⑥发展前景。

（2）客户优先性特征。这类因素主要是指企业在挑选客户时需要优先考虑的因素，体现与该客户交易的价值。这类因素具有较强的主观性。客户优先性特征指标包括：①交易利润率；②对产品的要求；③对市场吸引力的影响；④对市场竞争力的影响；⑤担保条件；⑥可替代性。

（3）信用及财务特征。这类因素主要是指能够直接反映客户信用状况和财务状况的因素。客户信用及财务特征指标包括：①付款记录；②银行信用；③获利能力；④资产负债表评估；⑤偿债能力；⑥资本总额。

由上述三组指标可以看出，特征分析模型涵盖了反映客户经营实力和发展潜力的一切重要指标。

3. 特征分析模型的计算过程

特征分析模型的分析计算共分为四个步骤：

第一，根据预先制定的评分标准，在 1～10 范围内，对上述各项指标评分。客户公司的某项指标情况越好，分数就应打得越高。在没有资料信息的情况下，则给 0 分；

第二，根据预先给每项指标设定的权数，用权数乘以 10，计算出每一项指标的最大评分值，再将这些最大评分值相加，得到全部的最大可能值；

第三，用每一项指标的评分乘以该项指标的权数，得出每一项的加权评分值，然后将这些加权评分值相加，得到全部加权评分值；

第四，将全部加权评分值与全部最大可能值相比，得出百分比，该数字即表示对该客户的综合分析结果。百分比越高，表示该客户的资信程度越高，越具有交易价值。

4. 对客户的资信进行评级

根据上述计算得到的综合分析结果，可以将不同的百分比列入不同的资信等级，得到客户的资信评定结果。我们将百分比从 0 到 100%划分为 6 个等级，即 CAl 到 CA6，分别表示客户资信状况的程度，CA1 最好，CA6 最差。具体分级说明见表 5-4。

具体来讲，我们可以按特征分析模型评估总表的要素来对客户的资信进行评级。特征分析模型评估总表如表 5-4 所示。

表 5-4 渠道客户资信评级

评估值（%）	等级	信用评定	建议提供的信用限额（大小与具体行业有关）
86～100	CA1	极佳：可以给予优惠的结算方式	大额
61～85	CA2	优良：可以迅速给予信用核准	较大
46～60	CA3	一般：可以正常地进行信用核定	适中
31～45	CA4	稍差：需要进行信用监控	小量——需定期核定
16～30	CA5	较差：需要适当地寻求担保	尽量不提供信用额度或极小量
0～15	CA6	极差：不应与其交易	根本不应提供信用额度
缺少足够数据	NR	未能做出评定——数据不充分	对信用额度不做建议

（二）5C 信用评估法

5C 评估法是指分析影响信用的五个方面的一种方法。这五个方面英文的第一个字母都是 C，故称为 5C 评估法。这五个方面是：品质（Character）、能力（Capability）、资本（Capital）、抵押（Collateral）和渠道成员经济环境（Conditions）。

1. 品质（Character）

品质是指渠道成员的信誉，即履行偿债义务的可能性。企业必须设法了解渠道成员过去的付款记录，看其是否具有按期如数付款的一贯做法，与其他供货企业的关系是否良好，是否愿意尽最大努力来归还贷款。这种道德因素经常被视为评价渠道成员信用的首要条件。

2. 能力（Capability）

能力是指渠道成员偿还应收账款的能力。渠道成员的流动资产越多，其转换为现金支付账款的能力就越强。渠道成员流动资产的质量越高，其转换为现金支付账款的能力就越快。通过对资产负债率、流动比率、速动比率、现金净流量等指标的考察，可以了解对其进行投资的安全程度。通过对资本金利润率、销售利税率、成本费用利润率等指标加以考察，对其有一个深入的了解。另外，如果客户的财务报告资料不易直接取得，那么这时就可以根据该企业所处的地位、经营历史和现状、福利待遇、生产设施和生产设备的更新替换等情况，从侧面进行了解。

3. 资本（Capital）

资本是指顾客的财务实力和财务状况，表明渠道成员可能偿还债务的背景。

4. 抵押（Collateral）

抵押是指渠道成员拒付应收账款或无力支付款项时，能被用作抵押的资产。这对于新的渠道成员和不知底细的渠道成员尤为重要。一旦收不到渠道成员的应收账款，则可以用抵押品抵补。如果这些渠道成员提供足够的抵押，就可以考虑向他们提供相应的信用。

5. 渠道成员经济环境（Conditions）

渠道成员经济环境是指可能影响渠道成员付款能力的经济环境，如经济不景气，渠道成员下线渠道成员的欠款，其他厂家改为现款现货等，都会影响渠道成员的付款能力。

三、渠道成员信用管理

渠道成员信用管理包括信用限额、信用期限、现金折扣政策和可接受的支付方式等内容。

（一）信用限额

信用限额为企业许可的暂不收回的应收账款余额的最高限额。企业假设超过该限额的应收账款为不可接受的风险，信用限额要根据企业所处的环境、业务经验及不同渠道的渠道成员来确定。决定信用限额的关键因素有：付款历史、业务量、客户的偿还能力、订货周期及其潜在的发展机会。一旦确定了信用客户，该客户应该有销量的增长。

根据渠道成员的不同等级确定信用限额。在评估等级方面，可以采用以下几种方法：

第一种是采用三类九级制，即把企业的信用情况分为 AAA、AA、A、BBB、BB、B、CCC、CC 和 C 九个等级。其中 AAA 为最优等级，C 为最差等级。

第二种是采用三级制，即把企业的信用情况分为 AAA、AA、A 三个等级。其中 AAA 为最优等级，A 为最差等级。

（二）信用期限

信用期限是企业允许渠道成员从购货到付款之间的货款滞留时间，或者说是企业给予渠道成员的付款期限。如某企业给予渠道成员的信用期限为 50 天，则渠道成员可以在购货后的 5C 天内付款。信用期过短，不足以吸引渠道成员，会使企业在竞争中的销售额下降；信用期过长，所得利益会被增长的费用抵消，甚至造成利润减少。因此，企业须规定出恰当的信用期限。

对于快速消费品来说，信用期限应较短，一般为 15 天、30 天和 45 天等，最多不得超过 60 天。对于保质期越短的产品，其信用期限越短。对于耐用消费品、工业品、资金占用量大的产品，一般信用期限会长一些，30 天、60 天、90 天、20 天，最多不超过半年。总之，对于资金周转越快的产品，其信用期限越短，资金周转越慢的产品，其信用期限越长。

（三）现金折扣政策

现金折扣是在渠道成员提前付款的情况下，企业对渠道成员在商品价格上的优惠，其主要目的在于吸引渠道成员为享受优惠而提前付款，从而缩短企业的平均收款期。

现金折扣的常用表示方式为：折扣付款期限。如：

5/10：表示在开出发票后的 10 天内付款，就可享受 5%的价格优惠；

3/20：表示在开出发票后的 20 天内付款，就可享受 3%的价格优惠；

N/30：表示在开出发票后的 30 天内付款，不享受价格优惠。

（四）可接受的支付方式

银行结算办法规定的各种结算方式，从应收账款回收的及时性、安全性角度来看大致可划分两大类：一类是风险比较小的，即应收账款回收时间短，金额有保证的结算方式，主要有银行汇票、银行本票、汇兑支票和信用证等；另一类是风险比较大的，即应收账款有可能转为坏账损失的结算方式，主要有委托收款、托收承付、商业汇票等。

作为企业来讲，可根据客户的盈利能力、偿债能力、信誉状况等分析选择适宜的结算方式，也就是说对盈利能力和偿债能力强的、信誉状况好的客户可以选择风险较大的结算方式。虽说风险较大，但有利于购销双方建立一种相互信任的伙伴关系，扩大销售网络，提高竞争能力，有利于长期合作。对一些没有业务往来的新客户和资信度较差的老客户就适合选择一些风险较小的结算方式，通过这种结算方式来保证应收账款及时足额回收。

四、业务风险的防范

（一）业务风险产生

企业的业务风险通常发生在如下六个环节中：

1. 接触客户到选择客户的过程

接触客户的直接目标是选择信用良好的客户进行交易。在选择客户的过程中，常见的方式有电话或信函联系、实地考察访问、对其各类文件的审查及专门的资信调查等。如果未能正确地选择客户就有可能导致业务风险的产生。

2. 与客户谈判到确定信用条件的过程

从最初与客户协商到双方达成一致协议，此过程中的目标是确定信用条件，包括给予信用的形式（如付款方式）、期限和金额。这方面的失误往往直接造成严重的拖欠。

3. 与客户签约到寻求债权保障的过程

交易双方的合同是信用的根据和基础，合同中的每一项内容都有可能成为日后产生信用问题的原因，合同也是解决欠款追收的最主要文件，因此，应格外注意。此外，为确保收回货款要使用一定的债权保障手段，如担保、保险等。

4. 发货过程中实施货款跟踪的过程

销售部门以放账的形式售出货物之后，面临的一个最直接的问题就是如何对形成的应收账款进行监控，保证及时收回货款。此时信用管理的目标是如何提高应收账款回收率。在这一环节上，我国企业目前普遍缺少有效的方法。

5. 对到期账款实行早期催收的过程

在我国企业的应收账款管理中，货款到期日往往被忽视，客户迟付几天、甚至十几天通常被认为是在合同的范围之内。事实上，货款迟付现象不仅影响企业的资金周转，而且有可能是造成长期拖欠的隐患。因此，企业怎样在货款被拖欠的早期进行适度的催收，同时维护良好的客户关系，是销售经理和财务经理较为头疼的问题。

6. 收款失效导致企业面临追账问题的过程

如果客户在一定的拖欠时间范围内没有付款，或者有逃避付款的企图，此时应视为收款失败，即发生呆账或坏账。这时，企业必须面对追账问题。

加强对上述 6 个业务环节的管理和控制，是一个企业防范信用风险、减少呆坏账损失的关键。

（二）客户资信的风险控制

企业要有效地实施对客户的信用风险控制，必须根据本企业的信用政策制定一套全面的风险控制方案和措施。有效的风险控制措施能够最大限度地减少客户可能给企业带来的损失。下面介绍几种典型的风险控制方法。

1. 监督和检查客户群

监督制度是指对正在进行交易的客户进行适时的监控，密切注意其一切行动，尤其是付款行为，对于高风险客户或特别重要的客户还要予以多方面的监督。检查制度是指不断检查与更新客户原有的信用信息。

2. 信用额度审核

信用管理人员应对授予信用额度的客户适时定期审核，一般情况下一年审核一次，对正在进行交易的客户和重要客户的信用额度最好能半年审核一次。每一次审核都要严格地按程序进行，信息收集工作尽量做到全面、及时、可靠，不能因为是老客户就放松警惕，或者习惯性地凭以往的认识分析其信用状况。审核结果要及时通报给业务人员。

3. 控制发货

信用部门应始终监控运输单据的制作与货物的发运过程，在下列两种情况下信用部门应命令有关人员停止发货。

（1）付款迟缓，超过规定的限期。当客户拖延付款时，信用部门可以通过信函、电话等方式提示客户。如客户仍拖欠不还，一旦超过规定的贸易暂停限期，就应停止发货。各企业对于贸易暂停期限应有明确规定，一般来讲信用期越长，贸易暂停限期越短。

（2）交易金额突破信用限额。信用限额是依据客户的财务状况和信用等级综合评定出来的，交易金额超过信用限额会给企业自身带来坏账风险，尤其在信用限额是由于客户延期支付而被突破的情况下，控制发货措施就很必要。

4. 贸易暂停

当发现客户有不良征兆时，首先考虑的措施就是贸易暂停、停止发货或者收回刚发出的货物，只有这样才能避免损失的进一步发展。

5. 巡访客户

在危机发生时，销售部门与信用部门都应各自与客户进行会谈，以收集客户的信息。第一次接触一般都会听到客户信心十足的答复：困难只是暂时性的，没有想象的那么严重。但这可能是破产的前兆。在可能条件下，销售部门与信用部门应该联合巡访客户，巡访要达到 3 个目标：评估客户的生存能力、就付款安排达成协议、确定以后的交易额度。巡访过程中应注意不要被客户的假象迷惑。对客户的巡访应及时进行，最好在付款迟缓或引起纠纷而未达到危机之时便去会谈，预防总比解决更彻底。

6. 置留所有权

置留所有权是指企业在商品售出后保留它的所有权，直到客户偿付货款为止。理论上讲，这是一项无任何额外成本又能有效避免风险的措施，它使得企业在得不到偿付时可以恢复其对商品的所有权。但在实际操作中，它并不能完全规避信用风险，因为商品的所有权虽掌握在企业手里，但鉴于企业未实际占有或使用货物，也就不能进行有效控制。

7. 坚持额外担保

如果客户处于危机中但仍有回旋余地时，客户可能会要求继续交易以维持运转，此时便应坚持额外担保。最低限度的担保是开立商业票据，一旦不能兑现便可立即停止交易。最高程度的担保即是预付货款（如用支票付款，应注意发货前将支票兑现）。

任务 5　讨论渠道成员选择的误区

渠道成员的选择正确与否，决定了未来渠道建设的成功与失败，它是一件重要的事情；同时，渠道成员选择也是一件复杂的事情，对于渠道的认知和理念差异也决定了渠道成员选择的策略与方法的不同。在渠道认知方面存在不少误区，比如，认为渠道成员越多越好、渠道成员越大越好、渠道成员经验越丰富越好、给渠道成员的利益越多越好、和渠道成员的关系越近越好等，往往给企业渠道建设造成误导，带来渠道混乱、管理失控、“大户问题”等渠道问题，所以需要澄清，以帮助我们科学、合理地构建渠道。

【知识点】“大户问题”

一般是指厂家在开发渠道和选择渠道成员时倾向于寻找规模大、实力强的分销商（大户），其结果往往是因为分销商的实力强而不太遵从厂家的渠道管理政策，从而产生渠道冲突，让厂家左右为难，或者是因为分销商在销售过程中实力壮大了之后，反过来制约和控制厂家的情况。总之，分销商规模大、实力强以后会出现反控厂家的情况，厂家既希望客户壮大，又害怕失去对渠道的控制，这就是渠道管理面临的“大户问题”，一种矛盾的心态。

一、分销商渠道网络越大越好、分销商越多越好吗

销售网络大是一件好事，但同时也要考虑“是做大还是做强”的问题：

（1）企业有没有足够的资源和能力去关注每一个销售点的销售运作情况。

（2）企业是否有足够的实力去掌控分销商？对分销商的管理能否跟上？如果不能，一旦竞争者诱以重利，企业看似庞大的销售网络，顷刻间便会分崩离析。

（3）单纯追求渠道规模，难免会有薄弱环节，面对竞争者入侵，是否还能站稳脚跟？

（4）要注意分销商的客户是否太分散，运作费用高，不便管理等因素。

好的产品只要在部分区域市场成功，就能获得丰厚利润回报，而不必过分追求分销商数目上的多少和区域上的大小。特别是地域分布太广，更需要引起高度关注。否则的话，物流成本加大，市场监管难度也会加大，对分销商、顾客需求的及时响应难度增加，结果得不偿失。所以，明智的企业选择分销商不以数量取胜，而追求客户质量。况且，未必所有的产品都适合在全国范围内分销，要考虑顾客需求的地区差异性。

二、分销商经营规模越大越好、实力越强越好吗

大多数销售人员认为，分销商越大越好，实力越强越好，因为“大树底下好乘凉”。在选择分销商时一味强调其规模、资金和实力，陷入一种误区。可实际情况是，分销商实力越强，就越不会重视公司的产品，我们就越不容易掌握销售的决策权和主动权。主要原因：

（1）实力强大的分销商很可能会同时分销多个竞争对手的产品，并以此作为讨价还价的“筹码”，企业难以满足他们的要求。

（2）实力强大的分销商不一定会专注于某一个品牌产品的销售，企业不太容易刺激起分销商对我们的产品、品牌的销售热情。

（3）实力强大往往是分销商要挟企业的资本，企业很可能失去对产品和渠道的控制权。明智的供应商往往不是很注重分销商的规模和实力，关键是看其能否接受自己的经营理念，能否与自己亲密合作，是否具有高的成长性。

【案例】

广州鹰金钱罐头食品企业曾经在南京市场找到一家当地渠道最多、实力最强的经销商“江苏果品公司”独家经销自己的系列产品。该经销商手上已经代理了可口可乐、雀巢等国际国内知名品牌，下游渠道遍及江苏、浙江、安徽等地，在华东地区都很有影响。一开始，厂方对该经销商非常满意并报有很大期望，产品到位后还投入广告费用 80 万元，但一年下来销售很不理想，总共才销售 180 万，还有 40 万的应收账款，期间经销商也没有采取任何的促销办法，一年多之后，该经销商在没有知会厂家的情况下，将接近过期的一火车皮产品一并退回给厂家，理由是“当地市场不接受这个产品”，给厂家造成了巨大的经济损失，也给厂家一个深刻的教训：找经销商不能盲目贪大，否则自己的产品得不到经销商重视。

三、分销商资历越深越好、经验越丰富越好吗

（1）经验是宝贵的，但经验只代表过去。寻找分销商需要考虑其是否具有相关行业的经验，具有一定经验便于开展分销工作，可以利用其原有的经验，但经验有的时候会成为包袱，曾经成功的经验往往会成为后来失败的原因。众所周知，任何经验都是在特定营销环境下形成的，当环境发生变化时，资历和经验不仅没有实际价值，还很有可能成为改革创新的包袱。老的经验经常成为保守的代名词，成为创新的阻力，因为经验丰富的人会迷信经验，会顽固地坚持经验，不利于接受新鲜事物，所以，找经验过于丰富的经销商可能难以管理和控制，

可能难以推行渠道政策和进行渠道的开拓创新，总之，利用其经验的同时也可能被具有老经验的经销商反控，必须慎重选择。

（2）经验需要实践检验和革新，善于学习才是主要的。对于企业来说，分销商有一定的分销经验固然好，但最重要的是，不能将其作为一项固定的标准。因为经验只属于过去，创新才是未来，过多的老经验只会阻碍渠道的创新和发展。只要分销商愿意接受企业的培训和营销理念，双方就有了合作的基础，经验是可以在业务运作过程中逐渐积累的。

四、给分销商的利益越多越好吗

有些企业认为，政策越优惠分销商的积极性就会越高。否则，分销商很有可能转而经营竞争对手的产品。这是企业经营中一种带有普遍性的错误观点，因为欲望是无限的，企业永远无法完全满足分销商的利益要求，企业也必须考虑自己的经营成本。以下几点要注意：

（1）盲目做出高付出的承诺。由于企业不了解分销商心态，认为只有大量做出承诺才能吸引分销商，如前期免费铺货、无条件退货、央视广告支持、大量赠品支持、营销专家市场督导等。然而，企业每个承诺都需要成本支持，面对承诺，企业难以承受。

（2）不注重规则的合理性。任何一个好的项目，都需要一个双方接受的游戏规则。规则制定非常关键，合适的规则就是好规则，企业应该认真分析自身状况，制定对双方都公平、也能够执行的渠道游戏规则，也是对分销商和投资者负责。

（3）重让利承诺，轻产品品质。如果产品本身品质不好，就是给分销商再多的让利也是白费心机。品质好的产品，即使利润较低，分销商照样愿意经营。做名牌产品的分销商，不仅可以提高自己的知名度和美誉度，还有利于建立强大的销售网络。分销商经营某一产品，除了考虑投资收益外，还要评估经营的信誉风险。即使企业让利再多，如果信誉风险太大的话，分销商也不一定会接受。

五、选好分销商就万事大吉了吗

一般来讲，分销商体系建成后可以稳定几年。很多企业便误认为，只要分销商选对了，产品就一定会热销，企业再也不用操心销售了，剩下的便是分销商的事了。这是一种错误的想法，一劳永逸是不可能的，因为：

（1）分销商的选择只是分销商体系构建的第一步，在发展中还需维护和完善。

（2）产品热销不仅与分销商实力有关，还需要其他种种因素的配合才能实现。

（3）分销商是各自独立的经济实体，没有严密的市场规则约束，“有奶便是娘”是一些分销商的行事准则，窜货、低价抛售等现象会时有发生，因此在选择分销商后，企业还要加强管理，并且根据市场的变化不断加以调整完善。

核心概念

渠道成员选择（Selection Of Channel Members）

定量确定法（Quantitative Method）

定性确定法（Qualitative Method）

客户信用管理（Customer Credit Management）

资信评估（Credit Evaluation）

5C 评估法（5C Evaluation Method）
信用额度（Line Of Credit）
信用期限（Time Of Credit）

训练题

思考题：

1. 怎样理解渠道成员选择的适应性标准？
2. 渠道成员选择的能力标准包括哪些方面内容？
3. 用定量确定法选择客户的难点和弊端在哪里？
4. 怎样理解“反向追踪法”这种定性方法的微妙之处？
5. 开展对渠道成员的资信评估工作有什么意义？
6. 如何有效进行信用额度和信用期限的管理？

实训设计：

1. 可以安排一次作业，分小组进行，每个小组选取一个行业，如小家电、食品、IT、建筑材料、图书、文具、体育用品等，运用“观察筛选法”到各行业所在的批发市场或集市进行观察，选取意向的经销商，记录观察的过程、分析的过程以及选择的理由，在课堂上汇报、交流。

2. 调查一个企业，了解这家企业选择渠道成员的标准、程序和方法，分析其中哪些可行哪些欠妥，总结其成功经验，讨论其失败教训，写成完整调研报告。

3. 选择某一具体的行业与企业品牌，帮助这个企业设计一个经销商选择的整体方案。

综合案例分析

M 瓷砖：“养大”优秀经销商

很多人都羡慕别人丰收的喜悦，却不知耕耘的艰辛。殊不知，忠诚的背后是厂家对经销商的培养、扶持，多年的浇灌、培育，才有了今天经销商队伍的稳定、优质。业内的很多厂家都十分羡慕 M 企业的经销商怎么如此忠诚。M 企业认为，“好经销商是培养的，不是找的。”从一开始，他们就致力培养经销商。

1. 选择经销商，只选“适”的，不选“大”的。

对于经销商的条件，M 企业从来不将实力雄厚、规模大作为条件。反之，他们强调“合适才好”，就是说经销商的规模、理念要与厂家相“匹配”，如果经销商强势，就容易“店大欺厂”，合作难免出问题。所以在当时，M 选择了一批实力不强，但有品牌理念、诚实守信、有抱负的人来做经销商。这些经销商有一个共同特点，以 M 企业为主业，或“独”业，大部分的精力投入在 M 企业的销售上，配合意识强，响应厂家的策略。短短几年，大部分经销商实现了“创业梦”，从白手起家一跃成百万富翁、亿万富翁。如杭州的经销商就是从一张桌子、一间门面起步，经过短短8年的发展，现已是年销售额近亿元的大型企业。

2. 扶持有潜质的经销商。

对有潜质、有理想的经销商，M企业在经过严格的考察后，不吝给予大力支持。如对现已成为中国最大的建陶经销商的华耐公司，在华耐月回款仅500万时，M企业就冒着巨大风险给予每月超过1000万元的授信，同时在价格、广告方面给予最优惠的支持，并不断增大其经销区域。正是有M企业的不断“输液”，华耐公司才愈来愈强，直到坐上中国建陶经销的“第一把交椅”。

3. 除非万不得已，决不更换经销商。

在M企业的历史中，很少有更换经销商的事例。对于变心的经销商，或能力实在是很差的经销商，先会给一个期限“整改”，“整改”不行，然后是“割地”，缩减经销区域。M企业这一做法，在业内赢得了良好口碑，大家都知道，M企业找经销商十分慎重，对经销商负责任。不仅给现有经销商吃了一颗定心丸，也吸引了不少优质经销商的加盟。

4. 对经销商的辅导与培训。

M企业每年至少会安排两场经销商的培训会议，免费邀请经销商参加。培训有针对老板、老板娘、销售经理、一线销售人员几个层次。同时将经销商的培训费纳入广告费中管理，即经销商请顾问公司讲课或参加培训课程的费用可计入M企业的广告费用中，厂商共同承担。还编制了大量的培训教材，如《M品牌100问》、《专卖店手册》、《导购手册》、《小区推广手册》、《工程操作手册》等。这些知识、经验的输入，使得经销商生手变熟手，熟手变高手，迅速成长起来。

5.《M营销》

M企业还有一本经销商津津乐道的内刊——《M营销》,《M营销》1999年底创刊，以“营销新知，实战宝典”的定位迅速风靡经销商，甚至建陶行业，《M营销》成为经销商每月必读的刊物，竞争对手竞相收集。《M营销》对宣导文化、推介新品、交流经验方面起到了不可或缺的作用。还有一个很重要的作用是通过推广优秀经销商的经验、方法和案例，“让经销商学习经销商”。

6. “M品牌大家庭”的氛围

M企业从老总到普通的业务员，以“情感”为纽带，极力营造一种“M品牌大家庭”的氛围，另外厂家经常组织开展一些经销商之间的观摩与交流，增加“商商”之间的感情。“M企业大家庭”的氛围，为固化厂商之间的关系，起到“锦上添花”的效果。

7. 与经销商合作就是“养孩子”

有人说，找经销商是“谈恋爱”、“找媳妇”，要找一个合适的，但如果婚后感情不和，还可以“离婚”；有人说，找经销商就是找朋友，找志同道合的人，找目标一致、理念协同的人；有人说，找经销商是找兄弟，找“自己人”，厂商之间要有兄弟般的感情、大家庭的氛围。

其实，找经销商应该是“养孩子”，只有倾注全部的心血和精力，让其吸收足够的营养，“孩子”才能健健康康成长，直到长大成人。每个人对“自己的孩子”的感情是专一的、纯洁的、发自爱心的、与生俱来的、不会轻易改变的，而“孩子”对大人也是怀着依恋、信赖、感恩的心。

很多企业还在苦苦寻觅所谓的“好客户”、“大客户”，但“好客户”却千呼万唤不出来。没有好客户，不是找不到，而是没“养”好。优质经销商不是找来的，是“养”大的。以培养、扶持的心态去经营经销商，经销商回报给厂家的将是忠诚与业绩。

资料来源：摘编自 http://marketing.asiaec.com/celue/index.html

问题讨论：

1. M 企业在经销商选择上采取了哪些行之有效的方式？
2. M 企业的哪些培养经销商的观念值得我们学习？有何启示？

单元三　分销渠道管理

项目六　渠道成员激励

知识点

1. 渠道激励的概念、内涵
2. 渠道激励的地位、作用
3. 渠道激励的内容、形式
4. 渠道激励的原则、方法

技能点

1. 掌握渠道激励的策略与方法
2. 返利和渠道促销的操作方法
3. 使用渠道激励的“三大法宝”

【案例导入】

海尔的渠道激励新尝试

以前，海尔和他的渠道成员在讨论下一年、下一季度或下一个月的任务目标时，总想给对方相比上次多压一点货，比如上次压了50台电脑，下个月就说70台应该没问题吧，对方一想，确实差不多，这样，环比增长实现了，双方都挺高兴。

其实这就好像大多数笔记本厂商都在说2010年的任务目标是100%同比增长，任务订得高些，不管能不能实现，至少让大家有紧迫感，得玩命去干。完成了，给员工高额奖金，渠道给高额返点什么的，这是传统的激励方式。

不过最近，海尔在渠道激励方面采取了一个新的方法，相当有效。

首先，海尔把当地市场份额第一的厂商找出来，比如通常是联想，就让当地的海尔渠道商看一看联想的代理这一年这一季出了多少货?

其次，把当地市场容量算一算，比如按人口、购买力，然后告诉他，这个市场未来会是多大，现在才有多少，你的空间就算出来了。

接下来，要让渠道商明白你的空间不是竞争对手给你让出来的，是你通过自己的努力和上游的配合做到的，然后让渠道商考虑决定是否要做当地市场份额第一的渠道商?

当地渠道商听了这样一个前所未闻的思路，觉得有奔头了，积极性高了，开始想方设法开拓更多的下级渠道，营业额在3个月之内竟然从几万元爆发式增长到50万。而且劲头十足地要去争当第一，因为认识到下面的市场太大了。

海尔白电在2009年的同比增量，是7年前总销量的7倍！你不能想象，很多海尔白电的县级经销商，2009年的销售额都从几百万规模增长到了几千万的规模，个个都发了大财。

因此，企业在不同发展时期的激励方式是不一样的，特别是在发展中的区域，到处是机会，你不看长远，不抓住机会去拼一把，那你要后悔一辈子。看完这个案例，你对渠道激励有什么新的想法?

资料来源：www.qudao168.com，2010-02-23

任务1　认识渠道激励的意义和作用

一、什么是激励

激励是指通过刺激和满足人们的需要或动机，激发和引导人们朝着所期望的目标采取行动的行为过程。美国哈佛大学的心理学教授威廉·詹姆士在《行为管理学》一书中指出：合同关系仅仅能使人的潜力发挥到20%～30%，而如果受到充分激励，其潜能可发挥至80%～90%左右，这是因为激励活动可以调动人的积极性的缘故。

根据社会心理学的“态度－行为”理论，人的态度决定人的行为及其效率，因此，激励对人的行为具有积极的意义。从心理学的角度上说，激励是指通过刺激和满足人们的需要或动机，激发和引导人们朝着所期望的目标采取行动的行为过程。其主要机理是遵循人类心理活动过程的自然规律，通过满足需要或研究行为达到引导、鼓励人们的目的。

图6-1表示人从产生需要到得到满足是一系列心理活动与行为的连锁过程。一种需要的满足往往是另一种需要产生的基础，同时，这个过程将不断受到环境及其他外部因素的影响。管理者的作用就是不断发掘并使用若干激励因素，即诱导一个人去做出各种成绩的东西，如奖金、职位等，通过强化或惩罚等方式影响人们的需要及行动，最终达成管理目标。

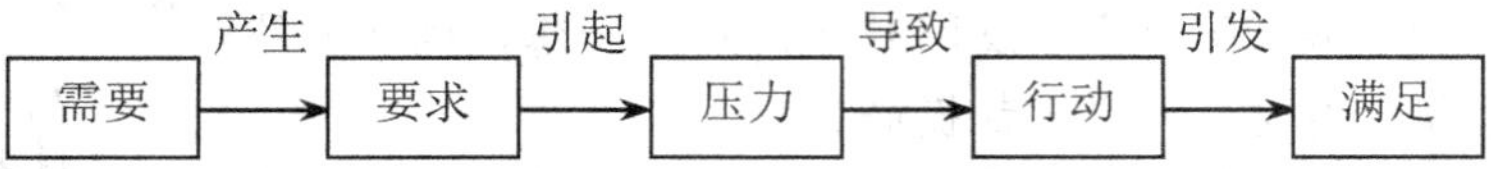

图6-1　需要－满足模式图

二、什么是渠道激励

渠道激励是制造商通过持续的激励举措，来刺激中间渠道成员，以激发分销商的销售热情，提高分销效率的企业行为。渠道管理者通过一系列的物质或精神的激励手段强化渠道成员的需要或影响渠道成员的行为，以增强渠道成员间的竞争精神，提升其工作积极性与经营效率，最终实现企业目标的过程。

在渠道成员选择确定下来之后，渠道管理者应努力培养与提倡成员间建立良好的合作伙伴关系，以提升整体渠道的经营效率，这些都离不开日常工作中的监督和激励。同时，对中间商的经常监督和激励也是及时消除渠道中的冲突与矛盾的行之有效的方法之一。因此，研究对渠道成员的激励与控制在整个渠道的管理过程中有着非常重要的地位。

的确，产品从厂商到达用户的整个过程需要催化剂，有效的激励措施就是这种催化剂。对于厂商而言，激励的目的无非就是希望经销商、批发商以及零售商等更多提货、更早回款、更加积极主动地进行市场的开拓，从而降低厂商的运作风险。

1. 了解中间商的需求

要搞好渠道激励，了解需求只是激励的第一步，随后应该做的是采取有效的激励措施。中间商作为重要的渠道成员之一，他的销售商品的积极性主要来自哪里呢？一般来讲，要有效地调动中间商的销售积极性，必须了解他们的需求。对中间商而言，他们的需求主要包括：

- 畅销的产品
- 优惠的价格
- 丰厚的利润回报
- 一定量的前期铺货
- 广告及通路费用支持
- 市场业务工作指导
- 销售技巧方面的培训
- 及时准确的供货
- 优厚的付款条件
- 特殊的补贴和返利等

2. 制造商的渠道激励举措

制造商往往充当渠道的领导者，制造商通过给予中间渠道成员各种物质的和精神的奖励，激发渠道成员的销售积极性，同时实现对渠道的控制，并达成企业的分销目标。而对于制造商而言，他们主要的激励举措包括：

- 金钱奖励
- 授予经营权
- 提供促销政策
- 公开表彰
- 扩大经营地盘
- 提供培训
- 参与决策
- 独立项目责任
- 提供“助销”
- 评奖评优等

三、渠道激励有什么作用

通过激励可以激发中间商的销售热情，挖掘其潜能。一般来说，中间商并不会天然与制造商同心同德、保持一致，他们多少会有各自不同的需求与愿望，因此需要有的放矢地推行渠道激励政策，保持渠道具有足够的动力推动。中间商需要激励，否则难以充分发挥。

渠道系统是由两种不同利益目标和思考模式的利益主体构成的，中间商和制造商的关系不是上令下行的关系，维系相互之间合作关系的纽带是对利益的追求。因此，对制造商而言，为了使整个系统有效运作，渠道管理工作中很重要的一部分就是不断地增加维系双方关系的利益纽带，针对渠道成员的需求持续提供激励以及经常性地进行渠道促销以增强渠道活力。渠道激励的主要作用体现在以下几个方面：

（1）通过渠道激励，制造商获得更为理想的销售业绩。

通过激励中间商，使产品从生产企业转移到中间商之后，中间商主动积极地进行商品陈列、商品展示和各种促销努力，促使消费者做出购买决策，从而加大产品的销售力度。

（2）通过渠道激励，中间商成为制造商与消费者之间信息沟通的桥梁。

通过激励中间商，使他们积极地为制造企业提供顾客的需求和市场的变化趋势，同时也使中间商成为企业信息的传播者、企业信誉的建立者和产品形象的维护者。

（3）通过渠道激励，整个渠道成员共同受益。

通过渠道激励，制造商实现了营销目标，中间商获得了物质或精神上的利益提升，进一步拓展了生存空间；消费者则通过更有效率和活力的物流通道得到了更大的优惠与便利。

【案例】

某保健酒厂在抢滩贵州市场时，共选择了 68 家中间商，分布在贵州全省各地，为调动中间商的积极性，该酒厂规定，凡年度完成 300 吨销售任务者奖励带有广告宣传厢体的送货车一部，另外厂家还赞助中间商 3-5 万元的促销费用。这一举措大大调动了中间商的积极性，使得这一名不见经传的新品牌在名酒云集的贵州市场抢得一席之地。

任务 2　了解渠道激励的内容与形式

根据马克思对人类需求的总结，人们的需求可以归纳为物质和精神两个大类，有的人偏重物质需求，有的人则偏重精神需求。以此为依据，渠道激励的内容尽管丰富多彩，激励中间商的形式哪怕多种多样，但归根结底不外乎包括物质激励与精神激励两个方面。

一、物质激励

物质激励是以提供物质产品为奖励手段的激励形式，比如，提供价格优惠、提供奖金、提供独家经营权、提供市场费用补贴等。物质激励的实质是向渠道成员提供金钱（Money）的刺激，物质激励永远都不失为一种有效的激励形式。

因为追求利益是渠道的天性，中间商作为独立运营的企业，所以获取利润是其进行经营活动的根本目标，如果运用得当，物质奖励往往会起到非常好的激励效果。因此，制造商可以根据中间商的经营目标和需要，在谈判与合作时提出一些商业利益上的优惠条件来实现对中间商的鼓励。具体包括以下策略：

1. 对中间商返利

返利是指厂家根据一定的评判标准，以现金或实物的形式对中间商进行的滞后奖励。其特点是滞后兑现，而不是当场兑现。从兑现时间上来分类，返利一般分为月返、季返和年返三种；从兑现方式上来分类，返利一般分为明返、暗返两类；从评判标准上来分类，返利可以分为过程返利和销量返利两种。

2. 给予中间商价格折扣

制定各种价格折扣政策，给予中间商最优惠的价格，实质上是变相的让利给中间商，这是渠道利润分配的一种手段，体现了厂家和中间商“利益共享”的渠道激励思想。

3. 放宽信用条件

通常相对于制造商而言，许多中间商的资金实力都非常有限，他们对付款条件也会较为关注。因此，企业应针对此类渠道成员的特定需要，通过对其诚信度的调查，适当地放宽付款方式的限制，甚至可在安全范围内为其提供信用贷款，帮助其克服资金困难，如此也能达到较好的激励效果。

4. 各种额外补贴

针对中间商在市场推广过程中所付出的种种努力，带有奖励性质地对其中一些活动加以补贴，如广告费用的补贴、通路费用的补贴、商铺陈列的补贴等，如此既加大了产品的市场推广力度，也能提升渠道成员的工作积极性。

概括地说，物质激励作为渠道成员激励的一种重要手段，能最大限度地满足中间商的利益保障需要，激发其工作热情，但多用也可能会导致渠道出现价格失控、管理失控的混乱局面，同时还需要承担企业利益损失的风险。因此，企业应在了解中间商实际需要的前提下，以建立长远稳定的发展渠道为目标，有针对性地适度使用物质激励政策。

二、精神激励

虽然物质激励非常重要，但它并非对所有的中间商都能产生激励力量，还必须配合精神激励才能达到理想的效果。如果能使中间商感觉到自己受到了重视，在渠道中有较大的发言权和自主权，那么必然会形成较强的凝聚力和渠道忠诚。虽然确实有少数中间商只看重短期经济利润，不去关注企业的长远发展，但最终真正做强做大的都是那些注重企业成长、有长远战略眼光的中间商。因此，满足中间商的这部分需求也是一种有效的激励方式。

1. 协商咨询

通过协商、咨询等方式使中间商参与企业的战略制定及业务管理工作，一方面能帮助企业直接获取目标客户的信息反馈，另一方面也可满足渠道成员归属的需要和被认可的需要，最大限度地提升其工作积极性。

2. 授权激励

企业在管理过程中适当授权给中间商，如赋予其独家经营权或者其他一些特许权，对中间商来说也是一种很好的激励方法，可以满足其地位提升的需要，使其产生较强的成就感和责任感，从而达到较好的激励效果。

3. 合作开发

加强与中间商的合作范围与力度。将渠道成员间单纯的产品供销合作拓展到共同进行产品的研发与改进、市场开发与推广、售后服务活动等领域，以进一步扩大产品品牌的知名度。在全面合作的基础上，不仅加强了渠道成员间的沟通与感情，维持了较好的渠道稳定性，同时不断提升的品牌效应也可使渠道成员长期受益，成为对其最好的激励。

4. 提供培训

在专业性上对渠道成员进行全方位的培训。如产品培训、行业培训、销售及维修人员培训，甚至市场营销培训等，对渠道成员将产生一定的吸引力和号召力，在渠道整体经营能力不断提升的同时，也减少了渠道的冲突和摩擦。

5. 市场支持

及时了解渠道成员的实际困难并帮助解决。如当中间商出现较大的人员变动、组织结构不清晰或信息通路不畅等问题时，企业可在控制自身风险的前提下尽力为其提供帮助，以维持渠道的稳定性、增加渠道的凝聚力。

总之，对渠道成员的激励必须从不同企业的实际需要入手，结合多种方式对其进行资助和鼓励，物质激励与精神激励相结合，才能达到理想的激励效果。

任务 3　掌握渠道激励的策略与方法

一、渠道激励的指导原则

渠道激励，作为调动渠道成员积极性的一种手段，需要遵循一定的规矩或原则。否则，轻者起不到激励的作用，重者还可能引起渠道成员的不满、渠道领袖和渠道成员之间的矛盾、渠道成员与成员之间的争斗，以及一个企业不同渠道之间的混乱。

1. 有的放矢原则

渠道激励的起点是满足渠道成员的需要。但是，不同渠道成员的需要存在差异性和动态性，因人而异，因时而异。因此，渠道领袖在进行激励时，要有的放矢，深入了解各个渠道成员的实际需要。只有在调查研究的基础上，根据大多数渠道成员的需要层次和需要结构，有针对性地采取激励措施，才能收到实效。

2. 及时激励原则

激励的及时原则，指在激励过程中应注意时机的把握。如果时机把握不当，应奖励时不奖励，则会使渠道成员丧失工作的积极性，甚至产生不满和消极情绪。如果导向错误，如过分重视短期效应的激励措施，则会使渠道成员产生错误的营销理念，只顾眼前，采用不道德的手段销货，损害企业形象，酿成恶果。因此，激励要及时，要注意长期效果。

3. 兼顾公平原则

人们通常用两种方法来判断自己所得报酬是否公平，即横向比较和纵向比较。横向比较，将自己与别人相比较来判断自己所获报酬是否公平。纵向比较，把自己目前的状况与过去进行比较。一个人对所获得的报酬、奖励是否满意，是通过纵横比较看其相对值。如果经过比较认为自己的所得偏低就会感到不公平、不合理，从而影响工作热情。因此，渠道领袖在激励渠道成员时一定要遵守公平的原则，适当拉开差距，但要兼顾公平，只有这样，才能充分调动整个渠道大多数成员的积极性。

4. 目标一致原则

在激励机制中设置目标是一个关键环节。目标设置必须体现组织的目标要求，并兼顾个体组织目标，力求使个人目标与组织目标一致，力求使渠道中各成员之间的目标相辅相成，以激励共同的目标取向。当渠道目标与某些渠道成员的目标相左时，渠道领袖应设法激励符合组织利益的目标。

5. 多样性原则

渠道激励的多样性原则是指针对渠道成员的不同需要及愿望，结合不同的时机和环境，将激励的一般法则灵活地加以运用，以期达到最好的激励效果。如激励对象除了将渠道成员作为整体进行奖励以外，还可对具体的销售人员进行奖励；而激励形式则更包含了物质激励、培训激励、参与性激励等多种方式，必须根据激励对象的不同有重点地结合使用。

6. 奖惩结合原则

奖励与惩罚相结合，才能收到最大的激励效果。奖励是一种正激励，处罚是一种负激励，两者都是必要的。只奖不惩，领袖没有威严；只惩不奖，渠道成员没有积极性。渠道领袖在激励时要善于正负结合，以正为主，以负为辅，鼓舞士气。

二、渠道激励的操作方法

渠道激励的方法多种多样，但目的只有一个，就是调动渠道成员的销售积极性，达成企业的经营目标。渠道激励的手段有物质的，也有精神的，其实质都是制造商的让利，或者说是渠道利益的再分配。主要的渠道激励措施包括以下几个方面：

1. 向中间商提供适销对路的优质产品

提供适销对路的优质产品，这是对中间商的最好激励，因为适销对路的优质产品能够给中间商带来源源不断的利润。就是说生产部门应该把中间商视为消费者的总代表，制造商的职责是创新产品和打造品牌，这些产品通过中间商进入最终的市场实现价值。

2. 给予中间商尽可能丰厚的利益

企业经营的职责是营利，追求利益是渠道的本性，所以，给予中间商尽可能丰厚的利益，能够最有效地提高经销商的经营积极性，尤其是刚刚进入市场的产品和知名度不高的产品尤其如此，需要高的利润空间刺激中间商在人力、物力方面加强投入。

3. 协助中间商进行人员培训

随着市场的专业化，中间商需要提高销售队伍的专业素质。许多产品需要安装调试、维修、改装、施工、技术改造以及其他业务的技术咨询，这些生产企业不能完成或不能全部完成的工作，就必须请中间商代为完成，同时就需要帮助中间商培训人才。

4. 授予中间商独家经营权

独家经营权即指定某一经销商为独家分销商或独家代理，这种做法能够调动中间商的经营积极性，中间商经营一种产品。特别是作为大企业或者名牌产品的独家分销商，可以提高其在市场上的声望和地位，享受独家经营权带来的丰厚回报。

5. 双方共同开展广告宣传

市场竞争激烈，市场投入是必需的。所以，中间商大多希望得到制造商在市场及品牌推广方面的投入和支持。生产企业在当地做广告时，应充分听取和采纳一级批发商的建议，同时商讨有关问题，共同策划，共同投入，共担风险。

6. 对成绩突出的中间商在价格上给予较大的优惠

对分销商来讲，最直接的动力就是能取得较丰厚的利润，中间商在较大差价带来的较丰厚的利润的驱动下，会积极拓展市场，力求尽快把货物销售出去。所以，能够给予成绩突出的中间商在价格上的优惠，也是一种激励优秀渠道成员的有效手段。

渠道激励从本质上来讲是渠道利益的重新分配。如果分配得好，渠道各层次、各渠道成员都能获取相应利益，渠道就能够协调平衡和共同发展；相反，如果分配得不好，渠道各层次、各渠道成员之间利益不均，就会产生渠道冲突，破坏渠道，影响渠道的正常发展。为此，要搞好渠道激励，必须掌握渠道激励的辩证法：因时因行业因地制宜、物质激励与精神激励相结合、成员愿望与渠道目标相一致、激励的重点性与全面性相结合、激励的及时性与长期性相结合、激励的投入与产出相匹配。

【案例】

神码思科：如何激励渠道商

分销出身的神州数码向服务提供商的转型，一直受到业界关注。2009年年底，神州数码思科业务部市场负责人杨晓棠介绍了近来神码思科业务部在一系列激励渠道策略下所取得的成绩，具体如下。

一、积分抵贷款

"思酬之路"作为神州数码思科酬谢合作伙伴的计划，已经五年了，并成功地在神州数码—思科—代理商之间建立了更加稳固的桥梁。

2009年，神州数码针对"思酬之路"计划会员推出"思酬之路会员积分计划"，并独家推出"积分抵货款"活动。该计划针对神州数码采购产品的金银牌合作伙伴展开，活动中所有会员积分长期有效，并可随时兑换积分奖励。同时，该计划根据代理商不同的积分形式，提供不同奖励；并首先在行业内推出了"采购积分抵货款"的优惠活动。代理商可根据自身积分状况选择自己需要的奖励类别和奖品。

"思酬之路会员积分计划"的执行效果非常让人振奋，"采购积分抵货款"让很多的代理商积极参加到计划中来，有效地带动了神州数码思科产品的销售。

以一、二级代理商为例，从神州数码基础网络事业部分别购买2000元、1000元的货物就可获取1个积分；同时，购买思科AT类产品可获双倍积分。这些积分都可以兑换礼品或者抵货款。

"会员积分计划"作为长期执行的渠道激励计划，已经正式纳入"思酬之路"这一市场品牌下，目的就是用更实惠的方式激励在神州数码思科业务上表现出色的代理商。同时，在此基础上，作为神州数码思科业务的市场品牌，"思酬之路"将吸纳更多长期进行的渠道激励计划进入其中。

二、钻石融资计划

如果说"思酬之路"是一项普惠政策，2008年底推出的钻石融资计划则是神州数码思科业务部为核心的钻石合作伙伴提供的资金贷款支持。钻石融资计划由神州数码携手思科及相关金融机构共同推出。通过企业信用评级和授信，在无抵押的情况下，基于项目合同给合作伙伴提供贷款。钻石融资计划给渠道项目贷款最大一笔金额为800多万，目前整个计划贷款项目金额达5000多万，有13家渠道参与并获得帮助。

作为神州数码"思酬之路"市场品牌下的渠道激励计划，截至目前，"钻石融资计划"已经累计为合作伙伴融资超过两亿元。向钻石合作伙伴推出的首期融资计划，旨在解决银根紧缩环境下合作伙伴的资金瓶颈，助力思科业务持续稳定发展。

"钻石融资计划"是神州数码通过对IT中小企业融资的多年探索，找到的平衡收益、成本、风险的商业运营模式。有资金短缺问题的代理商，先向神州数码提供企业和项目相关资料，并提交融资申请。在通过神州数码的审核之后，其专业的融资租赁部门就会整合自身的金融资源，帮助代理商获得无需抵押、无需担保的项目贷款。在这个过程中，神州数码还为客户提供账期评估、咨询、手续办理等服务。

三、C计划

针对高速发展但被大多数代理商忽略的 SMB 市场，神州数码推出了系列的渠道激励计划。“C计划”就是神州数码为三、四级城市的 SMB 市场推出的激励计划。该计划旨在通过现金或积分奖励激发该市场代理商的积极性；同时，一系列免费培训课程，在项目报备、技术方案投标、经营销售思科产品等方面进行技术指导与奖励，也对提升试点地区三、四级城市的思科业务份额增长起到了积极作用。

C计划主要奖励在 Commercial/SMB 市场发展的 SI。通过市场宣传、技术培训、资质认证鼓励相关公司和个人参与到C计划中，并对其在项目报备、技术方案投标、经营销售思科相关产品进行奖励。该计划已经分阶段在四川、云南、广西等省份开展。目前神州数码思科业务部在三、四级市场中共发展了700多家渠道参加C计划，涉及上亿的项目信息。

资料来源：www.qudao168.com，史春鹏，2009-12-30

任务4　掌握返利与渠道促销的策略

企业可以采用各种各样的方式对其中间商、分销商进行激励，但从目前的营销实践来看，最直接、使用频率最高、激励效果最明显的渠道激励措施，主要有销售返利、渠道促销、销售竞赛等几类形式。

一、关于返利

（一）返利的概念

返利是指厂家以一定时期的销量为依据，根据一定的标准，以现金或实物的形式对经销商的利润返还或补贴。返利对生产厂家来说，是希望最大限度地刺激经销商销售自己产品的积极性，通过经销商的资金、网络，加速产品的销售，以期在品牌、渠道、利润等诸多方面取得更高的回报。返利对经销商来说，则是厂家对自己努力经营其产品给予的奖励，是其经营利润的主要来源之一。

【思考】返利是把双刃剑

如果运用得当可以起到激励经销商的作用，有不少生产厂家也正是借此在市场上获得了巨大的成功。但值得注意的是，经销商往往会将企业的返利当成降价倾销的资本，而其倾销又是为了获得更多的返利。这种恶性循环很容易破坏整个市场的价格体系，导致卖低产品价格、卖穿市场价格。当初健力宝、旭日升就是利用高额返利吸引经销商，最后又是因为高额返利搞乱了价格体系，最终导致企业失去活力。因此，在制定返利政策时，一定要考虑它的连锁反应和副作用。

（二）返利的功能

返利具有两种特殊功能，即激励和控制。这两种功能是相辅相成的，二者之间是一种相互影响、相互作用的关系。

1. 激励功能

返利首先是一种激励手段，它能刺激分销商按时、提前或超额完成之前制定的销售目标。由于返利对经销商而言是一种额外收入，而且门槛不高，只要实现了销售目标就会有相应的返利回报，所以它能够起到激励经销商销售的作用。

2. 控制功能

返利也是一种控制手段，厂家利用经济杠杆对分销商实施控制。但返利是有一定的要求和标准的，达不到要求（如销量目标、回款率、退货率等）不能获得返利，所以获得返利并不是一件轻而易举的事情，特别是高比例的返利，除了对经销商有销量方面的要求之外，企业一般还会要求经销商不能有严重市场违规行为等诸多限制，否则将受到扣减返利甚至取消返利的处罚。

（三）返利的目的

企业常常通过给予物质或现金奖励来肯定经销商在销售量和市场规范操作方面的成绩，刺激经销商努力达到销售目标和努力开拓市场。在企业高返利政策的诱导下，经销商会尽一切努力把销量冲上去，争取把高的返利拿下来。我们说，追求利润是渠道的天性，这对于厂商双方来讲都是有利的。不过，企业不同，其制定返利政策的指导思想也不一样。

1. 以提升整体销量为目的

促使经销商提升整体销量是返利最主要的目的。返利也因此常常与销量挂钩，实行梯级返利政策，经销商随着销量的提升而享受更高比例的返利。

2. 以完善市场为目的

实际上，这是返利发挥其控制功能的一种形式。除与销量挂钩之外，返利还将与提高市场占有率、完善网络建设、改善销售管理等市场目标相结合。

3. 以加速回款为目的

将返利直接与回款总额挂钩的返利方式，可以有效加速资金回笼的速度和进程。

4. 以扩大提货量为目的

这种返利往往采取现金返利的方式，类似于价格补贴。大多数时候，此类返利分为两部分，一部分采用现金返利方式兑现，另一部分则是一段时期之后根据这段时期总的销量再进行返利，即累计销量返利。

5. 以品牌推广为目的

此类返利有时候也被称为“广告补贴”，与销量挂钩，并参照补贴市场的实际广告需求确定返利比例。需要说明的是，此类返利与销量返利并存，不同市场的两部分返利的比例关系不一定一致。

6. 以阶段性目标达成为目的

为配合企业阶段性销售目标的完成，特别制定的阶段性返利。企业为促使经销商进货、增加库存，可采取阶段性返利政策，经销商若超过此期限进货则不再享受此项返利政策；企业新产品上市推广阶段也通常采用特殊时期特殊产品的高返利，以促使短期销售上量，达到市场突击的效果。

【思考】返利搞不好会引起窜货

返利在产生激励的同时，常常会成为经销商窜货、乱价等短期行为的诱发剂。特别是当厂家的产品占领市场，变成畅销产品后，厂家销售工作的重心就会转向管理市场，稳定市场秩序和价格体系。这时，仅以销量为依据返利的政策的弊端就表现得越来越明显。

销量越大，返利越高。这必然会使经销商不择手段地去增加销售量。各经销商在限定的区域内无法在限定的时间完成一定的目标时，他们很自然地采取违规行为，想办法跨区窜货。经销商会提前透支返利，不惜以低价将产品销售出去，平进平出甚至低于进价批发。结果，你窜货到我的区域，我窜货到你的区域，最后导致价格体系混乱甚至崩盘。

关键点：高返利诱惑经销商窜货的根源在于厂家太专注于其激励功能而忽视了其控制功能，未考虑其副作用和未采取防范措施。

（四）按返利兑现时间分类

通常返利是滞后兑现，而不是当场兑现。所以从兑现的时间上来分，返利可分为以下几类：

1. 月度返利

月度返利是以月度的销量为依据的返利。月度返利有利于对经销商进行即时的激励，让经销商随时可以看到返利的诱惑，也比较容易根据市场的实际情况、淡旺季等来制定合理的任务目标和返利目标底线，操作起来非常灵活。但这种返利方法对公司财务核算有比较高的要求，而且月度返利金额往往较小，诱惑力不够，还容易出现投机心理，导致市场大起大落等不稳定现象。比如经销商往往为了追求本月的高返利而拼命压货，而导致下月的销售严重萎缩。这种方式往往为一些超级快速消费品企业采用。

2. 季度返利

季度返利是以季度的销量为依据的返利。这种返利方法既是对经销商前三个月销售情况的肯定，也是对经销商后三个月销售活动的支持。这样就促使厂家和经销商在每个季度结束时，对前三个月合作的情况进行反省和总结，相互沟通，共同研究市场情况。季度奖励一般是在每一季度结束后的两周内，由厂家选择一定的奖励形式予以兑现。季度返利方式在企业往往不常采用。

3. 年度返利

年度返利是以年度的销量为依据的返利。这种返利方法是对经销商完成当年销售任务的肯定和奖励，一般是在次年的一季度内兑现。年度返利便于企业和经销商进行财务核算，容易计算营销成本，且便于参照退换货、销售任务目标等政策因素，而且年度返利账面金额往往比较大，对经销商有一定的诱惑。年度返利能够有效缓解企业结算压力，同时有利于企业资金周转。但是，对经销商来说，虽然返利周期比较长，对其即时性激励不够，但有持续激励的效果，经销商经营一年下来有一个良好的盼头。加上兑现时间与企业年会相吻合，企业借此总结、激励和安排来年目标，所以，此种形式为大多数企业所采用。

4. 及时返利

及时返利是以每单销量为依据的返利。这种返利方法是在购货时即进行返利，一般采用票面折扣的方式。其优点是计算方便，兑现快捷，缺点是无过程，影响市场价格，不是返利本身的初衷，小商小贩采用这种形式。

（五）根据返利兑现方式分类

1. 明返

明返利是指明确告诉经销商在某个时间段内累积提货量对应的返点数量，是按照与经销商签订的合同条款，对经销商的回款给予的定额奖励。明确的返利，对调动经销商积极性有较大的作用，但需要有配套的考核体系，对经销商比较熟悉和了解，但明确的按量返利，也容易陷入恶性循环。

明返利的最大缺点在于，由于各经销商事前知道返利的额度，如果厂家稍微控制不力的话，原来制定的价格体系很可能就会因此瓦解。为抢夺市场和得到返利，经销商不惜降价抛售，恶性竞争。最终，厂家的返利完全被砸了进去，不但起不到调节通路利润的作用，反而造成了市场上到处都是乱价、窜货的现象。

2. 暗返

暗返利是指对经销商不明确告知，而是厂家按照与经销商签订的合同条款、经销商的回款给予的不定额奖励。暗返利不公开，不透明，就像常见的年终分红一样，在一定程度上确实消除了一些明返利的负面影响，而且在实施过程中可以充分地向那些诚信优秀的经销商倾斜和侧重，比较公平。但是，暗返利在过程中是模糊、不透明的，可是当实施的那一瞬间，模糊奖励就变得透明了。经销商会根据上年自己和其他经销商的模糊奖励的额度，估计自己在下一个销售周期内的返利额度。

暗返小技巧：暗返利只能与明返利交叉使用，而不能连续使用，否则，暗返利就失去其模糊的意义。

【案例】

百事细化返利政策

百事可乐公司对返利政策的规定细分为五个部分：年扣、季度奖励、年度奖励、专卖奖励和下年度支持奖励，除年扣为“明返”外（在合同上明确规定为 1%），其余四项奖励均为“暗返”，事前无约定的具体执行标准，事后才告之经销商。

1. 季度奖励

在每一季度结束后的两个月内，按一定进货比例以产品形式奖励。这既是对经销商上季度工作的肯定，也是对下季度销售工作的支持，这样就促使厂家和经销商在每个季度合作完后，对合作的情况进行反省和总结，相互沟通，共同研究市场情况。同时百事可乐公司在每季度末派销售主管对经销商业务代表进行培训指导，帮助落实下一季度销售量及实施办法，增强相互之间的信任。

2. 年度奖励

年度奖励是对经销商当年完成销售目标情况的肯定和奖励。年度奖励在每年年终结算，第 2 年的第一季度内兑现，按进货数的一定比例以产品形式奖励。

3. 专卖奖励

专卖奖励是经销商在合同期内，在碳酸饮料中专卖百事可乐系列产品，在合同结束后，厂方根据经销商的实际销量、市场占有情况以及与厂家合作情况给予的奖励。专卖约定由经销商自愿确定，并以文字形式填写在合同文本上。在合同执行过程中，厂家将检查经销商是否执行专卖约定。

4. 下年度支持奖励

下年度支持奖励是对当年完成销量目标，继续和百事可乐公司合作，且已续签销售合同的经销商的次年销售活动的支持，此奖励在经销商完成次年第一季度销量的前提下，在第二季度的第一个月以产品形式给予。因为以上奖励政策事前的“杀价”空间太小，经销商如果低价抛售造成损失和风险，厂家是不会考虑的。且百事在合同上还规定每季度对经销商进行一些项目考评：例如实际销售量；区域销售市场的占有率；是否维护百事产品销售市场及销售价格的稳定；是否执行厂家的销售政策及策略等。为防止销售部门弄虚作假、公司规定考评由市场部、计划部抽调人员组成联合小组不定期进行检查，确保评分结果的准确性、真实性，做到真正奖励与厂家共同维护、拓展市场的好的经销商。

（六）根据返利奖励目的分类

1. 销量返利

经销商在销售时段内（或月、或季、或年）完成厂商规定的销售额，按规定比例及时享受厂商支付的返点，一般采用“梯级返利”制度。这种返利形式对厂商而言，优点在于容易操作，易于管理，缺点在于销量越大，返利越高，必然会使经销商不择手段地去增加销售量。当各经销商在限定的区域内无法在限定的时间完成一定的目标时，他们很自然地实行跨区窜货。经销商还会提前透支返利，不惜以低价将产品销售出去，平进平出甚至低于进价批发。结果，恶意窜货导致价格体系混乱甚至崩盘。所以，销量返利是基础，但不能完全或者仅仅使用销量返利，必须与过程返利相结合，才能保证市场稳定和企业的持续发展。

【知识点】梯级返利

一般来讲，企业的返利制度都会设置一个基本的销量指标作为返利的起点，也会设置一个返利标准的上限，上限和下限之间设置若干等级，形成一个“梯级”结构，销量越是上一个等级，返利的比例就会越高，以此来激励分销商追求销量上量，以获取年终（或阶段性）返利，最终目的是达到企业的分销（销量）目标。比如，某食品企业规定，凡年度销量达到300～500万的经销商可获年终返利1%，年度销量达到501～1000万以上的经销商可获年终返利2%，年度销量达到1001～2000万的经销商可获年终返利3%，年度销量达到2001万以上的经销商可获年终返利5%。说明：全部以年度回款计，根据年终总销量统计，就上限全额计算返利金额，不做分段计算。

2. 过程返利

为科学地设计返利系统，应根据过程管理的需要综合考虑返利标准：既要重销量激励，更要重视过程管理，这样既可以帮助经销商提高销量，又能防止经销商的不规范运作，还可以培育健康有序的市场环境。厂家可以针对营销工作的某些细节来设立奖励，奖励范围可以涉及铺货率、终端生动化、全品项进货陈列、遵守区域销售、专销、积极配送和守约付款等。

（1）铺市陈列奖：在产品刚进入目标市场时，为了迅速将商品送达终端，厂家给予经销商铺货奖励，作为适当的人力、运力补贴，并对经销商将产品陈列于最佳位置给予的奖励。

（2）渠道维护奖：为避免经销商的货物滞留和基础工作滞后导致产品销量萎缩，厂家以“渠道维护奖”的形式激励经销商维护一个产品的有效分销、有适当规模的渠道网络。

（3）价格信誉奖：为了防止窜货、乱价等不良行为的产生，导致最终丧失获利空间，厂家设定了“价格信誉奖”，鼓励经销商遵守价格，加强价格管控。

（4）合理库存奖：厂家考虑到当地市场容量、运货周期、货物周转率和意外安全储量等因素，设立“合理库存奖”，鼓励经销商保持适当库存。

（5）竞争协作奖。为经销商的政策执行、广告与促销配合、信息反馈等设立协作奖，这样能强化他们与厂家的关系，又能淡化他们之间的利益冲突。

（七）返利的内容

1. 产品返利

产品返利应包含主销产品、副销产品、新产品等不同的产品系列返利。企业通过对不同的产品线实现不同的返利标准，实现产品的均衡发展，鼓励经销商积极销售非畅销产品。

例如，某酒厂设置的产品返利标准如下：珍品系列返利为 2%，精品系列返利为 1.5%，佳品系列返利为 1%，新产品系列返利为 5%。

2. 物流配送补助

随着经销商职能的变化，经销商由原有的“坐商”变为“物流配送商”，产品的运输费用成为经销商的主要费用开支，这些开支包括车辆折旧费、汽油费、过桥费、司机工资等。如果这些费用不能从产品的返利中得到补偿，将会影响经销商销售这些产品的积极性，产品的销量将会下滑。所以，在返利系统中，设置“物流配送补助”项目，将有利于经销商积极开展。

3. 终端销售补助

终端销售，主要是指需要进场费、陈列费、堆头费、DM 费等各种名目的费用的连锁超市、商场等 K/A 卖场。由于这些费用名目繁多，手续复杂，企业审核的工作量大，其真假难辨。同时，这些费用的多少没有绝对的标准。对于同一个项目的费用，不同的人谈判可能有两种截然不同的结果：因此，应设置“终端销售补助”，将这些费用折合成比率，返利给经销商，作为通路费用补贴。

4. 人员费用补贴

为支持经销商在当地开展工作，有些企业会为经销商在当地聘请销售人员。然而，企业要实现对这些销售人员的管理和监控是很困难的。为了表示企业对经销商的人员支持，经过经销商申请，企业可折算成一定返利比例，作为对经销商所核定的人员编制的工资支持。

5. 地区差别补偿

由于产品在不同区域的市场基础不一样，产品知名度、美誉度也就不一样。有的区域市场基础好，产品销量自然要高，有的区域市场基础差，以产品销量为基础的返利标准，显然对市场基础差的经销商是不公平的。为公平起见，企业应设置“地区差别补偿”，以提高市场基础差的经销商的积极性。

6. 经销商团队福利

为把一盘散沙的经销商组织起来，企业应成立经销商行会、团队或互利会，并给予会员一定的返利作为会员福利，如给予经销商销量的 1%作为加入行会的福利等。

7. 专销或专营奖励

专销或专营奖励是指经销商在合同期内，专门销售本企业的产品，不销售任何其他企业的产品，在合同结束后，厂方根据经销商销量、市场占有情况以及与厂家合作情况给予一定奖励的企业行为。在合同执行过程中，厂家将检查经销商是否执行专销或专营约定。专销或专营约定由经销商自愿确定，并以文字形式填写在合同文本上，年终以返利形式兑现。

【思考】我们一再表明，返利不仅只是一种激励手段，更是一种控制工具，因为返利奖励常常不是当场兑现，而是滞后兑现的。换言之，经销商的部分利润是掌握在企业手中的。如果生产商返利用得好，就可使返利成为一种管理控制经销商的工具。

（八）返利的形式

返利兑现的常用形式包括现金、产品和折扣等。企业在选择兑现方式时，可根据自身情况进行选择，以方便客户和自己，起到激励和控制的作用。

1. 现金

可以根据经销商的要求和企业实际，以现金、支票或冲抵货款等形式兑现。如现金金额比较大，企业可要求用支票形式兑现。现金返利兑现前，企业可根据事先约定扣除相应的税款。现金方式很刺激，但厂家资金压力大，越来越少企业采用。目前大多企业以冲抵货款的方式兑现返利，这对双方都方便有利。

2. 产品

以产品形式返利，就是企业用经销商所销售的同一产品或其他适合经销商销售的畅销产品作为返利。需要注意的是，产品必须畅销，否则返利的作用就难以发挥。这种返利方式有利于厂家销售产品，而且以厂家产品价格核算计算返利金额，对厂家是非常有利的，经销商会接受，但激励效果会打一些折扣。畅销品牌还可以，对一般品牌来讲，经销商不大乐意。

3. 折扣

账面折扣，这是一种常见的及时返利模式。其特点就是返利不以现金的形式支付，而是让经销商在提货时享受一个折扣，但前提是现款现货交易。厂商主要是通过这种模式减少自身的现金压力，尽快回笼资金。

（九）返利力度的确定

顾名思义，“返利”就是制造商根据分销商所完成的销量（回款）或其他贡献定期给予分销商一定额度的利润补贴。它实际上是渠道利润的平衡和再分配过程，是制造商惯用的吸引和控制渠道成员的手法，并逐渐成为行业惯例。

返利应该多大力度（比例）才合适呢？力度太小了，对渠道成员没有吸引力；力度太大吧，厂家利润不允许。而且，如果返利力度较大，聪明的分销商会将一部分预期返利打入价格，降低价格来销售，以博取更大销量和更多返利。这样一来，低价倾销、“窜货”、价格战在所难免，厂价有可能被卖穿（低于厂价），厂家的价格体系和市场秩序将会受到破坏，产品价格下降，渠道利润下滑，市场必将萎缩，甚至垮掉。

返利作为额外的奖励，首先，必须具有一定的诱惑力。对于以利为先的商人来说，返利的力度必须能刺激经销商努力去提高销量，以获取尽量多的利益。其次，必须在严格财务核算的基础上确定奖励点数的范围。不同行业的利润率是不同的，所以，点数的确定需科学、谨慎。因为返利的力度还需考虑行业利润和厂家的承受能力，毕竟，返利是营销成本的一部分，企业在确定前要充分考虑同行业的水平、产品的利润水平、产品类别和竞争对手的返利水平等。隔行如隔山，对不同行业的了解，对竞争环境的把握，是科学合理的返利力度制定的关键。

【分析】究竟多大力度才合适，由于各行业存在巨大差异，所以业界也没有定论。一般来讲，科技含量高的、资金密集型的行业，如家电等，由于销量（销售额）比较大，所以返利额度一般比较小，以1%～2%比较合适；而科技含量较低、劳动密集型的行业，如食品等，由于销量（销售额）比较小，所以返利额度相对较大，在3%左右比较合适，但不能超过5%。为使返利真正成为激励力量而不是破坏力量，厂家在制定返利政策时必须参照两条标准：一是行业的平均水平，二是不至于引起冲货。此外，厂家一般设置的是“梯级返利”，即销量越大，返利越高。这里要提醒的是，适当拉开差距，兼顾公平，不能过分偏向大客户而轻视中小客户，注意上限的设置以及“过程返利”的实施。

（十）返利频度的把握

返利在频度上一般有月度返利、季度返利、半年返利和年终返利几种。月度返利体现快捷、立竿见影的特点，为一些中小经销商喜欢，但厂家的财务管理难度增大，也容易导致短期行为，只适于部分经营快速消费品的中小企业采用。季度返利也追求快速兑现的承诺，让分销商看到希望并很快实现希望，有很强的成就感，且持续刺激，激励效果较好，往往适用于一些生产季节性较强的快速消费品的中小企业，如生产面包、新鲜牛奶和时装的企业，但同样存在短期行为和结算难度大的问题，且不利于渠道的长远规划，没有整体感。而半年返利很少企业采用，只有少数一年召开两次年会的企业选择这种做法。年终返利是绝大多数厂家惯常采用的返利方式，因为一年是一个完整的销售周期，厂家可以对分销商进行一个完整的考核，通过每年一次的年会对上一年的销售工作进行总结，并兑现年终返利，同时，对来年市场进行整体规划，并制定新一年的目标和返利政策，所以，它是一种与目标激励相结合的全面、持久的激励方式，具有很强的生命力。

（十一）返利条件的制定

到目前为止，很多企业还是采用的单一销量（回款）指标考核计算返利的形式，这种形式简单易操作，在市场经济的初期起到了催化剂的作用，但随着市场经济走向成熟、走向深入，我们不得不关注价格体系和市场秩序的时候，这种结果导向的返利形式就显得越来越落伍了。因为简单的销量返利会助长低价、冲货、不择手段、短期行为，对市场发展不利。

【分析】现在越来越多的厂家采用过程导向的综合指标（如目标销量完成、价格体系保持、市场秩序维护、品牌推广支持等）分解考核返利，即把返利总额分解到多个指标上分别给予考核，分别兑现返利，以弱化销量指标，强化市场维护和市场支持指标，旨在追求市场的良性、持续发展。而且，业界也在逐渐淡化返利的功能，强化分销商自身赢利能力的提高，这是未来的一种趋势。

二、关于渠道促销

如何选择一个适宜的进退自如的激励支点，已成为了经销商管理的瓶颈，渠道促销就是这个支点。撬动了经销商，销售就成功了一半。关键是如何找到一个支点，既能激励他努力地卖货，又不窜货乱价。经销商促销是厂家改善渠道状况、改善与一级经销商的关系，以提升销售业绩的一种杠杆启动方式。由于借助经销商这个杠杆来间接启动渠道，因而在杠杆支点的选择上，即具体促销政策的制定和促销激励手段的使用上，面临着诸多变数。

（一）促销政策的制定

好的促销政策可以促进销售，差的促销政策反而会使销售下降，所以在制定促销政策时一定要考虑好以下几个方面：

1. 促销的目的

很多人认为促销就是增加销售额，这种观点有失偏颇，比较笼统，不便于企业执行、考核。所以企业在制定促销政策时必须明确促销的日的，明确促销能够增加多少销售额，增加多少批发商以及能够渗透多少终端店等。

2. 促销力度的设计

设计促销力度，首先要考虑到促销能否引起分销商的兴趣，要能够吸引分销商参与，促销才有意义；其次要考虑促销结束之后分销商的态度，是不是不促销不进货；第三要考虑该力度是否会引起向周边窜货，参照流通到周边的平均运输成本比例；另外还要考虑成本的承受能力以及产品的利润水平。比如，食品行业促销，一般将力度控制在5%以内，以防止冲货，家电类资金密集型行业，比例更低一些，1%都是不小的力度。

3. 促销内容

促销的内容一定要新颖，能够吸引人。可以是搞赠品、折扣、联合促销、累计奖励、刮卡、换购、抽奖等。渠道促销以数量折扣、价格折扣、赠品促销为主，目的是突击销量。

4. 促销的时间

什么时间开始，什么时候结束，一定要设计好，并让所有的客户知道。每个行业都有自己的销售高峰（旺季），都有自己的淡旺季规律，一定要把握行业规律，才能在该促销时有促销，达到最大的销量效果。

5. 促销活动的管理

促销活动在正常营销工作中占有很重要的位置，无论是公司统一组织、统一实施，还是分区组织、分区实施，从提交方案到审批、实施、考评、总结，都应当有一个程序，从而确保促销活动的过程控制，保证促销活动的执行效果。管理执行不到位，容易出现虎头蛇尾，影响活动效果，浪费促销资源。

（二）促销激励手段

企业对中间商的促销激励手段名目繁多、各不相同，大致分为以下三种：

1. 对经销商进行的促销激励

（1）长期年度销售目标奖励。

厂家设定一个销售目标，如果经销商在规定的期限达到了这个目标则按约定的奖励给予兑现；也可设定多个等级的销售目标，其奖励额度也逐级递增，激励经销商向更高销售目标冲刺。经销商的奖励最好不要以现金或货物等方式，以避免出现低价倾销或冲货等扰乱市场行为的发生。

【案例】

如2000年宏宝莱公司将“新马泰港澳十五日游”作为经销商年终激励奖，取得了不菲的效果，使经销商获得了荣誉，享受了旅游，更开阔了视野，增加了学习机会。

资料来源：梅明平，《经销商管理》，电子工业出版社，2006年

（2）短期阶段性促销奖励。

厂家为提高某一阶段的销量或其他营销目标而开展一些阶段性促销奖励。相对于长期目标奖励，短期促销更有诱惑力，更能激发经销商的积极性。百事可乐经常开展此类促销活动如“即日到月末经销商进货25件赠1件”等。

（3）非销量目标促销奖励。

除具有针对性的销量促销奖励外，开展如“产品专项经营奖励、铺货奖励、陈列竞赛”等一些营销目标奖励也是十分必要的。如华润啤酒公司、百事可乐公司的产品专项经营奖励，在一定程度上将竞品排挤在经销商的大门之外。对经销商的促销必须注意两点：一是经销商为达到目标，取得额外利益采取低价倾销，为此奖励额度不宜过大，避免奖励现金或同类产品；另一点是促销期间大量囤货，一旦无力快速出货，待促销结束就会闲置一段时间才能进货，出现销售窒息现象。

2. 对二级批发商进行的促销激励

有实力的厂家除了对一级批发商设计了促销奖励外，还对二级批发商进行短期的阶段性促销，以加速产品的流通和分销能力。

【案例】

“百威”啤酒公司在上海市场曾对其二级批发商签订奖励合约，凡在规定时间内达到销量目标并拥有50家固定的零售客户，即可获得相应价值的奖品，这一策略使其产品以较快的速度铺到了终端售点。当然，这样做也将渠道的竞争力度提高了。

资料来源：梅明平，《经销商管理》，电子工业出版社，2006年

3. 对终端售点进行的促销激励

除了要鼓励批发商的经销积极性，还应该激励零售商，增加他们进货、销货的积极性。如提供一定的产品进场费、货架费、堆箱陈列费、POP张贴费、人员促销费、店庆赞助和年终返利等。为了吸引消费者的注意，还应借助于售点服务人员、营业员的主动推荐和推销，以达成并扩大消费者的购买数量。

【案例】

“虎”牌啤酒针对酒店服务人员的促销奖励活动，只要服务人员向消费者推荐售卖了“虎”牌啤酒后，可凭收集的瓶盖向虎牌公司兑换奖品。目前，“瓶盖换物”已成为各啤酒厂家常年的销售补贴项目。但是，类似活动也有相应的弊端：促销一停，销售即降。

资料来源：梅明平，《经销商管理》，电子工业出版社，2006年

三、关于销售竞赛

经销商与销售人员一样，同样需要定期获得达到某一目标的动力。在短期销售竞赛活动中，获胜给予的奖励和认可能够提供直接的动力。虽然经销商获利与获得赞赏同等重要，但获利并不能带来赞赏，你不能炫耀它们。只有以奖杯奖品而不是金钱的方式给予的赞赏才能有助于推动经销商创造更加辉煌的业绩，重要的是，赞赏不仅来自厂商，而且还来自家庭和朋友，因为，奖品能够带来快乐和激励效果。实践证明，“胜利”以及成为“最好”等荣誉能够对经销商提供真正的强效激励。

故此，厂商在渠道管理过程中经常开展一些销售竞赛项目，吸引经销商参与其中，把娱乐、工作、利益结合在一起，通过追求一种荣誉，引进竞争的因子，调动经销商以及全体销售人员的积极性，推动市场活动开展，达到促进销售的客观效果。

【案例】

某企业在推广某系列重点新产品时，为了把新产品尽快铺到渠道、终端，以便打广告和展开全面市场推广，就会设计渠道销售竞赛，如颁布政策，只要本月该产品销售量达到 100 万元的，奖励小型送货车一台，最先达到者另奖数码相机一部，三个月之内该产品销量达到 500 万元的经销商，奖励奔驰轿车一部，另送一个哈佛大学 EMBA 培训名额，即日起施行。试想，经销商都会是一种什么状态，摩拳擦掌，奋勇争先，惟恐落在其他经销商的后面以失去了这个机会。其实，销售竞赛就是一种目标激励、一种项目激励，只要设计得好，项目具有吸引力，销售竞赛的作用是非常明显的。

资料来源：梅明平，《经销商管理》，电子工业出版社，2006 年

1. 开展经销商的销售竞赛的好处

（1）激情——经销商通常获胜之后十分兴奋、激发出销售的激情。

（2）关心——销售竞赛能够提供个性化奖励从而显示出公司对经销商的关心。

（3）凝聚力——在经销商所处的环境较为恶劣的情况下，通过销售竞赛和沟通活动，能够增强厂商内部团队的凝聚力。

（4）团队合作——通过销售竞赛的开展，有利于增强经销商之间的相互了解和业务合作。当未来发生窜货等事件时，可以促使经销商之间主动解决问题。

（5）达成目标——经销商会将关注重点放在竞赛目标上，便于厂商共同达成销售目标。

2. 经销商销售竞赛设计的步骤

第一步：确定销售竞赛目标；

第二步：确定优胜者奖赏；

第三步：制定竞赛规则；

第四步：确定竞赛主题；

第五步：制定竞赛费用预算；

第六步：召开经销商动员和总结会议。

总之，在渠道激励问题上，商家希望多多益善，厂家则要考虑投入产出。如何找到这个“均衡点”，恰当把握激励的“度”，既能有效激励，又能兼顾公平，这是摆在每一个市场管理者面前的一道难题。而渠道激励是分销渠道得以持续有效运行的动力来源，是它驱动着渠道物流、商流、资金流、信息流的不停运转，以实现渠道增值，同时激活渠道活力。渠道本质上由利益所驱使，渠道激励就是渠道利益的“重新分配”。分配得好，它会形成渠道动力，推动渠道有效运行，提高企业分销效率和效益；分配不好，它则会成为渠道破坏性的力量，导致渠道冲突，影响厂商关系，重则引发渠道的萎缩，甚至解体。

任务 5　讨论渠道激励的“三大法宝”

在人力资源管理里边有一个重要的思想，就是人员激励的“三大法宝”，即目标激励、奖励和工作设计。用此思想分析、解释企业对其渠道成员的激励，也有异曲同工之妙。因为企业也可以通过渠道目标激励、渠道奖励和渠道工作设计达到渠道激励的效果，如图 6-2 所示。

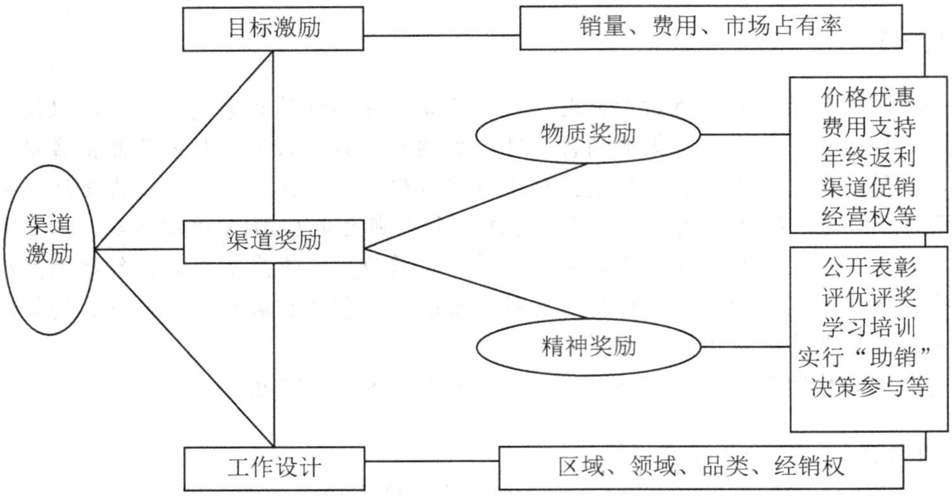

图 6-2　激励“三大法宝”示意图

1. 渠道目标激励

目标激励是通过目标的设计和管理来实现的。目标管理是指企业的最高领导层根据企业面临的形势和需要，制定出一定时期内企业经营活动所要达到的总目标，然后层层落实，要求下属各部门主管甚至每个职工根据上级制定的目标，分别制定分目标和保证措施，形成一个目标体系，并把目标的完成情况作为对各部门或个人考核依据的一种科学管理方法。

为什么要进行目标激励呢？因为目标的设置为企业各级人员规定了奋斗的方向和目标，形成工作压力，进而转化为行为动力；目标的设置能够以此为工具有效地管理管理者，它为各级管理人员的考核提供客观依据，成为人们行动的标尺；目标的设置还是分权制的结果，因为目标管理强调“自我管理”和“自我控制”。

目标设置理论指出，指向一个目标的工作意向是工作激励的主要源泉，因为目标告诉员工需要做什么以及需要做出多大的努力才能达到目标。三个要点：第一，如果能力和目标的可接受性保持不变，则目标越具体、越困难，绩效水平就会越高；第二，当人们获得了工作业绩的反馈时，人们会做得更好，因为反馈能帮助他们认清已做的和要做的之间的差距；第三，如果员工有机会参与设置自己的目标，他们会更努力地工作。

渠道目标激励是一种最基本的激励形式。厂家每年都会给分销渠道成员制定（或协商制定）一个年度目标，包括销量目标、费用目标、市场占有目标等，完成目标之分销商将会获得相应的利益、地位以及渠道权力。所以，目标对于分销商来说，既是一种巨大的挑战，也是一种内在动力。在目标的制定方面，企业往往存在“失当”的问题，大多表现为目标过高的倾向，而过高或过低的渠道目标都不能达到有效激励的效果，过低了轻而易举，过高了遥不可及。因此，要制定科学合理的渠道目标，必须考虑以下特征：

- 目标的明确性——忌含含糊糊
- 目标的可衡量性——可量化、可考核
- 目标的挑战性——忌太高和太低
- 目标的激励性——忌空洞无物
- 目标的可实现性——现实可操作

2. 渠道奖励

奖励是制造商对分销商最为直接的激励方式。渠道奖励包括物质奖励和精神奖励两方面。其中物质奖励主要体现为价格优惠、授予经营权、渠道费用支持、年终返利、渠道促销等，具体体现为“Money”，金钱永远不失为一种有效的激励武器，这是渠道激励的基础手段和根本内容。

而精神激励的作用也不可低估，因为经济基础决定上层建筑，上层建筑也反作用于经济基础，渠道成员同样有较高的精神需求。精神激励重在满足分销商成长的需要和精神层面的需求，具体包括：

- 公开表彰
- 评优评奖
- 扩大势力范围
- 提供专业培训
- 参与公司决策
- 独立项目责任
- 提供学习和旅游机会
- 推行“助销”制度

3. 渠道工作设计

工作设计的原义是指把合适的人放到合适的位置，使他们开心，使他们能够发挥自己的才能。这一思想用在渠道领域，则是指厂家合理划分渠道成员之经营区域（或渠道领域），授予独家（或特约）经营权，合理分配经营产品之品类，恰当树立和定位各渠道成员的角色和地位，互相尊重，平等互利，建立合作伙伴关系，实现共进双赢。渠道的“工作设计”是指让合适的经销商掌管合适的渠道，能够调动各级经销商的工作积极性，这是比较高级的激励模式。渠道的“工作设计”可以依据以下三种思路进行：

（1）区域分工：根据目标市场的地理区域分界，一个区域设计选择一个分销商，发挥该经销商的优势，保障该经销商的利益。

（2）产品分别：根据公司的不同产品线选择不同的经销商进行经营，根据各个经销商的经营特点及优势特长确定授予其不同产品线的经营权。

（3）渠道区隔：根据目标市场不同的渠道层次及类型（如大卖场连锁超市、批发市场、小店及周边开发、特殊通道、组织市场等）选择不同的分销机构进行渠道的开拓和管理，以发挥他们各自的资源优势及经营特长，达到激励他们全力经营的目的。

核心概念

制造商（Manufacturer）

分销商（Distributor）

渠道激励（Channel Motivation）

目标激励（Objective Motivation）

返利（Profit Returning）

渠道促销（Channel Promotion）

销售竞赛（Sales Competition）

训练题

思考题：

1．怎样理解“经销商都是经济动物”这句话？
2．你认为“渠道激励三大法宝”中哪方面更重要？
3．物质激励与精神激励哪个对渠道激励更有效？
4．怎样把握渠道激励的“度”的问题？
5．年终返利的水平、标准怎么确定？
6．渠道促销的频度如何把握？它与价格波动有何内在联系？

实训设计：

1. 请你为一个公司制定一个年终返利的操作方案，假设公司环境条件，确定返利的条件、比例、内容、形式、操作方式等，并分析该方案可能的利弊。

2．假定一个公司的经营环境，设计一套项目性销售竞赛的策划方案，包括竞赛的目标、主题、内容、程序、奖项、实施与监控、总结评估等。

综合案例分析

微软渠道激励：“简单生意轻松做”

“简单生意轻松做”是近来微软针对广域渠道合作伙伴和潜在合作伙伴推出的一个重要活动，在很多经销商看来，2009 年是他们和微软合作或深度合作的一个重要时段，而“简单生意轻松做”这一活动则是与微软合作的关键切入点。究其原因：一是微软 2009 年推出了许多新技术和产品，比如 Windows 7，还有即将推出的 Office 2010，以及 Windows Server 等，微软的新产品和技术受到很多客户的认同，事实上，微软新技术推出之时也是经销商把握解决方案创新的最佳契机；二是在此基础上，微软推出的“简单生意轻松做”活动，及时向经销商抛出了他们梦想得到的“橄榄枝”。

一、助渠道“简单轻松”做生意

与微软以往的渠道激励计划相比，2009 年“简单生意轻松做”明显的变化是：①微软将活动的每个环节都落得很“实惠”，比如只要经销商成功做成第一单（金额在 2 万元以上），微软马上兑现 700 元现金奖励；②放低姿态，更多地倾听合作伙伴的心声。“我们做了很多调研后发现，合作伙伴考虑的是如何赚钱，如何能更轻松地提升能力。基于此，微软推出了这一活动，项目强调的就是简单和轻松。”微软大中华区渠道业务管理事业部总经理 John Ball 阐述了这一活动的初衷和目的。

“轻松赚大钱、轻松塑品牌、轻松做客户”是“简单生意轻松做”活动中强调的三个关键点。

1．“轻松赚大钱”强调的是激励制度，即微软为经销商准备了众多折扣和返点计划，将利润更多地让渡给经销商。这是一个双赢的作法，微软给合作伙伴更多的返点和奖励，可以激发经销商销售微软产品的热情，这就意味着微软产品的销量总额会不断增长，同时，合作伙伴也可以获得更多利润。

2. “轻松塑品牌”。微软有一个合作伙伴认证计划叫 MPN，有了微软的认证之后，合作伙伴就可以更好地利用微软品牌。微软希望经销商做“有身份”的合作伙伴，用微软的品牌提升自身的品牌影响力，因为，微软的品牌资源对合作伙伴而言是一个重要的无形资产。

3. “轻松做客户”是微软通过电话营销中心帮助合作伙伴找到有兴趣使用微软技术和产品的客户。微软电话营销中心每个月都会给经销商提供一些重要商机，不仅如此，电话营销中心还协助经销商与潜在客户沟通，确认是否有销售机会，这为经销商节约了不少成本。

微软将长期投资于这个项目，以便经销商可以通过这个项目来塑造他们新的业务模式。希望更多的经销商能够在“简单生意轻松做”这一活动中受益。

二、给渠道提供向上成长通道

毫无疑问，微软“简单生意轻松做”这一活动将吸引更多的潜在经销商加入到微软渠道生态圈中，这也将使微软的渠道体系更好地覆盖区域。除了区域覆盖之外，微软还在紧锣密鼓地给渠道赋能。因为经销商除了想代理微软的产品之外，还希望能够通过微软的产品让他们向价值链的高端攀升。

微软有个渠道培训网站叫“达人堂”，微软合作伙伴的技术工程师和销售人员在达人堂注册，加入到这个俱乐部，不用渠道合作伙伴管理，微软通过这个网站把渠道的销售和工程师集中在一起，让他们在这个平台上进行产品交流和销售技巧交流，达人堂不仅帮助渠道提升了工程师的技术能力，同时也提升了渠道销售人员的销售能力。

微软有完善的渠道培训和赋能体系，如售前售后培训，以及具体项目交付时的引导，甚至是协助合作伙伴去和客户交流和沟通。此外，微软还开发了很多项目，来帮助合作伙伴开发增值性的解决方案，有些方案是由合作伙伴根据微软的技术开发的，也有一些是微软开发就续可以让合作伙伴直接执行的，比如统一通信解决方案、SharePoint 解决方案等。

因此可见，微软通过“简单生意轻松做”将经销商引进门之后，后续还有更多的解决方案来满足合作伙伴能力提升的愿望和期许。

资料来源：www.qudao168.com，余雷，2009-12-21

问题讨论：

1. 怎样理解微软“简单生意轻松做”的内涵？
2. 微软的渠道激励政策有什么过人之处？

项目七　渠道权力与控制

知识点

1. 渠道权力的概念与内涵
2. 渠道控制的实质与特点
3. 应收账款的过程控制
4. 商品“助销模式”

技能点

1. 渠道控制的原则与策略
2. 提高渠道控制力的方法
3. 应收账款的控制技术
4. 设计渠道“助销模式”

【案例导入】

“百丽”多渠道控制终端

在2007年8月斥资3.8亿元收购Fila、10月6亿元收购妙丽之后，百丽集团又斥资约22亿元吞并内地曾有着“男鞋之王”称号的著名鞋业品牌江苏森达。通过此次并购，森达的所有渠道和资产尽归百丽，百丽不仅加大了在国内鞋业的布局，同时也成为国内男鞋翘楚。

从1981年公司创立以来，百丽从鞋类制造发家，再从零售渠道发力，逐渐扩展至多品牌，摆脱了中国传统制造业的微利困境，成为新派制造的代表。目前，百丽国际拥有百丽、天美意、思加图等8个鞋类品牌的连锁店，也是耐克、阿迪达斯在中国最大的运动鞋分销商，在内地150个城市拥有2800多家女鞋店、1000多家运动鞋连锁店，并在香港、澳门以及美国设立了35家零售店。男鞋就FATO一个品牌，而森达50%是男鞋。在大手笔的收购森达之后，百丽的市场占有率将超过20%。

专家认为，从百丽国际收购的资产性质来看，其战略应该是基于三种考虑。其一，百丽国际的收购越来越多的围绕零售战略。在一部分商场，百丽国际的体育用品零售已经开始了运动层式的销售，即在新商场开业时，可以拿一层楼做体育用品，而女鞋如果达到了一定数量，也可以这种方式进行，这样一来，和商场谈判将拥有很大的主导权。其二，深耕女鞋的百丽国际男鞋很少，期待通过收购进入男鞋市场。其三，百丽国际希望利用森达在湖北的生产基地，已在深圳拥有3个生产基地的百丽国际希望将生产基地扩张到内地。奥康在重庆建了一个鞋业基地，吸引了不少鞋类企业进去。百丽国际选择在靠近三峡的地方，人力和电力资源上享有更多成本优势。

自营、百货商场，是百丽渠道的关键词。自营网点可以把消费者不满的东西反馈回来。而进驻百货商场，则为百丽带来了络绎不绝的人流。有统计显示，百丽在百货商场的销售额占总销售额的 74.3%。遍地开花的渠道，也为百丽带来了新的盈利增长点。目前，百丽是耐克和阿迪达斯在中国最大的代理商。除此之外，百丽还代理了李宁、锐步、Kappa 等运动休闲品牌。这些运动休闲品牌无一不是看中百丽多如牛毛的渠道网点。

资料来源：搜巡鞋网，2009-12-07

任务 1　了解渠道权力的来源

一、什么是渠道权力

Power 在英文中有权力和力量双重含义，而权力被认为是“威信”、“权威”、“影响”、“支配”、“强制”等词义的代名词。著名的管理学家罗宾斯提出了“权力的五种力量”学说。他认为，权力可以分为五个方面，或者说权力具有五种力量来源，包括：强制的权力、合法的权力、关系的权力、专家的权力、感召的权力。

渠道权力（Channel Power）也有两层意思：一是指一个渠道成员相对于另一个或一些渠道成员拥有某种特殊权力，另一层意思是这种权力是一种力量，会促使其他成员做一些他们原本不会做的事情。营销理论界普遍认为，渠道权力是一个渠道成员对于另一个在同一渠道中不同层次上的渠道成员的影响力和控制力。

渠道成员之间合作与冲突的背后实际上是对渠道权力的争夺。渠道权力的分配将最终取决于各渠道成员实力的大小，实力相对较大的一方能够获得对整个渠道的有力控制，拥有渠道事务的话语权（如定价），而实力相对较小的渠道成员又会千方百计地增强自身的渠道权力来与之抗衡。换句话说，渠道控制问题的根源就是争夺渠道权力。只有弄清楚渠道权力的来源，才能找到解决渠道控制问题的方法。

二、渠道权力的内涵

1. 经济力

“经济力”是一种综合实力，是企业控制销售渠道的最根本的力量源泉。拥有强大的经济力，必然会在“厂家—中间商—消费者”的博弈关系中占有支配地位。经济力主要表现在：

规模经济：其最直接的结果就是创造了低成本的优势，一方面给入侵者制造较高的“资本壁垒”；另一方面也掌握了与中间商讨价还价的主动权。

产品线：产品种类多，产品线宽度广、深度大、相关性强，都有利于企业控制销售。

质量和服务：今日之质量和服务，意味着明日之市场。

融资能力：扩大规模、研发产品和市场扩张的保障。

广告力度：由此提高产品力和品牌力，增加消费者的信任度和忠诚度。

2. 专家力

谁更专业，谁就更有发言权。企业了解了渠道规律，掌握了市场开拓、产品推介、现场促销、公共关系等技巧，就可以有效地控制渠道销售。例如，有的中间商对产品特性不了解或营销技能不足，厂家可以组织培训或现场指导，或派遣职业经理进行助销，获得控制力。当然，相对来讲，商家在微观层面，营销技能要比大多数厂家强。

3. 奖赏力

奖赏是对工作成绩的正面肯定，有能力奖赏，善于奖赏，可以提高对渠道成员的控制力。“有钱能使鬼推磨”、“重赏之下必有勇夫”都说明了奖赏的威力。企业可以根据自己的能力，选择使用诸如折扣、铺货、培训、设奖、提升地位、续签合同等奖赏方式，提高渠道成员的积极性，利用经济杠杆控制渠道。

4. 产权力

很多企业为了控制上游原料、原材供应及下流的销售，往往以产权为纽带实行纵向一体化战略，形成“供—产—销”价值链。纵向一体化主要有两种形态：一是后向一体化，如钢铁公司从自己拥有的铁矿山获得铁矿；二是前向一体化，如汽车制造公司通过自己销售网络销售本公司的汽车。企业可以通过合资、控股、参股、连锁等形式来整合渠道，获得控制权。制造商可以发挥特约经营权和独家经营权等产权力，制约渠道。

5. 品牌力

品牌是企业的一项无形资产，是企业经济力的延伸。品牌，从表面上来看，不过是产品的牌子，是卖者给自己的产品规定的商业名称，通常由文字、标志、符号、图案和颜色等要素组合而成；但从深层来讲，有没有品牌，有没有好品牌，意义是不一样的。品牌力的本质：它表明卖者对交付给买者的产品特征、利益和服务贯性承诺，也体现了许许多多的消费者在亲身购买、比较和实际享用过程中，对厂家产品和服务质量的一种信任。

关键点：企业要从“眼球经济”中获利，拥有知名品牌是关键。产品是用厂家品牌面市，还是中间商的品牌面市，可以反映出厂家与中间商是否对销售渠道拥有控制权。弱小企业的产品为获得进入诸如沃尔玛这样巨型零售商的店面，不得不加大力度投入品牌建设，而诸如可口可乐、德芙、娃哈哈、宝洁、格力、格兰仕、强生、联合利华、西安杨森等知名品牌则牢牢地控制着销售终端。

6. 关系力

俗话说，“人情是宝”，尤其在中国这样一个很讲人情世故的“关系国度”，拥有良好的人际关系无疑会提升企业在渠道中的地位。有些企业经过长期的苦心经营，凭借自己的商业信誉，与众多供货商、批发商和零售商结成了较为密切的合作关系，这些关系作为“软权力”，在很多程度上影响着渠道成员的决策。所以，公共关系、客户关系管理尤其重要。

提示：关系就像一盆花，需要不断地松土、浇水、施肥、剪枝，才能枝叶繁茂，花开四季。否则，关系也会像花一样，日趋枯萎、凋谢。

7. 强制力和影响力

强制力：建立在惧怕基础上的权力。凭借强大的实力，一方更多地拥有施令的权力，而另一方更多的则是服从。“优胜劣汰”的竞争法则使得这一命令服从关系模式成为市场竞争的常态。一方如果不按对方的意志行事，可能会被惩罚。

影响力：不是以强调对方服从的方式来树立自己的权威，而是通过某种人格魅力或技能使对方自愿追随，专家力、品牌力、关系力、奖赏力均属影响力。

提示：尽管强制力有压制、恐吓的成分，必须服从，让人不太舒服，但有效地行使强制力对于维护渠道秩序是绝对必要的，比如，治理窜货就需要强制力，“无政府状态”说到底，对谁都不利。但在培植渠道成员的忠诚度、塑造长期合作关系方面，强制力的作用要远远逊色于影响力的作用。

任务 2　了解渠道控制的特点

分销渠道是一个系统，是一个以流动的商品为载体，由制造商、中间分销机构和消费者构成的动态循环系统，产品、人员、信息、资金等借助这个系统的流动实现其价值。在这个系统中，各个渠道成员都有控制性的要求，而不希望被别的渠道成员所控制，但从整体来讲，渠道系统是需要控制的。

一、管理学关于控制的理论

控制是管理的一项重要内容，是指一方能够影响和支配另一方的行为或过程。在管理科学中，控制论与系统论、动力论相关联，任何事物都是一个系统，系统具有动力源泉，系统是需要控制的，系统也是可以设计控制的。

管理学的控制理论包括过程控制、重点控制、例外控制等重要思想。其中过程控制的思想认为，只要把事情的各个环节和过程处理好了，好的结果是顺理成章的事情；而重点控制也称"关键点"控制，认为在企业管理活动中，只要把一些重要的、关键的环节处理好了，就能保证事情的发展方向，就能保证一个好的管理结果，正所谓"牵牛要牵牛鼻子"。

二、渠道控制的概念内涵

渠道控制（Channel Control）是指某个渠道成员希望通过自己的行动达到影响或制约甚至支配另外一些渠道成员的某种决策的意识和行为。渠道控制与渠道权力及其运用有密切的关系，渠道控制的实质就是争夺渠道权力。渠道权力是一种渠道影响力、控制力，企业既可以通过发挥渠道影响力来实现渠道控制，也可以通过成功使用其他方式，如合作、参与、关系和联盟等来实现渠道控制。

渠道控制的意义主要体现在以下几个方面：

（1）渠道控制是充分实现渠道功能的基础。分销渠道承担着调研、促销、接洽、谈判、产品配组、物流、风险分担和融资等众多功能，而所有这些功能都必须依靠渠道成员之间的协调和配合才能实现，渠道控制是达到渠道正常运作的必要手段。整个渠道是由所有渠道成员组成的一个系统，只要有某些成员行为失控，采取违背渠道整体利益的行为，渠道的功能就无法顺利完成，渠道目标就无法实现。而适当控制渠道成员的行为，可以充分发挥渠道功能，节约流通成本，提高交易数量和企业经济效益。

（2）渠道控制是维持渠道生存和发展的前提。渠道是一个系统，渠道控制是渠道生存和发展的必要前提。渠道一旦失去控制，企业原来所拥有的渠道优势不仅会荡然无存，而且使得企业本身的生存也会受到严重威胁。三株公司、巨人集团一夜间崩溃就是一个最有雄辩力的例证。能对渠道进行有效控制的企业，通常都可以更有效地保护现有市场和开发新市场，保证其成本低于竞争对手，确保企业的生存和持续发展。

（3）渠道控制是协调内部关系、创造竞争优势的途径。在市场环境多变和竞争激烈的情况下，利用渠道建设来获取竞争优势已成为越来越多企业的选择。许多企业深刻地体会到，得渠道者得天下，而失渠道者失天下。但是，如果缺乏有效的管理和控制，渠道成员间必然会产生渠道利益冲突，削弱整个渠道的竞争力。相反，如果对渠道能够进行有效的管理和控制，能够合理分配和平衡渠道成员之间的利益关系，就能够减少渠道冲突的发生，即使发生冲突，也能较好地处理和化解冲突，并通过优化渠道关系，维持和创造竞争优势。

三、了解渠道控制的特点

由于渠道模式、结构的复杂性，渠道控制所面临的问题具有多样性。在直销渠道或者公司型垂直分销渠道中，渠道控制实际上是组织内部的层级控制问题，具有强制性，可以实行“硬控制”。而渠道控制所面临的主要问题是对中间商渠道的控制，这是一个跨组织的控制问题，具有非强制性，并不能采用基于企业层级体系的控制方法，更多的要采用“软控制”的手段。具体地说，中间商渠道控制具有如下特点：

（1）渠道控制的目的不同于一般的控制。对于中间商渠道的控制是对各自独立法人组织的控制。不同中间商不仅具有独立的法人资格，而且具有不同的企业文化，追求各自不同的利益，会实施不同的战略，自然就会有不同的行为方式。因此，渠道控制的目的并不是限制对方的行为，更不是限制其他渠道成员的发展，而是要建立、发展和维持一种相互依赖、互利互惠的渠道关系。

（2）渠道控制对象具有相互性。渠道成员常常互为控制者与被控制者。某个渠道成员在某一个或几个方面上有较大的发言权，就可能希望在这些方面控制其他成员，但在另外一些缺乏发言权的方面就可能会受到其他渠道成员的控制。传统上，制造商常常拥有对经销商的控制权，但近年来越来越多的制造商却受到了经销商的控制。

（3）渠道控制力源于市场控制力与制度控制力的组合。渠道成员之间的控制既可以利用市场机制来实现，也可以利用组织内的层级制度控制力来实现。一般来说，中间商渠道控制是上述两种控制力的混合。有时，组织内的制度控制较强些，如特许经营渠道中的那样；有时则是市场控制力特别强，如一般的贸易渠道中的那样。

（4）渠道控制在方法上更多的是建立在平等原则上的沟通或影响，而不是建立在层级制度上的命令和指挥。

任务3　认清渠道控制的实质

最近十几年，中国分销渠道经历了数次根本性的变革，特别是连锁经营业态的迅速兴起，挑战了传统制造商的领导地位，使得制造商与经销商、零售商之间的关系变得更加微妙、复杂，并使得厂商之间的利益和地位的冲突越发尖锐和突出，这种冲突是利益的冲突，是控制权的争夺，它早已存在于分销渠道领域，但有愈演愈烈之势。从当初的济南“长虹罢售事件”到上海“家乐福炒货风波”，再到成都的“格力国美事件”，无不表现出厂商之间无形的渠道冲突及其对渠道的控制与反控制的问题。

一、渠道控制：争夺渠道话语权

在目前市场竞争异常激烈的情况下，厂商之间始终处于一种“博弈”状态，始终在进行着控制与反控制的争夺。

按照麦克莱兰的三重需要理论，厂商都有“成就的需要、归属的需要和权力的需要”。而渠道控制就是渠道成员之间对渠道话语权的争夺，体现在对利益的争夺和对地位的争夺上。换句话说，就是争做渠道领袖。因为渠道领袖除了能够保证本企业的利润外，还能获得很多额外的渠道利益和权利，那是所有渠道成员无不崇尚和向往的。

正因为如此，在中国分销渠道领域出现了“厂家自建渠道”和“商家自营品牌”的现象，这是厂商“博弈”和希望不受控制的结果。

TCL 是自建渠道的先驱，起初只是为了摆脱分销商的要挟和牵制，为了能够实现对分销过程的控制，可以说此举达到了前期的目的，但运作起来以后发现，自建渠道的运营费用相当得大，人力物力的投入相当得高，还要承担复杂而艰巨的销售管理任务，此举使厂家产生得不偿失和力不从心之感。TCL 从 2001 年就着手渠道改革，进行“渠道瘦身”，精减销售管理机构和人员，重视与各地经销商的协作，并且将其销售机构建成一个独立的销售平台，代理飞利浦及东芝产品销售，实现其部分渠道的资源共享，以此渡过了渠道模式难关。乐华就没这么幸运了，它学习 TCL 走直营道路，后来被庞大的运营费用和不专业的管理拖垮、拖死。而波导也面临同样的直营危机，正在苦苦挣扎寻找出路。

另一方面，一些商家（经销商、零售商）则纷纷推出自己的品牌，希望能自给自足，减少或摆脱制造商的品牌控制，但事实证明这只是一厢情愿。商家自己推出的品牌大多成为鸡肋，成不了气候，这是市场经济的必然，因为品牌具有丰富的内涵，品牌的打造需要一个不断投入和刻画的过程，因此并不是想象的那么简单。其实，就是因为在消费者头脑里，它们是商家品牌而非产品品牌。厂家为什么要自建渠道？商家为什么要自创品牌？以下我们做一个对比分析，见表 7-1。

表 7-1　厂家自建渠道与商家自创品牌的对比

	优势	劣势
厂家自建渠道	有利于重点开发目标市场 有利于提高目标市场销量 有利于对渠道实施控制	投入成本比较大 增加了管理难度 容易导致渠道冲突
商家自创品牌	有利于丰富自己的产品线 有利于提高销售额 有利于减少对制造商的依赖	使得经营产品杂乱 容易和品牌厂家发生冲突 显得不够专一和专业

由此可见，从社会分工的角度来讲，厂家抑或商家为了争夺渠道话语权而“自建渠道”和“自营品牌”都是不太科学的。厂家和商家都应立足做好自己擅长的事，明确分工，而不是越俎代庖，互相倾轧。厂家重点创新产品和打造品牌，商家重点承担商品的分销工作，通力合作，优势互补，才能够发挥最大效益，减少资源的浪费。

【案例】

家乐福炒货风波

2003 年 6 月，上海炒货企业因无法承受家乐福超市名目繁多的各种附加费用，与其发生争执，要求其改变现有的供货方式。在谈判未果的情况下，上海炒货行业协会宣布从2003年6月14日起，协会名下的十家会员企业集体“暂停”向家乐福（中国）的34家大卖场供货，包括阿明、正林、洽洽等占全国炒货市场8成市场份额的十家著名炒货企业。在此之后，水产、烟酒糖茶、内衣等10多家行业协会纷纷对炒货行业协会表示声援，接着又传来南京家乐福也遭供货商“讨伐”、全国性瓜子名牌“傻子”瓜子也申请加入炒货行业协会的消息。同时，中国造纸协会以及生活用纸专业委员会下属近40家企业在上海召开“进场费问题研究会暨声援上海炒货行业协会会议”，参加的企业多是国内外著名企业，使整个事件的影响超过了家乐福和炒货行业。这一事件在社会上引起了很大的反响，经过若干轮的谈判，上海炒货行业协会和家乐福最后于2003年7月22日停止对峙，并由各炒货企业与家乐福商签新一年购销合同。

资料来源:《产业组织与反垄断法》2010-04-01

二、渠道博弈：实力的较量

中国流通领域出现的新鲜事也映射出厂商对渠道控制权争夺的尖锐性、复杂化。继山西代理商联合会成立后，广州百龙商贸公司，上海中永通泰家电采购联盟出现之后，最近国美收购永乐，苏宁洽购大中，沃尔玛控股好又多，都成为渠道控制的热点话题。

此外，一大批行业协会和联盟组织相继成立，它们的特点是以行业、区域或共同地位为特征，结成联盟，资源共享，以对抗另外的联盟或利益集团，并争取在行业或区域的采购优势或有利的谈判地位。应该说，这是渠道制衡的一种有效形式。

当然，“博弈”的过程，体现为实力的较量，“博弈”的结果，始终以实力说话。想当初，制造商是分销渠道无可争议的中心、主宰，一切分销机构都要依附于它才能生存，但随着市场经济向纵深发展，产品过剩，销售困难，终端零售企业蓬勃兴起，挑战并逐渐取代了制造商的中心地位，逐渐成为现代商业的主角，并成就了“终端为王”的时代。

这时的制造商必须调整心态，以适应日新月异的渠道变革，像娃哈哈的“联销体”模式，格力的“区域股份制销售公司”模式，宝洁的“助销”模式，可口可乐的“直营”模式，以及商务通的“区域独家代理”模式，都是有效的渠道控制的创新模式，他们都成功地发挥了自身的优势，通过渠道创新，掌握了渠道的主动权。而以卖场、连锁为主要特征的新兴渠道（沃尔玛、家乐福、联华、华联、国美、苏宁等）则因为拥有庞大的规模、巨大的销售空间、空前的客户群以及高度专业化的服务水平，在现代渠道竞争中处于有利的位置。

【案例】

格力的“区域股份制销售公司”

格力的“区域股份制销售公司”模式是由格力总裁董明珠创立的一种渠道创新模式。

早在20世纪90年代，董明珠还是武汉地区经理的时候，格力在武汉有三家经销商，经销商之间互相压价、窜货、争抢客户，武汉市场一片混乱，销量也上不去，董明珠很头疼，业绩上不去，还受到公司批评。经过调研和冥思苦想，董明珠想出了一个好办法，即由格力出面在武汉成立一家股份制销售公司，把三个经销商纳入作为股东，格力控股，以整合厂家和经销商的力量，统一协调和管理市场。通过董明珠的不懈努力，股份制销售公司成立并运作很好，格力不但整合了分销商、控制了渠道，还获取了渠道经营利润。这种模式获得成功，格力很快在全国市场推广，并最终成为格力独具竞争力的渠道模式。

新营销理论要求企业的营销从价格为竞争导向向以整个价值链为激励体系转变，价格不再是简单的“成本+利润”的构成方式，而是由“厂方利益+经销商利益+消费者利益+其他利益”构成的价值链所决定的。实际上，格力通过和代理商进行股份合作共同组建分公司达到了关系紧密化，保证了渠道伙伴的忠诚度；充分利用经销商的资金、网络、人员和管理努力，分享对方的企业资源，实现风险共担、利益共享，建立信息共享的一体化经营体系；通过合理的价格体系保证了分销网络获得合理的利润而使自己的流通管道畅通，始终保持着渠道掌控权。格力始终坚持并强化这种渠道模式，维护了自己行业老大的地位。

三、渠道纷争：从竞争走向竞合

有人把厂商关系形象比喻为“谈恋爱”，其中免不了吵吵闹闹，但恋爱的最高形式是“结婚”，这就是一个从竞争到竞合的过程。大凡天下大事，分久必合，合久必分，合才是最高境界。厂商之间始终存在着利益冲突，任何渠道成员都有控制别人和不受别人控制的欲望，这是不能回避的。但我们能够坐视这种冲突无休止地扩张、升级吗？显然不能。因为冲突本身不能有效解决冲突，合作才是解决冲突的最好形式。这就是宜疏不宜堵的问题。当厂商之间发现激烈冲突的结果是两败俱伤毫无益处时，必然会反思过去，进而从相互争斗转向联盟合作。当然，这需要一个认识的过程。

宝洁与沃尔玛也曾经剑拔弩张，谁也不屈服于谁，经过几十年的纷争，双方终于坐到了一起，形成了通力合作的共识，并通过资本的相互渗透（相互持股），把双方的利益、前途捆绑在了一起，真正做到了你中有我，我中有你，真正建立起了“相互依存、共同发展”的战略合作伙伴关系，最终，沃尔玛给予宝洁产品最好最大的陈列空间，宝洁给予沃尔玛最优惠的价格和促销支持，双方携手共进，产品畅销全球，这样的双赢结果何乐而不为呢！

厂商之间从简单走向成熟，从恶性的争斗、对抗走向良性的竞争、合作，应该是现代商业发展的一种潮流，也是解决本土渠道纷争的一条出路。况且，随着资本市场的成熟，国内并购热潮的兴起，这种以资本为纽带的联盟合作已经从可能变为了现实。

反观国内一些中小连锁企业，自高自大，盛气凌人，眼中无视供应商和顾客，甚至对供应商百般盘剥、刁难，从长远发展来讲，这种心态和做法都是极其有害的，它不利于顾客忠诚，更不利于持续发展。所以，为了加快发展我国商业，呼吁厂商之间少一些勾心斗角，多一些精诚合作。

相对而言，沃尔玛就比较尊重供应商，注重和供应商建立合作伙伴关系，其管理理念相对人性化，因而获得了广大供应商的认可、信赖和忠诚，这就是沃尔玛之所以成为全球老大的内在动因。沃尔玛重视内部营销，追求的是员工满意、供应商满意、顾客满意三位一体，那么联盟合作当然是其公司文化的主旋律。

令人欣慰的是，一些具有远见的企业家已经意识到了这一点。苏宁董事长张近东接受采访时就曾提出：“商界没有永远的敌人，只有永远的利益。企业和企业之间存在的矛盾不过是利益问题。利益建立在相互平等的基础上，如果只顾自己的利益，合作不会长久。我认为厂商之间要处得好，一定要换位思考，寻找相互都能接受的条件，而不是一味地从自己的角度出发。”

由此可见，“博弈”是厂商关系的必然现象，而联盟合作则是一种趋势、潮流，它是解决厂商渠道纷争的最高形式，是厂商通往共进双赢的必由之路。从理论上讲，随着市场经济的发展，社会分工越来越细，市场对专业化的要求越来越高，企业与企业之间的协作需求会越来越强，而任何企业都只是社会机器的一个部件，只有与别的部件协同起来，才能发挥整体最佳效果。所以，我也认为，厂商之间有争吵，也有妥协，有对峙，也有携手。冲突与合作并存，合作才是最终必然，这将是厂商关系的长期特征。因此，本土企业应该积极调整竞争心态，从竞争走向竞合，去追求市场竞争的最高境界。

【案例】

宝洁与沃尔玛：从竞争走向竞合

宝洁和沃尔玛是两家众所周知的实力强大的公司，彼此之间争斗了几十年，最终从竞争走向了合作，获得了双赢的结果。以往宝洁以其强大的实力控制了与其零售商之间的大部分贸易关系，在零售商采用能收集客户信息的POS系统之前，它们对宝洁的客户数据分配和交易控制不敢有任何的争议。另一方面，沃尔玛开始执行向供应商直接订货的政策，取消了所有销售中介的协议，沃尔玛仅仅与愿意投资于其专用的电子数据交易系统并在产品包装上使用条形码的生产企业进行交易活动。沃尔玛凭借其强大的势力，使制造商不得不服从其条件。

在过去的10年里，宝洁和沃尔玛这两大巨人却建立了牢固的伙伴关系，他们相互持股，利益共享，风险共担，成为制造商与零售商关系的标准，成为渠道冲突处理的典范。这一关系基于双方的依赖度：沃尔玛需要宝洁的品牌，而宝洁需要沃尔玛的客户通路。

现在，宝洁和沃尔玛通过电子数据交换系统连接起来。这一网络系统使宝洁能够监控沃尔玛的存货管理。通过卫星传送，宝洁连续收到来自众多独立的沃尔玛商场销售其各种不同规格产品的即时销量、存货数量和价格信息。这一信息使得宝洁公司可以预测产品的销量，决定货架的空间、需求量并自动传送订单。整个交易循环使用电子信息传输和电子货物传送，由于订单处理周期缩短，沃尔玛在产品卖给最终消费者之后的结算非常迅速。

这种伙伴关系为客户创造了巨大的价值，客户可以非常容易地以最低的价格得到他们所喜欢的宝洁公司的产品。通过双方的合作，使诸如订单的处理、结账等过程中的多余活动得到了简化；销售代表也不再需要经常对商店进行访问；文书工作和出错的概率也大大地减少。即时订货系统使得宝洁公司得以按需生产，也减少了存货。此外，沃尔玛也成功地减少了存货和空货架的可能性，为双方避免了销售的损失。

为了分享双方良好的关系所带来的利益，沃尔玛必须充分信任宝洁，让宝洁分享销售和价格信息，并将一部分订单处理和存货管理的控制权授予宝洁；而宝洁也必须充分信任沃尔玛，认同其天天低价的经营哲学，并投资于专门的信息网络。除了关注沃尔玛的订货量，宝洁的销售队伍开始集中力量去寻求如何提高沃尔玛的销售业绩，使双方的利益最大化。

任务4　掌握渠道控制的方法

一、增强渠道控制力的策略

分销渠道是一个系统，系统是需要控制的。渠道无疆，但控制有方。对分销渠道的控制手段多种多样，根据控制方式的特点，可以将渠道控制方法归结为两类：硬控制和软控制。硬控制就是利用强制性权力的控制，如上下级渠道之间的命令与服从；而软控制是利用非强制性权力实现的控制，如通过掌握渠道产品与品牌、掌握渠道网络及激励资源、提供渠道服务和“助销”等方式实现对其他渠道成员的控制。谁都想控制渠道，获得渠道话语权，企业可以通过以下方式实施渠道控制：

1. 开发优质畅销产品（品牌），形成渠道控制力

无论是生产企业还是流通企业，只要手上拥有优质畅销的产品和品牌，就掌握了渠道的控制权，这是控制渠道的最有力武器。试想，哪一个卖场（或连锁）没有宝洁或可口可乐的产品，那还叫卖场吗？所以，流通企业要争取抓住一线品牌或重要品牌，而生产企业要力争产品创新和品牌投入，创造出一流的产品和品牌，以提升企业产品力和品牌力，这是渠道控制的根本，是一种专家权力的显示，它决定了厂商之间根本的地位和方向。

2. 提供良好服务，增强渠道感召力

无论对于制造商还是中间商来说，拥有完善的服务体系，能为其他渠道成员或最终消费者提供优质服务，都能产生强大吸引力和影响力，由此赢得对渠道的控制。服务是产品价值的一部分，良好的服务是让顾客满意，形成顾客信任、偏好和忠诚的必要条件，也是企业持续发展的基础。售前服务集中体现在产品设计中；售中服务是销售过程中与顾客面对面的服务，它直接决定顾客的满意程度；售后服务实现的是顾客购买价值的增值，它是决定顾客忠诚度的主要原因。良好的服务通过口碑传诵，达到一传十，十传百的效果。

【案例】

据了解，“大众”汽车在中国销势不减，主要得益于其完善的服务体系和高质量的服务水平。所以，无论对于生产企业还是流通企业，只要拥有良好的服务，都会对上游和下游顾客产生强烈的吸引力和影响力，其实这是一种感召力，也是一种渠道控制力。

3. 实施规模经济，掌握渠道主动权

我们说，渠道控制最终取决于企业实力，而规模则成为实力的最重要表征，它包括生产规模（产量）和市场规模（份额）。谁的规模大，谁就拥有渠道发言权；谁的规模大，谁就可以修改和制定游戏规则，这就是渠道新赋予的强制权力。

【案例】

格兰仕的微波炉产销量占中国市场50%以上的份额，占世界市场30%以上的份额，成为微波炉行业名副其实的渠道领袖和价格领导，所以，很多微波炉行业标准和价格水平都是根据格兰仕制定的，而可口可乐毫无争议地确定了全世界关于“可乐”的各项指标。同样，一个流通企业如果在当地市场拥有一个较大的销量和市场份额，它也可以对生产企业和下游零售商的政策、决策产生强大的影响力，这就是行内“客大欺店”、“店大欺客”现象所揭示的道理。

4. 推行“助销”制度，实现渠道掌控

“助销”制度是由宝洁率先推行的一种有效的分销管理制度，它是指厂商通过人、财、

物、广告、技术等资源的投入，支持中间商发展，是一种完善客户服务、强化市场开发管理的渠道运作理念。它的做法是，向中间商派出专业的销售代表，协助中间商进行营销策划、市场开拓、队伍培训、营业推广以及市场管理，同时提供必要的市场费用支持。

这种策略的高明之处在于，通过帮助中间商，进而影响中间商，达到控制中间商和终端市场的效果。其中最微妙的是，通过输出培训、参与策划以控制理念、策略，实行的是文化控制。“助销”制度之所以有效，是因为厂商通过提供培训和参与策划，控制经销商的理念和策略，实现文化和思想上的控制；通过参与市场开发和管理活动，实现管理过程上的控制。这种“助销”制度最早是由宝洁公司创立采用的，随后，娃哈哈、美的和格兰仕等企业也成功地推行了这种办法。

5. 掌握尽可能多的下游中间商控制渠道

目前中国的法律尚不健全，通过合同契约根本无法约束中间商，而通过掌握尽可能多的下游中间商可以获得渠道主动权。因为制造商若想争取主动，必须掌握越来越多的下游中间商，以及未来的可替代该中间商的其他多个中间商，这样当遇到特殊情况时可以对其更换，而不会受其制约。如果掌握下游中间商，若该中间商对制造商的合作与支持达不到要求，由于下游中间商都是该中间商的客户，是该中间商的利润之源，同时制造商又掌握了其他的可替代的中间商，那么从中选择一个可替代的中间商就是一件容易的事情。因此，一方面掌握下游中间商，另一方面掌握可替代的其他中间商，就会形成竞争态势，在渠道管理和控制上占有主动地位。制造商可以去自主开发下游中间商，掌握渠道主动权。

6. 有效利用渠道激励资源，发挥其“杠杆”功能

渠道激励实质上是渠道资源的再分配，因此，渠道激励也是一种渠道权力，而且是一种很有效的权力。作为渠道权力的一种运用，渠道激励，也称渠道成员激励，就是针对中间商的渠道行为及贡献持续提供一些资源奖励，进而不断地增强和维系双方关系。渠道激励是一项复杂的系统工程，在内容、形式、力度、条件和执行等方面都显示出变动性、灵活性。激励得当，它可以像催化剂一样推动渠道整体良性运行，而如果实施不当，出现激励过分、激励不足或激励失效等问题，它则可能变成渠道发展的阻力，甚至是破坏力。所以，渠道成员，不管是制造商还是中间商，只要拥有渠道激励资源，如授予独家经营权、额外价格优惠或市场推广费用的支持等，也就获得了对于渠道成员的一定程度的控制权。不过采用激励手段进行控制时，要兼顾个体和全局、现在和将来的利益，同时还要权衡成本和效益的关系。

不管是生产企业还是流通企业，如果拥有这些资源，将获得强大的支配渠道、调节渠道关系的合法权力，这是一种最有效的权力。企业应该合理、有效地使用这些资源，发挥其“杠杆”作用，但切不可滥用这个权力，要兼顾个体和全局，兼顾现在和将来，还要考虑成本和效益因素。除此之外，企业选择直营（自建网络）、特许经营（加盟连锁）、一体化战略、个性化服务以及拓宽产品线、直控重点终端等，都不失为渠道控制的有效形式，企业应该根据自己的战略目标、资源状况、产品特点、竞争态势等作出因地制宜的选择。

二、提高渠道控制力的方法

渠道由制造商、经销商（批发商）、终端零售商、消费者等构成，在业务运行过程中，厂商始终处于一种博弈状态，争做渠道领袖，争夺渠道控制权。所以，制造商、经销商和零售商都千方百计运用各种营销策略获得和保持其各自的影响力，争取渠道控制权。

1. 制造商如何提高渠道控制力

一个制造商的影响力可能基于规模经济、高市场份额、品牌忠诚、特许权、拒绝交易、销售商关系终结、垂直一体化（合并）及销售激励资源等。其中有些方法，如销售商关系终结，是以强制力为基础的；另外一些方法，如特许权，是以合法力为基础的；还有一些方法，如经济规模和高市场份额，是基于经济力。

经济规模是指由于制造商的总体规模而形成的渠道影响力。销售额规模大、市场份额高或资产雄厚的制造商，一般具有很强的讨价还价能力。制造商增强其经济力的方法是找到本公司使用的共同产品，然后集中进行采购。

高品牌忠诚度是制造商的另一个影响力来源。它能鼓励零售商介绍新产品，参加合作广告，给新产品安排适当展示空间。

通过特许经营，制造商可以保持高影响力。特许经营者可发出采购要求，提供给特许伙伴有利的经营店址，谋求中止特许权，威胁在一个受许经营者现在的区域内增加新店等。这就把奖赏力、强制力和合法力结合在一起了。

制造商在一定情况下也会拒绝向经销商和零售商供应其产品，控制产品、品牌就是控制了渠道资源，必要时使用限制供货或停止供货的方式获得渠道话语权。

生产者可能因为销售商对顾客服务差，不能实现预期的销售额、倒卖行为等结束与它的买卖关系。同特许经营一样，制造商也可以重新建立而不是延续一种销售商关系。

有些制造商和经销商通过垂直一体化来控制分销渠道。制造商也可以威胁采用前向一体化越过经销商。制造商还可以利用直销的方式越过价格离谱的零售商。

制造商还能通过销售激励杠杆获得渠道影响力。当把销售激励直接提供给销售人员时，则会导致制造商直接控制销售商的销售力量。

总结起来，制造商可以通过以下方式和途径提高渠道控制力：

- 提供优质畅销产品
- 提供良好售后服务
- 提供营销专业培训
- 推行“助销制度”
- 实施规模经济
- 建立直营网络
- 开展特许经营
- 提供个性化服务
- 采用一体化战略
- 加强直控重点终端
- 多条产品线互相牵制（制约作用）
- 激励措施的有效利用（杠杆原理）

讨论：制造商还可以通过什么方式获得渠道控制力？

2. 经销商如何提高渠道控制力

通常，经销商可以通过经销代理更多的产品、品牌，或者自己打造一个系列产品品牌，尽可能丰富自己的产品品种、系列、规格、数量，特别在某一类产品方面形成品种、品牌、规格齐全的专业化集中优势，使得大型零售商不能忽视，甚至产生依赖，不可或缺，由此形成专业集中化和规模化优势，增强渠道议价能力。

经销商还可以通过完善自己的下游分销网络，甚至发展由经销商自己发起的自愿连锁店等方式增强其渠道控制力。经销商既可以运用后向一体化越过制造商，也可以运用前向一体化越过零售商。在特定地理区域占很大市场份额的经销商，能够获得较大的渠道影响力。

经销商还可以通过自创品牌获得影响力。不像全国性品牌，顾客只忠于品牌本身；在自创品牌策略中，顾客忠诚既对品牌，也对经销商。自创品牌策略可以有效缓解经销商对厂家的依赖，以及产品方面的被动地位。

经销商还可以从顾客的高忠诚度和拥有顾客群获得影响力。这样的经销商可以从一个供应商向另一个供应商转移销售，可以用来销售其他品牌产品。制造商害怕损失销售额可能不愿中止与拥有高忠诚度的经销商的关系。

经销商还可以通过加强自己的分销能力，强化自己的分销队伍，完善自己的终端销售网络，以及加强自己的公共关系和融资能力，扩展社会关系网络来增强渠道控制力。

总结起来，经销商可以通过以下方式和途径提高渠道控制力：

- 大批量进货形成规模优势
- 经营品种、规格多样齐全
- 拥有自己的品牌产品
- 发展并保持忠诚顾客群
- 采用一体化策略
- 强大的仓储配送能力
- 快速周转优势
- 网络完备、分销能力强
- 有资金实力、经营信誉好
- 良好的人脉关系及社会影响力

讨论：经销商还可以通过什么方式获得渠道控制力？

3. 零售商如何提高渠道控制力

大商场由于其广泛的选择性和专用商品系列而拥有很高的顾客忠诚度。小商店通过与顾客保持密切的社会关系和提供良好的服务获得商店的忠诚度。一旦顾客来到店中，零售商就可以利用其高忠诚度使顾客从对一种品牌的偏好转移到另一种品牌上。零售商还是把关人，能拒绝采购特定品牌或类型的产品。

随着连锁店规模的扩大，它们一直在获取商品陈列货架位津贴、合作广告金及其他让步条件。小零售商也可以通过零售商拥有的合作系统扩展其渠道影响力。对货架位置的竞争非常激烈，以至于许多零售商能在自己的要求上获得满意答复。零售商还可以通过集中采购增强其渠道影响力。集中采购通过增大订购量和得到数量折扣优惠可以增强零售商讨价还价的能力。

采用自创品牌是零售商控制渠道的一种理想方法。与全国性品牌不同，自创品牌能带来对零售商的忠诚度。如同经销商的自创品牌策略一样，零售商的自创品牌策略在下列场合下作为一种渠道影响力手段特别有效：自创品牌很著名而被消费者视作具有很高价值，以及零售店占一个供应商全部业务的大部分份额。

在同全国性品牌对抗销售中，零售商特意向全国性品牌收取高价以鼓励消费者购买自创品牌商品。零售商经常在其广告中进行特别价格比较，表示自创品牌提供更有价值的产品。

在某些情况下，这些广告把全国性品牌宣传为远高于市场价格的产品。

许多零售商想推动制造商供应给它们专用商品，专用商品可减少价格竞争，创造兴奋点，以及提高商店业务量。

进场费、货架堆头费、陈列费和促销费等对谋求新产品销售的卖主来讲都意味着高价值的货架空间。零售商可以利用这些费用，作为合理利用稀缺的零售货架空间的手段。

通过零售商行业协会也可以增强零售商的渠道影响力。这些协会可以采取联合行动，以团体请愿及代表成员游说等方式提高零售商的渠道影响力。一些研究表明，行业协会的力量同成员成分的同类性相关，拥有同类会员的行业协会能够更有力、更好地维护会员的利益。

总结起来，零售商可以通过以下方式和途径提高渠道控制力：

- 大量订货、集中采购
- 高市场份额、强大的议价能力
- 先进的销售管理、物流配送技术
- 大的销售空间和经营场所
- 拥有大批忠诚稳定顾客
- 专有零售和客户管理技术
- 收取进场费、陈列费及其他费用
- 增强商家品牌和自创品牌影响力
- 在了解顾客需求上的优势
- 发展强有力的零售商行业协会

讨论：零售商还可以通过什么方式获得渠道控制力？

任务 5 学会应收账款的控制

渠道账款问题是让很多企业头痛不已的问题，无数的企业因资金链断裂而死去。特别中小企业销售困难，为了生存竞相赊销，造成渠道环节应收账款拖欠严重，甚至引发整体市场信用下降。行内有句话：“不赊销等死，赊销找死”。这种情况，你是要销量还是要安全感？！很多企业选择销量，甘愿冒应收之风险，因此陷入应收账款的泥潭。然而，这只是问题的一个方面，企业应收账款拖欠严重，甚至呆账坏账时常发生的更主要原因在于企业的销售管理，很多应收账款问题是因为企业的销售政策偏离和过程管理的懈怠、疏漏造成的。但不少企业把应收账款管理当作一种事后行为，等到呆账坏账发生了才去想办法催收，等于是亡羊补牢，为时晚也！

一、何谓应收账款

所谓应收账款，顾名思义就是企业销售产品以后按理应该回收，但还没有实际收回的销售账款。一般超过应收日期 6 个月以上不能收回就会被视为呆账坏账纳入处理程序，最后因对方企业倒闭、恶意拖欠等原因造成的企业实际无法收回的账款，叫做呆账坏账。应收账款从理论上视为可回收货款，从财务上计入企业的流动资产。应收账款过多就会使企业现金流不足，重则造成企业资金链断裂而出现严重经营风险。应收账款如果不能及时催收，超过一段时间就会转变为呆账坏账，给企业带来严重的经济损失。

二、应收账款的成因

长城不是一天建成的，企业应收账款问题也并非一朝形成。有人说现款现货或者说先款后货，是避免推销过程应收账款产生的最好办法，没错。但是，在如今的买方市场条件下，现款现货或者说先款后货政策较难执行。市场上存在着众多竞争对手，你不允许赊购，而别的企业允许，你的竞争对手就会因此而抢走你的客户。甚至在我国消费品行业，赊销已成风气，不赊销就没法销售，所以，赊销现象的普遍存在是应收账款产生的最主要原因。

当然，在推销过程中，其他因素也会导致应收账款的发生，总结起来有几个方面：

1. 公司销售政策方面

公司如果采用单纯的销量导向，单纯以销量考核业务员并计算报酬，业务员为了完成销量任务不得不冒险赊销，有时甚至是明知故犯。

2. 业务员主观心态方面

有的业务员具有消极心态，由于没有认识到应收账款的危害，对货款回收问题采取无所谓的态度，在销售活动中容易出现疏忽、松懈，导致把关不严。

3. 公司销售管理方面

表现为销售管理公司销售管理环节松懈，制度不严或者是主管管理不力，比如在发货管理和信用审批发放环节出现了漏洞，或因客户流失或客户人员异动导致账款。

4. 业务员专业知识方面

由于很多新业务员缺少警惕性，欠缺销售方面的知识和经验，只知道发货不知道收款，容易轻信客户的承诺而误入陷阱。特别是新业务人员的畏惧心理会造成应收。

5. 客户方面的原因

部分客户因经营道德水平低下，出现恶意拖欠的不道德商业行为，这类客户从一开始就没有打算回款，他们的经营目的就是“滚款”。有的因为对企业的政策有所不满，就以拖延货款来报复。另一些客户则因为自己经营不善而无法偿还，或者希望通过拖欠货款来获取经营资金，这在中国极为常见。

所以，根据对应收账款成因的分析我们发现：推销员必须尽可能现款交易，因为收不回资金的销售，比没有销售更糟糕；要账比销售更困难，与其将大量的时间和精力花费在要账上，不如用这些时间去开发更多更好的客户；企业现金流才是根本，宁可失去这笔生意，也不抱着侥幸心理冒险赊销；客户尊重做事专业而且严谨的企业，在账款问题上的妥协不可能换来客户的友情，也不可能换来客户对你的尊重。

三、关于赊销

1. 何谓赊销

所谓赊销就是企业让经销单位不交现款就提货销售并约定时间还款的经营行为。赊销大多发生在不具有强势产品力、品牌力的中小企业或新企业的身上，因为这些企业在规模、产品、技术、网络以及品牌等方面不具有优势，对经销商难以形成足够的吸引力，在渠道中处于弱势地位，不能完全实现“现款现货”，为了生存和发展，很多企业就采取了“先市场后利润”的经营策略，进行不同程度的冒险赊销。对于这些企业来说，赊销是一件很无奈、很心酸的事情，甚至成为他们心中永远的痛，因为赊销就意味着应收账款，就可能出现呆账坏账，弄的不好，会给企业造成严重负担，甚至会带来灾难。无疑，赊销对企业来讲是一把双刃剑：一方面企业通过适当赊销可以扩大销路、提高市场占有率，而不良赊销会造成企业资金不足、周转困难以及实际利润降低，严重制约和威胁着企业的正常发展。20 世纪 90 年代以来，赊销行为在我国流通领域非常普遍，“三角债”成为一种非常严重的社会现象，不少企业被赊销拖跨，目前还没有找到很好的解决办法。

2. 赊销的危害

赊销使经销商心理上没有负担，没有压力，感觉是不花钱的东西，能卖一点就赚一点，一点不卖也没有关系。没有付现钱，又可以退货，他就没有销售压力，就不会去关心产品的前途，更谈不上主动推销了。相反，赊销会让厂家十分被动。第一批货下去了，紧接着就会有第二批，即所谓的一批压一批。当需要整顿市场时，厂家往往会因为有一批货的货款压在别人那里，往往投鼠忌器，只好采取谦就忍让的态度。这样一来，管理便没有了力度，被经销商牵着鼻子走，显得很被动，从而丧失市场开发的主导权。

在业务操作过程中，往往赊货时什么都好说，收账时客户不爽快，会以种种理由拒付货款，这是商人们通常的一种心态，有的甚至以毁坏产品声誉相要挟，会产生一系列的麻烦。不收就会造成资金沉淀，强收还会引发渠道纠纷，企业左右为难。所以，无序赊销最终会拖累公司，输掉企业的产品质量、有效的市场管理和客户关系，也给双方带来伤害。同时，赊销必将提高成本，影响企业或产品的市场竞争力。

对于厂家来说，一旦赊销，随之而来的资金利息、收账费用、坏账准备金等成本也会大幅度上升。这部分成本必然要计入产品成本中，致使产品卖价提高，降低竞争力。若这部分成本不计入产品成本，又影响企业经营利润，从而影响企业可持续发展，削弱企业竞争力。赊销还会迅速加大经营风险，因为赊销引起应收账款的增加，会使企业资金周转不灵，制约了企业发展，企业被迫赊欠供应商货款，造成恶性循环，从而使原料质量无法保证，生产成本不断上升，严重者最终导致企业倒闭，赊销形成的呆死账甚至会直接导致厂家破产。

对策讨论：企业不赊销行吗？你有什么办法解决“赊销”问题？

四、应收账款的危害

应收账款只是账面销售、账面利润，一旦应收账款成为呆账坏账，是需要企业用其他盈利来冲抵的。不良账款吞噬销售额、侵蚀企业利润。为压缩成本，增加利润，企业必须控制赊销账款。应收账款问题使企业的渠道运营成本增加，主要表现在以下方面：

（1）费用支出增加——税金、账款管理成本、讨债费用等，当然最重要的是财务费用和税金。客户欠着你的钱，你还得替这笔钱支付利息和税金。

（2）导致周转不良——应收账款使企业的产品转化为现金的时间拉长，不良资产增加，使企业的流动资金困难。应收账款的产生，使资金停止参与循环，就如同血液停止循环。

（3）呆账坏账损失——不是所有的账款都能收回来，如果应收账款变成了呆账坏账，造成直接经济损失，后果更加难以弥补。

（4）市场运作困难——如果被不良客户和已发生的账款牵制，要账也不是，不要账也不是，还不能停止供货，结果是应收账款越积越多，企业越陷越深，形成恶性循环。

（5）精力、心理上的危害——许多企业为要账问题所累，明明是别人欠你的钱，而你却要为之支付利息、税金，想要回自己的钱，还要付出应酬费，耗费精力和财力。

所以，赊销作为一种投资，如果控制得好可以提升销售业绩，提升竞争力，增加经营利润。但如果管理不当会陷入应收账款泥潭，造成经营被动，失去市场竞争力。应收的账款要以10倍、20倍的销售额来弥补，呆账坏账犹如洪水猛兽侵蚀着企业的利润！

五、应收账款的防范

（一）销售政策的制定是控制、防范应收账款的关键

销售管理政策制定的取向左右着应收账款问题的发展方向。企业制定销售政策时必然要作出一个选择，是以“业绩”为中心呢还是以“利润”为中心，这是政策制定的指挥棒、灵魂。换句话说，是采用销量取向？还是利润取向（安全性取向）？

在目前销售举步为艰的情况下，企业大多采用销量取向，对职业经理、业务人员的业绩考核偏重销量增长，奖金、提成甚至市场费用的拨付主要倚重销量指标，无视应收账款、退货、过度费用等风险因素，这无形中给职业经理和业务人员一种误导，只要销量（业绩）上去了，其他都无所谓。先完成销量再说，管它应收不应收，管它呆账还是坏账，反正不是我的钱，这就是典型的“打工心态”，可怕的短期行为，对企业的危害是非常大的。

这时的业务人员也许全然没有了对货款的责任感和风险意识，为了自身的眼前利益可以置货款风险于不顾，甚至可能瞒天过海，以至造成不可挽救的呆账坏账损失。当然，这里有业务人员的职业道德问题，但更主要的是管理问题，是不正确的政策取向误导了业务人员的行为，企业决策者有责任，应该自我检讨和及时调整。

实践证明，单纯的销量取向或者单纯的利润取向都是不科学的。单纯的销量取向容易导致应收失控和市场质量下降；单纯的利润取向又容易导致企业经营的保守和市场份额的萎缩。所以，正确的政策取向应该是综合取向，它兼顾销量和利润，或者说，它应该兼顾市场的数量和质量，“区域利润中心”的模式可以作为借鉴。

（二）应收账款的防范必须抓住几个要点

1. 狠抓培训，灌输应收账款风险意识

列宁说：意识形态的东西需要灌输。千真万确！事实上，业务人员大多对应收账款问题的危害性认识不足，对自己销售行为的可能后果认识不足，对客户可能的手段计谋认识不足，于是有意无意之中就会犯下无法弥补的错误。这就需要企业加强内部培训，让员工认识到应收账款问题的极端危害性，认识到自己肩负的责任，以提高应收账款风险的防范意识。实践证明，这种培训是非常有效的，它能起到事半功倍的效果。

2. 明确有关责任，任务落实到人

渠道是由业务员开拓的，有效的应收账款管理，最终往往要落到业务员身上，用一句话来概况，就是谁发出的货谁负责收回货款。然而，在现实中，业务员通常较重视销售绩效，片面追求销售额，造成了盲目赊销，对货款缺乏理性管理，造成了不必要的损失。要知道，销货机会的丧失只不过是潜在利益未能获得，但是一旦发生坏账，就连生产制造产品的成本与分摊的营销费用也一并损失掉了。所以企业应督促业务员对其业务状况随时进行分析、总结、管理，减少坏账发生的可能性。

3. 制定政策，加强内部协作管理

在传统的企业内部，信息传递结构是金字塔型的，如上级对下级下达命令，下级将信息反馈到上级，同级之间的信息沟通往往由于企业金字塔型的企业组织结构产生了信息传递缓

慢，信息更新周期长等弊病，造成内部互相推卸责任，互不通气等现象，影响账款催收。销售业务部门只管销售，不管回笼资金，讨债是财务部门的事情；财务部门只管记账，不管报账，应收账款余额高低与自己无关。针对这种情况，监督部门在制定信用额度、赊销数量时，应和财务人员、一线的业务人员进行充分的讨论和协商。对一些前款不清，业务人员连续发货的行为，要及时解决。要推动不同部门工作人员的联系，克服由于员工处于不同部门而缺乏沟通的弊病，最好成立专门的信用管理部门协调管理。

4. 严格审批制度，把好信用控制关

销售过程大大小小的审批环节，实在是产生应收账款的最大缺口。包括开户审核（资信评估）、合同条款审核、赊销申请、信用额度与信用期限申请、以及条件外的发货控制等，这些都是产生应收账款的直接原因，企业应该制定规范严格的销售管理制度和申请审批流程，特别对于赊销、授信、条件外发货更应严格控制，对此，最好设立销售部门主管和财务部门主管两道审批关口，实行双重把关，以避免某些个人因素对结果的影响。销售部门主管从市场开发、市场竞争的角度权衡业绩与风险并作出判断，财务部门主管则从资产存量、流量以及客户的资信情况去判定其风险与价值系数。也可以将最后决定权交营销副总或总经理。总之，一句话，就是要实行多方控制，才能做到科学把关。这其中也许会出现因为角度不同产生的销售部门与财务部门的意见分歧甚至矛盾，这就需要上级主管出面沟通协调，必要时将使用权威，但它要求最高主管掌握客观、公正、全局、发展的原则。为了做好这项工作，有的企业设立专门的信用管理部门，赋予专门的权力，对企业信用实行专项控制。

5. 搞好发货控制，掌握赊销执行的频率

这里的发货控制不是指正常的发货品种、数量和频率的控制，而主要指条件外的发货，也就是超出合同或规定条款的放货。原则上，超出条件不能再发货，不能相信客户的口头承诺，不能轻信客户念的“苦经”，否则，公司会越陷越深，企业被越套越牢。有的销售经理心存侥幸，碍于面子，结果吃了大亏。也许业务员、销售经理都是怕断货，考虑业绩中了对方的圈套，其实对方一样怕断货，断货会遭下游客户责难，我们要敢于断货。在这个问题上，我们宁愿相信自己，而不至于犯轻信的错误。市场经济更多的是相信“利益”，而不相信“眼泪”。当然，并不是所有的客户都不值得信任，在销售旺季时企业也常常放货给信誉好的客户以冲量，不过，别忘了旺季结束及时收款。此外，在信用额度、频度、期限的控制上也要讲究方式方法。信用额度实施总额控制，最好是在预期总额（预期销售额*信用比例）基础上以实际销售额按一定比例计算，以免客户夸大预期销售套取大额信用。信用频度同样以实际销售按信用比例分批发放信用额，避免一次或提前发放到位后销售出现变故。信用期限实行超期严格催收，否则果断断货。

6. 库存管理有学问，积极疏导客户库存

其实，库存管理不当，滞销产品大量积压在客户仓库里，往往是客户拖欠货款的一大原因。试想，货没销出去，客户怎么肯给钱呢？所以说，要使得收款顺利，必先做好库存的管理工作。首先，要争取下单的准确性，多发畅销产品，少发滞销产品，保证货流畅通。其次，要力争库存产品结构、数量的合理性，以减少不合理的渠道库存压力。在产品结构和数量上实行优化策略，保障优势畅销产品的库存数量，同时下决心淘汰滞销产品，切忌贪大求全、眉毛胡子一把抓的“全品项分销”行为，否则，收获的将是没完没了的退货和投诉。第三，加强库存的跟踪管理，利用调货、退货、打折、促销等手段，及时帮助客户解决诸如积压、滞销、过时和临期的产品，以扫清货款回收障碍。

7. 了解客户的结算习惯，提高收款成功率

如果企业没有抓住客户的结算规律和各种周期，企业的应收账款回笼计划就会十分被动，因为客户的结算周期往往与你的预期是相冲突的。企业的业务员每次去客户处收款，总是“不巧”，客户经销商账上的钱刚好给别的公司拿走了。解决策略：

（1）尽可能全面地了解经销客户的经营状况、进货周期、结账周期关键是，你要争取比其他企业领先一步拿到应收的账款。因为大多数客户的资金周转都不会十分宽松，别的企业能挤进头班车，你就只能等末班车了。

（2）以诚待人。不要为了讨债而去收款，而是协助客户一起去经营好其货款，这才是降低企业呆账坏账的根本所在。纯粹的讨债者是不可能与商人合作成功的。

（3）信守诺言，养成“说到做到”的好习惯。在与客户平时的交往中，就做出规矩：“我决不食言，你也应说话算数。”虽然开始时，动机不一定完全是为了货款，但当真正涉及到收款时，这对客户就是一种无形的压力。反之，如果企业自已经常食言，那么别人也会这样对待你。

（4）在平时就多多关心客户，不要等到收款时，才想起他们。例如，在每次账款周期到来之前，象征性地帮助客户去回收几笔他的应收款，会对你的收款工作带来积极的作用。

（5）适当地与客户的财务人员搞好关系，虽然他们对产品销量没什么直接贡献，但你如果也能够像关注客户的业务经理那样，经常想到他们的财务主管，其效果往往在关键的时刻就能呈现出来。

8. 新客户交易额不能太大，并要求第三方担保

对新客户或没有把握的老客户，无论是代销或赊销，交易的金额都不宜过大。宁可自己多跑几趟路，多结几次账，多磨几次嘴皮，也不能图方便省一事，把大批货物交给对方代销或赊销。须知欠款越多越难收回，这一点非常重要。很多销售人员都有这样的经验：有些新客户，一开口就要大量进货，并且不问质量，不问价格，不提任何附加条件，对卖方提出的所有要求都满口应承，这样的客户风险最大。

企业可以要求客户在发生应收款之前，寻找第三方（或上级单位）担保，其担保书最好能伴以相应的公证手续。这样做，在未来发生货款纠纷时，你至少还能找到一位相应的相关债权人，以减少呆账坏账的可能性。同时，这对客户本身来说也是一种信用约束。

9. 随时关注客户的信用变化，提高应变能力

通过分析能反映客户信用状况的所有资料，包括近期财务报告、银行信用等级、销售数据材料、付款历史等信息，对已发生的应收账款实施监控，同时关注客户经营情况变化，一有风吹草动，立即采取行动。企业应设置信用审核员对每张订单进行审核，看其欠款期限、支付方式等是否符合规定。如有异常，立即采取措施。财务人员要准确记录每一笔业务账款，采用账龄分析表来分析账款情况，如表 7-2 所示。

表 7-2 客户账龄分析表

________年________月________日					
客户名称	金额	1～30 天	31～60 天	61～90 天	91 天以上

10. 跟进市场管理，为客户也为自己

帮助分销商销货，其实也是应收账款管理工作的一部分，正所谓“功夫在诗外”。业务员积极协助客户解决市场问题，包括窜货、乱价、投诉等，理顺分销结构和价格层次，维护渠道的持续健康发展，使得货畅其流，这就是业界流行的“助销”模式。客户销售顺畅，利润滚滚而来，这时就算你不收货款客户都催你收了。当然，“助销”模式还包含理念培训、推广筹划、客户关系、费用支持等多方面的内容，它是企业综合销售管理能力的集中体现。“助销”模式贯彻执行得越好，对企业回收货款就越有利。

六、应收账款的催收

应收账款的催收是一件艰苦而富于挑战性的工作。业务人员首先要树立良好的收款心态。因为应收账款的形成有客观因素，也有主观因素。有的应收账款是由于业务员的胆怯、软弱和碍于情面造成的。客户是利用我公司品牌赚钱的，赚钱之后交纳货款是天经地义，我们催收货款也是理所当然，不要感到不忍心，碍于情面，没有什么难为情的。然后要掌握适当的收款方法。收款是一门学问，光有胆量还不行，还必须讲究方式方法。一旦应收账款形成，必须坚决催收，形成习惯，必要时利用法律武器，坚决打击和威慑。

1. 收款注意事项

（1）账款发生后，要立即催收。据英国销售专家波特•爱德华的研究，赊销期在 60 天之内，要回的可能性为 100%；在 100 天之内，要回的可能性为 80%；在 180 天内，要回的可能性为 50%；超过 12 个月，要回的可能性为 10%。另据国外专门负责收款的机构的研究表明，账款逾期时间与平均收款成功率成反比。账款逾期 6 个月以内应是最佳收款时机。如果欠款拖至一年以上，成功率仅为 26.6%，超过两年，成功率则只有 13.6%。

（2）对那些不会爽快付款的客户，经常催收。如果业务员要账时太容易被打发，客户就不会将还款放在心，他会觉得这笔款对你来说不重要，能拖就多拖几天吧。业务员经常要账会使得客户很难再找到拖欠的理由，不得不还你的账款。

（3）对有信誉，只是一时周转不灵的客户，适当给予延期，诚信催收。并尽可能帮他出谋划策，帮他联系业务等，以诚心和服务打动客户，达到收回目的。要注意在收款完毕后再谈新的生意。这样，生意谈起来也就比较顺利。

（4）对于支付货款不干脆的客户，提前催收。如果只是在约定的收款日期前往，一般情况下收不到货款，必须在事前就催收。事前上门催收时要确认对方所欠金额，并告诉他下次收款日一定准时前来，请他事先准备好这些款项。这样做，一定比收款日当天来催讨要有效得多。

（5）对于付款情况不佳的客户，直截了当催收。一碰面不必跟他寒暄太久，应直截了当地告诉他你来的目的就是专程收款。如果收款人员吞吞吐吐、羞羞答答的，反而会使对方在精神上处于主动地位，在时间上做好如何对付你的思想准备。

（6）为预防客户拖欠货款，明确付款条款。在交易当时就要规定清楚交易条件，尤其是对收款日期要作没有任何弹性的规定：例如，有的代销合同或收据上写着“售完后付款”，只要客户还有一件货没有卖完，他就可以名正言顺地不付货款；还有的合同或收据上写着“10 月以后付款”，这样的模糊规定今后也容易扯皮。双方的约定，必须使用书面形式（合同、契约、收据等），并加盖客户单位的合同专用章。

（7）到了合同规定的收款日，上门的时间一定要提早，这是收款的一个诀窍。否则客户有时还会反咬一口，说我等了你好久，你没有来，我要去做其他更要紧的事，你就无话好说。登门催款时，不要看到客户处有另外的客人就走开，一定要说明来意，专门在旁边等候，这本身就是一种很有效的催款方式。因为客户不希望他的客人看到他的债主登门，这样做会搞砸他别的生意，或者在亲朋好友面前没有面子。在这种情况下，只要所欠不多，一般会赶快还款，打发你了事。

（8）如果客户一见面就开始讨好你，或请你稍等一下，他马上去某处取钱还你（对方说去某处取钱，这个钱十有八九是取不回来的，并且对方还会有“最充分”的理由，满嘴的“对不住”），这时，一定要揭穿对方的“把戏”，根据当时的具体情况，采取实质性的措施，迫其还款。

（9）如果只收到一部分的货款，与约定有出入时，你要马上提出纠正，而不是要等待对方说明。如果你的运气好，在一个付款情况不好的客户处出乎意料地收到很多货款时，就要及早离开，以免他觉得心疼。

（10）在催讨欠款时要发挥“缠”的功夫，不能轻言放弃，步步进逼，不达目的不罢休，也不能相信客户的“苦经”，不能客户一诉苦就心软，可调动群体的力量帮助催收。比如，可考虑从客户的家人、同学、朋友入手开展公关，形成催收压力。

2. 应收账款的催收方法

对于应收账款的催收，做过销售的业务人员都有颇多心得，特别是在中国市场做销售，因为经营环境的原因，企业间信用度很低，货款拖欠严重，应收账款的催收成为考验企业经营的一大难题。通过与企业经理人的深度访谈，根据企业实战经验总结出一些催收货款的有效方法，供大家学习和参考：

（1）了解客户的结算周期及时催收——要知道客户结算的规律，了解客户账户上什么时候有钱，有的放矢，提高收款效率。

（2）利用第三方施加压力催收——坐在老总办公室，尽量找机会跟老板的客人和员工聊天说明收款来意，声音越大越好，给老板施加心理压力，有助于催收。

（3）做好前期准备工作提前催收——包括与仓库和财务对账、开好发票、结清费用和做一些相关部门、人员的公关工作，到收款时老板找不到什么理由拒绝。

（4）不要怕催款会失去客户——有的业务员怕催收货款，怕影响客情关系，实际上，通过催收，加强业务交流和感情交流，直截了当解决问题，形成良好习惯，对业务开展和客情关系还有好处，权当是创造与客户沟通的机会。

（5）可化整为零、高频次小金额催收——有的客户因为经营不好，资金困难，不能一次付清，这时可以一次收一点，别指望一次收齐，别拒绝小金额回款。

（6）必要时敢于断货逼对方付款——如果经销商老是拖欠货款不还，厂家可以采用断货的策略。厂家怕断货，怕影响销量，经销商经常利用这种心理在旺季欠款，其实，商家更怕断货，不但影响销量和利润，还要承担来自大型零售商的断货罚款。

（7）必要时找对方上级领导——收款时业务员经常受到对方基层办事人员的刁难，往往是“小鬼难缠”，如果太过分，我们又在理，不妨直接找对方上级领导说说（如在一些大型零售企业可找财务总监），也许会收到很好效果，下次就不敢再刁难了。

（8）必要时以货抵债或退货调货——如果发现你的客户经营不善，面临倒闭的风险，必须在了解经营状况后，采取以货抵债或退货调货措施以减少损失，千万别拒绝。

（9）如果经过多次催讨，对方还是拖拖拉拉不肯还款，千万不能放弃，而且要开动脑筋，采用一些非常规的手法灵活催收；或者要得知对方手头有现金时，或对方账户刚好进了一笔款项时，就立刻赶去，逮个正着。

（10）必要时提出诉讼或追债威胁——如果对方实在是恶意赖账，首先要表明态度，强调诉讼或追债的决心，逼对方就范。实际上，每个公司都不希望卷入官司，可以先请律师发律师函或委托追债公司知照对方，先礼后宾，必要时提起诉讼或委托追债公司追债。

当然，仁者见仁，智者见智，每一个企业、每一个业务人员都要根据自己的实际情况，采用不同的收款方法，最终的目标是把账款收回来才是硬道理。

任务6　讨论渠道“助销模式”

一、什么是“助销模式”

“助销模式”是宝洁率先提出来的一种销售管理模式，旨在通过人、财、物、技术、管理资源的投入，帮助经销商发展生意、拓展业务、管理市场的一种渠道运作理念和销售管理模式。“助销模式”是宝洁公司的“秘密武器”，它的指导思想是“帮助经销商发展生意”。

“经销商即办事处”是宝洁公司的一句口号，但这不是一句普通的口号，它是宝洁公司对助销理念通俗化、形象化的理解。它意味着：宝洁公司的一切市场营销、管理工作均以经销商为中心；一切终端铺货、陈列等工作，必须借助经销商的力量。它更意味着：宝洁公司视经销商为密切合作伙伴的同时，更视之为公司的下属分销机构，通过实施“助销模式”，终端商场实际上掌握在宝洁公司的手中。

全面支持、管理、指导并控制经销商是宝洁公司助销理念的核心。宝洁公司每开发一个新城市市场，原则上只找一家经销商（大城市一般2-3 家），派驻一位厂家代表。该厂家代表的办公场所就设在经销商营业处，肩负全面开发管理该区域市场的任务，其核心职责是管理经销商及经销商下属的销售队伍。宝洁公司要求经销商组建宝洁产品专营小组，由厂家代表负责该小组的日常管理。专营小组一般由10人以上组成，具体又分为针对大中型零售店、批发市场、深度分销三个销售小组。每个销售人员在给定的目标区域、目标客户范围内，运用“路线访销法”开展订货、收货、陈列、POP 张贴等系列活动。为了提高专营小组的工作效率，一方面宝洁公司不定期地派专业销售培训师前来培训，内容涉及公司理念、产品特点、谈判技巧等各个方面，进行宝洁“洗脑式”培训；另一方面，厂家代表必须协同专营小组成员拜访客户，不断进行实地指导与培训。同时，为了确保厂家代表对专营小组成员的全面控制管理，专营小组成员的工资、奖金，甚至差旅费、电话费等全部由宝洁公司负责发放。厂家代表依据销售人员业绩以及协同拜访和市场抽查结果确定小组成员的奖金额度。宝洁公司还要求经销商配备专职文员以及专职仓库人员，工资、奖金亦由宝洁公司承担。为了改善专卖场陈列，宝洁公司一方面要求小组成员通过良好的客情，免费争取到产品的最佳陈列位、最佳陈列面；另一方面将专项陈列费、买位费及进场费提供给各大卖场，以确保在大卖场的最佳陈列。

在支持经销商专营小组管理和大卖场陈列费用的背后，是宝洁公司各管理部门之间严谨的分工合作。宝洁公司八大核心管理部门中，就有销售部、市场部、市场研究部、人力资源部四个部门与经销商终端联络极其密切。特别是市场部，是宝洁公司营销的灵魂，各种渠道推广方案的制定，各种陈列费、促销费的分配均由该部门负责。在助销理念指导下，制定经销商支援、渠道奖励、陈列奖励等各项政策，厂家代表通过全面控制经销商下属的宝洁产品专营队伍，高效执行各种销售方案，以实现分销渠道网络的最大化覆盖、最佳销售陈列效果。总之，通过组建宝洁产品专营小组，宝洁公司基本上掌控了渠道及终端销售网络，实现了对渠道的“软控制”。

作为一种渠道运作理念，它体现了宝洁“一切以消费者为中心”，帮助客户成长的营销战略思想，希望通过完善销售过程的服务，建立伙伴型厂商关系，提高客户关系管理水平。作为一种销售管理模式，则体现了宝洁把经销商当作自己销售队伍的一种延伸，作为自己分销战略的一个重要组成部分，希望通过输出管理、输出人才以帮助经销商提高分销效率，增强竞争力，同时掌控整个市场。由此，宝洁干脆把自己的“销售部”改名为“客户生意发展部”，以表明宝洁帮助客户成长的决心。

二、宝洁的“助销模式”是一种服务型模式

宝洁提出了“经销商即办事处”的口号，将自己的办事处建立在经销商公司内部，以缩短和经销商之间的距离，加强沟通与协作，提高服务和管理效率。这不是一句简单的口号，它是宝洁公司助销理念的通俗化、形象化的落实。它意味着，宝洁公司的一切市场销售、渠道管理工作都要以经销商为中心，以服务、指导、协助经销商生意发展为准则；一切终端铺货陈列工作，必须依托经销商的力量。它更意味着，宝洁公司视经销商为密切合作伙伴的同时，更视之为公司的下属销售机构。所以，全面支持、管理、指导并协助经销商，是宝洁公司“助销模式”的基本内容，其服务特性体现在以下几个方面：

（1）协助经销商进行市场开发。包括开发新的网点，寻找新的客户，特殊通路的开发，重点零售终端的进入和谈判，客户拜访，铺市陈列，促销等。

（2）协助经销商进行营销策划。包括市场的整体规划、产品价格的定位、通路层次的划分、价格策略的制订和实施、促销活动的策划和开展，品牌的推广，品类管理等。

（3）协助经销商进行队伍建设。包括销售人员的招聘、培训、工作分工、目标确定、过程管理，绩效考核，薪资激励，团队建设等。

（4）协助经销商进行市场管理。包括价格维护，区域划分，冲货问题，应收账款，顾客投诉，费用控制等，还包括铺市、理货、促销的过程监督管理。

（5）为经销商提供必要的市场支持。包括提供质优畅销产品，提供人员支持，提供通路费用支持，提供广告促销活动支持等。

（6）加强双向沟通，增进厂商客情。销售代表应在政策允许的范围内为经销商谋利益，他们是厂商之间联系的桥梁和纽带，需要加强沟通，减少误解和摩擦，增进客情，实现高效率。

但我们在实施“助销模式”的过程中，必须避免一种误区：包办和依赖。厂家的职责是帮助经销商提升和发展，要注意培养经销商的理念和锻炼经销商的队伍，这是“助销”的实质，切忌越俎代庖，为经销商包打天下，否则就失去了“助销”的意义。

三、宝洁的“助销模式”更是一种控制型模式

宝洁公司每开发一个新城市市场，原则上只找一家经销商，派驻一位厂家代表。该厂家

代表的办公场地就设在经销商的营业处，肩负全面开发管理该区域市场的任务，其核心职责是管理经销商及经销商下属的销售队伍，以达到开发和控制整个区域市场的目的。

宝洁公司要求经销商组建宝洁产品专营小组，由厂家代表负责该小组的日常管理。专营小组构成一般不超过10人，具体可分为针对大中型重点零售店（KA）、批发市场、深度分销三个销售小组。每个销售人员在给定的目标区域、目标客户范围内，运用“路线访销法”开展订货、收款、陈列、POP张贴等系列销售活动。厂家代表必须协同专营小组成员拜访客户，不断进行实地指导和培训。同时，为了确保厂家代表对专营小组成员的有效控制，专营小组成员的工资、奖金、差旅费、福利费等全部由宝洁公司负责发放。厂家代表依据销售人员的业绩，以及协同拜访和市场抽查的结果，确定小组成员的奖金额。宝洁还要求经销商配备专职文员以及专职仓库管理人员，工资、奖金及福利仍由宝洁公司承担。通过组建宝洁产品专营小组，宝洁公司基本掌控了终端网络。

宝洁公司通过协助经销商制订各种营销方案，提供专业销售培训，提供市场费用支持等手段，以实现最佳的铺市陈列、最大的销量和网络覆盖。通过厂家代表、专营小组的共同努力，宝洁将其控制市场的无形之手延伸到了零售终端，牢牢控制了经销商，控制了整个市场。可以说，宝洁是通过控制策略、控制过程、控制终端进而控制了经销商，通过“帮助经销商一影响经销商一控制经销商”掌控了整个市场。这时的厂家代表扮演的则是“特派员”、“市场总监”的角色。因此，我们说，宝洁的“助销模式”更是一种控制型模式。

1. 宝洁通过输出优质产品和服务实现基本控制

产品和品牌是厂家渠道控制力的根本要素，通过向经销商提供富有影响力的品牌和优质畅销的产品，是实施渠道控制的最基本的形式，宝洁通过打造强有力的品牌，通过研发多个系列适销对路的产品牢牢地控制着渠道，控制着经销商和消费者。同时，宝洁通过“助销”为经销商提供增值服务，为经销商直接创造效益，增进了客情，把厂家与经销商的利益紧紧地联系在一起，相互依存，实现了共赢，同时达到了无形且有效的控制。

2. 宝洁通过参与营销策划和队伍建设实施理念和文化的控制

中国市场发育较晚，大多数经销商半路出家，且文化素质不高，缺乏营销及管理的专业知识，因而最需要也最喜欢厂家提供的人员培训、团队建设、营销筹划和经营管理等方面的智力支持。宝洁的代表通过经常性的专业销售培训和营销个案策划，不断地向经销商及其销售人员灌输宝洁的市场理念、经营策略和管理方法，潜移默化地影响经销商的思路和行为，久而久之，经销商的思路和行为就会逐渐的与宝洁理念趋于一致，这就是宝洁“助销”所追求的效果。而这种通过培训和参与，改造经销商的观念和行为的过程，就是一种理念和文化控制的过程，是一种极其高明的控制策略。

3. 宝洁通过参与市场开发和市场管理进行销售过程的控制

宝洁的代表自始至终参与到经销商生意的各方面、全过程，包括网点的开发、客户的拜访、重点终端的业务谈判、送货、收款、售后服务等，他们对经销商的生意了如指掌，对自己产品的流向及销售状况一清二楚，特别是宝洁的专营小组，可以说，完全掌控了宝洁产品在该区域的分销网络，包括特殊通道，此种情况下，经销商只能按照宝洁的思路积极配合，没有其他选择，如果经销商不配合，宝洁会轻而易举地把原有的业务和网络交给新的经销商，实现平稳过渡，这就是宝洁“助销模式”控制性的力量。

4. 宝洁通过加强信息反馈和客户关系管理达到信息控制和软控制

宝洁非常重视对消费者的研究，特别注意对消费者需求信息的收集、整理，每年花大量的人力物力在消费者研究上，以期了解消费者需求的变化以及经销商、竞争对手的状况，所以宝洁遇事往往能够做出迅速的反应和有力的决策。而宝洁能够作到这一点，依靠的是其成熟的客户关系管理（CRM）技术，即运用现代信息技术，进行市场信息的收集、加工、整合，通过信息共享，优化业务流程，提高分销效率，实现厂商双赢和共同发展。因为只有建立在相互支持和共同发展基础上的厂商关系才是最牢靠的，而宝洁就是利用客户关系管理（CRM）技术，实现了对经销商，甚至对整个渠道的有效控制和软控制。

核心概念

渠道权力（Channel Power）
渠道控制（Channel Control）
渠道领袖（channel Chief）
反控制（Anti-Control）
控制力（power of Control）
应收账款（an Account Receivable）
助销模式（Assistant Sales Model）

训练题

思考题：

1. 什么是“过程控制”？它有什么现实意义？
2. 怎样理解渠道控制的实质及其未来趋势？
3. 企业可以通过哪些方式提高渠道控制力？
4. 应收账款问题对企业意味着什么？防范的关键何在？
5. 怎样理解“助销模式更是一种控制型模式”？

实训设计：

1. 让学生去查询哪些企业是厂家自建渠道，哪些企业是商家自创品牌？以小组为单位准备，制作成 PPT，然后安排一节课时间上台展示。在老师的指导下讨论：厂家为什么要自建渠道？商家为什么要自创品牌？具体问题具体分析。

2. 应收账款的催收是一个很困难的问题，特别难以跨过心理关，可以模拟公司场景，让学生扮演公司老板、财务经理和业务员，演练催收账款的过程、语言、动作及心理与行为，锻炼学生催款的胆量和技能。角色可以互换，交替演练。

综合案例分析

娃哈哈是如何控制渠道的？

娃哈哈集团公司2008年的销售收入超过320亿元，连续11年领跑中国饮料行业，成为中国饮料业当之无愧的江湖老大。娃哈哈的每项产品技术含量都不高，不存在技术壁垒，但它却步步领先、一枝独秀，为什么？这与其牢不可破的分销网络密切相关。而分销是企业最难控制和管理的内容，特别是窜货问题，它是所有企业面临的共同难题，被称为分销渠道的一个“顽疾”。娃哈哈也曾出现过严重的窜货现象，现在却基本上得到了控制。那么，娃哈哈是怎样整治分销渠道的这个“顽疾”呢？从它的管理制度和实际操作中我们可以看出娃哈哈手握着对窜货极具杀伤力的“十把利剑”。

一、实行双赢的联销体制度

娃哈哈在全国31个省市选择了1000多家能控制的经销商，组成了几乎覆盖中国每一个乡镇的联合销售体系，形成了强大的销售网络。娃哈哈采用保证金的方式，要求经销商先打预付款。打了保证金的经销商，与娃哈哈的距离大大拉近，极大地改变了娃哈哈的交易组织。娃哈哈公司董事长兼总经理宗庆后称这种组织形式为“联销体”。经销商交的保证金也很特别，按时结清货款的经销商，公司偿还保证金并支付高于银行同期存款利率的利息。宗庆后说：“经销商打款的意义是次要的，更重要的是维护一种厂商之间独特的信用关系。我们要经销商先付款再发货，但我给他利息，让他的利益不受损失，每年还返利给他们。这样，我的流动资金十分充裕，没有坏账，双方都得了利，实现了双赢。”娃哈哈的“联销体”以资金实力、经营能力为保证，以互信、互助为前提，以共同受益为目标指向，具有持久的市场渗透力和控制力，并大大激发了经销商的积极性和责任感，这些对防止窜货具有重要意义。

二、实行级差价格体系

娃哈哈现在的销售网络构成是公司—特约一级经销商—特约二级经销商—二级经销商—三级经销商—零售终端。如果娃哈哈不实行严格的价格管理体系，由于每个梯度都存在价格空间，这就为重利不重量的经销商窜货提供了条件。特别是如果特约经销商自己做终端，就可获得丰厚的利润。为了从价格体系上控制窜货，保护经销商的利益，娃哈哈实行级差价格体系管理制度。娃哈哈为每一级经销商制定了灵活而又严明的价格，根据区域的不同情况，分别制定了总经销价，一批价，二批价，三批价和零售价，在销售的各个环节上形成严格合理的价差梯度，使每一层次、每一环节的经销商都能通过销售产品取得相应的利润，保证各个环节有序的利益分配，从而在价格上堵住了窜货的源头。

三、建立科学稳固的经销商制度

选取合适的经销商，规范经销商的市场行为，为经销商营造一个平等、公正的经营环境，对于防止窜货是十分重要的。娃哈哈对经销商的选取和管理十分严格。近年来，娃哈哈放弃了以往广招经销商、来者不拒的政策，开始精选合作对象，筛出那些缺乏诚意、职业操守差、经营能力弱的经销商，为防止窜货上了第一道保险。娃哈哈虽然执行的是联销体制度，但企业与经销商之间是独立法人关系，所以娃哈哈和联销体的其他成员签订了严明的合同。在合同中明确加入了“禁止跨区销售”的条款，将经销商的销售活动严格限定在自己的市场区域范围之内，并将年终给各地经销商的返利与是否发生窜货结合起来，经销商变被动为主动，积极配合企业的营销政策，不敢贸然窜货。娃哈哈的政策使他们意识到：市场是大家的，品牌是厂商共有的，利益是共同的，窜货会损害双方的利益。

四、全面的激励措施

很多厂家将销量作为返利的唯一标准，销量越多，返利越高，导致那些以销量为根本，只赚取年终返利就够的经销商不择手段地向外“侵略”。娃哈哈也有返利激励，但不是单一的销量返利，而是采取包括间接激励在内的全面激励措施。所谓间接激励，即通过帮助经销商进行销售管理，以提高销售效率和效果来激发经销商的积极性。比如，娃哈哈各区域分公司都有专业人员指导经销商参与具体销售工作；各分公司派人帮助经销商管理铺货、理货及广告促销等业务。与别的企业往往把促销措施直接针对终端消费者不同，娃哈哈的促销重点是经销商，公司会根据一定阶段内的市场变动和自身产品的配备，经常推出各种各样针对经销商的促销政策，以激发其积极性。对一个成熟的经销商而言，他更希望长期稳定的合作同盟和收益来源，加上娃哈哈“无偿”地全力配合销售，总部各项优惠政策可以不打折扣地到位，有哪个经销商愿意用窜货来破坏这种和谐难得的合作关系呢？

五、产品包装区域差别化

在不同的区域市场上，相同的产品包装采取不同标识是常用的防窜货措施。娃哈哈和经销商签订的合同中给特约经销商限定了严格的销售区域，实行区域责任制。发往每一个区域的产品都在包装上打上了一个编号，编号和出厂日期印在一起，根本不能被撕掉或更改，除非更换包装。比如，娃哈哈 AD 钙奶有三款包装在广州的编号是 A51216、A51315、A51207。这种产品包装差异化能较准确地监控产品的去向。企业营销人员一旦发现了窜货，可以迅速追踪产品的来源，为企业处理窜货事件提供真凭实据。

六、企业控制促销费用

有的企业按销量的百分比给经销商提取促销费用，销量越大，可供经销商支配的促销费用也越多；有的企业让营销人员控制促销费用。经销商和营销人员将厂家拨给的促销费用是否全部用以推广，其实厂家难以掌控，因而一些经销商和企业的营销人员往往从促销费用中拿出一部分钱用于低价窜货把销量做上去。因此，促销费用由经销商和营销人员掌握，变相为低价位，造成新的价格空间，给经销商和营销人员窜货创造了机会。娃哈哈经常开展促销活动，但促销费用完全由娃哈哈自己掌控，从不让经销商和公司营销人员经手操作。因此，娃哈哈从促销费用管理上杜绝了窜货。

七、与经销商建立深厚的感情

厂商之间的感情对防止经销商窜货也非常重要。经销商为了自身利益，会维系这种已建立好的关系，不会轻易窜货来破坏这份感情。娃哈哈和经销商的关系非常融洽，感情深厚，有许多经销商都是与娃哈哈一起成长起来的。娃哈哈以下的一些制度和做法无疑能维持和加深与经销商的感情。

（1）对经销商信守诺言。为什么每年经销商都踊跃地向娃哈哈预交保证金，很重要的一点就是娃哈哈的承诺能够兑现，赢得了经销商的信任，这样可以防止厂家没有向经销商履行承诺或是企业没有完全按照合约执行而引起经销商不满甚至愤怒导致的“报复性”窜货。

（2）为经销商提供销售支持。公司常年派出若干位销售经理和理货员帮助经销商开展各种铺货、理货和促销工作。甚至在某些县区，当地的一批经销商仅仅提供了资金、仓库和一些搬运工，其余的所有营销工作都由娃哈哈派出的营销人员具体完成。

（3）每年举行全国联销体会议。娃哈哈总是借此热情款待每一位合作伙伴，以加深感情、巩固合作关系。

（4）把经销商当朋友。工作上是很好的合作伙伴，生活上把经销商当朋友。2002 年的春节联欢晚会，央视给了娃哈哈 20 张入场券，娃哈哈把这难得的机会给了 17 位与娃哈哈长期友好合作的经销商亲睹晚会的盛况。

八、注重营销队伍的培养

企业内部销售人员参与窜货的现象并不少见，有些营销人员由于缺乏职业道德，置企业销售政策和利益不顾，参与窜货。目前，娃哈哈在全国各地只有2000多销售人员，为什么如此少的销售人员可以帮助公司完成超过 300 多亿元的年销售额？这与娃哈哈注重营销队伍的建设和培养分不开，主要表现为：

（1）严格人员招聘、选拔和培训制度，挑选真正符合要求的最佳人选。有敬业精神、政治素质和业务能力的，不论资历均可破格提升担任一定职务；对能力弱、素质差或不受欢迎的职工，重新培训达不到要求的实行淘汰。

（2）在企业中营造一种有利于人才发挥所长的文化氛围。娃哈哈的发展史，是一部不断尊重员工、尊重人才、提高凝聚力的历史。

（3）制定合理的绩效评估和奖罚制度，真正做到奖勤罚懒，奖优罚劣。定期对营销人员进行考核，一发现违纪行为，立即严肃处理。

（4）实施关心人、理解人、体贴人的情感管理。公司不但注重人尽其用，还非常关心员工的生活。例如，不定期举办“千人演唱会”、“职工运动会”、“千人大旅游”等活动，体现企业“大家庭”氛围，增强员工归属感。

九、制定严明的奖罚制度

面对窜货，娃哈哈有严明的奖罚制度，并将相关条款写入合同中。很多企业窜货之所以控制不了，一个很重要的原因就是厂家对经销商心慈手软，有许多经销商是多年老客户，一时下不了狠心。可娃哈哈不理这一套，对越区销售行为，严惩不贷，决不讲任何情面，娃哈哈在处理窜货上的严格，为业界罕见。年底时，对于没有遵守协议的经销商，公司将扣除其保证金以支付违约损失，情节严重的甚至取消经销资格。在保证金的约束和公司严厉处罚下，经销商决不敢轻举妄动。

十、成立反窜货机构

娃哈哈专门成立了反窜货机构，巡回全国，严厉稽查经销商的窜货和市场价格，严格保护各地经销商的利益。娃哈哈把制止窜货行为作为日常工作常抓不懈，反窜货人员经常检查巡视各地市场，及时发现问题并会同企业相关部门及时解决。有时宗庆后及其各地营销经理也经常到市场检查，重点要看的便是商品上的编号，一旦发现编号与地区不符，便严令彻底追查，一律按合同条款严肃处理。

资料来源：www.51test.net，2009 年 2 月 10 日

问题讨论：

1. 娃哈哈怎样进行渠道“硬控制”和“软控制”的？
2. 你认为娃哈哈的渠道控制策略中哪些值得推广？为什么？

项目八　渠道冲突解决

知识点

1. 渠道冲突的概念与类型
2. 渠道冲突的根源及实质
3. 渠道冲突的表现形式
4. 渠道竞争向竞合的转化

技能点

1. 对渠道冲突利弊的辨证分析
2. 渠道冲突的处理策略与方法
3. 窜货及其治理的操作方法
4. 渠道伙伴关系建立的方法

【案例导入】

樱花卫厨利用“渠道冲突”启动上海市场

渠道冲突是每个企业都希望能避免的现实。然而有些企业却以冲突作为手段来启动市场，当品牌有一定影响力时再进行渠道盘整并对市场严加管控进行区域精耕而成为市场的领导品牌。

樱花卫厨是一家专业从事厨卫电器生产和销售的台资企业，主要产品为燃气热水器、油烟机、灶具等。为了打开上海市场的局面，负责该区域销售的高经理在对上海市场进行了几个月的实地市场调研后，制定了利用“渠道冲突”启动上海市场的攻克计划。

第一步：广泛撒网，网点为先

高经理一改为避免渠道的冲突而详细规划各区域的网点数量、网点的性质组合、规定网点基本条件的渠道管理策略，大胆执行对所有业务人员的考核除了销量额之外，将网点开发数量作为重要的考核指标的策略。不管客户是哪种性质和处在哪个区域，只要能销售樱花公司产品的都可以成为销售网点。短短几个月时间与公司签约并进行实际交易的网点客户几乎翻了一番。

第二步：营造渠道冲突的条件，广告造势，加大销量

网点数量的快速成长带来了销售量的成倍增加，而由于网点的密集性与公司刻意造成的市场的无序状态，渠道间开始产生冲突，零售价格战也开始越演越烈，价格战的硝烟又吸引了更多消费者的购买。加上随处可见的终端形象与由于销量增加后广告投入的加大，樱花品

牌快速崛起成了上海市场的知名品牌。

第三步：渠道盘整，新品跟进

当价格战打到利润空间太小，终端网点销售的积极性开始下降并且一些重点商场找到上海分公司要求公司立即进行市场整顿否则就停止合作的时候，这场价格战的谋划者——樱花开始了声势浩大的渠道盘整行动。

早在网点开拓的时候，高经理就开始进行各终端资源情况的调查与分级了，经过销售高峰价格战的洗礼，各终端网点和特殊渠道的经营能力与背景情况更是有了肯定的把握。公司就势召开了“上海区域经销商暨新产品上市推广会”，会议邀请了事先已进行了洽谈的目标客户。在会上，公司宣布了新的一年确保经销商的利益并重振其信心的上海市场经营计划，主要内容包含精简渠道网点、统一价格、严禁窜货和价格管控的相关措施，对违反价格规定者给予严厉的处罚直至取消其经销资格。会上新推出的十几款功能和造型升级的产品让经销商满怀信心，而新产品的利润和政策保障措施使经销商吃了定心丸。

接下来的行动就按照原先预定的计划进行了，对一些小网点或不能满足公司要求的网点停止了供货，对原先价格已乱的机型进行了集中处理，对恶意降低零售价的客户毫不留情的进行了处罚。经过一段时间的渠道盘整与市场整顿，樱花的渠道和网点又重新焕发了生机。通过战略性的渠道调整和投入新品策略，樱花卫厨（中国）有限公司成功地启动了上海市场，并取得了巨大的成功。

资料来源：http://www.4oa.com/office/753/968/200512/95742.html

任务1　认识渠道冲突及其类型

一、什么是冲突

按照辞典的解释，冲突指的是“矛盾表面化，发生激烈争斗”。而我们所处的这个世界，恰恰是充满了矛盾变化、充满了激烈争斗的。当潜在的矛盾公开化，就预示着冲突的发生。世界上的冲突发生频繁，大到国际争端、小到私人恩怨，真是剪不断、理还乱。然而，冲突必有原因，它的产生、发展和解决是有一定规律可循的。

1. 冲突无处不在

现实生活中，冲突是无处不在、无时不有的。尤其是在管理活动中，冲突的出现更为频繁、剧烈。试想，如果所有成员都能为着一个共同的目标而和谐一致、按部就班地奋斗，那么大量复杂艰巨的沟通和协调工作也就无从谈起，管理者的工作恐怕要减轻一大半了。

按照传统意义上的理解，冲突一般都是对抗性、竞争性的、总是以一方胜利、另一方失败而告终，甚至往往出现两败俱伤的后果。因此无论何时何地，出现冲突总不是件好事。对企业来说，虽然日常的冲突不至于发生流血、减员，但它无疑会使组织出现严重的“内耗”，导致战斗力减弱。

2. 冲突的两面性

发生冲突虽然不是什么好事，但它同样也有其积极的一面，冲突有时可以激发活力，转化为使事物发展的动力。组织内部的潜在矛盾转化为冲突，总比它被长久地掩盖起来要好。任何事物总是在斗争中得以成长的，如果对冲突处理、引导得当，很可能就会使它转化为组织发展与变革的动力，并达到更新观念、拓展事业的效果。尤其是当外界环境发生重大动荡、或者组织面临变革转型阶段的时候，就难免会有代表不同利益的群体产生冲突。也许冲突的产生正是组织发展的必经阶段。由此可见，冲突对于组织来说，也是有利有弊的，不可一概而论。从积极的意义上讲，适度冲突可以激发渠道成员的竞争意识，促进创新。企业可以有意识设计一些良性冲突因子，作为其渠道经营策略的一部分，以增加渠道活力和竞争力。

因此，企业应该以积极的态度面对冲突，有时还要设计和利用冲突进行管理，对待不同性质的冲突的处理方式也应有所差异。为了正确对待冲突，我们必须首先区分冲突的类型，了解冲突产生的原因，然后才能采取有效的措施处理冲突。

二、什么是渠道冲突

冲突无时不在，冲突无处不有。分销渠道管理过程充满矛盾和冲突，让企业头疼，让企业困惑，对此，企业间的认识、态度和处理方式体现出差异，有的听任冲突，有的害怕冲突，有的能够有效利用冲突。我们别指望回避冲突，更别指望从根本上消灭冲突，没有可能也没有必要，因为矛盾普遍存在，矛盾无时不有，矛盾还是事物发展的动力。当然，恶性冲突是一种破坏性的力量，必须坚决制止，而良性冲突则是渠道运动和发展的动力，必须加以利用。

1. 渠道冲突的界定

渠道冲突是指渠道成员之间因为利益关系产生的种种矛盾和不协调。例如，相互冷战、互相要挟、拖欠货款、要条件要政策、跨区域窜货、相互报复、相互压价乱价等。渠道冲突的主体可能是所有渠道成员，包括制造商、经销商、代理商、批发商、终端零售商、消费者等；渠道冲突的程度包括激烈冲突（直接对抗）、冷战（不协调、排斥）；渠道冲突的根源是利益问题（对经济利益和渠道权力的争夺）。

2. 渠道冲突管理理论

销售管理的实质是利益管理，即利益分配。渠道成员之间始终处于一种利益博弈状态，渠道冲突不可避免。目前，渠道成员趋向于在大分销链中实现专业化、功能化分工；供应商专注于生产制造和全国性促销；分销商专注于销售、分销和地区性促销。任何渠道成员都不可能独自完成渠道所有功能，都需要依靠其他环节的功能，从而使得渠道成员之间产生相互依赖。渠道链中的各个环节独立运作，各自追求最大个人利益，如果整个渠道缺乏统一协作指导，就很容易爆发渠道利益冲突。

渠道冲突的基础在于渠道成员之间具有相互利益关系。因为渠道每个环节都是尽可能最大限度的自主经营者，对渠道内部相互独立的业务实体来说，他们既希望实现渠道协同作业，又希望实现最大限度的自主经营，其行为背后也存在着多种利益动机，因此，冲突就时有发生。

值得注意的是，冲突和竞争往往被混淆。实际上，良性的竞争行为本质上是有利于渠道目标实现的，它是建设性的，也不是针对个人的意气之争。相反地，冲突本质上是敌对性行为，它是破坏性的，是非常直接的意气之争。

三、渠道冲突的类型

（一）按照冲突具体形式的不同分类

渠道冲突的形式可分为 4 种：水平渠道冲突、垂直渠道冲突、不同渠道间的冲突和同质冲突，如图 8-1 所示。

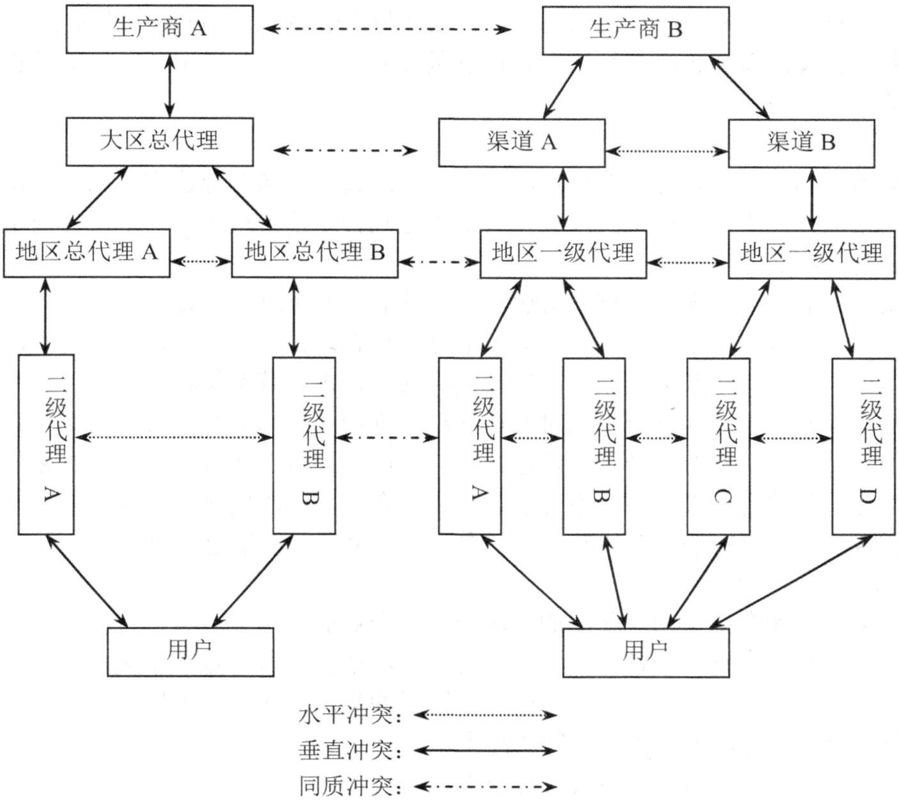

图 8-1　渠道冲突类型图示

1. 水平渠道冲突

水平渠道冲突，也称横向渠道冲突，是指存在于渠道同一层次的成员之间的冲突，主要是分销商之间、批发商之间及零售终端之间的冲突。

典型的分销商之间的冲突主要表现在越区销售，即窜货（或称冲货）。所谓窜货，就是由于营销渠道中的各级代理受利益驱动，使所经销的产品跨区域销售，危害正常市场组织和经营活动，或以低价直接杀伤目标市场原已确立的价格体系，造成价格混乱，从而使其他分销商对产品失去信心，消费者对品牌失去信任的营销现象。

2. 垂直渠道冲突

垂直渠道冲突，也称为纵向渠道冲突或渠道上下游冲突，是指同一渠道中不同层次渠道成员之间的利害冲突，主要表现为生产厂商和分销商、分销商与批发商及零售终端之间的冲突。这种冲突一般情况下是在同一区域内发生。

典型的生产厂商和分销商之间的冲突表现为应收账款问题。比如原先的分销商会以拖欠或拒付货款（实行信用销售时）、要求增加市场支持、降低产品的批发价等手段来抵制和打击厂商的计划及新渠道的市场信心。

企业与分销商的冲突解决起来比较困难，因为冲突的主要原因是目标不同、利益分歧。分销商希望独家经销，并希望通过更高的毛利率、更快的存货周转率、更低的支出及更高的返利获取高额垄断利润。而企业则更愿看到分销商以更低的毛利率夺取更大的市场份额。

分销商与批发商及零售终端之间的冲突一般都与价格高低、市场支持的大小等利益相关。冲突发生时，批发商及零售终端往往会转移进货渠道，或以产品退出货架、给予较差的产品的陈列位置作为威胁。

3. 不同渠道间的冲突

不同渠道间的冲突，也称为多渠道冲突或交叉冲突，是指企业建立了两条或两条以上的渠道向同一市场分销产品而产生的冲突，其本质是几种分销渠道在同一个市场内争夺同一种客户群而引起的利益冲突。

不同渠道间的冲突在现阶段有所增加，这与以下几方面原因有关。

首先，企业在区域市场运作中存在渠道规划不尽合理，终端过于密集和交叉，导致渠道为争夺顾客而进行价格战和促销战，产生冲突。其次，市场营销策略组合单一，没有针对不同的渠道进行相应的区隔和细分，同时渠道的日常维护简单粗放等。第三，尽管企业对不同渠道的销售政策不同，对有些个别渠道进行倾斜，但是并没有在各个渠道成员之间进行良好的说明和沟通，导致有的渠道成员不理解。如果没有建立起深度协同合作的营销价值链，就会导致渠道成员在各自短期利益的驱动下各自为政，引发恶性渠道冲突。

4. 同质渠道间的冲突

同质冲突指的是在一个宏观环境的市场中一家企业的分销渠道与另一家企业的分销渠道在同一水平上的冲突。它是一种广义上的渠道冲突，往往与市场竞争相关。比如处在互相竞争中的两个零售商因为相同的市场目标而产生同质冲突。又如，一个批发商与同一层次的另一个制造商的批发商之间的竞争也是同质冲突。

（二）按照冲突具体内容的不同进行分类

1. 资源冲突

这是最常见的例子，制造商和分销商为了自己的利益，总会在渠道资源上讨价还价。渠道资源的冲突主要体现为人员支持、广告投入、促销资源分配及通路费用承担等。

2. 服务冲突

制造商将经销商看成自己的顾客，经销商将批发商看成是自己的顾客，批发商将零售商看成是自己的顾客，而零售商则将消费者或用户看成是自己的顾客。通常的做法是下游的成员将上游的成员视为服务的提供者，而自己是服务的受惠者，如零售商向制造商提出信贷支持、广告支持、SP 服务、进场费等要求。当上游成员提供的服务不一视同仁时，就会产生纵向和横向的渠道成员冲突。

3. 关系冲突

一方面由于渠道成员的规模大小不一，经验和经历的不同，会造成渠道成员的配送能力、销售能力和管理能力千差万别；另一方面，由于渠道成员代表的个人差异，如服务水准、待人接物方式、形象仪表的差异等因素，会导致渠道成员之间的相互信任、相互理解和相互帮助的差异，这就形成了渠道成员之间的关系冲突，在合作过程中形成厚此薄彼、另眼相看的情况。

4. 价格冲突

生产企业的利益出发点与零售商策略难以统一，企业在尽可能覆盖终端的竞争中只希望价格战来自于不同品牌之间，而不是来自于同一个品牌。但由于产品到达新兴终端与传统终端的物流环节、管理方式不同而使零售价格构成不同，从而形成终端的不同价格；同时由于零售终端的过于密集或交叉，导致渠道为争夺顾客而进行的价格战成为渠道的最主要冲突。

5. 促销冲突

（1）渠道类型的不同使企业与各渠道成员的利益关系不尽一致，企业在管理上很难兼顾每一个成员组织，从而形成不同终端的不一致的促销行为。

（2）由渠道成员自主开展的促销使同一品牌的市场行为在不同终端表现出不一致，造成了品牌对外宣传口径的不一致。

6. 策略冲突

企业构建多渠道组合的目的是将产品送达到每一个可能与消费者接触的终端，但由于难以对不同的渠道制定合理的策略并保持不同策略间的配合，渠道管理的策略重点无法体现出来，这表现为对长、短两种渠道的管理策略没有差异性。

7. 政策冲突

渠道策略上的模糊势必导致渠道政策上的差异和随机性，有时出现对个别渠道成员没有理由的政策倾斜，如果生产企业不能就这种政策倾斜在各个渠道成员之间进行良好的说明和沟通，则可能形成制造企业与渠道之间、渠道各成员之间的相互不理解。渠道政策冲突不仅会使一部分渠道成员失去积极性，而且严重时会造成渠道联合起来抵制企业。

8. 掌控力度冲突

以前对传统零售终端掌控力较强演变到现在对品牌专卖连锁零售终端掌控力较强，这意味着渠道的变化使企业对不同类型渠道的掌控力度发生了变化。由于掌控方向的不明确和掌控力度的不同，大多数渠道成员以各自的短期利益为目标，从而形成更为复杂的渠道冲突。

（三）按照冲突的不同性质进行分类

按照冲突的不同性质，可以将渠道冲突分为良性冲突和恶性冲突。

1. 良性冲突

良性冲突是不会对产品、市场及厂商关系造成根本影响和实质性变化的冲突形式，比如：经营权、返利、价格、促销、费用、产品等方面的冲突。良性冲突是一种渠道动力，不能害怕，不能回避，要加以利用。销售经理的职责就是解决这些冲突，并使之转化为渠道动力。

良性冲突作为一种适度冲突，从积极意义上讲，它可以激发渠道成员的竞争意识，产生创新。所以，不少厂商有意设计了一些良性渠道冲突，作为其渠道战略的组成部分，以增强渠道活力和竞争力。①利用“放水”的方式，增加固定区域内的经销商数量，人为地制造内部竞争，以降低总经销商或独家代理商的反控制力；②在自身市场占有率还不高且尚有主导品牌主宰市场时，适度的冲货可以促进市场尽早进入火爆状态，对提高市场占有率是有帮助的。操作的关键是厂家必须具有完全的控制能力及高超的驾驭技巧，否则，可能会造成市场混乱而伤害自身。

2. 恶性冲突

虽然渠道的冲突在一定程度上意味着渠道的一种活力，但更多的时候它展现的还是极具破坏性的一面。这时候的冲突就是恶性冲突，为保证对渠道的控制力和维持中间商的忠诚度，采取有效的化解措施是必要的。

恶性冲突是指会对产品、市场及厂商关系造成根本影响和实质性变化的冲突形式，如：跳楼价甩卖、跨区域窜货、恶意赖账、制假售假等。恶性冲突是一种渠道破坏力，它会影响渠道成员的销售信心，严重阻碍渠道的正常运行。

四、渠道冲突利弊分析

既然渠道冲突存在良性冲突和恶性冲突两种性质，我们应该坚持辨证的观点，客观、科学地分析渠道冲突问题，并寻找到合理的解决方案。

1. 渠道冲突的危害

在激烈的市场竞争中，许多渠道冲突都会对渠道产生不利的后果，如中间商的窜货问题、打价格战的问题、进销存的管理问题等，概括起来，渠道冲突的危害主要有如下几点：

（1）破坏渠道成员间的关系，损害双方的利益。

许多渠道成员间的冲突都是从一些微小的局部利益摩擦或认知误差产生的，如果协调不力，将可能使得冲突一方针对另一方采取严重的报复行为，如此不仅会导致冲突双方的关系由互相依存的合作伙伴变成势不两立的竞争对手，而且会使其出现明显的目标偏移，将提升渠道业绩和获取企业利益的营销目标抛于脑后，甚至可能做出不顾一切打击对方的非理智行为，最终将损害双方甚至整个渠道的整体利益。

（2）降低整个渠道的销售业绩。

在充分竞争的市场环境中，产品销售的成功需要整个渠道成员的共同努力，任何一个环节的冲突都会导致销售业绩的下降。

（3）使整个渠道的规则体系受到破坏。

在渠道建设初期，制造商通常都会制定一整套渠道成员的行为规范，借以规定中间商的权利和义务，并以此为标准对中间商予以检查和评价。规则的主要内容包括价格政策、付款方式、中间商的区域范围以及双方应提供的特定服务内容等方面。某些中间商为了获取更大的利润，常常超越规定区域进行销售或擅自压低商品价格，如果不能及时发现并制止这种行为，必将使得渠道其他成员由于担心利益受到损害而纷纷效仿，最终导致原有的价格体系、经销商区域划分规则完全崩溃。

（4）影响产品品牌在消费者心目中的地位。

对消费者来说，判断一个产品品牌价值的高低，最直观的标准应该是具备可靠的质量、稳定的价格、放心的服务、良好的口碑，而渠道成员间的恶性冲突则常常将其毁于一旦。

渠道管理中常常存在窜货现象，许多业界人士都在感叹：“货一窜，辛辛苦苦打下来的市场就被冲得七零八落。”窜货（又称倒货或冲货）主要有几种表现形式：①分公司为完成销售指标，取得业绩，往往将货销售给需求量大的同级分公司，造成分公司之间的窜货；②甲乙两地供求关系不平衡，货物可能在两地中间商之间低价抛售，走量流转；③经销商为减少损失，低价倾销过期或即将过期的产品；④经销商将假冒伪劣产品与正品混同销售，掠夺市场份额。毋庸置疑，窜货行为作为一种恶性经营现象，势必会造成市场倾轧、价格混乱，严重损害消费者利益和产品的品牌形象，必须严加防范和控制。

2. 渠道冲突的益处

有些时候，渠道成员间的冲突是积极而有益的，这种冲突可能会促使渠道产生一种新的更有效率的运作模式，或者使得渠道成员间互相监督、互相促进，关系变得更为密切。另外，渠道冲突的激烈程度还可以成为判断冲突双方实力及商品热销与否的“检验表”。在这种冲突中，渠道成员都非常明白他们之间的互相依赖性，在将对方作为竞争对手进行挑战的同时，互相指出对方的弱点并监督改进，共同提高彼此的业绩。这种积极性冲突的有益之处在于：

（1）使渠道沟通变得更加频繁和有效。冲突的产生使双方都意识到沟通的必要性和紧迫性，冲突中的沟通会更加务实和有针对性。

（2）使渠道管理更加科学、客观、规范。在很多情况下，渠道冲突的产生都是由于渠道成员对渠道利益和资源分配不平衡造成的，因此，冲突的解决过程便必然是渠道管理者综合考虑各方面利益，使渠道的系统资源和权利分配体系更加合理。同时，冲突将使得渠道成员共同建立起一套完善的冲突处理的标准规则和制度体系，从而健全整个渠道管理体制。

（3）客观上强化了制造商的“领袖”地位。在水平渠道冲突中，由于冲突双方平等的权利和地位以及特殊的利益依存关系，往往使得中间商在冲突解决时苦于无法直接向对方施加压力，转而寄希望于制造商能为自己“主持公道”，如此便自然将制造商的地位进行了提升，同时增强了中间商对制造商的依赖性。

（4）重要的是把渠道冲突转化为渠道活力。管理学中强调一种“鲶鱼效应”，即只有在一个激烈竞争的市场中，企业才会保持旺盛的生命力。同样，渠道成员只有在冲突不断产生和解决的过程中，才能更加清晰地认识到自己的问题和对方的实力所在，并及时加以修正和提高，最终达到共同超越的效果。

任务 2　了解渠道冲突的实质与根源

一、渠道冲突的实质

利益原则是所有商业活动的最高原则，渠道冲突的实质是利益冲突。各种各样的渠道冲突最终归结为一点，那就是利益的分配和对利益的追求。有人认为，销售管理的实质是利益管理，实际上就是利益分配，非常有道理，所有的矛盾与冲突的根源不就是因为利益吗？

商界没有永远的敌人，只有永远的利益。因为利益导致的渠道冲突也可以用利益的方式去解决。所以，从表面看来，渠道冲突非常复杂，但只要抓住问题关键（利益分配），就能将渠道冲突转化为渠道动力，而转化的主动权始终掌握在厂家的手里，这里关键是要掌握一个利益平衡点，一个“度”的问题。

根据冲突所处的阶段，可以分为潜在冲突和正面冲突；根据冲突发生的规模，可以分为局部冲突和全面冲突。但从实质上讲，渠道冲突主要是利益冲突、观念冲突和目标冲突。

1. 利益冲突

这是最根本、最敏感、最难于调和的矛盾和冲突，因为每个组织或成员都是独立的经济利益体。尤其是在总体资源有限的情况下，往往一个群体获益只能通过牺牲其他群体的利益为代价，由于牵涉到利益冲突，总是体现为群体间的直接对抗。比如，渠道产生费用（进场费、促销费、人员费、罚款、产品报废等）由谁支付或者怎么分担，就会直接关系双方利益，可能产生冲突；又如，某连锁企业开业，是由经销商负责还是厂家直接管理，又会产生渠道势力范围的冲突。

2. 观念冲突

组织冲突很多都是由于非利益因素而引起的，例如成员的固执己见、误解、沟通渠道不畅等。如果一旦在观念上产生了冲突，调和起来就相当困难了。利益上的纠纷可以通过谈判来解决，而群体间如果观念上有分歧，短期内是很难愈合的。比如，对目标市场的开拓或产品推广，厂家希望采用“人海战术”，利用促销员在终端进行强力推广，配合特价或抽奖等方式进行，比较节约费用，但经销商可能觉得那样影响小、效果不好又烦琐难以操作，主张采用在小区域投入广告的方式推广，这样当然省事，但费用较高，厂家不乐意。

3. 目标冲突

严格来说，目标冲突也可以算是观念冲突的一种形式，不过两者并不能完全等同。目标冲突指的是组织或群体中的各个部门之间为了各自不同的目标而产生的冲突，哪怕这些部门的分目标与总体目标在方向上并不矛盾。每个组织和成员都是独立的经济实体，当然都会有自己不同的目标，包括销量目标、市场占有目标，所以，目标冲突不可避免。

【案例】

广州“鹰金钱”企业集团公司在上海有一家经销商，生意做的相当不赖，该企业的罐头食品在上海市场每年的销售额达到 600 万元。经销商对此业绩很满意，但厂家有些不满，因为该企业拳头产品“鲮鱼罐头”出厂价 6.8 元，而在上海的超市零售价卖到 12.8，厂家认为经销商加价太高，导致零售价太高，影响销售上量，而经销商不以为然，感觉这个销量可以了，主要是有丰厚的利润可赚。厂家多次要求经销商调低渠道加价率，以便进一步提高销量和市场占有率，但经销商不从，由此产生冲突。其实，问题出在哪里呢？经销商追求的是“利润”，厂家更关注“销量”，目标不同，很难与谋。

二、渠道冲突的根源

综上所述，可以说，渠道成员之间因为目标的不一致、角色权利不明确、移情销售竞品或另选经销商、处理库存或冲销量之降价、产品质量或促销问题引起顾客投诉、压货或产品滞销造成库存积压、经销商货款拖欠、厂家渠道政策不公、厂家渠道支持不够、渠道售后服务不周、成员间沟通不畅造成误解、一方发展滞后拖另一方的后腿等，都会引起渠道成员之间的不满，引发渠道冲突。

1. 角色界定不清

一个成员的角色是指所有成员都能接受的有关该成员的行为范围。在分销渠道中每个成员都担任着一定的角色，比如，制造商的主要角色是提供优质的产品、不断进行产品创新、开展品牌推广以提升品牌影响力、为分销商提供必要的市场支持；而分销商（包括经销商、代理商、批发商、零售商）的职责是做好市场的开发和维护（包括铺货、理顺价格、理货、收款、处理顾客投诉等），做好产品的销售，做好顾客的售后服务等。如果分销商老是热衷于去参与厂家的品牌、广告等事务，就会引起厂家的不满；反过来，如果厂家经常干预分销商所在区域的具体分销工作，也会引起分销商的反感。不同渠道层次渠道成员之间（如经销与批发、批发与零售）因为角色界定不清而抢了对方的客户，同一渠道层次渠道成员之间因为地域划分不明确争抢客户也会引发渠道冲突。一句话，渠道也是一个舞台，各渠道成员在其中都是扮演不同的角色，只有各自扮演好自己的角色，这个戏剧才会完满，任何角色不清、捞过界的行为都会引发渠道成员之间的冲突。比如，厂家自建渠道和商家自创品牌，就属于没有正确定位自己的角色的情况。

2. 感知存在差异

因为渠道成员利益出发点不同，因此在分销渠道运作中，会对同样一个事情存在感知差异，其实质是价值观、利益观的差异。比如，在旺季促销折扣时，生产厂商可能觉得3%的折扣应当是合适的，因为该折扣率已经占到生产厂家销售毛利的20%，但作为购买者的经销商或零售商则觉得3%的折扣太低，不能充分弥补他们在组织商品销售中所付出的宣传和促销费用。反过来，生产厂商可能认为分销商在商品销售中的宣传和促销都是分销商应该做的，费用不能由厂家来负担。这里可以看到，生产厂家与分销商就商业折扣率高低的决策存在不同的意见。这样的观点差异也是一种冲突，它将影响其中一方参与合作的积极性。

3. 目标不一致

每一个渠道成员都是独立的经济实体，都有各自不同的利益目标。如代理商的目标是希望厂家有更多的存货支持、更多的促销广告支出、更高的佣金；而零售商的目标则是更高的毛利、更快的周转、更低的促销支出。当厂家与商家的目标值超出对方可接受的范围时，就会产生不和谐，冲突就有可能产生。再如，生产企业希望占有更大的市场，获得更多的销售增长额及市场份额，因而希望分销商薄利多销；但大多数经销商、零售商追求的是利润最大化，不赞同薄利多销，往往加上较高的毛利，而价格高影响销量；制造商希望中间商只销售自己的产品，但中间商只要有钱赚就不关心销售哪种品牌；制造商希望中间商将折扣让给下游买家或消费者，而中间商却宁愿将折扣留给自己；生产企业希望中间商为它的产品做推广，而中间商则要求生产企业负担广告费用。同时，每一个渠道成员都希望自己的库存和资金占用少一些，对方多一些。如此种种，因目标不一致的渠道冲突在所难免。

4. 决策权分歧

当一个零售商在特定地区以较高价格销售商品时，如果受到生产厂商有关价格限制要求的影响，这个零售商就会产生不满意的心情。在许多情况下，一个渠道成员在似乎拥有独立决策权的领域，受到来自同一渠道其他成员的权利影响，这样就产生了“决策权分歧”。比如，经销商会认为它有独立定价权，而厂家会给分销商提出定价要求，有时甚至强力干预定价以维护价格体系，就此定价权应该属于谁，一直存在争议。

5. 资源稀缺

分销渠道中由于渠道资源（包括产品、渠道支持费用、客源）分配上的意见分歧也会引起成员之间的冲突：例如，某些制造商在一个地区实行直接分销和间接分销相结合的多渠道组合策略，把一些好客户、大客户留给直接销售机构，而要求其他分销机构去寻找、开发小客户，开发偏远的、基层的市场，付出更多的成本和努力还得不到很好的回报，因此会引起其他分销机构的不满。因为相对来说，维护大客户的成本相对较低，而回报却很大。

6. 期望差异

由于渠道成员对经济形势的预测、市场发展、客户经营效果的预期不同，也会导致冲突。例如，制造商预测近期经济形势比较乐观，希望分销商经营高档新产品，但分销商对经济形势的预期却并不乐观，拒绝销售高档商品，而主要销售传统中档产品。又如，经销商可能认为厂家所定的销量目标过高，导致自己无法获得期望的返利额而不满；而厂家则认为经销商对目标的重视和努力程度不够，因此对经销商采取惩罚性措施。

7. 沟通障碍

渠道成员之间的有效沟通对于保证渠道合作具有重要的作用。然而，不少渠道成员之间的信息传递存在障碍，或者非常迟缓，有的信息内容不清晰，甚至出现发布虚假信息的情况，导致沟通障碍，影响渠道效率。如一种商品在市场上出现了销售下降的情况，零售商虽然了解这一情况，但是却没有告诉生产厂家，导致生产厂家还在扩大生产，因而导致库存积压；又如某生产厂家的一批商品售后发现存在缺陷，厂家撇开批发商和零售商直接通知最终用户和消费者到原先购买的商店退货，导致分销商不满等。这些都是渠道成员之间由于缺乏有效的沟通，从而导致渠道行动不协调的情况，在渠道管理中需要避免。另外，也存在渠道成员间因为做市场的理念的差异导致的冲突，需要厂商之间加强沟通和协调。

三、渠道冲突的表现

1. 价格问题

各级渠道价差常常是渠道冲突的诱因，主要是因为渠道政策不公、价格歧视等所引起的价格差异。制造商常抱怨分销商的销售价格过高或过低，从而影响其产品形象与定位。而分销商则抱怨给自己的价格无利可图。折扣是渠道政策中比较常用的一种，企业总是希望尽可能地实现自己的利润目标，而只给分销商以较低的折扣率；而分销商也要求利润最大化，因而要求企业给予更优惠的条件和更高的折扣率，互相提出要求，冲突由此产生。

2. 存货水平

主要问题是因渠道管理不善引起的库存积压。由于季节性原因，企业产品的销售往往存在淡旺季的问题，如北方市场的冷饮、空调等。在旺季时，分销商往往要求企业大量供货，提供供货保证，缩短供货周期，以防止产品的“脱销”。而在淡季时，企业往往要求分销商多囤货，因为这样既能占用分销商的资金，防止竞争性产品进入，又为旺季实现高铺货率，占领市场做好准备。而此时分销商则不愿意投入资金进行大量的存货，而希望将资金投入到其他热销产品的经营中，以获取更大利润，厂家与分销商之间的矛盾也由此产生。

3. 大客户原因

制造商与分销商之间存在着的持续不断的矛盾来源是制造商与最终用户建立直接购销关系。这些直接用户通常是大用户，交易量大，是企业的重要客户资源。而且工业品市场需求的 80/20 规则非常明显，分销商担心其大客户直接向制造商购买而威胁分销商自身的生存，从而产生了关系冲突。

4. 跨区冲货问题

渠道管理过程中，由于厂家销售区域划分不够清晰，或由于渠道监管不力、渠道激励不当（如激励力度过大或激励政策的区域差异性）等原因，有的经销商就会为了自己眼前的利益（获得销量或争夺客户），冒险跨区域冲货。冲货的结果必然打破平衡，引起被窜货地区经销商的不满或报复，即而引发渠道冲突。

5. 应收账款问题

在渠道管理中，企业往往希望分销商尽快回款，以加快资金的周转，同时缓解企业的资金压力；而分销商则希望尽量延期付款，最好等到其下一级分销商回款之后再付款，以便使自己承担的风险最低。通常的情况是企业的分销商都是在支付定金或完全依靠信用的基础上，先行提货，待货物售出后，再付清全部货款。但总分销商通常又以同样的方式将货物转让给其下级分销商，依此类推，构成了一个很长的回款链条，使货款很难付清。而且一旦链条中的某一个环节出现了问题，都会把风险转移给制造商，从而使企业资金链吃紧，严重者使公司蒙受损失。

6. 技术与市场支持不够

分销商不能提供良好的技术支持和服务，常被制造商作为采用直接销售方式的重要理由。对某些用户来说，一些技术标准比较固定的产品，仍需要通过技术咨询来选择最适合其产品性能的渠道。

7. 经营竞品或另择经销商

制造商显然不希望他的分销商同时经营竞争企业同样的产品线。尤其在当前的工业品市场上，用户对品牌的忠诚度并不高，经营第二条产品线会给制造商带来较大的竞争压力。另一方面，分销商常常希望经营第二甚至第三产品线，以扩大其经营规模，并免受制造商的控制。各自利益不同，形成目标差异，引起冲突。

8. 渠道成员调整

由于市场环境的变化或者企业分销目标的调整，企业有时不得不对分销系统进行调整，如对分销系统成员的增加、减少或者更换。增加渠道成员可能会引起现有成员的不满，而减少或更换渠道成员则可能导致渠道忠诚度的降低，从而诱发渠道冲突。

9. 控制与反控制

分销渠道中，渠道控制权将最终取决于各成员渠道实力的大小，实力相对较大的一方将能够获得对整个渠道的控制，而处于被控制的一方又会千方百计地增强自身的渠道权力来与之抗衡。由于厂商之间渠道权力分布的不均衡，渠道的控制与反控制便永远不会停止，从而导致冲突。

任务 3　掌握渠道冲突的处理策略

一、渠道冲突的处理策略

1. 缓解渠道冲突

营销渠道既然是合作系统，那么一定要由合作者确立共同的奋斗目标以及共同的合作价值观，这通常是管理营销渠道的最重要的内容，也是处理渠道矛盾与冲突的主要方法。共同目标可以让每个成员把渠道合作作为自己的权利和责任予以认可和接受，一旦全体渠道成员都有了合作的意愿，就要有效地开展有助于合作的行动，其中包括组织共商共议活动，让渠道成员有参与渠道建设的机会，提高渠道成员的地位。

这种方法特别适用于渠道成员感觉到环境威胁，比如在出现强有力的竞争性渠道、市场竞争日益激烈、消费者需求发生变化或者法律环境变化之后，让渠道成员确立共同目标，能够较为有效地缓解渠道矛盾，遏制渠道冲突。

2. 互动式合作

渠道中的合作通常不是由资本渗透引起的，而是由一定的人际关系引起的。所谓渠道成员之间的良好关系，主要表现为有关销售人员、管理人员之间的良好关系。彼此尊重，经常沟通，是渠道合作的基础。在管理渠道冲突问题上，让有关成员相互咨询意见，比如召开咨询会议，邀请有关方面人员参加董事会、讨论会等，使合作伙伴能够感受到他们的意见得到倾听、受到重视，因而对对方更加信任和敬重。成员之间经常交流意见，还可以达到不断改进营销工作，提高营销效率的目标。

3. 发挥渠道领袖的调解作用

如果渠道成员由于实力强大和办事公道而赢得其他渠道成员的尊重和信任，取得了渠道领袖地位，就能充分发挥其在渠道协调和冲突调解方面的作用，从而减少渠道冲突，巩固渠道系统。

4. 激发分销商的销售热情

分销商对企业产品销售的不重视是大多数企业都会面临的问题，也是企业与分销商发生冲突的主要问题所在。

为解决这个问题，企业可以采取以下几种解决方法：一是提供有足够诱惑力的销售奖励办法；二是协助分销商的促销活动，提高他们的销售业绩，让他们从企业的产品中得到足以与其他品牌产品相媲美的实惠，让他们感受到企业对他们的关心；三是为他们提供必要的服务支持，如售后服务支持、及时供应合适数量和合适质量的产品服务等；四是提供销售管理方面的专业知识，例如产品陈列、人员训练、库存管理、店面管理、订货系统。

5. 调整渠道运行结构

一个再好的渠道系统由于时过境迁，都必须进行或多或少的改进与调整，更何况当渠道冲突成为摆在桌面上的问题时，渠道调整更是如箭在弦上不得不发。传统的销售渠道呈金字塔式的体制，因其广大的辐射能力，为厂家产品占领市场发挥了巨大的作用。

但在供过于求、竞争激烈的市场营销环境下，传统的渠道存在着许多不可克服的缺点：一是厂家难以有效地控制销售渠道；二是多层结构有碍于效率的提高，且臃肿的渠道不利于形成产品的价格竞争优势；三是单项式、多层次的流通使得信息不能准确、及时反馈，这样不但会错失商机，而且还会造成人员和时间上的资源浪费；四是厂家的销售政策不能得到有效的执行落实。因而，许多企业正将销售渠道改为扁平化的结构，即销售渠道越来越短、销售网点则越来越多。销售渠道短，增加了企业对渠道的控制力；销售网点多，则增加了产品的销售量。如一些企业由多层次的批发环节变为一层批发，即厂家—经销商—零售商，一些企业在大城市设置配送中心，直接面向经销商、零售商提供服务。

6. 遵循互利互惠的原则

所谓互利互惠，是指营销渠道中的一位主要成员，主动向有关成员提出建议，表示自己愿意为了渠道的稳定而做出某些让步，并希望对方也重新考虑自己的立场。运用互利互惠原则解决冲突时，企业特别要注意选择与对方有过交往的人作为代表，以求取得对方的信任。同时还要提出对双方都有吸引力的条件，才能起到事半功倍的效果。

总之，在设计解决渠道冲突的策略时，常常会遇到相当大的阻力，以至于需要对营销渠道进行改组和重建。上述的各种解决渠道冲突的策略，实际上包含着这样一个假设，即渠道冲突是可以控制的。通过有关管理活动，消除引起冲突的不利因素，营销渠道将恢复到正常运行状态。在这种假设条件下，管理渠道冲突的成本将得到有效控制。如果不具备这个条件，采取上述方式不仅于事无补，反而会加快渠道的瓦解，造成“鸡飞蛋打”的后果。

二、六种方式解决渠道冲突

实践证明，渠道冲突尽管具有一定的可控性，但仍然是不可避免的。渠道冲突的解决办法多种多样，大多数渠道中解决问题的方法或多或少地依赖于权力或领导权。以下是解决渠道冲突的五种典型方法：

1. 沟通

同一渠道的成员之间往往由于各自的特殊情况而缺乏了解，即使进行沟通有时也难以消除误会。解决的办法之一就是成员之间相互派遣管理人员到对方去工作一段时间，让有关人员亲身体验对方的特殊性。不少企业的经理经常到经销商那里去“蹲点考察”，亲身体验经销商的经营方式、管理者的思维方式等。经销商也可以派出自己的管理人员到企业的销售部门或者经销商政策部门去工作一段时间。当这些人员回来后，就会根据亲身体验，从对方的角度出发考虑有关合作问题。

2. 劝说

通过劝说来解决冲突其实就是在利用领导力。从本质上说，劝说是为存在冲突的渠道成员提供沟通机会，强调通过劝说来影响其行为而非信息共享，也是为了减少有关职能分工引起的冲突。既然大家已通过超级目标结成利益共同体，劝说可帮助成员解决有关各自的领域、功能和对顾客的不同理解的问题。劝说的重要性在于使各成员履行自己曾经做出的关于超级目标的承诺。

3. 谈判

谈判是分销渠道成员讨价还价的一种方法，谈判意味着某种程度的妥协，其目的在于和平解决渠道成员之间的冲突。在谈判过程中，每个渠道成员会放弃一些利益，从而避免冲突发生。但利用谈判解决渠道冲突的成效关键在于各成员的沟通能力，以及放弃部分利益的态度。事实上，无论用哪种方法解决冲突，渠道中的每一个成员都既要维护自己的利益，又要兼顾渠道共同的整体目标，以确保能够避免冲突、解决矛盾，使问题得以有效解决。

4. 申请仲裁

当渠道冲突通过谈判未能成功解决，渠道成员又不愿意诉诸法院来解决冲突时，就可采用经济仲裁的办法。仲裁的优势在于其程序简便、结案较快、费用开支较少，能独立、公正和迅速地解决冲突，并给予当事人以充分的自治权。同时它还具有灵活性、保密性、终局性和仲裁易于得到执行等优点，从而为越来越多的当事人所选择并采用，尤其是在国际分销事务中使用范围更大。每一个地区都有经济仲裁机构，专门解决经济纠纷。

5. 法律诉讼

当使用以上的方式都不能有效解决渠道中产生的冲突时，可以使用法律手段（诉讼）来解决问题。比如在特许经营体系中，特许商认为特许总部不断新添的加盟商侵蚀了他们的利益，违反了加盟合同中的地理区域限定，这时就很可能采用法律手段来解决这一问题。当一方成员向有管辖权的法院起诉时，另一方就必须应诉。由于法律诉讼是有一定强制性的，在解决矛盾时，双方成员关系紧张，有伤和气，导致双方的冲突不断增加，使关系日益恶化。因此，法律诉讼只能是解决冲突的最后选择。

6. 清理或退出

对于那些由于当初考察不慎，实践证明未达到公司对渠道成员在人格、资信、规模和经营手法方面的资格和标准要求的渠道成员，对于那些不遵守渠道游戏规则，恶性销售行为屡犯不改的渠道成员，都应该重新审查，必要时将其清除出渠道队伍。如对那些肆意跨地区冲货、超低打压价格、制造价格混乱和恶性争抢客户的分销商，或长时间未实现规定销售目标又消极对待而没有改进空间的分销商，都可以采取清理的解决方法。另外，退出某一营销渠道也是解决渠道冲突的一种方法。事实上，当水平性或垂直性冲突处在不可调和的情况下时，退出也许是一种可取的或者说是一种明智的选择。当然，企业从现有渠道中退出可能会产生一些负面影响，但企业可以调整渠道布局，将重心放到其他优势渠道或新兴渠道。

任务 4　探讨“窜货”及其治理方法

有专家认为，“窜货是一种极易被忽视，但对品牌和企业经营杀伤力很强的营销病症，特别是对有深厚品牌积累的企业”，它被誉为“渠道的顽疾”，对此，业界多有争论。内行人把它视作“洪水猛兽”，深知它对企业品牌和市场的巨大破坏力；而外行人却不以为然，其结果是市场垮了，还不知道是怎么回事。其实，“窜货”是一种非常严重的渠道冲突行为，是真正的“渠道杀手”，应该引起我们的高度重视。

一、认识“窜货”

1. 窜货”是一种恶性销售行为

“窜货”俗称“冲货”，是销售网络中的分销机构受短期利益驱使，违反销售协议，有意识跨区域低价销售产品，并造成市场混乱和严重影响厂家声誉及渠道关系的恶性销售行为。如图 8-2 所示。

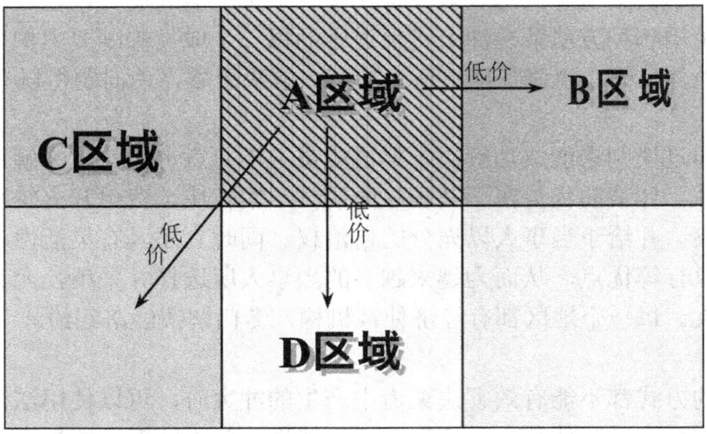

图 8-2　A 区域分销商窜货

具体来讲，“窜货”表现为分销机构跨区域销售，即将产品销售到本来不属于自己的销售区域或渠道领域，同时往往伴随着低价或变相低价。而且，所谓“窜货”，属偷偷摸摸的销售行为，是分销机构有意识的违规行为，其实质是追求眼前的利润，或者渠道权力，最终会殃及价格体系和市场秩序，引发价格战，伤害厂家信誉和品牌。所以，但凡“窜货”都应该是指恶性窜货。

窜货的常见表现形式：

（1）分公司为完成销售指标，取得业绩，往往将货销售给需求量大的兄弟分公司或兄弟地区，造成分公司（地区）之间的窜货。

（2）中间商之间的窜货。因甲、乙两地供求关系不平衡，货物可能在两地低价“抛货”。

（3）为减少损失，经销商低价倾销过期或即将过期的产品，以回收部分成本。

（4）更为恶劣的窜货现象是经销商将假冒伪劣产品与正品混同销售，以多占市场份额，获取不正当的利润。

2. 与“窜货”相关的几种销售形式

（1）自然性流通。

自然性流通是指经销商在获取正常利润的同时，无意中向自己辖区以外的地区销售产品的行为。这种流通在市场上是不可避免的，只要有市场的分割就会有此类流通。它主要表现为相邻辖区的边界附近货物互相流动，或是在流通型市场上，产品随物流走向而流通到其他地区。这种形式的流通，如果货量小，影响不大；如果货量大，该区域的通路价格体系就会受到影响，从而导致通路销量和利润水平下降。

（2）良性冲货。

良性冲货是指企业在市场开发初期，有意或无意地选中了流通性较强的经销商，使其产品流向非重要经营区域或空白市场的现象。在市场的开发初期，良性冲货对企业是有好处的。一方面，在空白市场上企业无需投入，就提高了知名度；另一方面，企业不但可以增加销售量，还可以节省运输成本。只是在具体操作中，企业应注意，由此而形成的空白市场上的通路价格体系可能较乱，因此企业要加强该区域市场的价格监管。

（3）恶性窜货。

恶性窜货是指为获取非正常利润，分销商蓄意向自己辖区以外的市场倾销产品的行为。经销商向辖区以外倾销产品最常用的方法是降价销售，主要是以低于厂家规定的价格向非辖区销货。恶性窜货给企业造成的危害是巨大的，它扰乱企业整个经销渠道的价格体系，易引发价格战，降低通路利润，使经销商对产品失去信心并最终放弃经销该企业的产品，同时，混乱的价格会导致企业的产品、品牌失去消费者的支持与信任。因此，我们将所有“窜货”都界定为恶性窜货。

二、“窜货”的原因

渠道发生窜货，有厂家的原因，也有经销商的原因，有客观的市场方面的原因，也有主观的销售人员方面的原因，但不管是出于什么原因，窜货都会对渠道的正常发展造成伤害。如图 8-3 所示。

（一）窜货的一般原因

（1）价差诱惑。目前，许多企业在产品定价上仍然沿用老一套的“三级批发制”，即总经销价（出厂价），一批、二批、三批价，最后加个建议零售价。这种价格体系中的每一个阶梯都有一定的折扣。如果总经销商直接做终端，其中两个阶梯的价格折扣便成为相当丰厚的利润。如果经销商比较看重利，不太注重量的话，那么这个价格体系所产生的利润空间差异就非常大，形成了让其他经销商越区销售的基础。

（2）销售结算便利。在中国，很多厂商采取与客户以银行承兑汇票为主的结算方式的销售策略，尤其在家电行业，譬如长虹股份有限公司。从安全角度看，银行承兑汇票对厂家来说是一种比较理想的结算方式。但是，使用银行承兑汇票或其他结算形式（如易货贸易）时，经销商已提前实现利润或成本压力较小，出于加速资金周转或侵占市场份额的考虑，就会以利润贴补价格，向周边市场低价冲货。

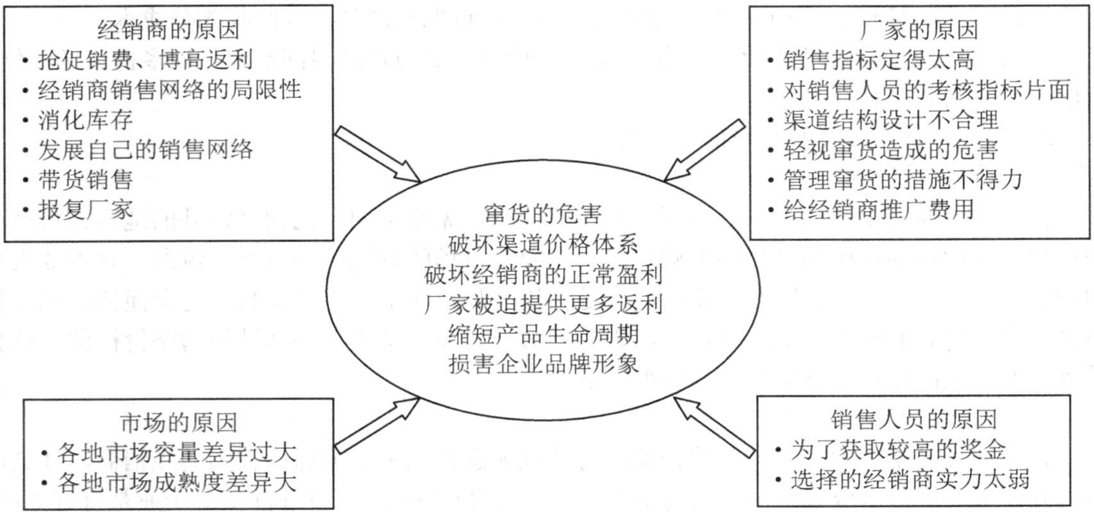

图 8-3　窜货的原因及危害

（3）销售目标过高。当企业盲目向经销商增加销售指标时，也很容易诱导或逼迫经销商走上窜货的道路。很多企业对某个产品在某个区域的市场消费总量不进行科学预测和理性判断，单凭感觉和过去的经验，盲目确定指标。这导致经销商在完不成指标的情况下，只能向周边地区“开闸放水”甚至“泄洪”，其结果是引起周边地区的经销商也砸价窜货，推波助澜。

（4）经销商激励不当。为激励经销商的销售热情，提高销售量，现在很多企业都对经销商施行“年终奖励”等返利措施。通常，厂家与经销商在签订年度目标时，往往以完成多少销量，奖励多少百分比来激励经销商，超额越多，年终奖励（或称返利）的折扣就越高。于是，原先制定好的价格体系被这一年终折扣拉开空间，导致那些以做量为根本，只赚取年终奖励就够的经销商为了获得这个百分比的级数差额，开始不择手段地向外“放水”。

（5）推广费运用不当。推广费是企业在运作市场时的一种基本投入。一些厂家因为缺乏相关的企划人才，又懒得跟经销商争论，往往会同意经销商的要求，按一定销量的比例作为推广费拨给经销商使用，厂家只是派人看看经销商有没有运作，而运作效果如何往往要等结果出来后才能评判，故不太好说。至于经销商将厂家拨给的推广费是否全部用于推广，根本无法掌握。因此，推广费由经销商自己掌握后就变相为低价位，造成新的价格空间，给“跨区销售”提供炮弹。

（二）“窜货”的根本原因

“窜货”的根本原因在厂家。“窜货”虽然由分销商所为，但它是由于厂家的销售政策和管理原因所致。分销商并不是天生就是“窜货”的，而往往由于厂家制度的偏颇和管理的不力所迫使，所诱发。因为厂家大多是“渠道领袖”，是渠道规则的制定者和执行者，当然要为渠道问题承担主要责任。然而，综观渠道“窜货”现象，不外乎有以下几大诱因：

1. 冲销量

厂家给分销商下达的销售任务太高，迫使其为了完成目标而斗胆跨区销售，因为不完成销售目标脸上无光，在厂家没有地位，甚至危及经销权，更谈不上获取优惠政策。

2. 搏回扣

厂家在渠道促销、年终返利等方面力度过大，也会诱使分销商为搏高额返点而大肆“窜货”。追逐利润是渠道的天性，此系眼前利益诱惑所致。

3. 清库存

与上述两点相联系，为冲销量，为搏回扣点，或者厂家销售管理不严，品类管理不当，拼命压货至渠道，也会造成分销商部分产品积压、滞销，如果厂家不能及时帮助分销商消化库存，那么，分销商必然铤而走险，低价抛货以化解库存风险，这种现象非常多见。

4. 抢地盘

厂家在划定各分销商的经营区域或渠道领域时模糊不清，或存在交叉和真空部分时，往往会出现分销商之间以低价冲货争抢地盘和争抢客户的现象。

5. 报复行为

因厂家违约，未兑现承诺，或者因撤换区域分销商引发冲突，或者分销商之间有过节，都会引发分销商之恶意报复行为，目的在于以少量低价产品扰乱区域价格，为对方添乱。

6. 价格差异

分销商之间获得的优惠政策不同，会产生价格差异，这是导致“窜货”的内在动因。如果厂家实行价格歧视，对于不同的分销商，其返利、扣点、渠道促销、费用支持差距较大的话，实际上就是为“窜货”创设了利润空间。一些厂家过分倚重大客户的政策常常会导致“窜货”的结果。

7. 绩效考核

如果厂家以结果导向对销售人员以单一销量考核，收入与销售量直接挂钩的话，销售人员出于自身的利益考虑，会默认、纵容，甚至协助分销商有目的地向外区“窜货”，这是管理制度本身的偏漏造成的。

除此以外，由于市场发育程度不均，或者相邻两地供求不平衡，也会导致成熟市场向周边非成熟市场以变相低价（贴运费）的形式“窜货”，这是客观原因。分销商有时也会用畅销产品低价的形式搭带非畅销产品销售到外区（俗称“带货”），形成事实上的“窜货”，这是主观原因，但无论如何，“窜货”的主要根源在厂家，治理的根本也在于厂家。

三、“窜货”的危害

对于成熟产品、成熟市场来说，恶性窜货无异于慢性自杀，这就是为什么好卖的产品往往不挣钱，热销产品会突然间销声匿迹的原因。

1. 跨区域低价“窜货”势必导致被窜地区价格混乱，影响经销商的利益和销售信心

以低价为特征的“窜货”势必会卖低被窜市场的产品价格，破坏该地区价格体系，引发价格战，致使被窜地区分销商利润受损，由此产生对厂家的不满，失去销售信心。因为价格一旦被卖低，当地分销商不得不跟风降价，否则没法销售。而价格这东西很微妙，一旦拉低，很难回升到原来的水平。如果往复竞价，最后很可能把价格卖穿，大家都没有利润，分销商失去信心而转为经营其他品牌和产品，此时竞品乘虚而入，取而代之。

“窜货”遵循的是“窜货－低价－跟风竞价－卖穿价格－失去信心－萎缩退市”的逻辑路径，它为对手提供商机，这绝不是危言耸听，旭日升、健力宝等知名品牌的黯然退市就是一个明证。因为价格要素是最敏感的营销要素，价格是市场的命脉，价差（利润）是渠道运行的根本动因，价格体系的维护和稳定对于任何企业来讲都是一种挑战，任何对价格体系的

破坏都会招致市场的惩戒。

2. 以低价为特征的“窜货”为假冒伪劣者提供了空间，影响消费者的消费信心

以低价为特征的跨区域“窜货”必然会引起该地区的价格混乱，为假冒伪劣者提供了空间。同时，由于混乱的价格，使消费者担心买到假冒产品而对该品牌不敢问津，进而影响消费者的消费信心和品牌忠诚，客观上缩短了该产品的生命周期，这是极为危险的，因为“营销是一场战争，竞争对手是我们的敌人，我们要占领的阵地是消费者的头脑”。(转引自里斯、特劳特著《营销战》)

3. “窜货”会影响企业形象，影响消费者的品牌美誉度和忠诚度，伤害厂家品牌

因为“窜货”带来的是价格波动，市场混乱，消费者怀疑，分销商不满，这些负面的责任都只能由品牌来承载，因此都会伤及品牌，影响品牌的美誉度，进而影响消费者的满意度和分销商的忠诚度。而这些对于企业经营者来说都是至关重要的。

4. “窜货”会引起分销商之间的互相报复，引发渠道冲突，殃及整个渠道关系

这种冲突首先表现为渠道利益的争夺，分销商之间的互相倾轧，但最终受害者是厂家。因为“窜货”抢夺的是本属对方的销售量和利润，同时降低了对方原来的利润水平。另一方面，这种冲突也是双方渠道权力的争夺。争抢地盘，争抢客户，报复行为，其实都是为了获取渠道控制权。这些冲突的受害者不单是被窜一方，还有厂家、品牌和市场，甚至消费者，整个渠道体系都会受到牵连。

四、“窜货”的治理方法

分销渠道成员都是独立的经济实体，往往都有各自独立的利益追求，从这个意义上讲，跨区域冲货是无法完全避免了，但我们总有办法去减少和控制这种恶性冲突的发生。娃哈哈等企业的成功经验告诉我们，“窜货”不能根除，但“窜货”可以治理。

1. 设计和执行级差价格体系

必须严格设计和执行分销层次与价格层次相匹配的级差价格体系，保证分销过程中每一个环节的利润空间，并且制定强力措施保证每个环节按规定计划执行价格，它是治标又治本的办法。从横向来讲，实行到岸价，由生产企业承担运费，以保证各分销机构进价统一。从纵向来讲，需率先设定分销层次，设定各级合理价差（利润）以及对应价格。以三级分销为例，可以制定相应的厂价（针对分销商）、批发价（针对二批）、KA价（针对大型零售终端，团购）以及建议零售价，逐级加利，保证层层有合理利润，当然还需辅助一些惩戒措施，以保证价格体系得以严格施行。

2. 严格控制渠道促销

必须控制渠道促销的力度、频度以及执行程度，并且考虑区域连动因素。事实上，很多“窜货”由促销引起，比如，促销奖励力度太大，分销商往往将促销奖励的一部分预期打入价格，拉低价格出货，以搏上量。返利太高也有同样的效果。另外，促销不宜过度频繁，如果过频，原有压货未消化又有新促销，分销商只能低价抛售，势必窜货而且价格再也反弹不上去，只有持续走低，这是非常危险的。由于渠道促销在力度和频度上具有微妙性，会对周边市场造成影响，所以促销时必须考虑周边连动，以减少价格波动和冲击力。

3. 制定合理的销售目标

销量目标应尽可能客观合理，不强行压货压销量。厂家的目标年年攀升，给分销商的任

务也年年加码，虽说没有压力就没有动力，但如果压力太大了，或者把分销商压垮，或者就被迫冲货，结果得不偿失。所以，销量目标不但要具挑战性，还要具可实现性，要适度，最好由厂商本着求实的精神协商确定。

4. 制定公平的渠道政策

销售政策应尽量兼顾公平，避免厚此薄彼，以减少分销机构之间的价差，特别在渠道激励上，尽量避免过分偏向大客户，避免激励了少数几个大客户而打击了大多中小客户，激励方式上应多奖物，多奖培训和“助销”，少奖返利，少奖优惠价格，尽量减少市场上的价格反差和价格歧视。有人总结可口可乐渠道奥秘，就是：协调，平衡！个中的含义值得玩味！

5. 加强库存管理

加强库存管理，积极疏导经销商库存。有的企业只管向分销机构压货，不管分销机构死活，在品类管理上也没有什么章法，结果是大量货品积压，最终不得不大力度促销清货，这可是窜货的一大源头，是可以通过加强销售管理和客户关系管理（CRM）来减少和避免的。

6. 明确双方权利、责任

在合同上必须明确双方权利、责任，合理、清楚地界定分销商的分销区域和价格。通过合理划分分销区域，保持每一个区域分销商的合理密度，防止过密供过于求以引起窜货。同时避免分销区域交叉重叠，还要保持区域内分销商规模、范围与销售指标的均衡。

7. 建立综合渠道考量制度

建立综合渠道考量制度，鼓励分销商遵守规则，共同维护价格体系和市场秩序，将不冲货、不乱价作为年终返利的必要条件写入合同。很多厂家对分销商只进行销量考量，只重结果不重过程，特别在返利计算上只依据销量指标，这是危险的、短视的，是鼓励窜货的制度根源所在。如果将返利的条件设定为综合指标，比如销量目标完成、价格体系保持、分销网络维护、品牌推广支持等，将返利总额分解到各个指标考核发放，情况将会大为改观。

8. 对公司产品进行区域标码识别

对公司产品进行区域标码识别的目的是实现产品区隔。采用区域标码识别，必须结合处罚制度执行，这是治标的一种手段。区域货物标码可分明标、暗标、外箱标码和内箱标码，可用文字、颜色、符号甚至批号相区隔，只要能够识别区域货主即可，它可以作为查处的凭据，对各区域分销商也是一种管理威慑。

9. 建立严格的窜货处罚制度

建立严格的窜货处罚制度并坚决执行。实行“窜货处罚、不窜货奖励”的市场维护条例，并需签入合同，双方签字认可，以增强反窜货的有效性。有的企业设立专门机构，配备专职人员执行，如娃哈哈，金龙鱼等，收到良好的效果。在这个问题上，处罚条例要清楚严厉，奖励条例也要明确、兑现，不能心慈手软，不能讲人情。例如，第一次发现窜货除了罚款（按 x 元/每件计）外，减去窜货者相应销售额同时增加被窜分销商相应的销售额，外加整改报告；第二次发现则在第一款上外加“取消年终评优评奖资格”；第三次发现则在第二款上外加“取消相应年终返利”的严厉条款，严重者甚至“取消经销资格”，而对遵守条例不冲货、不乱价者给予一定比例返利（奖励）。这样一来，分销商想跨区域销售时就会有所顾忌，权衡得失。当然，这些严厉处罚条款的执行也会考验厂家的态度和决心。

10. 实施业务人员综合指标考核

和渠道考量一样，对业务人员的业绩考核也应建立相应的综合指标，如客户开发、市场维护、价格体系、品牌推广等，而非单一销量指标。业务员的收入也要跟综合指标挂钩，以免业务员为了个人私利，不顾公司整体利益，帮助分销商进行有意识的跨区域冲货。

【案例】

东盛制药处理窜货的法宝——内部共识是关键

制药企业在连锁经营方面的发展滞后于商企的步伐。因为医药（商业）公司和药店在全国四处调货的时候，它会认为这是正常的营销行为，即便有部分药品进入非自己控制的渠道也不是什么大事。但是，因为制药企业仍然实行片区管理制，为了保证对终端网点的渗透，也为了便于对企业内部营销人员的考核，所以，在制药企业中出现了“打击窜货”的口号。在打击窜货的过程中，东盛科技股份有限公司是这样操作的。

一、控制价格，不控制区域

首先，在看待窜货这个问题上，东盛副总裁关平就显示出与众不同的观点：“面对窜货，喜忧参半。喜的是既然有窜货，说明我的产品还畅销，忧的是窜货使价格混乱，利润损失在渠道上，个别经销商因窜货短期受益，但时间一长，大家都没钱赚，最后将导致厂商疏离。”

东盛既不放任窜货存在，严厉打击恶性窜货，同时又通过一定措施保证所有经销商的利益，因为只有保证经销商的利益才能保证制药企业自身利益。具体的政策是：“东盛只控制价格，不控制区域。”也就是说，东盛事先与批发商、分销商约定一定的销售区域，只要能保证各终端执行东盛的批发和零售价格，批发商若要跨区域批货，只需报东盛知道即可。

如何发现恶性窜货呢？其实很简单，被窜货地区的经销商对此最敏感。一旦市场上出现价格远远低于东盛零售指导价的时候，受损地区经销商一定会立马获悉信息。东盛在接到该经销商举报的时候，坚持谁举报谁举证的原则。所谓证据，一是经销商进货发票，一是包装盒（箱）上的物流码。发票是用来证明违规经销商在接受异地窜货时是否执行东盛批发价体系的证据，而通过物流码在东盛的物流信息系统上很容易发现货物到底是由哪一区域具体哪一家经销商发出。

二、从内部“下刀”

发现恶性窜货怎么办？东盛的做法是：处罚自己的片区营销经理。为什么只处罚自己人，而不处罚经销商？一是因为东盛与商家的合作是采取赊销的方式，你即便想处罚它也收不上来罚金；更重要的是，因为东盛采用统一供价，商家的利润并不高（批发商的利润平均只有0.57%），商家若要窜货，一定是有东盛自己的营销经理提供促销资源支持。这些促销资源对商家的分配本来是有一定比例的，目的是为了提高产品在当地的市场占有率，但个别营销经理为了冲业绩，即便知道经销商争取促销支持的目的在于窜货，有时也就睁一只眼闭一只眼，将大量促销资源集中提供给个别经销商了。

至于具体处罚措施，东盛有一套“黄牌条例”：第一次发现窜货，出示一张黄牌；第二次发现窜货，再出示一张黄牌；到第三次窜货，出示一张红牌。前两次被罚黄牌的时候，同时处以罚金；当营销经理接到红牌的时候，轻则调离岗位，重则开除出公司。

最后，总结打击窜货的关键时关平说：“要让我们的营销队伍达成共识，要让兄弟们都有钱赚。事实上，老是不遵守公司政策的人通过窜货侵犯了别的同事的利益，最后就会出现人人喊打的局面。”

资料来源：萧三匝，《中外管理》，2006年4期

总之，“窜货”虽然是一种极其可怕的渠道病症，它会对企业的品牌和市场造成致命伤害，但只要认清它的实质和根源，掌握其发生、发展和运动的规律，这“顽疾”还是可以治理的。从理论上讲，虽然我们不能将其根除，但我们可以通过政策的完善和有效的管理，以减少和控制此类恶性窜货现象的发生。总之，“千里之堤”，容易“毁于蚁穴”，对于“窜货”，我们不能轻视，更不能纵容。商家不能“以小而为之”，厂家也不能“因小而不为”。

任务5　讨论“渠道伙伴关系”建立

有一句话说得好：“商界没有永远的敌人，只有永远的利益”，当渠道成员之间发现打打闹闹、互相争斗，最后是两败俱伤、毫无益处时，也开始反思，进而转向相互理解、相互支持，寻求合作，建立渠道伙伴关系，走向渠道联盟，谋求双赢。这是渠道发展的必然趋势，也标志着渠道成员的理性与进步，因为竞争的最高境界是“竞合”。

一、新时期厂商关系的特征

厂商之间既是矛盾对立体，更是利益共同体。可以说，厂商之间建立这种紧密型的伙伴关系也是经济发展的客观要求，是社会分工和专业化的必然。厂家的人力财力是有限的，不可能完全直营，更不可能完全自建网络，必须依靠经销商专业化、本地化的分销力量，才能实现对区域市场的有效覆盖。而经销商也不能无中生有，也必须借助厂家的产品、品牌及市场支持，才能生存和发展。

新时期厂商关系应该是一种“合作伙伴关系”，厂商之间地位平等、相互依存、荣辱与共、风雨同舟、共同发展。双方遵循的是平等互利、协作双赢的原则。双方之间是树与藤的关系，是一种共生关系，谁也离不开谁。

然而，厂商之间要建立这样一种关系并不容易，能否建立这种伙伴关系，首先看双方对“相互依存、荣辱与共、风雨同舟、共同发展”的关系理念能否形成共识，其中主要取决于厂家对经销商地位和作用的认识和态度，其次看双方在合作过程中能否相互得益。金龙鱼、娃哈哈、宝洁等企业的行为就是其中有力的佐证。

【案例】

“金龙鱼”是食用油行业第一品牌，年销售数十亿元，在全国拥有几百个经销商。公司始终坚持与经销商共享利润、共同发展的经营理念，始终将经销商放在公司重要的位置，并协助和通过经销商进行深度分销。公司通过经销商发展壮大，建构了自己的商业王国，也培养和加深了和经销商的感情。同时，公司很注重全面提升经销商，开展各种规模和层次的销售和管理培训，增进厂商感情，为公司的发展提供了强大的动力和后劲。

二、建立渠道伙伴关系的意义

渠道冲突已成为渠道中一种普遍的现象，但其中既存在着许多矛盾，促使其相互竞争，

又由于共同的利益关系使两者紧密地结合在一起，因此，加强渠道内部各成员间的协调与合作便成为大家共同努力的方向。事实上，无论哪种类型的渠道合作，其最终目标都不是单纯的获取商业利益，而应是确立一种渠道伙伴关系。

伙伴关系有三个明显的特征：目标统一、资源共享和相互依存。要想真正建立渠道成员间的伙伴关系，通常需做到以下几点：

1. 注重战略关系的培养

不要将成员间各自的短期利益放在首位，而应着眼于满足顾客的需要，将渠道成员看作一个利益共同体。渠道管理者从一开始就应在渠道中灌输这一思想，并努力通过实际的操作手段（如管理渗透、参股经营、聘请经销商当顾问、成立商会等）不断强化这一思想，使之付诸实施。

2. 提高整体渠道的经营能力

要强调分销的效率，注重从提高整体渠道的能力及素质入手，大家共同发展提高。主要包括实施深度分销，给客户当经营顾问，实施关键客户的管理，给经销商进行培训，搭建学习提高的平台等方式。

3. 实现信息共享、资源共享的一体化经营体系

通过实施电子网络化管理（如客户关系管理或管理资源重组等）使客户沟通渠道更加通畅、关系更加紧密，努力实现渠道成员与消费者及渠道成员间的实时信息传递，从而最大限度地合理调配资源，节约运营成本。

总之，渠道成员间创建合作伙伴关系不仅大大降低了企业运营的风险，而且提高了渠道的运营效益，降低了运营成本，为建立一个长期稳定的渠道体系打下了良好的基础。

【案例】：

娃哈哈的“联销体”模式虽然有一定的时代特征，但娃哈哈一直以来对经销商的尊重和重视是不争的事实。据宗庆后自己讲，娃哈哈在制定渠道政策时首先考虑的总是经销商的利益，娃哈哈的促销大多也是针对经销商的。娃哈哈通过渠道利益的合理分配稳定价格体系，通过控制窜货稳定市场秩序，通过帮助经销商开拓、维护市场和培训经销商队伍促进经销商成长，使经销商乐意先打预付款，乐意配合厂家的品牌和市场策略，厂商关系真正融为一体，形成一股巨大的合力，进而成为娃哈哈独特的渠道优势。在娃哈哈的经营理念里，经销商是娃哈哈销售队伍的一种延伸，所以，娃哈哈派人员“助销”，帮助经销商赢利和发展，增进客情，实现双赢。

三、维护和发展渠道伙伴关系

1. 正确选择并评价渠道伙伴

目前，形成渠道联盟、建立伙伴型渠道关系是一种潮流、也是一种竞争需要。建立伙伴型渠道关系的第一步，是对现有的渠道交易伙伴按照一定的标准进行评价，选择合乎制造商标准的分销商发展成为企业的关系型分销渠道伙伴，以谋求渠道关系和渠道利益的长期发展。要建立长期合作的伙伴关系，对分销商的评价除了常规的标准外，更要着重对分销商的信用和财务状况、分销商的声誉、分销商的企业文化与价值观、分销商的管理能力及其发展潜力、分销商的销售能力与销售绩效等多个方面进行评价，才能找到优质的伙伴。

2. 构建共同远景发展相互信任

在经过考察、了解之后，企业会确定可以进一步发展合作关系的对象，接下来的重点就

是发展双方的共同远景和相互信任，为建立伙伴关系打好基础。构造共同愿景需要遵循的一个基本原则是要把目标与价值观结合起来。因为企业的价值观决定了企业的经营方式以及合作的很多方面，如应对变化的态度、对待合作伙伴的态度、如何考虑合作的价值等。共同远景目标的构建可以通过高层沟通、互派联络员或企业不同部门层次的领导和员工的对接来逐渐达成共识，形成双方的共同长远规划，并在各个层次的不断的交流与合作的过程中发展相互信任的关系型渠道关系，其中最重要的就是双方合作的意愿与真诚心。

3. 制定明确的合作协议

渠道伙伴关系的建立和发展需要制度化和规范化，需要制定明确的合作协议以免日后发生争议。伙伴关系双方在发展了共同远景目标和相互信任的基础上，应对合作中的一些具体问题共同制定一个详细的计划，以便于合作各方在以后的协作中遵循。这些计划的重点内容包括明确双方的权利和义务、建立共享分配机制、确定决策和协调程序等几个方面。

4. 渠道关系的运行与磨合

渠道关系的发展有一个磨合的过程。当渠道合作协议签定以后，渠道关系建设正式投入运行，在运行中也许会不断地发现问题，需要本着互利原则及时协商解决，使伙伴关系不断完善。在运行之初，可以采用互派联络员或分销伙伴助理的方式，在联合促销、联合库存管理支援、有目的的培训等方面打破组织间的界限，互相协助共同开展工作，逐渐达到组织之间各层次的关系整合，提高渠道的运行效率。

5. 在关系运行和发展中运用激励

可以适当运用激励方式，促使双方友好合作，互惠互利并增进感情。激励主要方式有：①给经销商提供适销对路的优质产品，这是对中间商最好的激励；② 给予中间商尽可能丰厚的利润以提高经销的积极性；③ 协助中间商进行人员培训；④ 授予中间商以独家经营权；⑤双方共同开展广告宣传，或给中间商以广告及渠道费用补贴；⑥ 给成绩突出的分销商以奖励等。一个企业要认真研究目标市场的发展和竞争情况，客观地衡量本企业与合作伙伴双方的得失，共同拟定销售策略，建立休戚与共的伙伴关系以求长期共同发展。

6. 妥善解决渠道冲突以维护渠道关系

由于渠道成员之间合作制度和合作机制内容规定的不完善，以及渠道成员在利益、经营战略和策略方面的变化及差异性，制造商与分销商在渠道合作各环节过程中往往会发生矛盾和冲突，主要表现为利益冲突和争夺对渠道的控制。渠道冲突的类型有两种：一是渠道各层次各环节之间的纵向冲突，二是同一渠道层次各成员之间的横向冲突。渠道冲突的内容包括观念冲突、利益冲突和控制权的冲突。要能够妥善解决渠道冲突，必须本着公平公正、真诚合作和互利双赢的原则，学会换位思考，多站在对方的角度考虑问题，维护双方的共同利益，才能有效维护渠道伙伴关系。

7. 实现互利双赢和渠道满意

渠道伙伴关系的建立与维护是合作双方共同的事情，实现互利双赢是渠道合作的目标和最高原则，任何有损于合作伙伴的思想和行为都不利于渠道伙伴关系的发展。其中，渠道满意是渠道管理研究的前沿问题，是渠道关系管理追求的目标，也是渠道关系质量的重要体现。完整意义上的渠道满意应该是制造商对中间分销机构、中间分销机构对制造商，以及中间分销机构之间的“双向”和“多向”的满意，体现出渠道运作和渠道关系的和谐状态。

【案例】

宝洁与沃尔玛合作的“宝玛模式”

宝洁是重视渠道“战略伙伴关系”的又一典型代表，其与沃尔玛合作的“宝玛模式”值得业界称道。据媒体报道，在宝洁的总体销售额中有 8%来自沃尔玛，在沃尔玛的总体销售额中，就有 3.5%归功于宝洁。宝洁公司与沃尔玛 20 世纪 90 年代建立的“宝玛模式”发挥了重要作用，这种合作模式不仅更加了解了零售商的需求，同时也拉近了制造商与零售商之间的距离。宝洁公司与沃尔玛的合作，改变了两家企业的营运模式，实现了双赢，堪称典范。与此同时，他们合作的四个理念，也演变成供应链管理及现代关系管理的标准。这四个理念可以用四个字母代表，c（collaboration，合作），P（Planning，规划），F（Forcasting，预测）和 R（Replenishment，补充）。

“C”——合作

不是两家企业普通买卖关系的合作，而是为同一目标、创造双赢的合作。零售商店不存货，而把存货推给供货商、增加供货商的成本，就不叫合作。如果零售商与供货商共同以零售店顾客的满意为最高目标，来通力合作，就可让双方都成为赢家。这样的合作是长期的、开放的，而且要共享彼此信息，双方不但在策略上合作，在营运的执行上也要合作：双方先要协议对对方信息的保密，制订解决争端的机制，设定营运的监控方法以及利润分配的策略。双方的目标是，在让销售获得最大利润的同时，缩减成本与开销。

“P”——规划

供应链的管理源于日用品的零售，当初并没有 P（规划），以后因为有别的行业应用，认为有把规划纳入的必要。P 是规划，两家企业合作，要规划的事很多。在营运上有产品的类别、品牌、项目；在财务上有销售、价格策略、存货、安全存量、毛利等。双方在这些问题上的规划，可以维系共同目标的实现。另外，双方可以对产品促销、存货、新产品上架、旧产品下架等一些事情进行共同规划。

“F”——预测

对销售的预测，双方可有不同的看法、不同的资料。供货商可能对某类商品预测的准确，而零售商店可以根据实际销售对某项商品预测的准确，但双方最后必须制定出大家都同意的预测方式。系统可依据原始信息，自动做出基础性的预测，但是季节性、时尚性的变化，以及促销活动、顾客的反应，都会使预测发生变化。双方预先要制定好规则，来研讨并解决预测可能产生的运行差异。

“R”——补充

补充是供应链管理的重要程序。销售预测，可以换算成为订单预测，而供货商的接单处理时间、待料时间、最小订货量等因素，都需要列入考虑范围之内。货物的运送，也由双方合作进行。零售商订货，应包括存货比率、预测的准确程度、安全存量、交货时间等因素，而且双方要经常评估这些因素。在补充程序上，双方要维持一种弹性空间以共同应对危机事宜。成功的补充程序，是供货商经常以少量的货品供应零售商，用细水长流的方式，减低双方存货的压力及费用负担。

宝洁与沃尔玛的合作创造了制造商与零售商紧密合作的样板，越来越多的商家与厂商开始重视建立和发展伙伴关系，他们的成功经验值得企业借鉴。

资料来源：王国才、王希凤，《营销渠道》，清华大学出版社，2007 年 6 月，P252-253

核心概念

渠道冲突（channel conflict）
渠道动力（channel power）
渠道活力（channel vigor）
伙伴关系（partnership relation）
窜货（vicious circulate）
利益（benefit）
治理（rectifying）

训练题

思考题：

1．渠道冲突都有哪些具体表现形式？
2．怎样理解“渠道冲突的实质是利益冲突”？
3．渠道冲突怎样才能转化为渠道动力”？
4．“窜货”对企业对市场有哪些危害？
5．“窜货”治理可采用哪些有效策略？
6．如何建立和发展厂商合作伙伴关系？

实训设计：

1．模拟制订公司产品的价格体系，注意分销层次和价格层次的匹配，注意各个渠道环节利润分配的平衡性，设定其中一个环节乱价以后的应对策略和危机处理方法。

2．模拟公司的相关行业、环境、数据、资料，利用业余时间起草一份厂商之间防止窜货的约束条款协议书，设定其中的处罚条例和奖励条例，操作规范，注意可操作性。

综合案例分析

宝洁公司如何管理渠道冲突？

作为全球的“品牌教父”，宝洁公司在渠道冲突管理中的具体运作和成功经验值得其他企业学习和借鉴。宝洁的渠道冲突管理可以按照结构变量划分为多渠道冲突管理、垂直渠道冲突管理和水平渠道冲突管理三种类型。

一、宝洁公司的多渠道冲突管理

宝洁所处的日化行业属于快速消费品行业，这种行业消费者的购买行为不同于其他行业，最明显的购买特征是购买行为的冲动性和习惯性，而且消费者的品牌忠诚度不高。对于这种情况，企业只有拥有高效的多种营销渠道才能把产品以最快的速度转移到消费者手里。

首先，宝洁公司把多渠道的组织按一定的要求进行分类管理，以便充分发挥他们各自的优势。在宝洁公司的渠道组织划分中，小店主要是月销量低于5箱的小型商店、商亭及各种货摊；大店是指百货商店、超级市场、连锁店、平价仓储商场、食杂店、国际连锁店及价格俱乐部等。

同时，宝洁公司对大店和小店的经营进行了准确且互补的定位：小店的优势在于极大地方便消费者随时随地的购买，经营品种相对集中，以畅销规格为主，销售量受其他因素干扰小，能够有足够的毛利率保证其稳定的利润来源，基本上都有较稳定并且较为广泛的客户网络。大店都基本上具有50%以上的利润来源，大店的经营环境是建立企业形象、塑造品牌的有利场所，大店中良好的店内设计和形象展示是配合宝洁公司强大的广告攻势的最有力的销售工具。

其次，宝洁公司在营销资源的分配上也采用了合理的配置，他通过供货管理和拜访制度的差异管理成功地解决了多渠道冲突。在供货管理上，小店供应价可高于批发市场的发货价，一般以厂价加 5%为宜，100%现款现货，在任何情况下都不提倡采用任何形式的代销赊销，并要求分销商向所有的小店提供送货上门服务。大店则按严格单一分销商供货政策，根据商店经营的历史背景和目前的经营状况，按比例将每一家商店划给某一个具体分销商，同时其他分销商不得介入。在拜访制度上，小店的拜访频率，以成熟品牌不脱销，新产品 4 周内卖尽为目标，每家小店按 1.5 周的频率拜访。大店则根据其库存周期，生意量大小/货架周转率，送货服务水平以及促销活动频率等综合指标来考虑确定合适的拜访频率。

二、宝洁公司的垂直渠道冲突管理

宝洁公司垂直渠道冲突的主要原因是他与分销商的目标差异。宝洁希望通过销售终端来拉动市场，通过广告攻势建立强大的品牌力，实现消费者的高度认同，再配以营销渠道的协助，以提升产品的市场销量。但经销商却更倾向于经营毛利率更高的短期盈利产品，特别是一些区域分销商大多通过代理多品牌的产品来增加其盈利途径。例如，许多区域经销商同时经营包括联合利华、花王、高露洁等宝洁竞争对手的产品。这样，必然分散分销商运作宝洁产品所需要的资金、人力、仓储运输等资源。面对这种目标冲突和经营行为的冲突，宝洁公司采用了以渠道合作为核心的经营思路和恰当使用渠道权力的策略来解决，具体方法：

1. 坚持经销商必须专一经营

要求经销商必须独立经营宝洁公司的产品、独立设置账户、独立进行资金运作、业务员独立办公、宝洁公司的产品拥有独立仓库等硬性规定，使经销商只能够专一经营。以此确保宝洁公司要求经销商经营其产品的财力、人力、物力等不能随意地被组合和占用，更不能经营与宝洁公司存在竞争的品牌产品。这项措施实施的基础是宝洁公司强大的渠道权力优势。

2. 注意精心选择经销商

宝洁公司在全国各地精选具有一定规模、财务能力、商誉、销售额、仓储能力、运输能力和客户关系的经销商，特别强调经销商的客户关系的深度和广度，以及他对区域市场的覆盖能力。对于新的经销商，宝洁公司要求其拥有不低于500万元的资产抵押及不低于400万元的流动资金，并采用公开招标的形式选择经销商。这种对经销商的严格挑选标准，可以促进市场渠道结构的合理分工，以避免因经营职能重复而造成的资源浪费，最大限度地降低渠道成本。

3. 实施端到端的直接合作

这是指不经过任何中间经销商，把宝洁公司的产品直接进入到销售终端的一种渠道安排。这也是宝洁公司在成熟市场中运用娴熟的传统“战法”，使宝洁公司与最终零售商直接对接，比如宝洁与沃尔玛的“端到端”的直接合作。

4. 推行协助式的渠道管理

宝洁不仅注重精选有实力的经销商以形成合理的渠道结构和市场布局，而且还向分销商派驻公司代表以协助销售，并帮助培训分销商销售人员，招聘专职的区域市场代表，负责其工资奖金的发放，为分销商提供覆盖市场的一定费用。他还确立了14天回款返利3%的回款激励制度，协助分销商提高物流管理水平并推行数字化管理。

三、宝洁公司的水平渠道冲突管理

在企业拓展市场的竞争中，要从水平方向拓展渠道，针对分销商的竞争是异常激烈的，同时，渠道分销商之间也会频繁发生冲突和竞争。宝洁公司凭借其强大的渠道权力和影响力，较好地运用了渠道冲突管理中利益协调的核心机制，在渠道的各成员之间进行合理的利益分配，最大限度地避免和化解了分销商之间的渠道冲突，他所采取的具体措施主要有：

1. 强调对经销商的权责管理

宝洁重视对经销商的权责管理，这样既可以维持其在经销商选择上所一贯坚持的高标准严要求，同时对经销商的区域权力也做出了详细的规划安排，以避免水平渠道冲突的发生。比如，在对大的零售商的管理中，就明确规定了宝洁对各分销商的区域权力进行明确划分，其他分销商不得干涉。在权责明确划分的同时，宝洁也十分重视对分销商的激励机制，良好的激励机制本身也是对水平渠道冲突进行管理的有效方法。

2. 有效使用对分销商的覆盖服务费

宝洁设计并实施了分销商覆盖服务费（CSF）评估系统，按分销商覆盖业绩来评定覆盖服务费用，分销商提供越好的覆盖服务，将会得到越高的覆盖服务费（CSF）。分销商覆盖服务费=A%×分销商所有覆盖人员奖金基数总额×覆盖服务水平（CPL），其中A%=270%，是一个固定比率，由宝洁分阶段根据市场情况而定，CSF系统可以有效激励分销商，同时简化了相关的管理并使对分销商日常运作管理标准化，这对解决水平渠道冲突起到了重要的作用。

3. 充分发挥信息共享的作用

宝洁善于利用信息共享来协调各种可能的矛盾，不仅在宝洁和各级分销商之间，而且在同级分销商之间也鼓励充分实现信息共享，从而有效地避免了水平渠道中因成员在信息方面的阻隔所导致的冲突。

4. 注意指导分销商的内部分工

宝洁公司通过尝试实施分销商一体化管理系统（IDS），对分销商内部的合理分工进行指导，该系统主要通过分销商运作经理、分销商销售主管、分销商销售组长、大店分销商销售代表、小店货车销售代表等各层级明确的职责和业务指标来保证渠道的畅通和高效运行。

5. 实施一体化营销改造

宝洁公司帮助经销商进行管理改造来增加对渠道管理的可控度，其改造的步骤是：首先，宝洁公司内部组成一个跨部门的工作小组，对经销商进行诊断，找出其管理上的问题和不足，并且同经销商一起制定符合宝洁公司管理标准的改造计划；接着，经销商自行按照计划进行改造，工作小组提供各种支持，特别是为经销商提供导向性的咨询服务；最后，使改造后的经销商与其营销有关的职能部门拥有同宝洁公司相似的组织机构和运作管理方式。

资料来源：www.mba.cn

问题讨论：

1. 结合案例谈谈宝洁是怎样管理渠道冲突的？
2. 怎样理解“竞争的最高境界是合作”这句话？

项目九　分销渠道维护

知识点

1. 产品决策与渠道维护
2. 渠道价格的协调与控制
3. 渠道促销的“均衡点”
4. 渠道客情关系的意义
5. 渠道团队建设的价值

技能点

1. 产品组合与创新的节奏
2. 设计和管理级差价格体系
3. 渠道促销的力度与频度
4. 保持客情关系的“距离感”
5. 渠道团队建设“三大法宝”

【案例导入】

“鲁花”的真情投入让客户感动

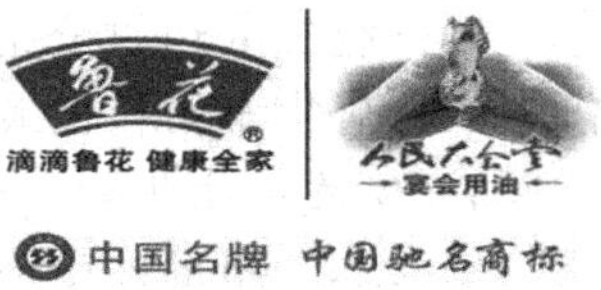

山东鲁花是1999年进入市场的，无论资源实力、现有经销商网络和品牌影响力都是相对较薄弱的。但鲁花却靠着灵活而精准的渠道策略，2004年，鲁花首次以高达37.7%的食用油市场占有率，近51.4%的消费者都食用花生油的事实，迅速发展成花生油的第一品牌，而且占据了包装食用油界的第三把交椅。

在传统批发渠道，鲁花将目标放到了不被食用油的领导品牌——嘉里系重视的二级批发商，这些批发商虽然实力不如嘉里系一级经销商实力雄厚，但是这些二批商熟悉当地包装油市场，都有一定的流通销货能力，且他们不甘心为嘉里系充当不可能发展成为一级商又不赚钱的搬运工角色，因此，鲁花在全国各地形成了58个销售分公司，发展了几千家经销商，销售人员达2000多名，从而在批发市场尤其是零售终端迅速扩大铺市面，实现了对批发市场的快速上量和占有。

在团购渠道，鲁花各地分公司在团购前期大批量派出专职人员帮助经销商跑团购，将本地市场内的单位以划区包干的形式一家一家跑，而且一年四季，坚持不懈，拉到的单子就给经销商。这让许多实力还不是很大，自己没有精力跑团购的经销商很感激。另外，由于鲁花的产品利润空间大，各级中间商和采购经办人获利丰厚，从而极大地促进了鲁花在团购市场上的发展。再者，在卖场团购争取上，鲁花除正常的团购资源投入外，还额外给予相关经办人员暗扣，于公于私，大卖场的大宗服务处当然极力推荐鲁花的产品。

在K/A（Key Account）渠道，不同于嘉里系由一级商开发、业务人员经常要大牌、卖场人员得不到好处，山东鲁花以民营企业灵活的机制和内部政策，从不吝啬客情投入，获得与卖场采购和主管的良好关系，从而使得以少于嘉里系几倍的促销费、进场费、堆头陈列费，得到了更多的关照和实惠，这就使得山东鲁花一直在终端保持了很好的正面形象与主推陈列，对销售和品牌宣传起到了良好的促进作用。

资料来源：中国营销传播网，2009-10-17

任务1　优化渠道产品结构

渠道的维护和持续发展不是一个简单的技术问题，它是一种战略，是企业希望永续发展必须要重视的一种分销战略。某种程度上，渠道维护比渠道开拓更困难，更讲究科学。

产品决策是指企业在企业经营战略的指导下，根据市场研究的结果，结合企业自身的条件，确定企业在未来的一段时间内的产品线、产品组合、产品规格的方向与策略，以及制定产品创新方案的过程。通俗来讲，就是生产什么产品，用什么产品来适应市场需求。营销渠道中的产品决策主要涉及产品线决策、产品组合、产品生命周期管理、新产品开发等内容。产品决策必须和渠道特点相结合，做到相互协调，才能收到良好的销售效果。产品在市场营销组合诸因素中占有举足轻重的地位，因为营销的价格策略、分销策略和促销策略都是围绕产品展开的，产品是渠道运作的核心要素，产品决策对于渠道维护也具有重要的地位。

一、渠道产品及品牌创新

根据熊·彼特的创新理论，创新是一条永恒的法则，不创新则死亡；创新也是事物发展的动力源泉，唯创新才活力。可以说，渠道产品的不断创新是渠道管理的一项重要内容，它为渠道的发展增添了生机与活力，也是渠道维护的核心内容。

【案例】

娃哈哈的“联销体”渠道模式在业界可是享有盛誉，为了维持渠道的活力，娃哈哈不断进行产品的创新以充实渠道，并有节奏的逐步投放以激活渠道，使得渠道运作始终具有足够的动力源。娃哈哈先后投放市场的产品早期有儿童营养液、营养八宝粥、果奶等，接下来有纯净水、非常可乐、非常柠檬、茶饮料等，后来有番茄汁、营养快线等，总之，保持产品、品牌不断创新的势头，给顾客一种新鲜感和吸引力。

1. 渠道产品创新越频繁越好吗

渠道产品创新包括开发投入全新产品、推出改良产品、推出换代产品、引入新品牌等内容。渠道产品创新能够为渠道的运作提供动力，增添渠道活力，因为渠道成员需要经营新产品以保持渠道的新鲜感和对消费者的吸引力，同时，新产品的投放也能保证渠道成员的经营利润，因为往往新产品都有较好的利润空间。但渠道产品的创新也存在一个节奏问题，创新产品投入太慢，会使渠道显得太陈旧而缺乏活力，如果投入新产品太频繁，又会让渠道成员应接不暇，会导致渠道经营的混乱，所以，凡事都得讲究一个“度”的问题。

2. 渠道产品创新的差异化原则

根据20世纪50年代劳斯·雷斯提出的USP（独特的销售主张）理论，企业的营销策略只有具有独特性，实现差异化，才能形成竞争力，才能获得竞争优势。渠道产品创新的目的是增强渠道的吸引力和竞争力，使用最为广泛的产品创新决策是实行渠道产品差异化，即经营与众不同的产品、进行独特的产品组合或者提出差异化的产品创新主张。一句话，要与竞争渠道的产品形成区隔，才更具有竞争力，才有利于渠道的维护和持续发展。

【案例】

蒙牛早期在渠道销售的主打产品是蒙牛纯牛奶，后来随着渠道竞争的需要陆续细分开发出蒙牛低脂奶、蒙牛高钙奶、蒙牛加铁奶、蒙牛加锌奶、蒙牛学生奶、蒙牛早餐奶、蒙牛酸酸乳、蒙牛兵工厂、蒙牛特伦苏等具有差异化特征的产品满足了多层次消费者多样化的需求，赢得了渠道优势。

然而，产品差异在很大程度上是渠道成员所期望的，这就使得自己的产品区别于其他竞争者的产品，甚至其定价可能会高一些，利润可能更丰厚一些，对购买者也更加具有吸引力。创造产品差异不仅仅是制造商的任务，制造商还应该激励所有渠道成员参与创造产品的独特性、差异性，以激活渠道。如终端产品展示和零售的方式、产品零售商类型以及所能提供的服务等都可能成为塑造产品差异的舞台。

二、渠道产品、品牌优化组合

产品是渠道销售的核心要素，一切渠道问题都因产品的运动而展开。产品组合是渠道管理必须要考虑的问题，它包括产品线的组合、产品规格的组合、产品品牌的组合等内容。产品优化组合就是探讨渠道产品线、产品规格、产品品牌的优化组合问题，换句话说就是关于应该选择经营哪些产品线、哪些产品规格以及哪些产品品牌加以组合以实现渠道销售的最大化和渠道效益最优化的决策。

根据经济学的二八原则，20%的渠道产品会带来 80%的渠道销量与利润。所以，渠道产品结构需要进行优化组合，以准确找到那 20%的产品或品牌，用最低的渠道费用获取最大的渠道效益。实际上，渠道产品、品牌的优化组合就是实现重点管理以避免渠道资源浪费的问题。另外，由于目前产品极大丰富，20%主流产品、品牌的确定越来越困难，所以学界、企业界也提出长尾理论，兼顾其他非主流系列产品、品牌的销量与利润贡献。

【案例】

刘经理的全品项分销

刘经理是广东某民营食品企业派驻武汉的地区经理，主要负责公司在湖南湖北等中南地区的销售工作。在刚刚进入两湖地区的时候，刘经理将公司的凉果、酱菜、饼干、月饼等几大类共计200多个规格的产品通通发往经销商处进行分销，造就了早期市场的“繁荣”，成为公司“全品项分销”的榜样。但半年之后问题出来了，经销商发现，只有少数几个品种规格畅销，很多品种规格不适合在当地销售，产品积压问题严重，要求厂家折价处理和退货。由于还有应收账款掌握在经销商手上，厂家只好同意折价处理和退货，结果使公司蒙受很大的损失，但也收获了一个教训，认识到“全品项分销”是行不通的，企业必须有所选择有所放弃，进行渠道产品的优化组合，才能避免损失和提高效益。

制造商可以根据市场的变化不时地扩展或缩减产品线以及产品项目。实际上，他们在着手将那些处于生命周期末端的产品淘汰掉的同时，也要不断地增加新产品。这样的产品线扩展和缩减策略很可能会与渠道成员产生矛盾：当产品线及产品项目扩展时，一些渠道成员可能会抱怨由于产品品种过于复杂，会增加他们的仓储及销售成本；当产品线及产品项目缩减时，一些渠道成员又会抱怨失去了那些依然还有相当销量和利润的产品。因此，在进行渠道产品线及产品项目的扩展或缩减决策时，制造商要认真权衡渠道成员对此决策的态度及满意度，并尽可能争取他们对该产品决策的支持。

三、渠道产品生命周期管理

根据营销学的基本原理，完整的产品生命周期一般依次经历四个阶段：引入期、成长期、成熟期、衰退期，在渠道产品生命周期的不同阶段应该采取不同的管理策略。

1. 引入期

产品在引入期需要大量的促销努力，首先要花大力气开展铺货，或寻找更多的分销机构进行分销，然后通常要花费高额的渠道费用进行广告及其他形式的促销推广。在引入期，渠道管理者必须确保渠道成员能提供充足的产品以满足市场的需要，如果不能及时有效进行铺货和推广，就很可能会影响新产品推广的美好前程。

2. 成长期

产品进入成长阶段的特征是销量迅速增长。厂家在这一阶段的目标是获取最大市场份额并保持这种增势，此时渠道管理者面临两大挑战：一是确保渠道成员有效地供应产品，以免断货影响销售增长的势头；二是密切注意来自其他渠道成员的竞争，留心潜在竞争者。这时企业需要做的工作是继续加大市场的推广力度，同时要加强新产品的开发以增强渠道产品力，加强新的渠道领域的开发以扩展分销渠道，还要利用各种媒介教育引导消费者。

3. 成熟期

成熟期的渠道通常面临日益激烈的竞争，包括来自更多的竞争产品、更低的市场价格和行业替代产品的冲击。这就要求渠道管理者一方面要关注并确保自身产品对渠道成员的吸引力，另一方面要研究渠道结构，研究竞争对手。此时，渠道管理者必须通过提供额外的商业折扣、渠道津贴、广告投入、特殊优惠及宽松的退货政策等措施保证分销商的利润，并降低分销商经营该产品的风险以维持渠道。产品成熟阶段主要的渠道策略包括改变产品分销渠道的结构（如选择不同类型的中间商分销）以获得结构性优势、进一步开拓新渠道和深化原有渠道以扩展渠道、为渠道注入更多新产品和新促销以激发渠道等，目的是尽可能延长渠道产品的成长期。

4. 衰退期

衰退期的渠道产品，其利润和销售量都持续下降，对分销机构的吸引力也日益下降。此时，厂家必须减少进入间接渠道的产品，最好的办法是利用低成本渠道或企业自身的渠道进行自然销售，如采取电话营销和电子订货系统等，减少进一步的投入以避免浪费。简单来讲，衰退期的渠道产品销售可以采用三种策略：一是榨取，即自然销售，以尽可能少的投入获得最后的销售回报；二是选择性销售，即在一些仍然具有良好销售势头的区域采取积极的销售方式，不同区域分别对待；三是放弃，对明显没有销售潜力的产品、在明显没有销售潜力的区域果断采取放弃的策略，以集中人力物力于其他目标。

四、渠道产品售后服务

提供渠道产品周到、优良的售后服务是渠道维护的一种重要方式。不论是消费品还是工业品都有许多产品需要制造商或者中间商提供售后服务，因此，产品的制造商必须提供各种顾客必须的售后服务，以增加顾客价值。服务的方式可以在工厂内直接提供，也可以通过渠道成员或授权的独立服务中心提供，或者通过渠道成员自己设立的服务网络提供，还可以通过这些组织的协同共同完成。

1. 渠道产品售后服务有助于提高企业销售业绩

良好的服务不仅能有效地创造差异性，提高顾客的满意度，使成交率提高，还可以赢得顾客的信任，从而建立长期的互利互信关系。一个得到满意服务的顾客，他通常能成为你的忠诚顾客，不仅会重复向你购买，而且他还能做你的义务宣传员，大大节省你的渠道产品售后成本，使你的业绩得到持续提升。

2. 渠道产品售后服务能够帮助增加顾客价值

渠道产品售后服务的目标是使渠道成员及终端顾客的需要和欲望得到更好的满足，周到、优良的售后服务能够帮助提升顾客的感知价值，增加顾客的满意度，达到培养顾客忠诚的效果。渠道产品售后服务作为附加的重要渠道管理内容，有助于使顾客的核心产品有效延伸和形式产品有效补充，从而赢得顾客偏爱，有利于渠道维护。

3. 渠道产品售后服务有利于提升企业形象和竞争力

在现代社会中，由于市场竞争日益激烈，消费者的要求也越来越高，能打动顾客的不再只是产品本身，很大程度上是渠道产品售后服务的内容和质量。对客户关怀备至的服务，代表了公司的服务精神，使公司产品增值。良好的渠道产品售后服务能在顾客心中留下深刻的印象，使企业在社会大众中拥有良好的口碑，从而推动渠道的良性发展。

五、节奏性推出新品以保证渠道产品的利润空间

产品总有老化的过程，产品在其生命周期的运动过程中，到了成熟期或衰退期之后，由于竞争的原因，其利润空间会越来越小，其渠道吸引力会越来越低，这时，企业必须适时推出创新产品，以补充渠道产品的总体利润空间，形成新的利润支点，以不断吸引渠道成员的注意力，保持渠道的持续吸引力。作为分销渠道的主体，企业有责任努力提高其产品力和品牌力，特别是当产品力下降时，急需产品的推陈出新，只有这样，才能满足消费者日益多样化、个性化的需求，才能维持渠道的生机和活力，因为新产品竞争者少，透明度低，有超额利润，它能保证中间各环节足够的利润空间，再加上其本身的新意，必将对中间商形成销售动力。

但是，任何事情都有一个度的问题，新品的推出也不是越多越好，或者越快越好，我们主张在适当的时间、适当的地点以适当的方式重点推出，采用集中性的原则，推一个扶持一个，推一个成功一个，要讲究一个合适的“节奏”，但无论如何，产品的推陈出新是渠道维护的一项主要内容，是渠道得以充满活力的真理。

【案例】

梦特娇渠道产品创新重建高端品牌形象

曾经代表着奢侈服装潮流的法国梦特娇，如今在中国市场上早已淡出了一线奢侈品牌的行列。梦特娇中国区首席财政官 Clement Masse 表示，梦特娇正在进行渠道变革，由大批发形态转向直营和特许加盟店，以此来重建高端品牌形象。

1. 渠道变革

“二十年前，中国的销售形态是以批发为主，但如今已不适合了，现在是特许加盟的时代”，Clement Masse 说。

梦特娇是三十年前最早进入中国的奢侈品品牌之一，以其“亮丝”T 恤闻名世界。1999 年，梦特娇在中国北京、上海、成都和广州设立联络处，并在江苏省和广东省设立了两个区域代理商，来代理和分销所有在国内的“梦特娇”服装系列，2000 年起，梦特娇开始在中国重新严格挑选高品质的授权商，生产梦特娇特许经营产品。

随着 LV、Armani 等越来越多的世界顶级品牌进入中国，梦特娇渐渐淡出了一线奢侈品牌的行列。从 2006 年开始，梦特娇逐步收回中国代理权，并在一、二线城市大量开设自己的销售网点。

梦特娇集团主席 Pierre Gros 曾表示，之所以大规模撤出百货公司等大型分销渠道，是因为这种模式已经开始扭曲品牌了，“品牌的前途，最终还是取决于高端品质和高端设计，而不能依靠价格优势，只有拥有自己的渠道，直接面对消费者，才能保证品牌的管理和对客户的服务。”

梦特娇现在中国有 3000 多个销售点，遍布全国各个区域，梦特娇正在对这些销售点进行整合。“以前交由代理商销售，没有统一的品牌形象，现在我们对全部已有店铺进行统一店面形象和管理，接下来会严格挑选加盟商来进行扩张”，Clement Masse。

作为与梦特娇同时进入中国市场的皮尔·卡丹，最先进入者却没有笑到最后，由于疯狂发放特许经营许可证，使得满大街都是皮尔·卡丹的鞋帽服饰，品牌形象瞬间坍塌，最终卖给了中国公司。为了不重蹈皮尔·卡丹的覆辙，梦特娇将严格管理特许加盟店，公司将通过信息后台了解店铺销售和库存情况，进行系统化管理。

2. 重塑形象

梦特娇曾经给人的印象是“老男人的衣柜”，这个最早进入中国的法国品牌，为了吸引更多的消费群，也开始推出休闲系列和女装系列，“梦特娇要改变品牌策略，它不再是老男人的形象代表”，梦特娇品牌形象及传讯经理 Candice Meyer 说。

除了推出新的服装新系列，梦特娇还开始出售饰品，让其产品更多元化。而一位服装业内资深人士表示，饰品的利润率高于服装，很多品牌都通过饰品来提升盈利能力。

梦特娇现在中国的旗舰店分别位于香港、澳门、北京和广州，但独缺上海这一时尚重镇。Candice Meyer 表示，上海十分重要，梦特娇不排除在上海开设旗舰店，但目前还无法透露相关细节。

尽管梦特娇现在一线城市的地位已不如其他顶级品牌给人奢华的印象，但不可否认的是，梦特娇有着中国市场的先发优势，当 LV 们还在一线城市争夺时，梦特娇的销售网络已遍布中国二三线城市，并且中国二三线城市的富裕阶层仍然认同这个来自法国的品牌。

资料来源：网易财经，2010-03-24

任务 2 实施渠道价格控制

价格是营销要素中最敏感的要素，它具有“牵一发而动全身”的效果。渠道价格体系的制定实质上就是渠道利润的分配，价格体系维护得好，大家都有利益，大家都有销售热情，渠道就能够良性运作。相反，如果任何一方渠道成员的利益受到损害，渠道就会失去平衡，引发渠道的冲突。因此，渠道价格体系的制定及其协调与控制就成为渠道维护的关键。

一、实施级差价格体系

1. 什么是级差价格体系

级差价格体系就是厂家针对渠道中的经销商、批发商和零售商等不同对象，分别实施出厂价、经销价、批发价、零售价以及特价和团购价的综合价格体系。

级差价格体系的实行是因为存在渠道层次和价格层次的分别。渠道层次是根据各种渠道的分类特征及其与之匹配的价格水平和营销地位的差异划分排列的渠道类型。以消费品为例，其分销渠道层次可以划分为：特殊通道（含集团购买）、大卖场、连锁超市、批发市场、直销、经销商代理商等几种类型，根据不同渠道的特点及销售实践的需要，不同的渠道类型对应着高低不同的定价水平，由此形成了与渠道层次相匹配的价格层次。如图 9-1 所示。

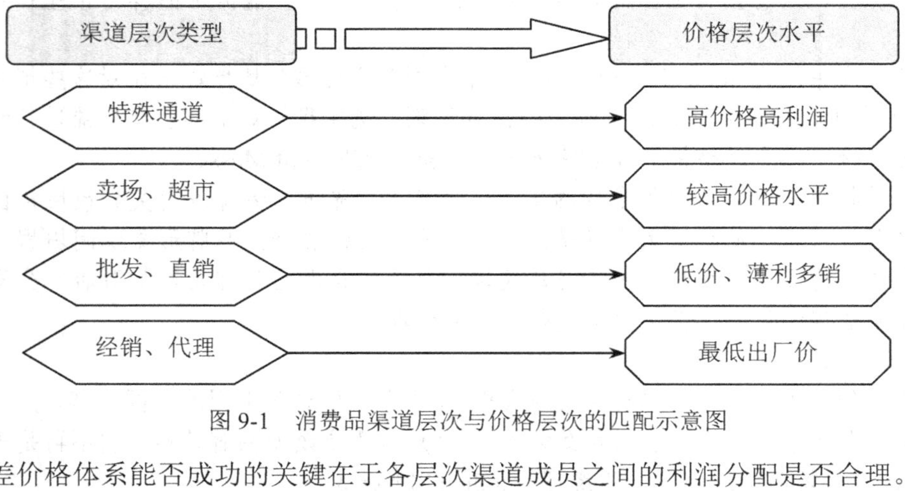

图 9-1 消费品渠道层次与价格层次的匹配示意图

级差价格体系能否成功的关键在于各层次渠道成员之间的利润分配是否合理。分销机构是否努力销售或推广公司品牌一般是由其中的利润和销量决定的，利差设计的核心就是如何合理分配最终零售价与出厂价之间的中间流通利润。如果分销各个环节利差设计合理，所有渠道成员都得到激励，否则某些渠道成员就可能没有积极性。但如果厂家把大部分利润都分配给中间环节，则终端零售所获得的利益就会很小，产品就很难在终端形成热销；如果厂家把大部分利润都分配给终端零售环节，则会影响批发商的积极性。所以，级差价格体系既要求对不同渠道层次成员按照它们所在的层次来确定规范匹配的价格，也需要按照客户的重要程度来灵活调整价格。如按照现有客户的实际购买量或潜在购买量分别确定不同的价格折扣率，对购买量大的客户给予较大的折扣，对购买量小的客户给予较小的折扣等。

2. 合理分配渠道各个环节的利润

渠道的各个环节组成一条完整的分销价值链，从厂家到经销商到批发商到卖场连锁再到小店以及特殊通路等零售终端，环环相扣，紧密相连，任何一个环节的断裂都会导致整个价值链的崩盘。而渠道利润是一个衡量，某环节多了，另一环节自然少了，利润少了必然没有兴趣与热情销售，销量必然下滑，如此恶性循环，通路必然堵塞，销售出现危机，所以，要使分销链能够正常运行，合理分配各环节利润空间就显得非常重要。这就牵涉到一个利润平衡的问题，只有渠道各环节、各成员都有钱可赚，或者有利可图，这个分销工作才能有效进行下去，任何环节的无利可图都会造成通路的阻隔，这是由激励的全面性原则决定的。在这方面，“金龙鱼”为我们树立了榜样。“金龙鱼”企业根据市场实际严格规定了各规格产品的出厂价、卖场（KA）供价、一般连锁供价、二批供价、二批批发价，以及各层次零售终端的参考零售价、最低限价，并制定专门政策强制执行，这套价格体系设制了各分销环节的合理利润，充分保障了厂家、经销商、二批商以及各级零售终端的利润，做到凡是销售“金龙鱼”肯定有钱赚，各级分销趋之若鹜，此举保证了各渠道成员对该品牌的忠诚，保证了分销网络的永续发展。

3. 级差价格体系的管理

企业制定级差价格体系只是渠道管理的基础，能否严格执行级差价格体系才是渠道管理及其价格维护的关键。企业可根据市场需求水平和市场竞争的状况制定级差价格体系，接下来的重要工作是实施严格的管理，否则，如果分销渠道成员之间不遵守价格规则，相互杀价倾销或跨区域窜货，就会严重扰乱渠道秩序，危害渠道的生存。所以，在制定和执行级差价格体系过程中特别需要注意以下几点：

① 要保证二批商甚至三批商等中间商有合理的利润空间。一级批发商（经销商）和零售商的利益一般比较能够得到保证，而处于中间层次的二批商和三批商的利润受到一级批发商和零售商的制约，弄不好会破坏整个级差价格体系。

② 为保证级差价格体系的稳固，无论是厂家、一级批发商（经销商），还是二批商，在面对团购和个人消费者时，应严格按照团体销售发价和零售价出售，确保不会冲击批发及零售市场。如果上游中间商以低于零售商的价格出售，就意味着抢了零售商的生意，将会引发渠道成员间的冲突，有可能招致零售商的报复行为。

③ 为保证各地一级批发商进货价格之间一致，厂家与一级批发商（经销商）可以按到岸价结算，所有运费都由厂家承担，以尽可能杜绝各地经销商之间的窜货。

④ 对于大型零售超市的供货价一般较高，要预留超市开展特价销售的利润空间。这样即使超市降价促销，也不至于低于批发价，不会扰乱整个价格体系。

此外，为了保证级差价格体系的合理性和执行性，厂家还要注意以下三个方面：

① 要尽可能地掌握渠道定价的主动权。如果放任由中间商自由定价就可能导致价格失控、价格混乱。而且一旦确定以后，就必须严格执行，写入合同奖惩条例。

② 既要保持级差价格体系的相对稳定，也要随渠道环境的变化及时进行适当的价格调整，以保持定价策略的灵活性和级差价格体系的合理性。

③ 在合理的级差价格体系中，不仅对每个渠道层次类型制定一种价格水平，还应当对于

不同地区、不同细分市场、不同购买时间和不同订购量有一定的价格分别。

二、解决好渠道层次与价格层次之间的平衡

为什么要考虑渠道层次与价格层次之间的平衡呢？因为渠道是有层次的，每个层次的渠道都具有其特征和规律性，只有实现渠道层次与价格层次之间的匹配与平衡，才能使渠道的运作井然有序，才能有效避免窜货、乱价现象的发生；同时，渠道是一个系统，系统内部存在内在的动力源泉，渠道层次与价格层次的平衡意味着渠道利益分配的平衡，它为渠道的有序运行提供源源不断的内在动力，否则就会引发渠道冲突，破坏渠道。难怪有人认为可口可乐渠道管理的成功秘笈就四个字："协调平衡"，个中不无道理。

1. 处理好分销层次与价格层次之间的匹配关系

原则上，分销必须有层次，价格也必须有层次，这是渠道管理的基本要求。企业只有根据其特点，以及相关价格、费用和服务要求进行定位，构建具有清晰层次特点的分销网络，并制定相应的价格体系与之相匹配，才能保证产品销售的顺畅进行。如果分销没有层次，眉毛胡子一把抓，结果会一团糟。按目前惯例，对于一般消费品的分销层次结构，最高层次是购物中心、大卖场、大连锁（又称 KA 或 A 类店），第二层次是中小商场、便利店、专营店、专卖店（又称 B 类店），第三层次是小店（又称 C 类店），第四层次是批发市场。明确定位分销层次是我们正确定价的基础，是我们建立良好市场秩序的前提。分销层次确立以后，价格体系的层次必须与之相匹配，正确的定价原则是 A 类店定价最高，B、C 类店其次，批发市场定价最低。也就是说，定位较高的分销层次必须具有相对较高的供货价格，而定位较低的层次需要配合相对较低的供货价格，这样才能使终端售价总体趋于平衡，减少由于价差形成的市场冲击，使市场持续平稳销售，达到综合销量最大化，它是基于"终端造势，周边出量"的市场结构指导思想的，即大店重点做形象，做标杆，做影响，拉开（拉高）价差档次，中小店和批发市场顺利走量。但其中，搞好各类店之间的价格和政策平衡是关键。

然而，分销层次与价格层次之间的平衡是相对的。平衡可以保证市场的有序和价格的稳定适中，而适当的不平衡或者冲突有必要，甚至可以转化为渠道动力。因为适度的不平衡必将引起渠道成员之间的竞争，而良性的竞争是渠道得以发展的推动力量。所以，我们有时要利用渠道激励、促销等手段，主动制造不平衡，挑起竞争，激活渠道，才能把握和掌控渠道，引领渠道健康发展。渠道的发展本身就是一个从平衡到不平衡再到平衡的动态的过程，只有这样，才能既保证渠道的相对稳定，又保证渠道的持续发展。

2. 把渠道冲突转化为渠道动力

渠道冲突在终端环节更多地体现在分销层次与价格体系之间的矛盾过程中，这种价格冲突往往错综复杂、此起彼伏，解决不好，它会成为一种消极的渠道力量，而运用得当，它可以转化成为推动渠道良性运作和发展的动力。因为价格的平衡是相对的，不平衡才是绝对的，渠道冲突可以转化为渠道动力。价格是市场的生命线，是市场要素中最敏感的要素，任何价格的波动都会引起市场的联动反应，甚至恐慌。市场价格总是处在一个从平衡到不平衡再到平衡的过程，价格冲突永无休止，假设没有这种冲突，渠道将失去竞争，失去活力，失去发展的动力。所以，我们要放手利用这种冲突，甚至有时要主动制造冲突，挑起竞争，激活渠道，才能把握和掌控渠道。

就促销来讲，终端与终端之间，终端与批发之间有时都必须打破平衡，挑起竞争。比如

对终端的特价促销，在促销时间和品种选择上就不能一刀切，不宜同一时间以同一产品进行同样方式的全面特价促销，否则容易被终端理解成降价而不领情，达不到促销效果。最好在不同时间不同卖场针对不同产品进行个别促销，打破商家的心理平衡，使卖场与卖场之间产生利益冲突和心理冲突，互相攀比，暗自较劲，厂家则利用手中的促销资源进行促销补偿，化解冲突，平衡矛盾，同时又创造出新的矛盾，如此一波未平，一波又起，终端就被激活了。这时，各卖场都会反过来竞相争取厂家支持，厂商关系更紧密了，厂家也更主动了，这就叫做虎虎相争，渔翁得利。此外，对终端进行大规模特价促销必然会引发批发渠道的不满，批发销售也会暂时停顿，这时必须跟进渠道促销，消除不满，同时突击销量。反过来批发渠道大力度促销的同时也必须有终端促销配合，这样才能让各类渠道成员满意，达到相得益彰，互相促进的效果。但促销必须坚持一个原则，就是零售终端的价格水平必须高于批发渠道，否则就会出现货物从终端倒流至渠道的虚假销售现象，造成渠道堵塞。因此，我们不难看出，渠道冲突是一个变数，处理不好，它是一种破坏力量，处理得当，它可以转化为渠道动力，每个企业都有必要提升自己把握渠道冲突的能力以及驾驭整体渠道的能力。

三、渠道价格体系的控制与维护

价格作为营销组合的一个重要要素，在市场竞争中处于举足轻重的地位。价格也是一个非常敏感的营销要素，销售过程中价格体系混乱往往成为我国企业管理面临的难题。如果利润分配不合理，价格体系混乱，就可能影响渠道成员的积极性，进而扰乱整个市场秩序，影响企业的市场竞争力。所以，价格体系的控制与维护是渠道维护的关键环节和内容。造成渠道价格体系混乱的原因有的来自生产企业，有的来自中间分销商。究竟怎样进行渠道价格体系的控制与维护，以下我们站在制造商的角度进行分析：

1. 制定稳定的价格政策

厂家在和经销商签订合同时就要明确规定稳定价格的条款。厂家要制定和维护一个相对稳定的价格体系，对不履行价格义务的经销商，厂家有权利取消其经销资格。一个完善的价格体系应包括对不同的分销机构，如经销商、代理商、批发商、零售商等，制定不同价格政策，使每一个分销机构都有利可图，都愿意经营本厂家的产品。厂家的价格政策要兼顾公平，对任何一个经销商的差别对待，都可能因价格歧视而引起其他经销商的不满。某一地方食品企业，其所在地的商业机构都不愿意经销其产品，原因是该企业经常以批发价甚至以出厂价向当地消费者出售商品，使得经销商的价格没有竞争力，经营利润得不到保证。又如某企业经常以优惠价格向本厂职工出售产品，大量产品流向市场，严重影响了市场价格，使经销商的利益受损，导致经销商不愿意再销售其产品。

2. 谨慎使用不同地区价格差异的政策

有的厂家在制定价格策略时，考虑到不同地区消费者购买力的差异、竞争的差异、厂家投入的促销费用的差异、运输费用等方面的差异，因而在不同的目标市场上采取不同的价格策略。这种价格策略如果得当，就会增强产品在各个目标市场上的竞争能力，实现销量最大化，但如果使用不当，则可能导致市场价格混乱。有些经销商可能利用不同地区的价格差，将产品从低价格地区转移到高价格地区销售，造成“窜货”。并且，当市场上存在多种价格时，经销商和消费者可能提出要求平等享受最低价格的权利，对这项要求，厂家很难提出有力的理由加以拒绝。针对不同的目标市场制定不同的价格有时是必要的，但必须要掌握的一个原则是，不同地区的价格差异不足以对市场价格体系造成混乱，价格差异的幅度应该控制在不能导致在不同地区市场上窜货的范围内。

3. 积极应对定价策略变化引起的反应

厂家常常因生产成本上升、竞争加剧或其他环境因素的变化，需要改变价格策略，或者升价或者降价。但是，渠道成员一般不愿意接受这种价格的变化，只习惯于与采用某种固定模式来定价的厂家打交道。对于厂家定价策略的改变，许多经销商会不适应并提出反对。因此，厂家在计划对定价策略作任何变化时，都应当提前做好市场研究，估计到渠道成员的可能反应，拟订应对策略并做好说服和疏导的工作。

4. 妥善处理渠道定价中的涨价行为

在厂家不得不升价并把它传递给下游渠道成员时，如果每一个渠道成员都依次把涨价传递出去，并最终为消费者所接受，则渠道运作顺畅。但是，这种涨价通常不能全部传递给下游成员，渠道成员不得不消化一部分涨价。这时，厂家就应当考虑如何缓和涨价所带来的消极影响，而不仅仅只是简单地转嫁涨价了。在计划涨价之前，厂家应该认真地权衡涨价与保持原有价格之间的利弊。有时，尽管从短期看涨价好像是必要的，但是从长期看，是完全不值得的。对于厂家来说，只要不损害长期利益就应当尽量维持原价不变。在不得不涨价的情形下，厂家也应当尽量给渠道成员，甚至最终消费者提供非价格的其他优惠条件，也可以通过改变营销组合的其他因素，来消除涨价给渠道成员带来的负面影响。

5. 加强厂家对渠道价格的控制

大多数的制造商充当渠道领袖的角色，肩负着制定和控制价格的责任，所以，厂家对渠道成员的定价实施某种程度的控制是必要的。例如，为了维持产品的定位和形象，厂家不能允许渠道成员大幅降价；同时，为了保证产品的促销效果和追求市场覆盖，厂家要求渠道成员不能追求过高的利润率。但是，渠道成员对定价往往会有自己的意见，坚持自己对定价的自主权。只要厂家试图对渠道成员的定价实施控制，渠道成员就会认为厂家侵犯了它们的自主权，从而引起渠道冲突。由此可见，厂家在试图对渠道成员实施价格控制时，应当注意：①除非必要，厂家应当尽量避免对渠道成员进行价格控制，否则，可能会导致与渠道成员之间的关系冲突，厂家不应采用强制的手段来控制渠道成员的价格。②厂家对渠道定价实施控制时，应该采取说服的办法。一方面向渠道成员说明执行厂家定价策略的必要性，另一方面可以考虑对它们提供其他补贴，以换取它们的支持与配合。

6. 适度使用厂家对渠道的奖励政策

现在许多厂家不是以经营利润来激发经销商的销售积极性，而是对经销商施以重奖和很高的年终返利，目的是鼓励经销商多销售其产品。由于奖励和返利多少主要是根据销售量多少而定，因此经销商为博取年终高额的返利和奖励，就千方百计地销售产品，有时甚至不择手段，不惜以低价将产品销售出去以实现销量目标，有的甚至把预期的奖励和年终返利中的一部分拿出来让给下游经销商，其结果必定要导致价格体系混乱，价格被卖低，这种做法对于渠道的危害是很大的，比如当初的“旭日升”、“健力宝”就是因为高返利的刺激使自己昙花一现，走向了不归路。所以，厂家不能急功近利，不能过度使用重奖和高额年终返利等极端手段，厂家只能适度使用对渠道的奖励政策，鼓励经销商追求经营利润，厂家还要加强监管，避免渠道短期行为，只有这样才能实现渠道的稳定和持续发展。

任务3 把握渠道促销的平衡

促销对象可以是最终消费者，也可以是渠道成员。针对渠道成员（经销商、代理商、批发商、零售商等）开展促销是企业营销渠道管理的重要内容之一。从生产企业的角度来讲，提升销量最直接有效的手段就是渠道促销，特别是在销售淡季和年终，许多企业的营销部门为提高淡季销量及完成销售任务，都喜欢使用渠道促销手段达成销售目标。然而，渠道促销的开展是讲究艺术的。如果企业促销落实不到位，可能无法保证各个层级商家及消费者的利益，如果渠道促销的时机、力度、频度掌握不好，很可能扰乱市场次序，破坏价格体系，引发区域间的渠道冲突，还可能引起区域连动效应，影响渠道的良性发展。

一、渠道促销的定义与实质

促销（Promotion）是企业市场营销组合的重要组成部分，是经典营销 4P 结构中的第 4 个环节，在企业的营销活动中占据重要的地位。促销的中文原意是“促进销售”或者“促动销售”，有的学者将其直接理解为销售促进。

就其定义来讲，促销是企业为促使目标顾客购买其产品或服务而进行的一系列说服与沟通的活动。它包括三个方面的含义：

（1）促销活动的行为主体包括制造商和中间商。

（2）促销的目的是使目标顾客购买更多的产品。

（3）促销的主要形式是说服和沟通。

从内容的层面讲，促销包括渠道促销和终端促销。渠道促销一般是指制造商针对中间分销渠道成员采取的促销行动，一般是在旺季来临之前或者新产品上市的时候采用，目的是将更多的产品推入渠道，占领渠道成员的资金和销售陈列空间，以获取渠道竞争优势，所以，渠道促销又叫做“推的策略”；而终端促销大多是指中间分销渠道成员针对消费者采取的促销行动，如特价促销、有奖销售、搭赠等，目的是让消费者购买更多的公司产品，属于销售的“临门一脚”，也叫做“拉的策略”。

二、渠道促销的目的及时机选择

一般来讲，企业在销售旺季来临之前、在新产品上市推广之初，在淡季为了完成销售任务，都会开展渠道促销活动。下面我们从实现铺货率目标、扩大销量、新品上市、消化库存、季节性调整、应对竞争等几个方面讨论渠道促销的目的与时机问题：

1. 实现铺货目标

市场推广的一项重要指标是“铺货率”。在产品上市阶段，一定的铺货率对产品推广、广告配合、稳定市场等都有着极为重要的作用。为确保铺货率目标的实现，企业需要按计划来组建、扩大或调整分销渠道，并通过渠道促销扩大产品“铺货率”。

2. 扩大销量目标

在市场达到较高“铺货率”之后，企业的主要目标就是提高市场占有率，换句话说就是要提高销量。特别是在旺季来临之前，企业可以策划渠道促销活动（如进 100 送 5）以迅速提高销量，同时抢占渠道成员的资金和仓库，强占渠道及终端销售陈列空间。

3. 新品上市推广

由于顾客需求呈多样化和个性化趋势，企业往往需要不断向市场推出新品。在新品上市过程中，由于经销商对新品不了解，也缺乏信心，所以，企业需要进行大量的宣传并制定相应的销售促进政策，以促进经销商进货和推广。

4. 处理公司库存

由于受经营规模、运输及仓储等条件的限制，企业需要定期清理库存。通过给予促销折扣可以处理库存积压问题，但大量处理库存可能会打乱市场价格体系，并减少企业利润，所以，在设计处理库存的促销活动时在时机选择、力度控制方面要多加考虑。

5. 应对市场竞争

竞争对手的销售行为是企业制定促销政策时必须考虑的重要因素。当某行业生产企业不多、市场集中度较高、产品差异性不大、消费者有相当的识别能力时，分析竞争者的市场行为就显得尤为重要，企业可以通过渠道促销削弱对手的优势，缩短与对手的距离，但促销的目的必须与企业的整体营销战略相一致。

6. 季节性调整

有些行业产品的销售会受到季节性因素的影响（如空调、冷饮、糖果、礼品等行业），这是由产品特性和消费者需求变化引起的。产品不同，淡旺季也不同。企业不仅要分析本企业产品的季节性变化趋势，还要分析竞品和行业的趋势，策划季节性促销以赢得优势。

另外，在确定具体的促销方式之前，企业应进行周密的市场调查和促销规划，并且与分销商进行充分有效的沟通，只有这样，促销活动才能有序进行并得到分销商的理解和支持，也只有这样，才能达到预定的促销效果。

三、掌握渠道促销的力度与频率

“渠道促销”是厂家针对中间渠道商（经销商、代理商、批发商、终端零售商）所进行的促销活动，目的是刺激渠道成员的进货热情和销售积极性，其实质同样是渠道利润的再分配（厂家让利），也是厂家惯用的渠道激励方法。渠道激励是一项复杂的系统工程，其激励在时效、形式、力度、频度、条件、执行等方面都显示出极大的变动性、灵活性，甚至微妙性。激励得当，它可以像“杠杆”一样敲动渠道，甚至推动渠道整体良性运行，而如果实施不当，出现激励过分、激励不足、激励失效等问题，它则可能变成渠道发展的阻力，甚至破坏力。所以，如何把握渠道激励各环节的“度”，找准渠道激励的“均衡点”，对于渠道的维护就显得至关重要。

1. 渠道促销的时效问题

一般来说，新品上市，库存处理，旺季冲销量，淡季保市场，都需要进行渠道促销，这是厂家的惯用做法。渠道促销具有适度超前的特性。特别是季节性促销抢量，更需要恰当掌握适度超前的时机。就拿一般消费品来讲，一年至少有“五一”、“国庆中秋”、“圣诞元旦”以及“春节”几个大的销售旺季，这几个时段的销量往往占到全年总销量的60%以上，所以，做好这几个时段的促销文章就显得犹为重要。

根据行业运作规律，消费品渠道促销应该在（终端）大旺季销售来临之前进行，因为商家有一个旺季前备货的过程。旺季前抢得先机进行针对渠道商的促销，可以抢占渠道的资金、仓库和陈列空间，挤压和排斥竞争对手，实现销量最大化并赢得竞争优势。而如果到了终端销售旺季才进行渠道促销，那就晚了，渠道商可能既没有资金也没有仓库来进你的货了。那应该提前多久进行才最合适呢？根据以往经验，提前 15～30 天都行，20 天左右最好。因为太早吧，渠道商没兴趣，太迟吧，渠道商无暇顾及。

2. 渠道促销的力度和频度

按照管理学的观点，市场营销是一种管理艺术，特别在营销的节奏与频率方面，往往欲速而不达，过之而无不及，其中充满了学问。同样，渠道促销在力度和频度上也非常讲究，掌握不好就很难达到预期的效果。因为促销力度太小了对渠道商没有吸引力，力度太大了，厂家又没法承受，而且容易引发冲货。促销次数太少，不利突击销量和拓展市场，促销太频繁了，又容易使渠道商厌倦产生疲软。总之，渠道促销这个“度”很难把握。

有的企业有时为了追求当期销量最大化，或者是在和竞争对手的对决中为了出一口恶气，种种原因之下，不顾大力度促销可能的副作用而突破行业促销的限度，采取大规模、大力度的促销，其结果是，当期可能获得很大销量（透支需求），但是，价格必然被拉低，原有价格体系必然遭到破坏，竞争对手为了生存必然竞相杀价，价格战在所难免，最糟糕的结果是价格被卖穿，再也反弹不上来，这时，企业陷入死结，要么降价，要么更大力度促销，否则根本没法销售。

合适的促销力度的标准是促销期间不致于大量冲货，促销结束之后其价格很快反弹到原来的水平。促销期价格卖低再不能反弹，说明力度太大；促销期客户没兴趣进货，说明力度太小。根据销售经验，渠道促销的力度以“有吸引力且不至于引发冲货”为原则。比如食品的促销，一般控制在 3%～5%的力度，这个力度有一定诱惑力，但又没有足够的空间支持冲货，因为从一个城市运到周边城市，运费也要 3%～5%，冲货没有意义。所以，产品从一个城市运到周边城市的平均运费（比率）就是该产品在该城市可采用的促销力度的参考值。

此外，促销的频度也有讲究，合理的频度应该以“库存得以消化、价格已经反弹”为原则。如果企业连续不断的在某一渠道长期促销（促销过频），将会使渠道变得疲惫和麻木，影响促销的效果。上一次的促销在渠道中囤积的货物如果已经得到有效消化，渠道商已经开始以原价进货，批发价已经恢复到未促销时的水平，说明市场已经恢复良性，此时可以准备第二波促销动作，最好持续一阵再进行，最好与淡旺季相吻合。因为渠道促销是透支未来销量，它往往造成销售价格下跌。

合适的促销频度其标准是上一次促销之压货库存消化完毕，市场价格已恢复到原有水平，并且还要维持一段时间才能进行下一次促销。如果促销过于频繁，库存未能很好消化，必然造成渠道积压严重，小则跌价窜货，大则低价甩卖，导致渠道崩盘。如果促销过于频繁，渠道商会形成促销依赖症，不促销不进货，逼着厂家一次次加大力度促销，直至不堪重负而死去，旭日升、健力宝的覆灭就是鲜活的例证。如果促销过于频繁，价格还没有反弹到正常水平又开始促销，势必形成降价惯性，价格会越卖越低，永远也反弹不上来。价格卖低，渠道利润会下降，厂家利润也会下降，渠道商会消极应对，整个渠道会因为驱动力不足而逐渐萎缩，到这时，离退出市场也就不远了。

3. 渠道促销的形式、执行及区域连动因素

渠道促销有变相降价或升价两种形式，以降价形式为主。主要表现为进货折扣（现金折扣、数量折扣、功能折扣、季节折扣等）、赠品、抽奖、奖券、市场支持承诺（包括广告投入、终端促销、费用支持、人员支持等）以及其他促销措施，这些都是积极有效的渠道激励形式。

但是，渠道促销在执行过程有很大的弹性，往往容易出现很大的漏洞而使本来很完美的促销方案的效果大打折扣。比如说，折扣政策，厂家是希望刺激经销商大量进货，享受折扣，并且将折扣政策往下分解，让下游批发商、零售商也享受折扣，以促进他们积极进货。但如果执行不力或监控不力的话，经销商往往将折扣独享，囤积货物慢慢销售，这就违背了厂家开展渠道促销的初衷，对于赠品、奖券以及市场支持，情况仍然如此。

渠道促销还应该考虑区域连动因素。也就是说，一个地区的促销要考虑它对周边市场的冲击，包括价格冲击和市场秩序问题，要把一个大的区域市场当作一个整体市场来考虑，统筹安排，长远规划，才有利于整体市场的良性发展。所以，一个地区搞促销，最好控制到不会对另一地区市场造成严重影响。如果控制不了，最好同时进行，可以考虑以同样力度但以不同方式进行，以避免雷同而影响促销效果。

四、渠道促销的有效策略

渠道促销的方式多种多样，制造商通常采用促销补贴、合作广告、展销协助、店内促销、竞争和激励、特殊促销协议补贴等促销形式来争取渠道中分销机构的支持和配合。

1. 渠道促销补贴

促销补贴最典型的做法是向渠道成员直接提供一定金额现金补贴，或按交易额的一定百分比支付现金补贴。提供补贴是为了鼓励分销商多购买制造商的产品，给产品更多好的货架陈列位置，在特定的楼面或走道顶端宣传制造商的产品，形成产品推广的特色氛围等。近年来，越来越多的制造商正通过提供给中间商更多的促销补贴以达到推广效果。

2. 合作投放广告

制造商还通过合作广告的方式给予渠道成员促销激励。采用这种方式时，制造商与渠道成员分摊合作广告成本，共享广告利益。虽然有多种不同方式分摊广告成本，但使用最普遍的做法是双方按一定比例分摊，以分销商与制造商交易额的一定比例进行提取和投放。有的是由厂家负责策划投放和承担费用，有的是由双方合作策划投放分摊费用。

3. 终端展销协助

制造商要求中间分销商采取现场销售（POP）的展示方式，也可以采用现场秀、终端抽奖、促销套装、店内特别展销、邮寄宣传资料等方式来促销制造商的产品。由制造商的市场人员负责策划和设计，并提供展销的设备、条件、奖品以及技术支持，帮助分销商开展终端展销并指导提高推广效果。

4. 店内促销支持

店内促销属于终端营销范畴，是零售商惯用的促销方式，其目的是提高产品附加价值。店内促销作为一种比较细致文雅的促销方式，需要精心的策划和设计，才能打动终端消费者。它主要适用于较高档的服装、鞋子和珠宝等消费品的促销。所以，制造商有责任带着最新的、最好的产品以及最美观、最动人的设计帮助零售店开展终端展示。

5. 开展销售竞赛

销售竞赛这种促销方式在实践中应用非常广泛。这种促销方式一般由制造商发起，并承诺以现金、实物或其他形式来奖励经销商的销售业绩突出的销售人员，从而激励营销渠道成员为销售其产品投入更多的热情和努力。由于销售竞赛是促销支持中最难管理的形式之一，它容易使营销渠道成员产生抵触。因此，在进行各种销售竞赛活动时，制造商应先了解营销渠道成员对这种促销方式的态度并获得他们的支持。

6. 特殊促销协议

特殊促销协议是企业在特定时间为了达到某个特殊的销售目的而与分销商签订的补充销售协议，包括销售公司某一类产品（如新产品）所给予销售渠道成员特别的折扣、某一时期给消费者特别优惠（比如国庆期间买一送一）、某节日赠送优惠券（如母亲节）、累计销售赠送特别奖品（如一个季度累计销售奖励）、开展有奖销售活动等。另外，当制造商面临库存压力、新产品上市、销售旺季以及应对竞争对手进攻时，常常要开展渠道压货促销，与分销机构签订特殊促销协议，此方式比较适用于具有很强渠道控制力的企业。

任务 4　搞好渠道客情关系

一、渠道客情关系的内涵

根据服务营销领域的研究，开发一个新顾客所花费的货币、时间、精力成本是保持一个老顾客的 5～6 倍，甚至 8～10 倍。可见，建立良好客情关系是企业保持和提高经营业绩的有效途径，也是企业持续发展的需要。

客情关系，又叫客户关系，是指企业和自己的供应商、分销商、服务商以及消费者之间因为业务往来而形成的交互关系，它既包括业务的关系，也包括情感的关系。在企业通常叫“客情关系”，而书面用语通常称为“客户关系”（Customer Relationship）。

1. 客情≠感情；客情关系≠庸俗关系

在企业实践中，老板或经理通常都会要求业务人员“搞好客情关系”，于是，业务员就去与分销商套近乎，请吃请喝请玩，其结果是业绩没有提升上去，生意没有多少进展，业务员还花了不少精力和钱财。为什么会出现这种得不偿失、枉费心机的事情呢？原因在于业务人员错误地理解了“客情关系”的内涵，以为“搞好客情关系”就是请吃请喝，就是吹吹拍拍，就是结交酒肉朋友，陷入到了建立“庸俗关系”的误区。当然，这跟我们的社会风气有关，社会上流行哥们义气，对商业文化也产生了影响。

我们认为，“客情关系”需要建立在一定的沟通和交流的基础之上，需要投入一定的感情，但是“客情”并不简单的等同于“感情”；“客情关系”是厂商之间的业务关系，它首先表现为一种业务员与客户之间的人际关系，但并不简单的等同于“人际关系”，而更重要的是体现为一种厂商利益关系。

2. 良好的客情=充分的沟通+双方的得益

根据顾客关系管理（CRM）的思想，“客情关系”更重要的是一种沟通关系，一种利益关系。厂商之间需要充分的沟通、交流，互通信息，增进了解，才能更有效的合作，才能提高渠道管理的效益。可以说，沟通是手段，利益才是目的。沟通的方式多种多样，请吃请喝请玩是一种沟通方式，但是一种庸俗的关系手段，往往达不到好的沟通效果，互通信息、共同开发和管理市场、共同制定和执行方案、共同调整和总结、共同培训和提高也许是更加积极、有效的沟通方式。

充分的沟通是良好客情的基础，而良好客情得以维系的前提是双方的得益，这是商业社会的基本游戏规则。没有了双方利益的保证，客情就会成为一句空话。因为企业的最大职责是盈利，商业活动的最高原则应该是利益原则。而经销商都是经济动物，追求利益是渠道的天性，所以，把保证“双方的得益”作为渠道客情维护的根本点是合情合理的事情。故此，客情关系管理最终是建立关系型、伙伴型的渠道关系，追求和谐共赢、合作发展。

【案例】

某公司李经理，平时为人豪爽仗义，喜欢交往，还喜欢看球、喝酒和唱歌，在公司人缘很好，领导和同事都很喜欢。李经理是公司驻杭州的地区经理，他在浙江地区发展了十几个经销商。李经理善于交朋友，和他的经销商的个人关系都很好，甚至亲密无间，每次去拜访经销商，经销商都热情款待，请吃饭请唱歌，甚至提前买好整箱李经理喜欢的白酒放在办公室里，吃完饭卡拉OK。经销商来杭州，李经理也是非常大方的接待，大家合作很好。但后来问题出现了，经销商在旺季推说资金紧张，要求李经理在超信用额度的情况下发货，旺季后付款，李经理冒险答应了。之后李经理去拜访催收账款，经销商更加热情的款待，请吃还请唱歌请桑拿，第二天催款时经销商说最近几天资金紧张，过两周打款。如此方式一拖再拖，李经理所辖地区经销商的应收账款越来越多，公司发现不对不再发货了，市场陷入停顿状态，李经理的业绩也直线下滑，不久辞职黯然离开。

二、搞好渠道客情关系的原则与方法

今天渠道关系变革的趋势是建立关系型、伙伴型的营销渠道，最终的目标是实现渠道成员间的相互和谐与忠诚。虽然渠道客情关系的稳固和完善以及渠道忠诚的实现需要各渠道成员的共同努力，但是对于渠道的领导者——制造商而言，它的地位和作用又极其关键，制造商应该在渠道客情关系的管理和维护中发挥主导的作用。对制造商而言，加强渠道的客情关系管理确实是一个比较新的课题，需要在实践中不断摸索和总结。我们暂时提供如下的发展建议以供参考：

1. 选择实力和理念相匹配的分销商

制造商要实施关系营销，建立起关系型、伙伴型分销渠道，首先必须对分销商进行甄选。甄选的标准包括：分销商的规模、资金实力、财务状况、销售能力、销售额增长情况、仓储能力、运输能力、社会关系和影响能力、市场管理能力、对品牌的看法和态度、营销道德以及分销商企业文化与生产商企业文化之间的异同等。

在分销商的选择上，我们主张门当户对。从总体实力上讲，分销商往往与厂家无法相比，但我们认为，分销商只要在自己的区域和行业里具有相对的竞争优势，原则上就属匹配，就能衔接。匹配包括实力的匹配，理念的匹配。实力的匹配是基础，理念的匹配是关键，没有一致的理念，很难形成共同的目标，很难就营销策略、市场规划和发展方向达成共识，因此也就很难有步调一致的行动。

2. 为分销商提供满意的产品及服务

制造商能否提供为广大客户所接受的产品，是分销商的根本利益所在。而向分销商提供完善的服务，也是获得分销商合作与支持的条件，这要求生产商做到如下几点：

①制造和分配优质产品；

②对产品质量及售后服务质量严加控制；

③供货价格公平合理；

④供货及时、有保证；

⑤与分销商分担广告费用；

⑥为分销商提供销售服务，如举办销售培训班等；

⑦给分销商以技术帮助，包括技术说明、操作、使用、维修等；

⑧管理协助与发展规划建议；

⑨给分销商合理、优惠的政策支持等。

3. 与渠道成员开展平等的对话

能否真正建立起伙伴关系，所取的姿态很重要。这是一个观念问题，一个态度问题。其实，不论厂家抑或经销商，各具优势，只是分工不同而已，厂家有综合实力优势，有品牌优势，而经销商有区域分销优势，有渠道网络优势，大家的地位是平等的，关系是对等的，不存在应该谁听谁的问题。厂家因此不能以势欺人，经销商也不必妄自菲薄，大家在各自的领域里都是"过江龙"或"地头蛇"。所以，只有从思想上摒弃"店大欺客、客大欺店"的传统观念，确立对等意识，尊重对方，才能发挥各自的优势，实现双赢，才能真正建立起如伙伴般的亲密合作关系。

4. 与分销商进行及时有效的沟通

良好的沟通是建立良好客情的基础。它不仅指标准、及时的信息沟通，也应该包括双方之间情感的交流。沟通是了解的前提，了解是理解的前提，理解是信任的前提，信任才能形成忠诚。密切的沟通，使相互之间达到很好的了解，有助于消除双方间的误会，也有助于减少观点、做法的分歧，形成双方的共识。厂商之间只有实现相互充分及时的沟通，才能消除误解，建立信任，才能同心协力，克服市场障碍。而及时的沟通，也有助于双方做出正确的决策。沟通的方法包括个别交流、互访活动和定期或不定期的会议以及媒介沟通等。

其实很多厂商之间的矛盾大都源于沟通障碍，或者是信息失真造成的相互误解。有了误解就有偏见，如果不及时沟通，积怨会越来越深，隔阂会越来越大，或鱼死网破，或两败俱伤，对双方都没有好处。许多公司都把与分销商之间的沟通作为促进双方关系发展的重要步骤。

5. 提供支持帮助分销商发展

中国文化重视礼尚往来，有困难互相帮助，只有这样才能建立起深厚的友谊。朋友之间是这样，企业之间也是这样，企业与企业之间同样需要多为对方着想，力所能及的帮助对方发展，当自己遇到困难时对方才会伸出援助之手。作为厂家，有责任和义务帮助分销商进行营销策划、营业推广、业务开拓和队伍培训，提供市场支持，帮助分销商成长。制造商应该为分销商制定较高的激励标准，通过返利和市场促销等措施提高分销商利润水平，为销售渠道成员在基础设施和推广活动方面的投资提供支持。作为分销商，也有责任全力配合厂家的品牌宣传和市场推广，帮助厂家培育市场和提升品牌，最后达到互助、共进、双赢的效果。

6. 与分销商分享利益和承担风险

厂商之间既是矛盾对立体，又是利益共同体。利益是关系的源泉，利益原则是一切商业关系的最高原则，战略伙伴关系同样是建立在相互利益的基础之上的。一方的获益不能建立在另一方的损失基础之上，任何一方的不能获益都会导致关系的解体。如果厂家与分销商不能共同分享利润，再好的关系也会瓦解，就算亲兄弟也会反目。所以，厂家在制定销售政策时必须保证分销商的利润和相关市场收益，分销商在操作市场时也必须考虑厂家的利益包括利润和网络价值、品牌价值，反对各自为阵和吃独食，至少不能因为追求个人的眼前利益而损害厂家的长远利益。

7. 追求与分销商的共同成长

厂家和商家都有共同的目标，一是赢利，二是追求事业发展或公司成长。厂家希望提高公司产品的市场份额，提升品牌的价值，做行业领袖。商家则希望借此扩大销售网络，提高经营和管理水平，做渠道领袖。所以，厂商要建立战略伙伴关系，必须支持对方的发展目标，才能相互促进，共同发展。厂家有责任对分销商提供“助销”，提供市场支持，全面帮助分销商做大做强。商家有责任全力配合厂家进行市场推广，帮助厂家打造强势品牌，理想的合作是双方都能兼顾对方目标，相互促进对方目标的实现，达到双赢和共同成长的效果。

8. 重视发挥业务人员的个人魅力

人与人之间持久关系和友谊的建立常常依靠个人魅力。广博的知识，出众的能力，鲜明的个性，高尚的人格都能成为吸引对方，让人景仰的力量。厂商关系的创建者、维护者必须丰富自己的知识，提高自己的专业能力，并完善自己的人格，将自己塑造成为行业“专家”和道德“高尚的人”，才能赢得对方的尊重和认可。只有厂商之间，或者双方代表之间相互欣赏，相互信任和尊重，才有可能建立高水准的理想客情。企业与企业的交往是通过人与人之间的交往来实现的，这就对我们营销从业人员提出了较高的要求，要想建立理想客情，必先独善其身，提高自己，把自己变成一个高尚的人，一个道德的人，一个专业的人，一个有益于企业和市场的人。

9. 适度保持与分销商的距离感

厂商之间作为相互独立的经济主体，必然存在各自不同的利益和立场，也就是说，厂商关系有合作的一面，也有对立的一面。因此，厂商关系的创建者、维护者必须站稳自己的立场，在政策允许的范围内为对方谋利益，小心落入对方布置的陷阱，绝对不能以出卖公司利益为代价获取个人利益，这是原则问题。由此，必要时还需保持一定的关系距离，以使厂商关系更纯洁、更持久。有的厂家派驻的销售代表，由于经不起分销商糖衣炮弹的攻击，往往丧失立场，置公司利益于不顾，与分销商勾结，谋取私利，大则造成公司重大经济损失，破坏公司形象，小则出卖个人尊严和价值，影响了厂商之间客情关系的良性发展，重则身败名裂。所以，厂商之间，厂商人员之间保持一定的距离是必须的，坚定自己的原则立场是必要的。

任务5 加强渠道团队建设

人是所有管理要素中最活跃的要素，营销渠道的设计、建设、管理与维护都需要人来完成。这里的“人”不单指单个的人，更主要的是要依赖一个团队，因为现代经营过程中很多事情都需要团队合作的方式来完成。因此，企业销售队伍的团队建设也是渠道维护的一项重要内容，是渠道管理能否有效进行的根本保证。

一、什么是团队

团队是指为了实现某一目标而由相互协作的个体所组成的正式群体。换句话说，一群乌合之众不能称之为团队。根据管理学大师罗宾斯的观点，团队要具有如下构成要素：

- 清晰的目标——团队一定要有固定的目标。
- 相关的技能——团队成员的技能应该具有互补性。
- 相互的信任——信任是团队凝聚力、战斗力的基础。

- 一致的承诺——团队成员要有共同的理想和信念。
- 良好的沟通——团队成员之间需要好的交流与合作。
- 谈判的技巧——团队成员要能争取到资源和配合。
- 恰当的领导——强有力的领导是团队战斗力的保证。
- 内部支持和外部支持——团队还需要得到各方支持与配合。

本质上，团队是一个战斗的集体，一个具有明确的奋斗目标，具有很强的凝聚力、战斗力、亲和力甚至威慑力的正式组织。团队要有强有力的领导，要能体现 1+1+1>3 的精神。另外，根据西方学者的研究，团队有数量的特征，最有效的团队一般由 8～12 人组成，因为他们便于交流和协作，最有利于实现目标。团队人员太少不利于发挥协同效力，团队人员太多又不利于管理协调。例如自然界中的蚂蚁、蜜蜂就具有团队协作精神，值得我们学习。

二、为什么要建设团队

在产品、技术高度同质化的今天，企业之间的竞争已经不是简单技术层面即“硬实力”的竞争，而主要是“软实力”的竞争，是团队实力的较量。一个人的能力是有限的，只有借助团队的力量，才能发挥最大的作用。况且，很多的营销项目都需要团队协作来完成，以发挥整合效应和协同效力，单个人往往是很难胜任的，销售工作也是如此。

根据战略管理 7S 理论，管理的重要要素包括战略（Strategy）、组织（Structure）、制度（System）、团队（Staff）、技术（Skills）、风格（Style）、文化（Social Culture）等，如图 9-2 所示。

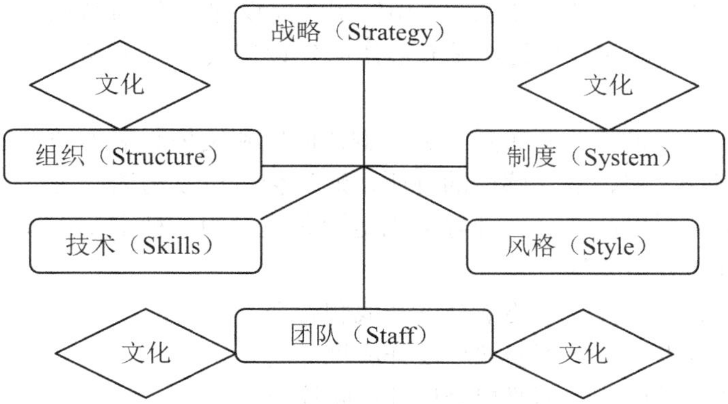

图 9-2 战略管理 7S 理论示意图

由上可见，在战略管理 7S 要素中，团队是组织和制度得以形成和实施的基础，也是组织战略实现的根本保证，团队的建设和管理在组织管理中处于非常基础而重要的位置。而且团队对于销售任务的完成具有举足轻重的意义，是销售管理的一项重要工作。很多人有一种误区，认为团队建设是人力资源部门的事情，其实不然，任何组织都有团队建设的使命，销售团队建设更应该由销售经理来规划、来带领、来锻造。

然而，团队建设是一种文化，不是一种制度。或者说，团队建设需要时间的积累，团队是在实践中逐渐磨合形成的，团队的形成需要一种文化、一种氛围，不是说某个领导一个命令或公司发布某个文件就可以很快形成的。团队的建设是一项复杂的系统工程，它不是一件容易的事情，它需要一个强有力的领导，需要公司内外及企业文化的支持。借用网易的广告词："长城不是一天建成的"，需要很多人付出艰苦的努力。

三、怎样建设高效的销售团队

（一）培育积极进取、团结协作的企业文化

从战略管理 7S 理论我们看到，文化是存在于所有要素中或者对所有要素产生影响的重要要素，也是一种无形的影响要素。企业文化是企业长期以来形成的共同的价值观、信念、态度和行为规范，是企业行动的指南。而企业文化无处不在，无时不有，它的影响是潜移默化的。团队的背后是文化，企业文化需要建设，更需要引导。树立积极上进、团结协作的企业文化，有利于形成团队精神，成为团队建设的黏合剂。

销售团队建设需要注意以下几点：

- 建立共同愿景——形成团队的精神力量
- 加强相互沟通——团队建设的润滑剂
- 提倡同甘共苦——反对团队领导高高在上
- 培育协作精神——反对单打独斗的个人英雄主义
- 领导积极向上——提倡主动进取和创新精神
- 激励兼顾公平——注意激励的全面性长期性
- 创建和谐文化——反对地方主义和山头主义
- 弘扬敬业精神——反对消极应对和敷衍了事

（二）团队建设三大法宝

企业领导只要有团队精神和合作意识，搞好团队建设并不难。根据企业的实际管理经验，开好会议、引进竞赛、经常聚会成为组织开展团队建设切实可行而有效的手段。

1. 会议

会议是企业领导人贯彻政策、布置任务、解决问题和发挥影响力的平台，也是组织人员之间沟通、交流、增进了解、建立感情的场所，通过会议可以沟通信息、解决问题，增进感情、增强组织凝聚力。所以，开会、开好会也是团队建设的一种重要方式。为了开好会，我们应该注意以下"五要五不要"：

- 要把会议开成总结会，不要把会议开成聊天会
- 要把会议开成表彰会，不要把会议开成批斗会
- 要把会议开成讨论会，不要把会议开成吹捧会
- 要把会议开成交流会，不要把会议开成吵架会
- 要把会议开成群英会，不要把会议开成一言堂

特别提示：要开有准备的会、有目的的会、有成效的会。利用会议，达成团队共识，鼓舞团队士气。当然，这其中考验组织者的能力和主持人的水平。

2. 竞赛

竞赛也是开展团队建设的一种有效方式。通过在销售人员当中引进竞赛活动，倡导积极竞争，激活大家的好胜因子，可以激发团队的活力。销售人员通过参加各种竞赛活动，加强与领导和同事之间的交流，增进了解，增强友谊，有利于团队文化的形成。通过竞赛活动的开展，表彰先进，鞭策落后。通过竞赛活动的开展，还可以提高团队成员的能力，实现优胜劣汰，同时增强团队战斗力。

开展销售竞赛的方式很多，包括年度竞赛、季度竞赛、单项竞赛（如新产品上市推广）、某一特殊时段的竞赛等，可以设立业绩增长奖、最佳地区经理、新品推广奖、优秀销售主管、铺市陈列奖、模范员工、客户开发奖、尖刀业务员、优质服务奖、销售冠军奖等奖项，奖品可以是物质的，也可以是精神的，还可以是职位的提升，获得教育培训的机会等。

总之，通过开展销售竞赛，引进竞争机制，激活销售队伍，树立榜样，建立高效团队。榜样的力量是无穷的。榜样是一面镜子，一把尺子，一条鞭子。

3. 聚会

聚会也是进行团队建设的一种有效方式。定期不定期的团队成员聚会，一来可以放松心情、调整状态，创造团队和谐气氛，二来可以不拘一格地进行交流，拉近大家的距离，增进彼此的感情，有利于团队凝聚力、向心力的形成。以下是某职业经理人根据自身的经验总结出的团队聚会心得，仅供参考：

- 开完会后撮一顿
- 节日喜庆喝两杯
- 心情好时唱两首
- 闲时不妨喝喝茶
- 夜时兴来宵宵夜
- 遇到问题聊一聊
- 放下架子常相聚
- 团队建设也容易

特别提示：团队聚会要随时随地，要顺其自然，不能勉强；团队聚会是花钱的事情，作为团队领导者应该肩负更加主要的责任，担当发起者和付款人。当然，团队领导者最好能够慷慨仗义，舍得花钱，以达到财散人聚的效果，如果条件有限也可以策划组织性的活动，或者实行AA制，大家也可能理解和乐意。

任务6　讨论渠道战略联盟

分销渠道中的战略联盟是指渠道关系发展到一定阶段，处于同一分销渠道中的双方或多方成员通过协议形成的长期利益共同体。在渠道战略联盟中，渠道成员按照协议的规定，共同开发市场，共同承担市场责任和风险，共同管理和规范销售行为，公平地分享经济利益和合作成果。渠道战略联盟有三个显著特点：

1. 渠道战略联盟的一个重要特点是长期性

如果交易伙伴只是为了交易方便和谋求短时的利益而暂时联合起来，这种联合可以称为战术联盟或普通商业伙伴；渠道战略联盟信奉的是关系营销而不是交易营销的理念，追求的是双方的持久关系和长期利益。

2. 渠道战略联盟的另一个重要特点是参与各方的平等性和自愿性

有的联盟往往是建立在不平等的权力关系之上，实力强大的一方实际上通过联盟实现对实力弱小一方的控制。而真正的渠道战略联盟是建立在平等和双方自愿基础之上的，成员之间在技术、产品、技能和知识方面平等交换，通过交换分享资源和挖掘市场机会，实现互利双赢，谋求长期共同利益。

3. 渠道战略联盟的第三个、也是最重要的一个特点是彼此遵循高水平的承诺。

可以说，没有渠道成员彼此间的信任和承诺，就没有战略联盟，只有当渠道成员既有维持一种渠道关系的愿望，同时又愿意为维持这种关系而付出或承担某种责任和义务时，联盟才能得以维持。战略联盟本质上就是一种承诺，成员间遵守承诺是建立渠道联盟的核心内容。

联盟也是一种依赖关系。联盟及承诺意味着一种长期的眼光，促使联盟中的渠道成员即使做出短期的牺牲也要保持和发展这种关系。承诺也意味着渠道成员要承受增加对其渠道伙伴依赖性的风险，做出承诺的渠道成员必须承受这种风险并采取适当的措施进行管理。尽管联盟中各方的承诺可能存在不对称的情形，但在渠道战略联盟中承诺往往是对称的，要么各方都做出承诺，要么大家都不做出承诺。

建立渠道战略联盟为大势所趋。因为建立渠道战略联盟确实有很多好处，如渠道成员可以实现资源共享，风险共担，更好地发挥联盟内各个成员的优势，从而获得其他渠道系统所难以获得的竞争优势，这是一种商业竞争的需要。但也要考虑到，建立渠道联盟可能会引起渠道运作成本的上升；如果联盟的基础不牢固也可能导致联盟内的投机行为；也可能因为联盟捆住了渠道成员的手脚，从而失去了市场竞争中的灵活性，是否加入渠道战略联盟，企业可以根据自身的情况及战略需要进行选择。

【案例】

欧莱雅借“魅力联盟”实现渠道下沉

作为在中国卖的最好的外资化妆品牌，欧莱雅在一线城市坐稳一哥的位置后，向二三线市场吹响了进军的号角。在2010年6月初悄然于网站公布将扩大“魅力联盟”范围之后，欧莱雅上周又公布，16个月内新增千家化妆品专营店渠道。

渠道下沉最关键的问题在是否有与之配套的价格体系。商场专柜是品牌负责开设，有通路费用支持，而在二三线城市逐渐壮大起来的化妆品专营店渠道，被称为商场和超市之外的第三种渠道。

“毫无疑问，欧莱雅就是注意到了多达15万家化妆品专营店的日益壮大，并希望与之结成伙伴关系，因此才在巴黎欧莱雅试水‘魅力联盟’一年后，将这一联盟扩大到集团层面，美宝莲纽约、羽西和卡尼尔、小护士4大品牌也会向会员店铺货。”欧莱雅中国对外交流与公共事务部总监周根良向本报表示。

按照巴黎欧莱雅上周最新公布的数据，从2009年2月推出“魅力联盟”至今，16个月新增超过1000家化妆品专营会员店渠道。在这个计划之前，化妆品专营店多通过代理商进货，而这个计划施行之后，其可直接联系厂家，经筛选成为加盟会员后，由巴黎欧莱雅通过销售商直接向会员店供货，并对会员店提供各种促销支持。据巴黎欧莱雅全国销售总监郭志海透露，目前巴黎欧莱雅超过50%的销量来自商场，专营店的份额则在10%～15%。

事实上，在资生堂正式进入专营店渠道，以店中店形式发展签约之前，其商场的销售占比甚至超过九成。但此后，显然专营店这一渠道的发展速度大大超过商场。盛世传媒首席营销顾问吴志刚告诉记者，由于悠莱等专供品牌的存在，资生堂在耕耘多年之后，销售占比超过四成，甚至超过了超市，真正达到了“三条腿走路（商场、超市、专营店）”。

资料来源：《南方都市报》2010-7-6，“快消周刊焦点”

核心概念

渠道维护（Channel maintenance）
产品决策（Product Decision）
价格体系（Price System）
渠道促销（Channel Promotion）
客情关系（Customer Relationship）
团队建设（Team Construction）
渠道战略联盟（Channel Strategy Alliance）

训练题

思考题：

1．渠道维护对于渠道的管理与创新有什么意义？
2．渠道产品组合与产品创新应该注意些什么问题？
3．价格平衡有什么意义？怎样保持渠道价格体系的平衡？
4．怎样把握渠道促销的时效、力度、频率与区域连动因素？
5．怎样理解和把握建立渠道客情关系的“距离感”？
6．怎样看待团队建设“三大法宝”（会议、竞赛、聚会）？

实训设计：

1．邀请一个企业的销售经理或营销总监，就渠道维护或客户关系管理等主题，给学生做一个专题讲座，谈谈其渠道维护的经验与认识，会后在课堂上就这个专题展开讨论，看看哪些经验值得借鉴，哪些属于特殊的情况需要灵活处理。

2．渠道的维护是个新的问题，也是一个极其复杂的问题，学生没有实际企业的操作经验，所以，很多操作问题难以理解掌握。可以选择一个渠道维护内容的详细案例，进行课堂案例分析与讨论，结合书中的理论，老师进行点评，帮助学生消化吸收。

综合案例分析

七匹狼：创建品牌渠道商

“举目一望，可供学习的对象很多”。福建七匹狼实业股份有限公司董事长周少雄从一开始就学习香港鳄鱼转做经销商加盟商的渠道模式，七匹狼实现了规模上的扩张。但品牌不断往上走，学习的对象也在不断“升级”。在目前的假想敌 POLO 面前，七匹狼在渠道管理上选择了不断模仿和优化。

一、学“鳄鱼”快速扩张

在内地男装市场尚处短缺的时代，七匹狼也曾赚过容易钱，当时七匹狼男装在上海一百、华联一天的销售额可以达到 8 万元。

时隔不久，20 世纪 90 年代中期内地迎来男装品牌飞速发展，七匹狼很容易被众多品牌所湮没，一度遭遇成为弱势品牌的危险。事实上，战略营销对于七匹狼而言，也在这段时期才算刚刚起步。

随之产生改变的，除了一整套以狼为核心的营销方案外，渠道的变革也应运而生。那个阶段，多数服装企业仍热衷于以批发为主的销售模式。七匹狼果断引进新的营销手段，采用了周转周期快的流通方式，先将批发渠道改成总代理制，后又在业内率先引入特许专卖经营模式。那时候的学习对象是香港鳄鱼。与同时期成长起来的一批企业明显不同的是，七匹狼很看重渠道。这也决定七匹狼发展的走向。

七匹狼起初是通过发展区域经销商，凭借其对当地市场的了解和影响力，共同做大市场，从而逐渐发展为以批发业务、加盟业务为主，直营店为辅的模式。据公司 2008 年公开的财报，截至当年底七匹狼合计拥有终端零售网点 2769 家，其中，自营及联营终端 98 家，自营及联营占比甚小。如今，七匹狼的专卖店（专柜）已经突破 3000 家。

得益于有力的渠道拓展和市场营销，七匹狼连续几年都实现了高增长，其 2007 年主营业务收入 8.76 亿元、净利润 8870 万元，分别比 2006 年增长 79.6%和 77.2%。在 2008 年经济低迷时期，七匹狼也实现了增长，2008 年营业总收入 16.5 亿元，净利润 1.4 亿元，比 2007 年增长 59.8%。

二、向“品牌渠道”转型

周少雄曾于 2007 年订货会上对媒体表示，七匹狼并不愿意成为一个最大的服装制造企业，而是要成为中国最大的服装零售和批发企业。言下之意，就是实现从服装生产商向品牌渠道商的转型。而在经销商的模式下，门店管理、商品陈列，甚至打折促销虽是由七匹狼提出建议，但还是经销商主导的，七匹狼曾经很难对渠道终端有影响力。

此外，以批发和订货会为主的销售模式，在时装更新换代速度不断加快的背景下，难免对市场反应及经销商的反馈产生时滞。据财报显示，七匹狼仍沿用大型订货会为主导的订货模式，并对一些在订货会之后设计的新品采用产品巡展的方式推广。订货会、补强会及产品巡展总计订货数量约占全年销售额的 90%。七匹狼表示，由于提前订货机制以及 2008 年宏观经济的骤变导致 2008 年有一定产品积压，行业面临库存及资金回笼压力，2009 年公司增长速度将放缓。

在现有销售渠道模式下，寻求内生性的增长变量或许是一个办法。七匹狼选择以渠道的改进作为突破口。

七匹狼的成功之处很大程度归功于品牌的运营，通过一系列广告和营销活动的支撑，为经销商带来了丰厚利润的同时，也使得七匹狼在经销商中的话语权越来越强。

对于渠道商品牌而言，对终端的控制便显得尤为重要。但仅仅是外在的品牌影响力看来是不够的，如何将影响力进一步向经销商乃至加盟者渗透？七匹狼选择将原有的批发为主的管理模式向直营零售的管理模式转变，在实现管理精细化的同时提升市场反应的敏感度。

2008 年，七匹狼为提升供应链反应速度、零售终端的管控能力以及市场需求收集分析能力的要求，提高公司管理水平，耗资 4000 万元对 ERP 系统进行集合和升级。在渠道终端，拥有 3000 多家零售终端的七匹狼，曾无法规范化地分析商品的各项指标，营销和商品团队也难以一致地审查订单数据。这样，一方面经销商们无法获知更准确的流行趋势分析而选择对路的商品，另一方面也不能在终端体现七匹狼公司引导而开发的商品。

为此，在品类计划实施的同时，七匹狼有个专门的团队负责到各个经销商的店铺或者专柜，帮助加盟商规划和检查他们的系统。

此外，七匹狼也在逐步实现管理扁平化。2008年，公司在贵阳、广西设立子公司，进一步加强对当地渠道的管理，并计划于2009年设立华东、华南、华北、华中、西南、西北六大管理中心，负责对当地区域的渠道管理。

而七匹狼通过上市公司募资资金，在北京、上海、广州、西安等地计划发展的七匹狼男士生活馆，则承载本区域内形象展示、新品发布、服务示范、员工培训等功能。2008年在销售核心区域，七匹狼及经销商共开设生活馆共22家。通过分区域驻点，与区域内经销商和加盟商拉近距离。

三、向POLO学差异化管理

事实上，在渠道精细化的同时，多样化也是摆在七匹狼面前的一道课题。七匹狼的发展路径与美国POLO颇有相似之处，并以后者作为"假想敌"。

Polo Ralph Lauren是注册于美国的著名企业，产品包括男装、女装、运动装、体育用品、牛仔装、配件、香水、家饰品等，形成多系列多元化的品牌结构，并根据产品类型、目标群体和价格而有所区隔。Polo Ralph Lauren让不同产品和品牌对接不同的渠道体系，对零售商进行差异化管理。

"作为一个时尚的品牌，并非只有特性产品，而是对一种生活方式的表达，问题就在于怎么将各种产品类别连贯地表达出来。"周少雄介绍说。仅就七匹狼目前的服装品牌体系来看，已形成圣沃斯、红狼、绿狼、蓝狼、女装以及童装几个系列。

据公司的介绍，目前主要以红狼及绿狼为主，约占整体销售收入的93.5%，这部分商品在其专柜及专卖店销售；作为高端西服定位的圣沃斯集中于百货商场专柜以及生活馆；女装和童装则"仍以配套生活馆产品丰满度为主"。此外，蓝狼则计划独立招商，成为公司新的增长点。

此外，七匹狼上游生产子公司并没有扩充产能计划，那么随着品类的拓展以及销售规模的扩大，公司外部采购的比例会越来越高。欲作为品牌渠道商，对上游产业链的管控亦将考验着七匹狼的运营能力。

资料来源:《南方都市报》2009-08-03

问题讨论：

1. 你怎样理解"品牌渠道商"的含义？
2. 七匹狼是怎样建设和维护其分销渠道的？

单元四　分销渠道完善

项目十　渠道评估与完善

知识点

1. 渠道评估的原则与标准
2. 分销渠道的财务评估内容
3. 分销渠道的调整与完善
4. 分销渠道创新的内容

技能点

1. 渠道绩效评估的方法
2. 分销渠道的调整完善
3. 分销渠道的创新策略

【案例导入】

"抓大放小"：耐克中国渠道调整策略

2009 年 3 月 18 日，耐克宣称，2008 年耐克在中国的销售额首次超过 11 亿美元，已成为美国本土之外最大的市场。在 2009 年的耐克全球架构调整中，鉴于中国在其全球版图上将越发重要，耐克将大中华区从原来的亚太区中独立出来，直接归总部管理。

除了与中国足协签订了一份长达 10 年的赞助合约，揽下未来 10 年中超联赛球队的全部统一着装、联赛用球以及裁判和比赛官员等的服装外；2009 年 2 月，耐克在江苏开始建设其亚洲最大的物流中心——耐克中国物流中心；3 月，宣布关闭 4 家工厂，其中包括中国内地拥有的唯一一家全资鞋类生产工厂；同时，耐克的渠道也开始新一轮洗牌，淘汰一些业务不佳的小经销商，把销售业务集中于规模较大的经销商。

据了解，耐克初进中国市场时，为了尽快抢夺市场，实行了多级代理制度，一级经销商下面设区域经销商。目前，除了百丽、宝胜两家全国性经销商外，沈阳鹏达运动、上海瑞丽运动、广州滔博体育和成都劲浪体育等都在各自区域形成了一定的规模效应。

在耐克以前的渠道理念中，希望每个地区都有几家有实力的经销商，以形成竞争但又可以保持品牌形象。但结果却造成市场过度竞争，而耐克的品牌形象也受到不同程度的损害。

由于在进价和卖价方面，耐克都拥有强大的话语权，所以经销商的利润普遍很低。一般情况下，未超过 60 天的新品经销商不得打折，超过 60 天的商品经销商可自由打折，但不能低于 7 折。

在如此严格的合作条件下，经销商要寻求发展除了扩大规模外能做的并不多。小代理商资金实力弱，优惠能力差，市场拓展能力有限，在相对紧张的环境下，自然生存压力较大。

这种压力为经销商的整合提供了机会。2008 年奥运会，经销商普遍拿货较多，部分经销商库存严重。其中一些小经销商的资金链出现问题，难以再进新货，导致经营困难。

在整合渠道的同时，耐克也在更好的服务与渠道上下了功夫。

2009 年 2 月，耐克宣布投资 0.99 亿美元在太仓经济开发区投资建设耐克中国物流中心。目前，耐克是通过第三方物流，在上海及广州租赁仓储中心实施全国物流配送。据了解，该座物流中心建成后，将减少 15%的交付时间。

资料来源：21 世纪经济报道，2009-04-29

任务 1　做好渠道评估前的准备

一、渠道评估的原则

1. 有效性原则

渠道绩效评估的首要原则就是其分销的有效性。具体来讲，就是看该渠道是否能够给企业或品牌带来预期的销售量、是否达到企业期望的市场占有率目标，或者是品牌影响力目标。一般来讲，企业建立分销渠道的目的，都是追求销量的最大化和市场占有率的最大化，所以，能够给企业带来预期销量和市场占有率的渠道就是好渠道，就是合格渠道。为此，我们在评估渠道成员的优劣时，其在销量和市场占有率方面的有效性是最基本的评价指标。

2. 经济性原则

企业是追求利润而不是仅仅追求对企业销售渠道的控制。经济分析可以用许多企业经常遇到的一个决策问题来说明，即企业是用自己的推销力量还是用销售代理商。假设企业希望其产品在某一地区取得大批零售商的支持，现有两种方案可供选择：一是向该地区的营业处派出 10 名销售人员，除了付给他们基本工资外，还采取根据推销成绩付给佣金的鼓励措施；二是利用该地区的销售代理商，该代理商已和零售店建立起密切的联系，并可派出 40 名推销员，推销员的报酬按佣金制支付。这两种方案可导致不同的销售收入和销售成本。判别一个方案好坏的标准，不应是其能否导致较高的销售额和较低的成本费用，而是能否取得最大利润。

3. 可控性原则

使用代理商无疑会增加控制上的问题。一个不容忽视的事实是，代理商是一个独立的企业，他所关心的是自己如何取得最大利润。他可能不愿与相邻地区同一委托人的代理商合作。他可能只注重访问那些与其推销产品有关的顾客，而忽略对委托人很重要的顾客。代理商的推销员可能无心去了解与委托人产品相关的技术细节，也很难正确对待委托人的促销资料。

4. 适应性原则

在评估各渠道网络的交替方案时，还有一项需要考虑的标准，那就是生产者是否具有适应环境变化的能力，即应变力如何。每个分销网络方案都会因某些固定期间的承诺而失去弹性。当某一制造商决定利用销售代理商推销产品时，可能要签订 5 年的合同。这段时间内，即使采用其他销售方式会更有效，制造商也不得任意取消销售代理商。所以，一个涉及长期承诺的分销网络方案，只有在经济性和控制性方面都很优越的条件下，才可以给予考虑。

二、渠道评估的标准

对所建立的分销渠道进行评估需要确立一定的标准，其中主要包括：销售量、销售额、开辟的新业务、承担责任的情况、为推动销售而投入的资源、市场信息的反馈、向公众介绍产品的情况、向顾客提供服务的情况等。

（一）渠道评估的一般标准

- 对销售的贡献——直接表现为销量和市场份额两个方面是否达到企业目标。
- 对利润的贡献——分析所带来的销量和所耗费的费用之间的比值，看是否合算。
- 分销商的能力——判断分销商是否具有经营制造商产品的能力、相关知识及服务能力。
- 分销商的认同度——分销商对于制造商的公司文化和经营理念是否认同和协调。
- 分销商的适应能力——分销商是否能够根据制造商的要求执行和调整渠道政策。
- 分销商对业务增长的贡献——分销商是否是公司业务增长的来源，是否具有增长空间。
- 分销商对客户关系的贡献——分销商是否能够有效处理顾客投诉和建立厂商合作关系。
- 分销商对企业品牌的贡献——分销商的销售工作是否对厂家品牌的推广具有积极作用。
- 分销商对销售网络的贡献——分销商的销售网络是否在厂家的分销网络中处于重要地位。

（二）渠道评估的具体标准

一个企业所建立的分销渠道是否合理、是否有效、是否适应？应该有一套标准进行考量和权衡。渠道绩效的评估主要从以下几个方面入手：

1. 渠道成员的销售业绩

渠道的最大功能在于实现产品的销售，所以，渠道成员的销售业绩毫无疑问是最直接、最重要且应用最普遍的评估渠道成员绩效的标准。企业可以根据下列要点来评估渠道绩效：

① 渠道成员在当前的经济增长水平和竞争情况下，其销售量同历史销售量的对比，即纵向比较法；

② 一个渠道成员的销售量同其他渠道成员的销售量的比较，即横向比较法；

③ 渠道成员的销售量同预先确定的销售定额相比较，即目标任务完成法。

当与历史数据资料作比较时，渠道管理者既要注意整个产品线总的销售数据，也要关注某些单项产品的具体销售数据。这些数据按产品类别分得越细，数据资料越详尽，渠道管理者就越能够发现其不同类型产品销售情况的变化，这样就能使渠道管理者根据这些销售变化来调整产品线的组合和销售策略组合。

如果制造商已经给渠道成员制定了销售定额目标，他就应该把渠道成员实际完成的销售业绩与定额相比来做评估，考察任务完成情况。如果将这种定额转化为产品类别，那么就应该对渠道成员每一类产品的销售业绩进行考核。

此外，把渠道成员的销售业绩与定额作比较时，渠道管理者不仅要关注比例本身，而且还要考虑在完成这些销售定额基础上所获得的总体绩效。如果大多数渠道成员所达到的定额比例普遍较低，那么，问题很有可能就不是渠道成员的经营业绩问题，而是销售定额过高，或不切实际。所以，制造商使用这种方法必须是建立在制造商所定的目标合理的基础上。因此，在制定各渠道成员的销售目标时，应该根据不同渠道成员的具体情况进行深入全面的分析，为每个渠道成员制定科学合理的销售目标。

2. 渠道库存的维持状况

渠道成员能否维持适当的库存水平是制造商对其考核的另一项主要的绩效指标。从本质上来讲，制造商要求渠道成员要做到保持一定的合理库存，特别要求达到制造商与渠道成员最初签订的合同协议销售额水平，以减少制造商的库存负担。为适应个别需要，制造商和渠道成员可根据对该地区市场销售潜力的预测共同制定出一份合理库存计划。这样，渠道成员就该自觉遵守协议，并相应地接受评估。即使在双方的合同中最初没有就渠道成员的库存作正式协议，保持一定的库存依然是一项重要的评价标准。然而，如果没有正式合同，制造商就不能较好地控制在这方面表现不佳的渠道成员。因此，如果制造商将库存维持作为渠道成员绩效考核的标准之一，就应该把它写到渠道成员签署的正式协议中去。当然，许多不具有优势的小型制造商不具备这样的权力。对于一些通过大量批发或零售渠道成员来销售产品的制造商来说，如生产大众消费品的制造商，这项工作就非常重要。如果制造商在批发层次上只与少量渠道成员打交道，那么他通常只要求其销售人员以常规的销售拜访方式来对渠道成员的销售数据进行统计，为制造商的营销决策提供依据。

3. 渠道成员的销售能力

制造商对其渠道成员，尤其是批发商层次进行绩效评估时，通过对渠道成员的销售能力进行分析，从而推断他们预期的销售业绩，因此制造商将他们的销售能力当做绩效评估的一项衡量指标。而批发商的销售能力主要是由他们的销售人员的销售能力来决定的，所以制造商认为可以通过评价批发商的销售人员来直接评估渠道成员的能力及价值。如果能够获得渠道成员的销售人员个人销售记录，那么制造商就有了极好的信息来源作为评估的依据。通过这些个人销售记录，制造商能看出销售业绩状况，并给每个渠道成员进行总销售能力评分，然后将此用于渠道成员之间作横向比较。不过获取这样的信息一般较为困难，因为许多渠道成员一般不愿意向制造商透露这些信息，他们不希望制造商对其有全面的了解，清楚地知道他们的经营状况。其中，业务知识和能力常常是销售能力评估的基础。有些制造商已经用定量方法来给渠道成员的业务知识和能力进行打分，评估渠道成员的销售能力。

4. 渠道成员的态度

渠道成员的态度也就是各渠道成员对制造商产品或服务销售的投入程度及对制造商某些政策的服从度，以渠道成员对制造商及其各类产品的赞同和执行情况作为评价标准。渠道成员的态度最终会影响其销售热情，进而影响其销售业绩，这一点不能低估。然而该指标在实际制订和操作上存在一定的困难，只能进行定性的考察和判断。渠道成员的销售业绩不能令人满意时，制造商通常是更多的考虑销售能力、产品与品牌力等客观要素，而不会对他们的态度提出质疑，事实上，渠道成员消极应对，没有投入太多的人力、无力去销售该产品也可能就是绩效差的主要根源。因此，渠道管理要求制造商关注渠道成员的销售态度问题，对渠道成员的销售态度进行及时评估，以便及时发现和改进渠道成员消极的态度，把积极向上的态度引进到渠道活动中，促进渠道效率的提高。

5. 渠道成员的发展前景

渠道管理者通过定期对部分或全部渠道成员按照下面的增长前景问题进行评估，可以较完整地把握整个渠道体系，这将为今后制定切实可行的渠道目标，特别是对公司未来营销策略规划以及确定渠道中各渠道成员的作用，提供有用的信息。

① 渠道成员过去的绩效是否表明制造商产品的销售情况能与为渠道成员所在销售地区所规划的销售情况保持同步？

② 一个时期以来，渠道成员的整体业绩是否与该地区商业活动的一般水平保持一致？

③ 渠道成员的组织机构是否在扩展，是否表现出在设施、资本运作、库存保持和展示的质量上有改进的迹象？

④ 渠道成员的销售人员是否不仅在数量上有所增加，而且素质也在提高？

⑤ 渠道成员以及制造商在该地区的代表是否有可能在未来某一天由于渠道成员的管理、年龄、健康状况或接班人的安排而陷入某种危险境地？

⑥ 渠道成员是否有适应能力和接受能力以满足该地区有可能出现的市场营销扩张？

⑦ 渠道成员对自己中期和长期的发展展望有哪些预测或估计？

⑧ 渠道成员对自己经营的产品和品牌的持续赢利能力是否坚信和表现忠诚？

三、渠道评估的方法

渠道绩效的评估有两种主要的思路和方法，一是纵向的历史比较评估法，二是横向的区域内比较评估法。但在进行渠道评估时，不仅要考量各个中间商的销售水平的绝对值，还要参考他们各自面临的各种不可控的变化环境因素，考虑生产者的产品大类在各个分销商的产品组合中的位置（重要程度），具体问题具体分析，才能做到准确评估。

1. 历史比较评估法

即将每一中间商的销售绩效与上期绩效进行比较，并以整个群体的升降百分比作为评估标准。对低于该群体平均水平以下的中间商，必须加强评估与激励措施。如果对后进中间商的环境因素加以调查，可能会发现一些可以理解的因素，如当地经济衰退，某些顾客不可避免地流失，主力推销员的流失或退休。其中某些因素可以在下一期补救过来。这样，制造商就不应因这些因素而对经销商采取任何惩罚措施。

2. 区域内比较评估法

即将各中间商的绩效与该地区的销售潜量分析所设立的定额相比较。在销售期过后，根据中间商的实际销售额与潜在销售额的比率，将各中间商按先后名次进行排列。这样，企业的调查与激励措施可以集中于那些没有达到既定比率的中间商。

【案例】

娃哈哈对终端的评价内容与标准

◆正常货架陈列。其评分内容主要由以下几个方面组成：

A、位置分。以五层货架为例，如果公司产品陈列在黄金陈列线，即第二层，则得 4 分；若陈列在第一层和第三层，则得 3 分；第四层，得 2 分；第五层，得 1 分；若无货，则得 0 分。

B、排列面积分。产品摆放在货架上最外面一排的数量，就是产品的排面。产品各口味在货架上同时有两个排面可得 1 分，4 个排面得 2 分，6 个排面得 3 分，没有排面得 0 分。

C、排列数量分。各产品在货架上的摆放数量达到 10 个（板）可得 1 分，20 个（板）可得 2 分，依此上溯。如数量不足 10 个，则得 0 分。

D、相对位置分。若本产品相对竞争产品位置最佳，可得 4 分；位置次之，可得 3 分；依此类推，位置最差，则得 0 分。

E、相对面积分。若产品排面最大，则得 4 分；排面第二大，则得 3 分；排面最小，则得 0 分。

◆特殊陈列。即商场、超市内除正常货架陈列外，另有堆箱陈列、端架陈列或公司特制的陈列架陈列等。若陈列丰富无缺货，可获得 20 分；若空无一物，则为 0 分；若陈列有缺货现象，则按产品摆放的丰富程度获得 0～20 分之间的相应分数。

资料来源：根据有关报刊资料整理。

任务 2 分销渠道的绩效评估

一、渠道成员财务贡献评估

企业是独立的经济主体，要独立核算，自负盈亏。分销渠道是企业营销的一个组成部分，它的财务状况必然会影响到企业的总体效益，因此，有必要对分销渠道成员的财务情况加以评估。

（一）渠道费用分析

分销渠道经济效益的评估首先需要检查与销售有关的渠道成本费用，即渠道企业在达到销售目标时的费用支出。评估分销渠道的经济效益好坏，首先必须认真考察、分析在分销渠道中发生的各种费用。这些费用的总和称为分销渠道费用，一般指零售总成本与制造成本之差。渠道费用总量的大小以及各种费用之间的比例关系，直接影响到有关成员单位的利润。它由如下项目构成：

①直接人员费用。包括制造商的直销人员、流通企业的销售人员、促销人员、销售服务人员的工资、奖金、差旅费、培训费、交际费、通讯费等；

②促销费用。包括广告媒体成本、赠奖费用、展览会费用、促销方案设计与执行管理费等；

③仓储费用。包括租金、维和费、折旧、保险、存货成本等；

④运输费用。包括托运费用等。如果是自有运输工具，则要计算折旧、维护费、燃料费、牌照费税、保险费、司机工资等；

⑤包装与品牌管理费用。包括包装费、产品说明书费用、品牌制造费、品牌管理费用等；

⑥其他营销费用。包括营销管理人员工资、办公费用等。

评价分销渠道费用的主要原则有：一是费用多少与职能大小的比例性；二是费用增长与销售增长的同步性。

合理的渠道费用构成应当与分销职能相适应。各个分销渠道职能的发挥要有一定的费用作保证；重要的、难度大的分销职能应当配备较多的渠道费用。这样保证每一项分销渠道费用都用到应该用的地方。

从总量上看，渠道费用与商品销售额应保持一个合理的比例关系。理想的情况是渠道费用的增长幅度低于销售额的增长幅度。但是，经常出现的问题却是费用在大幅度地增长，而销售却增长缓慢。在市场竞争十分激烈的情况下，这一问题更加突出。因此，控制渠道费用的不合理增长是渠道管理者的重要任务。

（二）偿债能力评估

偿债能力比率可衡量渠道成员其短期和长期债务的能力。低比率表示企业债务沉重，有可能无力清偿债务或由于其信用级别低而无法充分利用可能出现的增长机会。供应商可以向渠道内偿债能力低的成员继续提供商品和服务，但应限制其信用（赊款）总额或妥善安排其偿债方案。主要的偿债能力比率有短期比率、流动比率和总负债对净资产比率等。

1. 短期比率

短期比率等于现金与应收账款之和除以流动负债。流动负债包括在一年内偿付的所有债务。短期比率表示企业偿付其短期负债的能力。短期比率越高，企业流动性越强。通常说来，短期比率等于 1 或高于 1 被视为满意。其公式为：

短期比率=（现金＋应收账款）/流动负债×100%

2. 流动比率

流动比率等于企业的总流动资产（现金＋应收账款＋坏账准备＋制造业存货＋可变现证券）除以流动负债。流动比率比短期比率能更严格地评估企业的流动性，因为短期比率不包括制造业存货和可变现证券。同短期比率一样，流动比率高，企业偿债能力越强。流动比率为 2/1 或更高通常被认为最适宜的。

3. 总负债对净资产比率

总负债对净资产比率等于企业总负债除以其净资产，此比率与其他流动性测算方法的不同之处在于考察短期的同时，还考察长期。通常说来，企业总债务不应超过其净值。

（三）效率比率分析

效率比率衡量企业怎样有效使用其资产。主要指标包括收账周期、存货周转率和资产对销售的比率。使用这些方法，渠道成员可促使债务人加快偿付，加速存货周转，或减少经营不佳的分店等。

1. 收账周期

收账周期是衡量企业应收账款质量的综合指标，企业的收账周期应与其提供给顾客的信用条件相对应。例如，全行业的信用条件通常为 30 天，那么 40 天的收账周期则基本适宜，周期如高达 60 天则企业的应收账款的整体质量较差。企业应考虑移交某些款项到催账部门，或加紧收账日程，或将其某些有问题的应收账款划入坏账。其公式为：

收账周期=应收账款/年度净销售额×365 天

2. 存货周转率

存货周转率在企业内可以由于商品分类而有所不同。低周转率说明企业存货中有相当部分周转缓慢。存货周转率可以通过即时库存管理、最低商品储备以及 ABC 分类法等的运用而提高。另一方面，如果比率太高也可能意味着放弃了许多销售机会。其公式为：

存货周转率=年度净销售额/平均存货×100%

3. 资产对销售比率

这一比率表明实现每一个单位的销售额所需要的资产数量水平。渠道成员可以通过提高库存周转率，购买旧的固定资产，运用短期促销方式进行销售，转换那些资产要求高的分销渠道运行职能来提高这一比率。其公式为：

资产对销售比率=总资产/年度净销售额×100%

（四）盈利能力分析

盈利能力比率分析企业资产的回报率，包括净利润边际、资产回报比率和净值回报比率。

1. 净利润边际

净利润边际作为一项评估企业盈利能力所广泛采用的概括方法，由企业税后的净利润除以年度净销售额，测算每一单位的销售形成的利润。所有企业都必须保证盈利能力以偿付利息支出，减少负债，分配红利和为成长机会配置资源。

2. 资产回报比率

资产回报比率为企业税后净利润除以其总资产，表示每一单位总资产可以获得多少利润。此指标对于资产基础较为庞大的分销渠道成员尤其重要。对许多批发商和零售商而言，资产的相当比例是由存货构成的。

3. 净值回报比率

净值回报比率为企业税后净利润除以其净值，10%或高于10%的净值回报比率被认为是可行的。

二、分销渠道效益评估

（一）销售与费用分析

销售与费用分析主要用于衡量和评估经理人员所制定的计划销售目标与实际销售之间的关系，以及达成这个销售之企业的投入状况，看看企业用此投入达成这个销售目标是否合算，企业是否具有盈利。这种关系的衡量和评估有两种主要方法。

1. 销售差异分析

该分析主要用于决定各个不同的因素对销售绩效的不同作用，探讨造成各个产品、各个地区销售差异的原因，以便在未来销售目标的制定和管理方面达到平衡。

2. 微观销售分析

微观销售分析可以决定未能达到预期销售额的特定产品、地区等。假设企业在三个地区销售，其预期销售额分别为 3 万元、1 万元和 4 万元，总额是 8 万元。实际销售额分别是 2.8 万元、1.5 万元和 2 万元。就预期销售额而言，第一个地区有 7%未完成额；第二个地区有 50%的超出额；第三个地区有 50%的未完成额。主要问题显然在第三个地区。造成第三个地区不良业绩的原因有如下可能：第一，该地区的销售代表工作不努力或有个人问题；第二，有主要竞争者进入该地区；第三，该地区居民收入水平下降。

3. 销售费用分析

就是在统计总销量或某产品、某地区销量的基础上，再统计总的或某产品、某地区相应的市场投入费用，并计算出带来该销量所付出费用的百分比，与企业（或产品）的毛利率相比较，以便衡量销售利润水平，考察企业的承受能力，帮助决定未来的市场投入。

（二）市场占有率分析

企业销售额并未反映出相对于其竞争者，企业的经营状况如何。如果企业销售额增加了，可能是由于企业所处的整个经济环境的发展，或可能是因为其市场营销工作与其竞争者相比有相对改善。市场占有率正是剔除了一般的环境影响来考察企业本身的经营工作状况。如果企业的市场占有率升高，表明它较其竞争者的情况良好；如果下降，则说明相对于竞争者其绩效较差。

衡量市场占有率的方法有以下四种：

1. 全部市场占有率

以企业的销售额占全行业销售额的百分比来表示。使用这种测量方法必须做两项决策。第一要以单位销售量或销售额来表示市场占有率；第二是正确认定行业的范围，即明确本行业所应包括的产品、市场等。

2. 可达市场占有率

以其销售额占企业所服务市场的百分比来表示。所谓可达市场就是：

第一，企业产品最适合的市场；

第二，企业市场营销努力所及的市场；

第三，企业可能有近 100%的可达市场占有率，却只有相对较小百分比的全部市场占有率。

3. 相对市场上最大的三个竞争者占有率

相对市场上最大的三个竞争者占有率是以企业销售额对最大的三个竞争者的销售额总和的百分比来表示的。如某企业有 40%的市场占有率，其最大的三个竞争者的市场占有率分别为 20%、20%、10%，则该企业的相对市场占有率是 40/50=80%。一般情况下，相对市场占有率高于 33%，即被认为是强势的。

4. 相对市场领导竞争者占有率

相对市场领导竞争者占有率是以企业销售额相对市场领导竞争者的销售额的百分比来表示的。

相对市场占有率超过 100%，表明企业是市场领导者；相对市场占有率等于 100%，表明企业与市场领导竞争者同为市场领导者；相对市场占有率的增加表明企业正接近市场领导竞争者。

了解企业市场占有率之后，还需正确解释市场占有率变动的原因。企业可以从产品大类、顾客类型、地区以及其他方面来考察市场占有率的变动情况。一种有效的分析方法，是从顾客渗透率、顾客忠诚度、顾客选择性以及价格选择性四个方面来分析。顾客渗透率是指从本企业购买某产品的顾客占该产品所有顾客的百分比。顾客忠诚度是指顾客从本企业所购产品与其所购同种产品总量的百分比。顾客选择性是指本企业一般顾客的购买量相对于其他企业一般顾客的购买量的百分比。价格选择性是指本企业评价价格同所有其他企业评价价格的百分比。

假设企业在一定时期内市场占有率有所下降，则可能有以下四个原因：

- 企业失去了某些顾客（较低的顾客渗透率）
- 现有顾客从本企业所购产品数量在其全部购买中所占比重下降（较低的顾客忠诚度）；
- 企业现有的顾客规模较小（较低的顾客选择性）；
- 企业的价格相对于竞争者产品价格显得过于脆弱，不堪一击（较低的价格选择性）。

任务 3　分销渠道的调整与完善

对分销渠道的调整与完善，一般是在对其评估的基础上来实施的。因为企业要生存和发展，就必须适应变化了的营销环境，而且即使外部环境变化不大，营销工作本身也不是做的完美无缺，也需要不断改进。另外，竞争者分销渠道的变化势必迫使制造商重新设计自己的分销渠道，面对竞争的压力与挑战，企业不得不调整和完善原有的分销渠道。

一、调整分销渠道的理由

（1）现有分销渠道未达到发展的总体要求。企业发展战略的实现必须借助分销的能力，如果现有分销渠道在设计上有误，中间商选择不当，管理不足，均会促使企业进行调整。

（2）客观经济条件发生了变化。当初设计的分销渠道对当时而言很科学，但现在各个因素发生了某些重大变化，从而产生了调整分销渠道的必要。因此，企业有必要定期地、经常地对影响分销渠道的各种因素进行检测、检查、分析。另外，企业若能准确预测和把握某些影响分销渠道因素的变化，则应提前对分销渠道实施调整。

（3）企业的发展战略发生变化。任何分销渠道的设计均围绕着企业的发展战略，企业的发展战略发生了变化，自然也会要求企业调整分销渠道。

二、渠道调整与完善的方向

为了适应市场需要的变化，整个渠道系统或部分渠道必须随时在评估的基础上加以调整与完善。当然，这种调整与完善是相互的，一方面要尊重中间商的选择，另一方面企业可以和中间商按股份制原则结成更为紧密的关系。但一般情况下，这种调整和完善应是不断的、局部的调整。

在调整过程中，要注意处理好企业内部营销人员和中间商之间的感情和利益关系，防止出现较大的负面影响，尤其是要避免负激励会将中间商推向竞争对手的情况。中间商在分销过程中不可忽视的作用，决定了企业必须充分考虑中间商的利益，这样才能使合作长久进行下去。

分销渠道的落后及其变革意味着许多机会的存在，企业在调整与完善自身的分销渠道的过程中，要从以下方向采取措施。

1. 关注顾客满意度

面对不满的顾客，企业应找出使顾客满意的关键驱动因素，投资于那些给顾客带来实在效益而成本较低的渠道。戴尔正是由于有了从电脑知识比其更少的经销商处购买电脑的不快经历后，创造了电脑直销法，开创了个人电脑业的神话。

2. 开发新渠道

新兴的分销渠道会带来全新的顾客期望值，并且会重新定义成本或服务标准。如在消费品行业，仓储式大型超市重新划定了规模和价格/价值关系，从而获得了传统零售商不可比拟的成本优势。所以企业应定期全面评估现有和可替换的渠道，以开发利用新渠道，服务新细分市场。

3. 填补市场空白

各个分销渠道趋向于服务各个不同的细分市场，如果公司未使用其中一种分销渠道，便可能错过整个细分市场。曾有一家计算机设备公司由于忽略了系统集成商们而失去了其巨大的潜在市场。故企业可在不伤及其主要的旧渠道的基础上引进新渠道，填补市场空白。

4. 重组渠道

往往成功的企业在管理内部问题之余，也积极维护整个分销系统的竞争力。由于渠道成本受规模成本影响，企业可通过鼓励分销商整合来加强其网络系统，取得成本优势。此外，那些向优秀分销商提供优惠政策的渠道优化重组法也可提升整个渠道的经济性。为了使分销商保持竞争优势，GE 的电气用具部发展了外部支持系统，包括引进顾客化库存，加快了库存周期，降低了运输成本。

三、渠道改进的策略与方法

1. 调整渠道政策

渠道是一个动态的系统，其系统要素构成和竞争环境都在不断发生变化，所以，渠道不是固定不变的，渠道相关政策也不能一成不变，而是根据实际需要做不断的调整。特别是通过渠道绩效的评估发现问题以后，更应该及时调整和纠偏，以保证渠道运作的高效和良性发展。渠道政策的调整包括渠道战略方向的调整，如渠道模式创新、渠道成员增减等，还包括渠道战术方面的调整，如渠道产品组合、新产品上市节奏、价格变动、广告和促销政策、铺货和信用政策、市场推广策略、人员管理政策以及渠道激励政策等。

2. 增减渠道成员

增减某些中间商经常是渠道调整的一种做法，但裁减渠道成员，是要冒一定风险的。制造商在做出这项决策时要进行渠道调整分析，要考查增减某个中间商会给生产企业的销售和利润带来什么影响。调整渠道成员、改变渠道结构不仅会影响渠道的正常运作，也会对销售部门、财务部门、物流部门等产生连带影响，因此，制造商在进行渠道结构调整前要对因中间商的替换产生的各方面影响进行综合分析，同时要考虑除销售、利润、成本外，这种替换对渠道整体性功能所产生的影响，以便做出明智的选择。

3. 改进整个渠道系统

渠道系统的改进是一项复杂的系统工程，因为它不仅涉及改进，还涉及整个营销系统的修正和创新。整体渠道调整，对企业及整个渠道运作的影响都很大，而且如果决策失误，短时间内又难以补救，损失将更大。所以，在渠道调整以前一定要做好可行性分析与渠道评价工作，认真考虑这种调整是否可行，中间商的反应如何，是否会引起某些重大冲突等问题。对新渠道的费用、收益及利润的分析也要从整个渠道系统角度统筹考虑，权衡利弊。有时，限制因素的变化只是暂时的现象，不久又会恢复原状，这时不要急于调整渠道。有时，限制因素虽已变化，但未来的情况难以预测，这时应尽量通过渠道管理消化这些变化，注意监测这些因素的进一步变化。渠道的调整主要表现为中间商的增减和渠道政策调整，而中间商的增减常常引发许多问题，所以事先必须周密考虑，以防患于未然。

4. 增减某些市场渠道

增减某些类型的市场渠道是一种战略的决策。当我们通过渠道绩效的评估发现，公司产品不适合在某类渠道销售，出现得不偿失时，就应该果断决策，放弃或删除某些市场渠道。如某公司产品线较窄，产品规格、品种不够多，但尝试了进行连锁经营，发现销售业绩不佳，入不敷出，这时就应该果断叫停，退出连锁经营而选择其他渠道模式。

当然，偶尔会出现很多经销商不能完成销售任务的情况，这种结果往往是由于生产企业设定的目标与实际不符造成的，但也不排除其他原因造成经销商懒惰或有意抵抗。例如，竞争者给予渠道商更多利润时，渠道商就更倾向于销售竞争者的产品，对生产企业的产品关注度则会降低。生产企业有权减掉不合格的市场渠道，但必须考虑删减市场渠道带来的负效应。

在充分考虑以下因素后，如果企业认为删减渠道利大于弊，就可以做出删减渠道的决策。

① 减少渠道意味着减少渠道库存，意味着将缩减生产，因为制造费用和管理费用被分摊在较少的产品上，单位产品的生产成本将会提高。

② 可能减少产品销量，闲置部分设备，引起有限资源的人为浪费。

③ 原有的一些市场机会可能转到竞争者手中，增加对手的经营实力。

④ 可能会引起其他经销商的不安和不稳定感，不利于渠道关系的维护。

任务 4 与时俱进进行渠道创新

根据熊彼特的创新理论，创新是我们这个世界永恒的主题，不断创新才能保持旺盛的生命力，世间遵循“不创新则死亡”的真理。渠道的维护也需要创新，需要顺应分销环境，及时调整、变革、提高，为渠道增添活力，达到“穷则变，变则通，通则久”的效果。

1. 渠道的创新首先表现为渠道模式的创新

中国地域辽阔，营销环境复杂，各地区需求差异很大，其分销结构体现出明显的不平衡性和巨大的变动性和差异性。在目前看来，没有任何一种单一的渠道模式能够满足中国市场多层次、多样化的分销需求。事实证明，企业只有因地制宜，不断进行渠道创新，才能获得比较竞争优势，才能在竞争中克敌制胜。

想当初，联想从做代理开始，建立了自己的销售网络，后来形成自己独特的“贸、工、技”相结合的模式，并在此基础上，创建和扩张了自己的“联想 1+1”连锁帝国，既掌控了终端，又保证了市场拓展和售后服务。去年，联想更宣布学习戴尔模式，尝试直销，目的是构建联想多层次、多结构的分销网络，形成强大的渠道竞争力，同时，联想更是通过并购 IBM 的 PC 业务，把自己独特的分销模式复制到世界市场，将其强大的网络延伸到了海外。海尔的销售通路也从原来的大型百货商场到后来建立店中店、产品专柜，再到今天形成直营结合专卖店的形式，经过了不断的调整提升，增强了渠道运作的有效性。

此外，业界熟知的格力“区域股份制销售公司”模式、娃哈哈的“联销体”模式、商务通“小区域独家代理”、安利的传销模式、雅芳的直销模式、戴尔的直销结合分销的模式、阿里巴巴的网络渠道平台、当当网的电子渠道、汇源的餐饮直销模式以及苏宁的 3C 和定制包销模式等，都是非常具有生命能力的渠道创新模式。

当然，我们说，渠道需要创新，才会充满活力，但并不是越新越好，越超前越好。很多企业都想模仿戴尔的直销模式，但那是不现实的，连 IBM 都克隆不了这种模式，因为它要求极高的信息到达、物流配送和柔性生产水平，而也许它根本就不适合你的企业。所以，渠道的创新必须遵循独特性与适应性相结合的原则，必须因地制宜。

2. 渠道的优化整合也是一种渠道创新

十几年来，中国营销如火如荼，渠道变革日新月异，一时间，连锁企业蓬勃兴起，成为现代商业的主角，并大肆进行规模扩张，似乎规模等同于效益，致使很多卖场、连锁亏本经营。另一方面，各生产企业盲目进行规模化深度分销，力图将自己的产品分销到市场的各个角落，不顾成本，不讲效益，致使投入大于产出，难以为继。这种盲目追求分销深度和规模的做法造成了渠道的盲目扩张和混乱，浪费企业资源，影响效益。所以这几年企业不断将渠道的优化和整合提上议事日程，以经营效益为考核目标，把企业单位为一个利润中心而不是单独的销售中心，以期在提高整体渠道的分销效率的同时，改善企业的整体效益。

有鉴于此，TCL 曾经进行“渠道瘦身”，大规模裁减自己的销售队伍，优化销售队伍的同时优化分销商结构，并把自己的销售公司建成独立的销售平台，同时代理飞利浦家电和东芝彩电的销售，大大提高了其渠道的影响力、竞争力和含金量。其中，渠道的优化整合包括淘汰落后的、多余的、叛逆的、不服从管理的、对公司不忠诚的渠道成员，同时吸纳一些认同公司文化的、有现代经营观念的、有一定综合实力的、资信良好并且具有发展潜力的成员，为渠道补充新鲜血液，以此激活渠道。TCL 在其各地区分公司的统筹下也寻找小区域经销商开展分销，同时建立“幸福树”连锁专卖店，在中国广大的农村乡镇市场开展家电产品的连锁经营。

此外，渠道的优化整合还包括“渠道重心下移”、“渠道扁平化”、“深度分销”、“区域精耕”、“电子化直销”等综合渠道技术的应用，包括建立渠道战略联盟和构建复合型渠道，如果这些渠道创新技术使用得当，可以帮助企业改善分销网络质量，增强渠道活力和竞争力。

【案例】

联想的渠道变革之路

联想集团成立于 1984 年，由中科院计算所投资 20 万元人民币、11 名科技人员创办，到今天已经发展成为一家在信息产业内多元化发展的大型跨国企业集团。联想在 2005 年 5 月完成对 IBM 个人电脑事业部的收购，标志着新联想的诞生。二十年来，联想一刻也没有停止改良渠道，几乎每年都会有一些小的改进，每 3～5 年就有大的改进。目前联想有 200 余家分销商，3800 家合作伙伴，5000 多个店面，20 万销售服务队伍，百分之百覆盖全国 1～6 级市场，65%的合作伙伴是当地市场的前三名。联想的渠道变革分为三个阶段：

一、传统的代理分销阶段：1994－1997

1994 年以前，联想渠道在全国各省份设立了自己公司派出销售机构——分公司，当时的渠道能力只是简单的铺货和回款，对于产品的最终流向几乎没有了解，对消费者的需求特点缺乏把握，渠道处于粗放型、低功能的初级状态。

1994 年，联想放弃直销，转向分销，实行代理制，1994 年底代理合作伙伴为 49 家。这一年联想的 PC 销售量由前一年的 2.5 万台上升到 4.2 万台，同比增长 70%。经过三年多的发展，1996 年底，联想携合作伙伴夺取中国 PC 市场第一位置，合作伙伴达到 400 家，平均每家代理商年均销售量为 570 万台。

1997 年，为了加强对市场腹地的纵深开发，联想设立了分销商，变一层渠道构架为二层渠道构架，通过伙伴学习和共享前几年发展和管理渠道的经验，发动他们发展大量的经销商，使整个大联想的规模得到迅速、空前的扩大。

二、紧密分销阶段：1998－2005

在这个阶段的几件大事是：大联想概念的提出，渠道信息化水平的提升；1＋1 专卖店的建设，渠道功能型转型，找问题，扁平化改革。

1. 大联想概念的提出

1998 年，联想在“龙腾计划”中首次提出“大联想”概念，以商业伙伴的角色定位与渠道伙伴的关系，按照产品线、地域来划分渠道。建立在“风雨同舟、荣辱与共、共同进步和共同发展”大联想的基础上，发展了区域大分销商和地区分销商，并成立联想顾委会，联想与分销商由“分散到紧密，由短期到长期，由商业到事业”，使渠道的利益与联想的利益紧密相关。“大联想”，是联想集团作为它的主体，外国渠道也将作为肢体的外延纳入主体之内，使之整合成为真正的“一个整体”。

2. 渠道信息化水平的提升

这个阶段联想的渠道信息化水平大幅提升。

这个时期标志性事件是 ERP 实施，ERP 不仅大大降低了渠道成本，而且提升了与渠道成员之间信息交换的数量、质量和效率，联想实施 ERP 之后，一年总计成本 6 亿多元。

3.“1 + 1”专卖店的建设

1998 年伴随着家电企业强调掌握终端，精耕细作，微利搏杀的冲击，联想实施了“联想“1 + 1”专卖店加盟计划，在 5 个统一“统一形象、统一管理、统一供货、统一价格、统一服务”的基础上，建立了与众不同的黄底蓝标黑字标志的“1 + 1”专卖店。

从 1998 年开始试验，到 2003 年末，“1 + 1”专卖店达到 2356 个。联想“1 + 1”特许专卖店，可以说是联想企业价值观和渠道理念的缩影，即“关注客户体验”、“渠道扁平化”、“大联想”的集合体。其针对家庭提供 PC 及相关产品的修改和配置的理念，为联想在家用消费市场的渗透起到关键性作用。

联想认为，原来家用计算机的销售，或采用委托代理制，或通过大型百货商场零售代销，并不真正适合家庭用户。计算机的科技含量较高，使用和维护都有一定的难度，商场销售人员无法满足家庭用户专业化服务的需求。因此，联想对家庭用户建立全新的 1+1 专卖店体系获得成功。

4. 功能型渠道策略

2001 年联想推出功能型渠道策略，渠道的功能被分为物流配送、系统集成、客户关怀、运营维护、客户体验和渠道支持共 6 种类别。

在这 6 种功能基础上联想建立了 5 种渠道。具体的操作是：原来的分销商和部分地区分销商转化为增值服务商；原来的代理商和部分地区的分销商转化为增值代理商；原来的经销商转化为地区代理商。在这三种基本渠道的基础上，联想还将强化两类渠道的建设，一是系统集成商，一是商用营销服务中心，即现在的商用精品店。

5. 电话直销

2003 年 8 月，联想建立了自己的电话直销队伍。联想做少量直销有两个目的：第一个目的是“积累能力，完善模式”，即在原来经营业绩不甚理想的领域，需要摸索一套相对成功的模式，尽快地把它传授给合作伙伴。其二，目前的确有一些大客户强烈地希望和联想直接交易，联想没有理由拒绝，这些大客户的需求是多方位的，如果没有厂商的直接介入，合作伙伴单独是做不下来的——联想要给战略性大客户多一个选择。

6. 大联想一体化战略

在推出功能型渠道策略之后，联想又觉得还缺少一种更强大的推动力，燃料、能量都已经储备好，但是还欠缺点火的引子。为此，联想推出了一个“大联想一体化”的战略。在大联想一体化的战略之下，联想将其组织分为前端和后端两大结构体系：前端是联想集团市场部、大区和渠道三位一体的区域营销体系；后端则是研发、制造及商务动作管理体系。这种结构体系使得内外资源有效调配、把握客户需求、快速响应、高效动作并降低成本。

三、集成分销阶段：2005 年 5 月开始

2005 年 5 月，联想提出渠道改革的新思路：集成分销。集成分销的核心思想就是将联想、渠道看作一个整体，面向客户做一体化的设计，清晰角色定位与分工，加强互动，提高整体动作效率。集成分销战略是柔性企业战略在大联想体系中的自然延伸。集成分销与联想以前的分销体系相比，主要有四个特点：一体化设计、客户制导、专业分工和协同作业。

从大的方面看，联想将客户分成了两大类，一类是指名的大客户，客户主要集中在政教系统、金融、电信等大行业；另一类是其他的个人、家庭、中小企业、中小政教客户。针对两类不同的用户，联想采取不同的渠道架构。

1. 分销零售精耕细作

在个人、家庭、中小企业和中小政教市场，联想具有传统优势，在这些市场的销售量也占据了联想绝大部分的销售份额。在这些领域中，联想既要面对国际品牌、国内全国性品牌，也必须面对地方小品牌、兼容机的全面竞争，稍有松懈，就会导致市场份额的大幅度下滑。

联想最新的渠道体系架构如图 10-1 所示。可以看到，联想针对不同的用户，有不同的渠道模式。无论从结构上，还是名称上，新的渠道架构都显得非常清晰明了。

在联想的渠道体系内，既有以物流和资金流运作见长的分销商，也有掌握行业客户资源的代理商，他们都可以从联想直接提货，但因为面向的客户群体不同，所以基本不会发生业务冲突。同时，联想也没有一味追求渠道的扁平化。对于重点客户，从厂商到客户，中间只有一层渠道，这样能保持快速地响应；而对于遍布全国 1～6 级地区的普通客户，联想则通过分销商和再下一层的渠道去覆盖，以保持对终端市场的渗透力度。

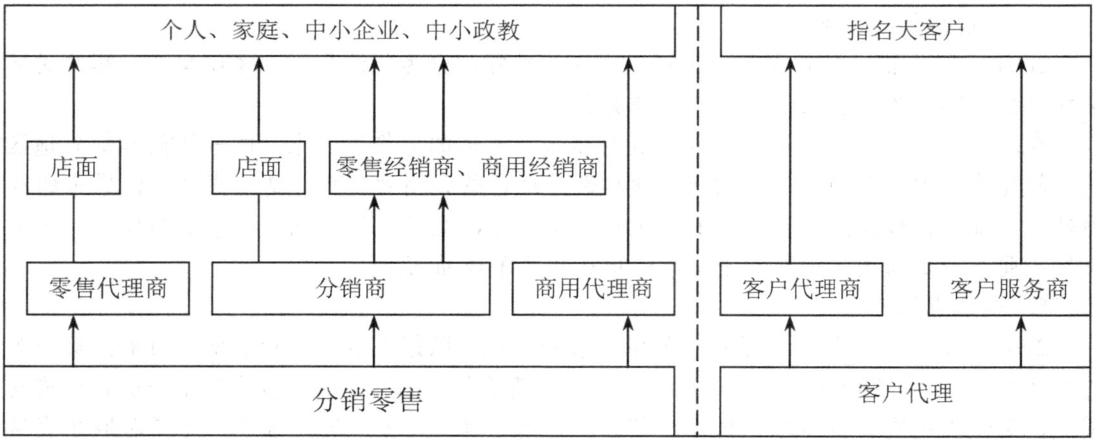

图 10-1　联想渠道体系架构图

2. 大客户市场精确制导

以前，对于联想做指名大客户的销售，渠道一直心存芥蒂。但是，从联想新的渠道架构图中，可以清晰地看到，从联想到达最终客户，并没有任何一条绕过渠道的直接通道，而是一定要通过客户代理商或者客户服务商，至于某个渠道是成为获利较多的客户代理商，还是只做提供物流和服务的客户服务商，就要看渠道在对指名大客户的销售中所发挥作用的大小了。

为了在大客户市场上获得成功，做四个方面的工作：一是坚持一层合作伙伴架构，只有一层架构才能精确制导，才能做到高效率；二是所有的伙伴，无论是代理商还是客户商，都必须清晰锁定有限数量的指名客户，这既是精确制导的需要，也是进行关系性营销的需要；三是打通商机管理，通过全程的商机管理，从合作伙伴的客户经理到联想的客户经理，再到联想的后台系统，全部打通并高度集成起来，从而打造一个高效柔性的服务大客户的价值链；四是大力提升经营指名大客户的各项能力。

总之，正如联想领导层杨元庆、刘军等所表示的，渠道变革是联想“成功的法宝”。联想的渠道，取之有道，这便是它至今仍闪闪发光的秘诀所在。

资料来源：http://www.icxo.com

任务 5　讨论新媒体渠道

所谓新媒体渠道，简称“新媒渠”，就是借力传统媒体、移动通讯、互联网及服务业媒介，低成本获取庞大客户资源省去实体网络构建成本，媒体利用其庞大的信息受众规模和稳定便捷的渠道网络，充分发挥产品销售渠道集信息流、商流、物流和资金流四流合一的功能，在第三方企业（广告商）和消费者客户之间搭建沟通和贸易桥梁，为第三方企业提供市场分析、客户选择、营销策划、活动实施、产品代理、信息告知、交易谈判、货物配送、资金回笼、服务延伸、顾客维护等系列化、专业化渠道服务的新型业务形态。

这里所说的媒体有以下四种类型：第一类就是传统媒体，像报纸、电视、杂志、广播等。第二类就是互联网。第三个媒体就是移动通讯。第四类就是传统的服务行业，像银行、邮政、酒店、学校、机场、电影院等。这些媒体的核心资源。一是媒体界面；二是顾客资源；三是遍及全国的销售网点。新媒渠，作为一种新型的服务业态，一种全新的商业模式，它充当的是一个资源整合者的角色，采用的是“资源整合型的平台化运营的模式”。

新媒渠的特点是企业媒体化、媒体渠道化、渠道媒体化！

所谓企业媒体化就是指企业本来需要借助媒体推广自己的产品、品牌及形象，而企业，特别是知名企业，在运作过程中本身变成了一种媒介，承担着接受信息和传递信息的功能。媒体渠道化是指原来的一些纯粹媒体，现在已经演化为既是媒体，又是有力的销售渠道，如电话推销、电视购物、互联网电子商务、3G 手机等，科技的发展使得媒体渠道化成为潮流，也预示着新时期渠道变革的趋势；同时，很多知名的销售渠道承担着新时期信息的接收与传递，甚至品牌推广的功能，渠道也逐渐媒体化，形成产品销售和信息积聚的综合平台，如沃尔玛、苏宁等渠道既是如此。

资料来源：陈明，新媒渠：一种全新的商业模式，《营销管理》，2010 年 6 月

【案例】

茅台握手高尔夫，隐形渠道直销“会员酒”

2008 年奥运会后，茅台公司推出了相应的“茅台水立方酒”，在广东省内找到一家经营高尔夫用品的公司——“深圳天应体育用品公司”（“天应体育”）作为其在广东省的总代理。“天应体育”在代理销售茅台酒时，不走商场、专卖店

等传统渠道，仅靠朋友一个传一个地销售，竟创造了比传统渠道好得多的业绩。

虽然“天应体育”是经营高尔夫用品的公司，却是一个销售高端白酒的良好的隐形渠道，因为这些高尔夫用品的用户与茅台酒的消费群很相似。

事实上，早在两年前，“天应体育”就在代理茅台的另一产品“茅台高尔夫会员酒”，并取得很好的成绩。该产品每年仅生产30吨，并且价格要比普通茅台高出200多元甚至更多，但销量却非常不错。

“天应体育”由陈静于20世纪90年代初创办，她将高尔夫顶级品牌美国“卡罗韦”（CALLAWAY）球具引入中国，在高尔夫界积累了广泛的人脉资源，朋友众多。这些人是茅台酒消费比较集中的群体，只要有朋友愿意，都可以在“天应体育”拿货销售。由于是直销，拿到的都是正宗茅台酒，销售就能得到很好的保证。有些会员光靠卖酒，一年就能获利百万。

经过近20年的发展，“天应体育”聚集的消费人群已非常稳定，并有着丰富的会员资源，现已成为中国最大的高尔夫用品商贸企业。

1995年，“天应体育”成立了小老虎高尔夫俱乐部，除了提供与高尔夫相关的各种产品和服务以外，还专门为高尔夫爱好者提供生活需求产品，如酒、茶叶、鱼翅、燕窝等。“小老虎”现在已经在全国发展了多家连锁店。

2003年，“天应体育”又创造了一个品牌GICOO，意欲“打造中国的高尔夫品牌，力争填补高尔夫行业无国内品牌的空缺”，这又开创了另一条新的营销渠道。

“茅台+燕窝+高尔夫”的模式之所以能够成功，是因为它们的渠道高度重合，而且还能避免商场、专卖店等传统渠道需要的进场费以及很长的账期等问题。“茅台高尔夫会员酒”的诞生来自茅台公司董事长季克良打高尔夫球时产生的灵感，为了突出茅台酒的高端消费品形象，他萌生了专为高尔夫爱好者酿造一款酒的创意，并亲自参与酿造，后于2006年底推出“茅台高尔夫会员酒”。

资料来源：《南方都市报》，2009-11-23

核心概念

渠道评估（Channel Appraisal）
绩效评估（Achievement Appraisal）
渠道调整（Channel Adjustment）
渠道创新（Channel Innovation）
电子化渠道（Electronic Channel）
新媒渠（New-media Channel）

训练题

思考题：

1．为什么要进行渠道绩效评估？
2．渠道评估应该确立哪些标准？

3．如何对渠道成员进行财务贡献评估？

4．渠道调整与完善有哪些主要方法？

5．分销渠道未来创新发展的方向在哪里？

6．怎样看待“媒体渠道化”和“渠道媒体化”？

实训设计：

1．选择一个你熟悉的生产企业，试从该企业的渠道成员的数量、渠道成员的分布位置、渠道终端的商圈范围和渠道成员的生产参与度等方面对该企业分销渠道的绩效进行模拟评估。

2．寻找、选择几个渠道创新的典型案例，在课堂上展开讨论，启发渠道创新思维，并结合我国消费者需求变化和消费品的分销状况，讨论未来十年我国消费品渠道可能的发展趋势。

综合案例分析

香飘飘的“渠道创新”

香飘飘食品有限公司创办于2005年8月，位于浙江北部美丽的太湖南岸城市——湖州市，是目前中国最大的杯装奶茶专业制造商之一。在新兴的杯装奶茶市场，浙江香飘飘是最早进入的品牌之一。经过五年的发展，从当初在郑州区域市场每月销售三十多件奶茶，到今天荣登中国奶茶行业第一品牌，全年销量已突破十亿。而像立顿、相约、优乐美等品牌奶茶一直想超越，却望其项背，无法撼动香飘飘的位置。连续五年销售领先，香飘飘奶茶被称为中国奶茶业发展最快的企业之一。2008年4月，公司持有的“香飘飘”商标正式被认定为“中国驰名商标”。香飘飘的文化：

香飘飘的公司愿景：做中国奶茶行业领军者，创食品行业最受欢迎品牌！

香飘飘的公司精神：合作 // 竞争 // 学习 // 创新 // 行动

香飘飘的公司宗旨：与客户共享成功！与员工共求发展！与社会共同进步！

一、招商：借你一双翅膀，让你飞得更高

香飘飘奶茶作为一种新产品，渠道营建、终端分销是把产品铺到消费者眼前的唯一办法，也就是说香飘飘企业的首要工作不是卖给消费者，而是卖给经销商，而且是好的经销商，考虑到香飘飘奶茶与其过往产品的渠道和终端不匹配，寻找适当的省级代理商成了重中之重。

秋季糖酒会，初次招商，寻找适当的省级代理商。在糖酒会上以“卖翅膀”打天下。香飘飘奶茶的 LOGO 上有一双飘飘欲仙的翅膀，招商主题定为：“借你一双翅膀，让你飞得更高”。对经销商来说，我们不强求做你唯一的妻子，但是，我们希望成为他们最宠幸的情人；我们不是首先谋求自己的利益，而是与经销商结成长期的战略合作伙伴，是借给对方一双腾飞的翅膀，一语双关，直达经销商内心最敏感、最关注的地方，借此来吸引经销商。

为了拉高品牌形象，香飘飘乘机借势在现场举办陆羽千年诞辰盛典，外加茶圣朝拜活动，将香飘飘的历史背景向纵深拉伸，凭空营造了更多的神秘感。

为了进一步提高经销商的积极性，了解到大多数经销商都是来自外地，便与移动通信和联通合作，在他们初到糖酒会承办城市的时候，立刻会收到末尾标有香飘飘问候语和展馆地址的异地服务提醒短信。为了提升经销商的信心，在其他厂家开始送汽车的时候，针对香飘飘 LOGO 腾空展翅的形象首次提出了“经销香飘飘送飞机”的大手笔公关手段。其实，一架微型国产飞机的价格只有几十万元，与一辆好一点的进口轿车价格相当，但是比起汽车来说，在吸引眼球的同时，更能吸引人心。

二、“盘中盘”校园攻势引领消费

香飘飘奶茶的市场营销巧妙移植了“盘中盘”模式。所谓的“盘中盘”就是从小盘定点牵动大盘运作，而其小盘的启动点不是餐饮，而是选在了消费领袖较多的大学校园，牢牢盘踞大学校园内外的便利店，利用这些人的影响力和拉动力，先启动小盘，在形成流行热潮时，才逐步扩延到周边居民区的便利店和商场超市。其市场布局初期设定了杭州、成都、南京、北京等几个有辐射力的大中城市，做深做透，而后向周边城市辐射，借势成事，水到渠成。进入校园的方式有：

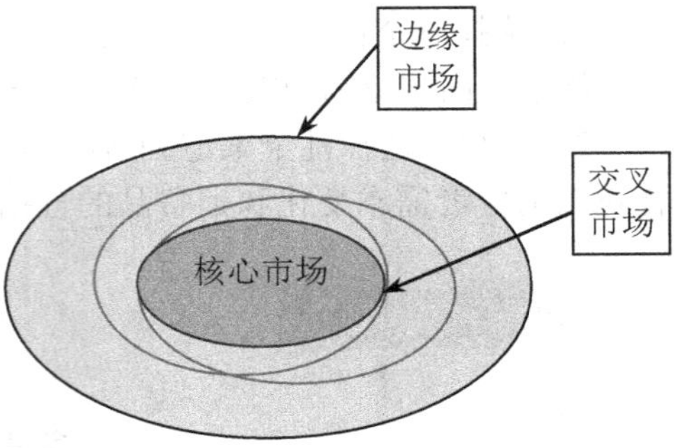

市场盘中盘

①与消费领袖居多的有影响力的大学学生会合作，以香飘飘和学生会的名义联办社会实践和娱乐活动，并提供香飘飘奶茶作为奖品，有效树立了品牌形象的知名度和美誉度。

②与校学生会合作组织了一批勤工俭学的学生，不定期地在校园便利店附近举办现场试饮促销活动，并利用学生群体的从众效应，制造了火爆抢购的销售场面，有效形成了品牌口碑的传递效应。

三、特渠赢销——延伸网吧渠道

随着连锁网吧的规模化和连锁化，网吧渠道对企业的产品经营和品牌传播起到了推波助澜的作用，不容忽视。

香飘飘了解到一般的网吧都有饮料和休闲食品出售，但品种很少，价格昂贵，据许多网吧经营人介绍，食品的销售在其总营业额中的占比不足 1%，他们只是将其看作为网友提供超值服务，而没有将其列为盈利主项。在调研中发现，许多网吧的发烧友经常自带饮料和食品，其知道网吧里的东西贵而且品种少，干脆从网吧附近的零售店就近购买，既便宜，可供选择的品种又多。

所以，香飘飘根据这点制定了联动营销模型，将网吧作为形象终端，以拉高品牌形象，加深消费者的品牌印记；而将网吧周边的零售店作为大批量铺货的重点，从四面八方，包抄网吧，使其联动起来，一边在拉，一边在销。

在网吧，主要通过墙面 POP、堆头陈列、易拉宝和电脑开机首页作为主要宣传媒体和方式；在零售店，主要靠 POP，尽量与网络游戏的角色和语言结构对应起来，引导其拿到游戏厅饮用。

香飘飘在与网吧维系客情关系时，也通常运用搭赠（如冰柜或微波炉）、返利或买断陈列等方式来取得对网吧渠道的优先控制权。

问题讨论：

1. 香飘飘是怎样进行产品定位和渠道创新的？
2. 这个案例对企业渠道完善与创新有什么启示？

参考文献

[1] 陈春花．中国营销思考．北京：机械工业出版社，2006．

[2] 梅明平．经销商管理．北京：电子工业出版社，2006．

[3] 王国才等．营销渠道．北京：清华大学出版社，2007．

[4] 庄贵军等．营销渠道管理．北京：北京大学出版社，2008．

[5] 居长志等．分销渠道设计与管理．北京：中国经济出版社，2008．

[6] 胡介埙．分销渠道管理，大连：东北财经大学出版社，2009．

[7] 常永胜．营销渠道：理论与实务．北京：电子工业出版社，2009．

[8] 张传忠．分销渠道管理，广州：广东高等教育出版社，2009．

[9] 郭国庆．市场营销学通论（第 4 版）．北京：中国人民大学出版社，2009．

[10] 郑锐洪．中国营销理论与学派．北京：首都经济贸易大学出版社，2010．

[11] 菲利普·科特勒等，营销管理（第 13 版）．北京：中国人民大学出版社，2009．

[12] 伯特·罗森布罗姆，营销渠道．北京：中国人民大学出版社，2006．

[13] 安妮·T·科兰等．营销渠道（第 7 版）．北京：中国人民大学出版社，2008．

[14] [美]戴维·乔布等著．推销与销售管理（第 7 版），俞利军译．北京：中国人民大学出版社，2007．

[15] 杰拉尔德·L·曼宁，巴里·L·里斯著．销售学：创造顾客价值，陈露蓉译．北京：北京大学出版社，2009．